龍文鞭影

〔明〕蕭良有等 編撰

李祚唐 校点

上海古籍出版社

**图书在版编目(CIP)数据**

龙文鞭影 /（明）萧良有等编撰；李祚唐校点. —
上海：上海古籍出版社，2018.10（2024.12重印）
（国学典藏）
ISBN 978-7-5325-8552-6

Ⅰ.①龙… Ⅱ.①萧… ②李… Ⅲ.①古汉语—启蒙
读物 Ⅳ.①H194.1

中国版本图书馆 CIP 数据核字(2018)第 103327 号

国学典藏

**龙文鞭影**

〔明〕萧良有等 编撰

李祚唐 校点

上海古籍出版社出版、发行

（上海市闵行区号景路159弄1-5号A座5F 邮政编码201101）

（1）网址：www.guji.com.cn

（2）E-mail：guji1@guji.com.cn

（3）易文网网址：www.ewen.co

上海展强印刷公司印刷

开本890×1240 1/32 印张12.375 插页5 字数344,000

2018 年 10 月第 1 版 2024 年 12 月第 2 次印刷

印数：5,101—5,900

ISBN 978-7-5325-8552-6

Ⅰ·3195 定价：48.00 元

如有质量问题，请与承印公司联系

电话：021-66366565

# 前　言

　　《龙文鞭影》是以介绍人物掌故为主要内容的古代韵语训蒙读本，原名《蒙养故事》，明萧良有纂辑，夏广文为之作注。后经杨臣诤大事增订，更以今名。清末又经李恩绶校补。另有清人李晖吉、徐灒续辑《二集》。目前常见的《龙文鞭影》通行本，即为李恩绶校补的《初集》（四卷）与李晖吉、徐灒续辑的《二集》（上下卷）合刊之本。

　　《龙文鞭影》又称《训蒙四字经》，它由明至清而入民国，几经增订校补并有续作，书坊争相刊印，数百年间，一直作为童蒙读本广泛流传，甚至在新式学校教科书初出的一段时期依然盛行不衰，绝非偶然。

　　本书纂辑者萧良有，字以占，号汉冲。汉阳（今属湖北）人。明万历庚辰（1580）以第二名进士及第（榜眼），官至国子监祭酒。他不避权贵，勇于诤谏，在国子监任上，"杜干谒，严考课"，是一位刚直不阿、恪尽职守的廉儒。增订者杨臣诤，字古度，龙眠（今安徽桐城）人。生活于明末清初，世称皖桐遗老。著有《禹贡笺》、《礼经会元》，亦当为颇具学识之士，惜其著作不传。校补者李恩绶（1835—1911），字丹叔，自号讷盦，世称亚白先生。江苏丹徒人。他薄弃功名，潜心治学，乡里间文名籍籍，有《读骚阁赋存》、《讷盦骈体文存》、《缝月轩词》、《讷盦类稿》刊行。《讷盦类稿》中有《蒙求考》一文，显示出对《蒙求》之类掌故童蒙读物的关注。注者夏广文生平未详。《二集》辑纂者李晖吉字子良，徐灒字兰畦，均番禺人，生平无考。即就上述而言，可知《龙文鞭影》一书的有关作者具有相当学力根柢。

在形式上,《龙文鞭影》承袭唐李瀚《蒙求》,正文为四言句式,每句叙一掌故(《蒙求》末四句、《龙文鞭影》初二集首尾数句除外),两两相对,双句叶韵,注为散文,介绍掌故本事及所涉人物。惟《蒙求》正文每句均为主谓结构,人名居前,如"王戎简要,裴楷清通"、"亮遗巾帼,备失匕箸"。《龙文鞭影》除此之外,尚有"倾城妲己,嫁虏王嫱"之类人名在后之例,更有"觞酒木妓,踏曲杖尼"之类正文不出掌故主人公者,句式较为自由,而对仗特色不失。《蒙求》用韵,平仄间杂,《龙文鞭影》则纯依上、下平声韵次排列。

在内容上,《龙文鞭影》也一脉相承,从《蒙求》中直接录入大量掌故,再加以扩充。《蒙求》凡录掌故六百余,而《龙文鞭影》仅《初集》掌故即逾一千,合《二集》则至两千左右,遂成古代人物掌故之洋洋大观。考其掌故来源,经史子集,无所不涉,中以正史、笔记采纳为多,间取类书与其他典籍,小说家言亦见引用。所述掌故,上自尧、舜,下至有明,帝王将相,士农工商,释道神鬼,天南地北,海内域外,兼容并蓄。历代许多重大事件,各阶层众多著名特出人物,书中都有具体而生动的反映。其反映虽属片段而欠系统、全面,但由于它涉及悠长的历史时期、形形色色的人物和古代社会生活的各个侧面,因而至少可以提供对我国传统文化广泛的常识性了解,并启发对传统文化某些方面进行深入研究的兴趣。

《龙文鞭影》的编纂宗旨,在于向童蒙宣扬修身、齐家、治国之教,故其褒奖忠义贤能,挞伐奸佞邪恶,字里行间常透出凛凛正气。其间网罗轶闻,或有涉不经,实则多暗寓褒贬。即纯属猎奇搜怪的掌故,亦自广识见出发,而有益智怡神之效。所述掌故,多为旧时读书人熟知,传授者耳熟能详,便于解析,乐以之为教材;求学者易于诵读理解,塾外披阅也有兴趣。其不胫而走的条件已经具备。

"龙文"为古时骏马名,后又以之称誉神童,典出《北齐书·杨愔传》："愔从父兄黄门侍郎昱特相器重,曾谓人曰:'此儿驹齿未落,已是我家龙文。更十岁后,当求之千里外。'"《龙文鞭影》书名,即取良马不待鞭策、见鞭影则疾驰之义,较《神童诗》之取名更为雅重,亦当更惬合望子成龙的知识家长心理。

综上可知,《龙文鞭影》在《蒙求》影响下诞生,经过几代作者的努力渐趋完善而超越了《蒙求》。至清初,《蒙求》逐渐落寞,与《龙文鞭影》的崛起想来不无干系。而新学教科书之所以未能立即取代它,固然是由于新书尚属草创,主要的恐怕还是其内在质量决定了它的存在价值。中华民族尤其重视文化传统,有识之士更深知传统文化不可偏废。当代学者杨明照先生,幼年已入民国,即由父亲督课《龙文鞭影》以为启蒙,印象特深,六十余年后仍能成诵,即一实证。

时至今日,《龙文鞭影》自然不便作为教科书再进课堂,它所宣扬的教义亦颇异趣于现代。但是,如果摈弃其因时代悬殊而带有的偏见,它作为古代至近代广泛流传的蒙学读本,自有其教育史料的价值;其中反映的传统道德观念,有许多可为今人提供有益的借鉴。它所载录的掌故,旧时大抵为人熟知,现时多转变生僻,甚至屡有遍查工具书(包括大型的)而不可得者,因而起着掌故大成的作用。

现所见《龙文鞭影》通行本,大致可分为繁简两系。简本版式多齐整,上下栏一律同宽,然每遇注文满栏溢出,则肆意删削,务使纳于栏内,而置害义于不顾。如《初集》卷四"学士登瀛"条删去"命阎立本图像,褚亮为赞,题名字爵里,号'十八学士',谓之登瀛洲"一段,致使"登瀛"本事无着;《二集》下卷"筑扑秦帝",删注后与原义相违;《二集》下卷"福请抑霍",注文删削后致不能卒读。因其版式整齐,颇多翻刻,遂成一系。与简本相比,繁本版式不够整齐,注文时有超出正文宽度,甚至与正文上下错位者,然删削害义则较少见。繁本有合肥周家谦签署诸刻本,遂另成一系。

另见文奎堂《龙文鞭影》单行本（《二集》不附），扉页上横书"萧汉冲先生蒙养故事"，卷首有"明（在上居中）龙眠杨臣诤古度增订中楚萧良有汉冲纂辑　古越来集之音注"字三行。全书分上下卷，二册。音注者来集之，字元成，号倘湖樵人。萧山人。崇祯庚辰（1640）进士。著有《读易隅通》、《倘湖樵书》等，并以《碧纱笼》、《女红纱》、《挑灯记》诸剧作知名。他为《龙文鞭影》作音注，尚鲜为人知。与李恩绶校补本相比，四字正文全同；音注，文奎堂本仅限于正文中字，校补本有少量采用，大半则删略，另增就注语中文字而作的音注；注文，校补本改正了文奎堂本的一些讹误，增入掌故下类似人物事例、地名、人物诠释及有关说明，行文亦间有更改，故二本繁简、用语时有出入，然其基本内容大致相同。此文奎堂本未见序跋，但认其为李恩绶校补所据底本之一系，当不致大谬。

《龙文鞭影》续书并非仅有李晖吉、徐灒所辑一种。外此尚见同治辛未（1871）本《续龙文鞭影》，上题"镇远贺鸣鸾桐邨撰第五男绪蕃幼诚注"，凡三卷，九百余句。正文以上、去、入三声押韵，以韵分卷。其起首四句为"鞭影续长，广搜书笈。仰味羲农，俯遵周孔"；卷末四句为"钱镠英雄，章衡魁甲。书遗蒙求，聊资博洽"，于中可窥全书体例之一斑。此书编纂意图固然在于续补《初集》，内容加以扩充，且合《初集》所押平声韵而成平、上、去、入四韵全璧，经营苦心，不难想见。也许正是对《二集》末尾"俟编仄韵，再续斯函"的响应，亦未可知。惟其刊布流传，则远不及前述《初、二集》合刊本之广泛。

今取通行合刊繁本为底本，补入简本中新增条目；《二集》卷首目录即四字一句正文，与后面全部重复，兹予删去，以免累赘，且与《初集》体例统一；正文旁音注一律移注文中，以清眉目。全书另按韵编目，以与正文相应。

《龙文鞭影》未见精刻善本，其中讹误往往诸本皆同，故除取少数简本优于繁本处以资校改外，余则须力求查寻掌故出处进行核对。

本书所事校改，略述如下：

一、避讳字予以复原，如：宏〔弘〕、琬〔琰〕、甯〔宁〕、湻〔淳〕。

二、改正因音形近似而讹的别字，如：刘〔到〕溉（《初集》卷一"商安鹑服"）、韩浦〔溥〕（《初集》卷三"韩溥鸾笺"）、王〔黄〕冕仲（《二集》上卷"冕仲吟雷"）、谢生拜相〔柑〕（《二集》下卷"谢生拜柑"）。

三、纠正朝代、人物的张冠李戴，如：周〔后汉〕乐羊子远游就师（《初集》卷一"乐羊七载"），晋〔宋〕宋次道家书皆校雠三五遍（《初集》卷一"次道藏书"），南北朝刘〔谢〕侨素贫（《二集》上卷"质史斥儿"），文〔武〕帝好学、魏文〔武〕帝好学（《二集》下卷"武帝好学"），宣〔当〕咏孤雁、汉〔宋〕鲍宣〔当〕为河南法掾（《二集》下卷"当咏孤雁"）。

四、遇有误文而不便改者，原文保留，略书按语，出注说明如：《初集》卷一"潘岳诚奇"条注文言潘岳封安昌侯，查《晋书·潘岳传》未见此记载而另录潘尼封安昌公事，则以按语说明。

五、未得直接否定实证者，如：《初集》卷一"廷尉罗雀"条注文言翟公字子威，《史记·汲郑列传》太史公曰未及翟公之字，《汉书》则载翟方进字子威，此或古人早有臆植者，今并韩信字君实之类，姑仍其旧。

底本《初集》卷四"潘阆藏名"条下有"初（简本有作"明"者）刻作'满'字误"之注（文奎堂本正作"满"），是李恩绶确已作校改，惟遗漏尚多，手民又间增其误。今虽勉力重事校勘，因此书采撷至为广博，而校点者囿于识见，自知远未尽善，其中疏漏谬误，尚祈读者诸君正之。

李祚唐

1987 年 10 月

# 重印附记

　　中国古籍是很讲究版本的,不过其中蒙学著作的版本似乎不在讲究之列,或许与轻视蒙学著作本身的传统认识有关。《龙文鞭影》的版本地位尤其尴尬,虽然它也有较早的刻本(这是善本的条件之一),《中国古籍善本书目》中竟然没有著录一种。至今专攻中国古代蒙学著作版本的学者尚不多见,因而也留下广阔的研究空间。

　　本书的底本,由曾经的普陀区南海中学同事吴德铎先生绍介至上海古籍书店购得。吴先生已于 1992 年 3 月 1 日辞世,谨藉此以志纪念。

李祚唐

2018 年 7 月

# 目　录

## 龙文鞭影二集

# 龙文鞭影

## 正集

〔明〕萧良有纂辑　杨臣诤增订
〔清〕李恩绶　　　校补

# 校补龙文鞭影自叙

　　枕经胙史，儒者事也。不此之务，劂日取《兔园册子》较量歧异，其贤于博弈几希？然读甫里先生传有云：借人书，篇帙坏舛，必为辑褫刊正。解者谓：辑，补其阙略也；褫，删其复叠也；刊正，校刊其字句之谬误也。明贤《龙文鞭影》一书，风行已久，童子入塾后，为父师者，暇即课其记诵，盖喜其字句不棘口，注中隶事甚多也。惟阙略复叠谬误之处，亦逐篇有之。余性弩骀，与鲁望有同癖。向辑《〈尚友录〉笺讹》，颇为识者心许。兹为课儿辈计，因取此书原刻，校雠一过，遇当增删处，明知其僭似，不敢避也。爰授诸筑氏，省传钞之劳。近世咒角骁驹不多见，愿觿龄者日从此衺而默识之，藉以鞭其聪明，则虽讥予为识途之导，余乐受之矣。丹徒后学李恩绶识于青溪寓寮，光绪癸未岁小阳月中盬二日。

# 龙文鞭影原叙

　　王荆公教元泽求馆师，须博学善士。或曰："童蒙何必尔?"公曰："先入者为主。"观于今之求师者与夫师之为师，其先入者可知已。彼诗礼趋庭，饶有世业，貂蝉累叶，不乏嘉宾者，可无论；自余而外，凡一切委巷穷乡，稍能自给之家，未有不竭力事师以期子之成者。顾或三四年，或五六年，或七八年，而学终自若，岂其中遂无汗血驹具一日千里之资者？卒之贤愚同病，咎且定谁归也？余心愍久之，每遇有裨幼学之书，往往不惜较雠，岂得已哉！

　　《蒙养故事》，明中楚萧汉冲先生为加惠幼学而作，取古事之相类者，摘而成偶，又各谐之以韵。聪慧者日可数十事，迟钝者亦日可数事，不似声杂无伦者之难可强记也。为父为师，欲其逸而功倍，此乌可以废焉？惜其征事过少，而夏广文注又多舛谬疏略，是亦不可以已乎？岁丙申，授经沙堤，偶有暇暑，因取次一为更定，复益以安平李瀚《蒙求》对偶及江右俞文彬《续集》，然亦嫌征事多无味，而注更疏舛，其可存才千百之什一耳。庚子春，息影城西，朝来爽气，恒惬心情，缘取曩书，复为增订，迄秋尽而告竣，遂不止倍差于前。盖思以博学为先入，自不禁其幅之溢也。友人王子、陆子与有同好，俱不辞搦管襄事，且怂恿余曰："君家龙文，又加一鞭影矣。"因更名《龙文鞭影》，付诸剞劂。凡属驹齿未落者，皆当见鞭影而驰，以无负不佞较雠之苦志，斯可矣。曹吉利有言："长大而能勤学者，惟吾与袁伯业。"心窃企之。龙眠杨臣诤题。

# 校补龙文鞭影凡例　八则

一、此书原刻每篇隶事八条,惟小注不匀称,每溢至下半叶。兹增事稍多而限以篇幅,俾阅者一目瞭然。

一、原刻注中,有引一事复有前后代事相似者,一并附入,另以一圈识之。兹删其不甚类者,复取他书近似者踵补之。

一、此刻原删繁就简,而间有博引者,盖将助童子腹笥也。如"梦松"下复载入丁固梦桑一事;"舜重瞳"又多补后代重瞳事,此类可推。

一、此刻补古人名字、爵里较多,如一人前后见,尽前一条载其名谥,后不复衍。

一、近时坊间有《四言便读》两薄本,将萧氏原文删去一半,藉以欺世;其小注硬行割裂,每条下间有缩仅半行者,如"人始亚当"诸条是也。识者鄙其太简,此书出而彼书可赅矣。

一、向怪此书原刻于三江韵内事独希少,颇拟增数条。嗣思萧氏创《蒙养故事》于前,经明贤杨氏古度增订再四,彼自喜其征事之多,似不敢再行貂续。然"潘阆藏名"句误"潘"为"满",此沿《尚友录》之误。又"茂宏练服"误作"练",俱不可不更正。至李固言作李固,韩翠屏作韩屏,余引前人"读葛亮"之例,且仍其旧,无事苛绳。

一、古人姓氏蝉联书者,如麟阁功臣,瀛洲学士,暨香山洛社诸贤等事,坊刻类模糊错乱,至九老中"胡杲"误为"果","吉皎"误为"皎",及刘真、卢贞、卢真三人,笔画尤易混舛。斯刻从正史考核清晰,阅者可勿狐疑。

一、每条字义稍僻者,俱剖晰清楚,系于每条之尾,使童蒙易解。至注中古人姓名,如江夏王锋证为萧氏,黄初平改为"皇"字之类,皆有依据。阅者就原刻比而观之,便知疏密。如必均加按字,恐贻狭隘之讥。

丹叔氏再志

# 龙文鞭影卷之一

龙文，良马也，见鞭影则疾驰，不俟鞭策而后腾骧也。

## 一　东

### 觕成四字　诲尔童蒙

"觕""粗"同。○盖言每事撮要，仅以四字粗浅成文而已。唐李瀚《蒙求》亦每句四字。

物生之初，蒙昧未明，童子幼稚而蒙昧，象亦如之，故《易》称"童蒙"，教诲宜及早也。○《文心雕龙》云："童蒙拾其香草。"

### 经书暇日　子史须通

经谓《五经》，或《六经》，或《十三经》，皆是。《五经》：《易》、《书》、《诗》、《礼》、《春秋》。加《乐记》为《六经》。《十三经》则《易》、《书》、《诗》、《左传》、《公羊》、《谷梁》、《礼记》、《仪礼》、《周礼》、《论语》、《孟子》、《孝经》、《尔雅》也。书，《四子书》《学》、《庸》、《论》、《孟》及一切宜读者。诵读之余，不宜闲旷，故下文又及子史焉。

子谓老、庄、列、荀、扬、文中诸子书也。史，史书。古以《书》、《诗》、《春秋》为三史，又《史记》、两《汉》为三史，今则以《史记》而下及宋元为二十一史。皆须讲明，盖所成四字均出子史中也。以上四句，原作书之由。○老，老聃。庄，庄周。列，列御寇。荀，荀卿。扬，扬雄。文中，王通也。聃音丹。

### 重华大孝　武穆精忠

虞舜，本姓姚，系出虞幕，故称虞氏，遂以为有天下之号。史谓其光华之德可合于尧，因号重华。父顽，母嚚，弟傲，舜谐之以孝，故孔、孟皆称为大孝，而扬雄《法言》以为绝德焉。○幕音莫。嚚音银，语不忠信也。

宋岳飞，字鹏举，汤阴人。家贫力学，尤好《左氏春秋》、《孙吴兵法》。未冠，挽弓三百斤，弩八石。尝涅"精忠报国"四字于臂。靖康初，金人南侵，徽、钦北狩。飞应募，以五百骑破兀术十余万于朱仙镇，几灭金。为秦桧所害。初谥武穆，后改谥忠武。

## 尧眉八彩　舜目重瞳

许慎曰：庆都，天帝女，寄伊长孺家，年二十九无夫，出观于河。有赤龙负图而至，曰"赤龙受天下之图"，有人朱衣，光面八彩，须鬓长赤。及孕，十四月生尧，视如图，眉有八彩之色。○下赤字，尺同。尧，帝喾子，岂得无父？汉人尚谶纬，为论每如此。

目中重瞳，非凡民所有。舜耕历山，四岳荐于尧，遂受尧禅。其目有重瞳子，后项羽亦然，太史公遂疑为舜之苗裔，诬矣。○按此外有刘崇、鱼俱罗、明玉珍俱重瞳。又舜目重瞳上下生，项羽重瞳左右生，南北朝沈约则左目重瞳，南唐李后主、明聂大年止一目重瞳，皆主聪明过人。

## 商王祷雨　汉祖歌风

商成汤姓子名履，字天乙，汤其谥也。时有七年之旱，太史占之，当以人祷，汤遂请自当之。因剪发断爪，祷于桑林，以六事自责曰："政不节欤？民失职欤？宫室崇欤？女谒盛欤？苞苴行欤？谗夫昌欤？"言甫讫，大雨数千里。○桑林，今在亳州。

汉高祖过沛宫，悉召故人父老饮。酒酣，上击筑，自歌曰："大风起兮云飞扬。威加海内兮归故乡。安得猛士兮守四方？"于是起舞。又武帝《秋风辞》："秋风起兮白云飞，草木黄落兮雁南归。兰有秀兮菊有芳，怀佳人兮不能忘。汎楼船兮济汾河，横中流兮扬素波，箫鼓鸣兮发棹歌。欢乐极兮哀情多，少壮几时兮奈老何？"○筑似瑟而大，头安弦，以竹击之。

## 秀巡河北　策据江东

汉光武名秀,长沙定陶王后,高祖九世孙也。更始末为偏将军,行大司马事。起兵巡行河北,除莽苛政,邓禹杖策归之。因灭刘盆子、王郎而中兴汉之天下。○更,平声。更始,刘玄年号。

季汉孙策,孙坚长子。十八岁,与周瑜定计渡江,收服群盗。表请为讨虏将军,遂据有江东地。都建康。将死,以事授弟权,破赤壁,复荆州。后即帝位,三分鼎峙。

## 太宗怀鹞　桓典乘骢

唐太宗名世民,高祖次子。生四岁,有书生见之,曰:"龙凤之姿,天日之表,其年几冠,必能济世安民。"高祖使人追之,不见。因采其语名"世民"。尝爱一佳鹞,偶持为戏,魏徵来,遂匿于怀。徵知,故奏事久。及出,其鹞竟死。

汉桓典字公雅,荣之后。以《尚书》教授颍川,生徒数百。灵帝朝为御史,常乘骢马,吏民畏之,乃相戒曰:"行行且止,避骢马御史。"卒为宦官所嫉。○骢音聪,马有黑色也。○典,龙亢人,即今之怀远。

## 嘉宾赋雪　圣祖吟虹

岁将暮,梁孝王不悦,游于兔园。乃置酒,集宾友,召邹生,延枚叟,相如末至。俄而微霰零,密雪下。王授简于司马大夫,使为之赋。相如避席而起,逡巡而揖,因赋之。邹阳闻之,懑然心服,乃作而赋《积雪》之歌,又续为《白雪》之歌。王乃寻绎吟玩,顾枚叔起而为《乱》。详谢惠连《雪赋》。皆托言。○霰音线。

明彭友信,遇太祖微行口占《虹蜺诗》:"谁把青红线两条,和风甘雨系天腰。"命信续之。应声曰:"玉皇昨夜銮舆出,万里长空架彩桥。"上大悦。次晨,召为布政使。○虹音红。"蜺""霓"同。

## 邺仙秋水　宣圣春风

唐李泌,字长源。七岁能文,张九龄呼为"小友"。贺知章见之,曰："此稚子目如秋水,必拜卿相。"玄宗召至,命与张说观棋。说试之曰："方若棋局,圆若棋子,动若棋生,静若棋死。"泌即答曰："方若行义,圆若用智,动若骋才,静若得意。"帝大悦,曰："是子精神,腰大于身。"命游宫,坐贵妃膝,宫人进果。后官至宰相,以功封邺侯。尝辟谷导引,骨节珊然,人谓"邺仙锁子骨"。○邺音业。

汉武帝谓东方朔曰："孔、颜之道德何胜?"方朔曰："颜渊如桂,馨一山;孔子如春风,至则万物生。"○宋朱光庭师事程明道,归而告人曰："光庭在春风中坐了一个月。"○光庭,字公掞。

## 恺崇斗富　浑濬争功

晋后将军王恺、散骑常侍石崇,以豪侈相矜。恺以饴澳釜,崇以蜡代薪。恺作紫丝步障四十里,崇作锦步障五十里。武帝,恺甥也,每助恺。尝赐珊瑚树高二尺许,恺以示崇。崇取铁如意碎之,出珊瑚高三四尺六七株,如恺比者甚众。恺怃然自失。○饴音夷。澳音郁。

晋王浑字玄冲,王濬字士治,同领兵伐吴。濬先入建康,受孙皓降。明日,浑乃济江,遂忿憾相争,表濬不受节制。濬为不平,护军范通为之解和。濬尝梦人授以三刀,又益一刀,后为益州刺史。○濬,闳乡人,小字阿童。浑,晋阳人。

## 王伦使虏　魏绛和戎

宋王伦,高宗绍兴七年二月为奉迎梓宫使如金。十二月,还自金,金许归梓宫及太后。寻复遣。八年三月,伦复偕金使来,许归河南陕西地,实欲招谕江南,加以无礼。李纲疏论不省,胡铨复抗疏,请斩伦及秦桧、孙近三人主和议者。

襄公四年,戎狄侵晋,悼公欲伐之。魏绛言和戎五利:一土可贾,二稸人成功，三诸侯畏怀，四甲兵不顿，五远至迩安。公悦，使盟诸戎。嗣后八年之内，九合诸侯，绛之力也。郑人赂晋，公以所赂乐之半赐绛。○贾音古。

## 恂留河内　何守关中

光武北征，邓禹荐寇恂守河内。更始将苏茂来攻，大破之。帝喜曰："吾固知子翼可任也。"拜颍川太守。从征隗嚣，而颍川盗起。复从帝还颍，抚降之，不复拜。百姓乃遮帝道留之，曰："愿借寇君一年。"因复留镇，受纳余降。○子翼，恂字。隗音委。

汉萧何，高帝初为丞相。楚、汉争锋，何留镇关中，转给馈饷，军需无乏。天下既定，以何功第一，封为酂侯，盖三杰之首也。○关中，今陕西。汉都长安，东有函谷关，南有峣关、武关，西有散关，北有萧关，居四关之中也。酂音赞，地在南阳。峣音遥。

## 曾除丁谓　皓折贾充

宋仁宗初立，京师语曰："欲得天下好，莫如召寇老。欲得天下宁，拔去眼前丁。"寇，寇準；丁，丁谓也。时王曾为相，见谓贬窜準，疑太重。谓答曰："居停主人勿复言，恐亦不免耳。"曾尝以第宅假莱公也。后因移玉堂于上穴事，贬谓崖州司户，曾实主之，人皆称快。○上穴，真宗山陵也。

季汉吴孙皓降晋，贾充问曰："尔凿人目，剥人面皮，此何等刑？"皓曰："因奸回弑君不忠者。"充默然。盖充曾附司马昭，急攻诸葛诞，杀之。又使太子舍人成济抽戈犯跸，又劝昭立炎，而置齐王攸，攸卒不得其死也。观此，刘禅有愧于皓多矣。

## 田骄贫贱　赵别雌雄

周田子方，魏文侯以为师。太子击遇于道，下车谒甚恭，子方不为礼。击怒曰："富贵者骄人乎？贫贱者骄人乎？"子方曰："贫贱者骄人耳，富贵者安敢骄人？国君而骄人，则失其国；大夫而骄人，则失其家。夫士贫贱者，言不用，行不合，则纳履而去，安往而不得其贫贱哉？”

汉赵温，为京兆丞，雅有大志。尝叹曰：“大丈夫当雄飞，安能雌伏？”遂弃官而去。温，字子柔。○汉置京兆尹，治长安城中。绝高曰“京”，千亿曰“兆”，大众所聚，故曰“京兆”。其佐使曰丞。

## 王戎简要　裴楷清通

晋王戎，字濬冲；裴楷，字叔则。武帝问锺会：“谁可任吏部？”会曰：“王戎简要，裴楷清通，可当此任。”遂以二人为吏部郎。戎时始二十四，少年颖悟；楷丰仪俊整，朗朗如玉山上行，光映人目。

楷详上。○又宋吕太乙为户部，吏部投牒，令树棘以防令史交通。太乙报曰：“眷彼吏部，铨选之司，当须简要清通，何必设篱种棘？”时人以为名议。○《世说新语》：武元夏目裴、王曰：“戎尚约，裴清通。”

## 子尼名士　少逸神童

晋王澄尝经陈留，问：“此郡名士有谁乎？”吏曰：“江应元、蔡子尼。”澄问：“陈留多居大位者，何以但称此二人？”吏曰：“向谓君侯问人，不谓位也。”澄笑而止。○应元，名统。子尼，名充。袁宏有《名士传》，分三等。

宋刘少逸，年十一，文辞精敏。其师潘阆携见王元之、罗思纯，以所作赞见，二公因与联句试之。思纯曰：“无风烟焰直。”少逸曰：“有月竹阴寒。”又曰：“日移竹影侵棋局。”少逸曰：“风送花香入酒卮。”元之曰：“风雨江城暮。”少逸曰：“波涛海寺秋。”又曰：“一回酒渴思吞海。”少逸曰：“几度诗狂欲上天。”因闻于朝，赐进士及第。

## 巨伯高谊　许叔阴功

汉荀巨伯远省友疾，值胡贼攻郡。友曰：“吾今死矣！子可去。”巨伯曰："远来相视，子令吾去，败义以求生，岂苟巨伯所行者！"贼至，问曰："大军至，一郡尽空，汝何独止？"巨伯曰："友人有疾，不忍委之，愿以身代其死。"贼曰："我辈无义，而害有义，不可。"遂去。一郡获全。〇"谊"、"义"同。

宋许叔微，字知可，笃志经史，尤邃于医。建炎初，大疫，叔微亲行闾巷，为之诊疗，所活甚众。梦神曰："上帝以汝阴功，锡汝以官。"因留语云："药市收功，陈、楼间阻。堂上呼卢，喝六作五。"后以第六人登第，陛见，改第五人，在陈祖言、楼材之间。

## 代雨李靖　止雹王崇

唐李靖，字药师。微时射猎山中，会暮，抵宿一朱门。夜半闻叫门甚急，一妪谓靖曰："此龙宫也。天符命行雨，二子皆不在，欲奉烦，何如？"遂命黄头披青骢马，戒以马鸣取瓶水一滴滴马鬃，则平地水深三尺。靖见本乡旱极，连下三十余滴，归以语妪。妪曰："君必无家矣。"〇龙宫在今潜山县东三里李家湾。

汉王崇丧父及母，哀毁独甚。尝夏月大雹，禽兽草木摧死。至崇田畔，雹遂倏止，菽麦十顷，竟无损落。及越崇地，则雹势如初。人谓其孝感所至。后仕至大司空，封扶平侯。王莽专政，谢病，就国卒。

## 和凝衣钵　仁杰药笼

五代和凝，字成绩。举进士，名居十三。后知举选，范质亦居十三，谓之曰："以传老夫衣钵。"后历官皆与凝同。作诗云："从此庙堂添故事，登庸衣钵亦相传。"凝知贡举，所取皆一时之秀，称为得人。

唐元澹，字行冲。进士及第，累官通事舍人，狄仁杰器之。尝谓仁杰曰："下之事上，譬富家储积以自资也。脯腊膬胰，以供滋膳；参术苓桂，以防疾疢。门下充旨味者多矣，愿以小人备一药石，可乎？"仁杰曰："君正吾药笼中物，不可一日无也。"〇膬音谐。胰，夹脊肉。笼，一读上声。

## 义伦清节　展获和风

宋沈义伦，太祖朝随军入蜀，每独居蔬食。及东归，箧中惟图书数卷而已。帝固问曹彬，始知其清节过人，擢为枢密副史。

展获，鲁公族无骇之子，盗跖之兄，食邑柳下。及死，门人将诔之。其妻曰："不如妾之知也。"乃曰："夫子之不伐兮，夫子之不竭兮，夫子之诚信而与人无害兮。屈柔从俗，不强察兮。蒙耻救民，德弥大兮。虽遇三黜，终不蔽兮。恺弟君子，永能厉兮。吁嗟惜兮，乃下世兮。夫子之谥，宜为惠兮。"故孟子称之曰"柳下惠"，而目为"圣之和"。〇无骇，鲁大夫。

## 占风令尹　辩日儿童

周尹喜为函谷关令，望见紫气东来，又占风而知有神仙过。俄老聃果乘青牛至，授喜炼气内修吐纳之法，又授以《道德经》五千言而去。后赐号文始先生，有《文始真经》行于世。

孔子东游，见两儿斗辩。问其故，一儿曰："我以日始出时去人近，而日中时远也。"一儿曰："日初出远，而日中近也。"一儿曰："日初出，大如车盖，日中则如盘盂，此不为远者小而近者大乎？"一儿曰："日初出则沧沧凉凉，及其日中如探汤，此不为近者热而远者凉乎？"孔子不能决。两儿笑曰："孰谓汝多智乎？"见《列子》。

## 敝履东郭　粗服张融

《史记》载，东郭先生久待诏公车，贫困饥寒，衣履不完。行雪中，履有上无下，足尽践地。路人笑之，而逍遥自如也。〇铁脚道人赤脚行雪中，朗诵《南华・秋水》诸篇，取梅花和雪嚼之，曰："吾欲寒香沁入肺腑。"

齐高帝手诏赐张融衣，曰："见卿衣服粗敝，诚乃素怀有本；过尔缊缕，亦亏朝望。今送一通故衣，意谓虽故，乃胜新也。是吾所著，已令裁称卿体。"又道士陆修静以白鹭羽扇遗融曰："此异物，当奉之异人。"〇缊音蓝。

## 卢杞除患　彭宠言功

唐卢杞为虢州刺史，奏言虢有官豕三千，为民患。德宗命徙之沙苑。杞曰："同州亦陛下百姓，臣谓食之便。"帝曰："守虢而忧他州，宰相才也。"诏以豕赐贫民。○杞父奕官御史中丞，安禄山陷东都，死之。德宗曰："卢杞忠清强介，人言杞奸邪，朕殊不觉。"李泌曰："此乃杞之所以为奸邪也。倘陛下觉之，岂有建中之乱？"

汉彭宠为渔阳太守。昔光武讨王朗，宠运粮不绝，自负其功，意望甚高。朱浮与之书曰："辽东之猪，古来皆黑，生子白头，异而献之。行至河东，见群豕皆白，怀惭而退。若以子之功论于朝廷，则为辽东之豕也。"

## 放歌渔者　鼓枻诗翁

唐崔铉为江陵守，有楚江渔者，不言姓氏，钓于楚江，得鱼则换酒，辄自放歌。铉见而问曰："君隐者之渔耶？"对曰："姜子牙、严子陵，世皆以为隐者，殊不知钓其名耳。"去而不顾。○宋郭祥正诗："得鱼无卖处，沽酒入芦花。"

宋卓彦恭尝过洞庭，月下有泛舟，一老翁棹其旁。卓问："有鱼否？"答曰："无鱼有诗。"乃鼓枻而歌曰："八十沧浪一老翁，芦花江上水连空。世间多少乘除事，良夜月明收钓筒。"问其姓字，不答而去。○枻音异。

## 韦文朱武　阳孝尊忠

符坚幸太学，博士卢壶曰："《周官礼》注，未有其师。太常韦逞母宋氏世传父业，非此母无可传授。"于是就其家立讲堂，置生徒百二十人，隔绛纱帐受业，号宣文君。○朱序镇襄阳，符坚遣将围之。序母韩氏登城，谓西北角当先受敌，遂领百余婢及城中女子，于其角斜筑城二十余丈。贼攻西北角，溃，因退保，号"夫人城"。

汉王尊为益州刺史。先是，王阳来守是州，行至九折坂，叹曰："奉先人遗体，奈何乘此险道！"遂返车。尊至是，问吏曰："此非王阳所畏道

17

耶?"叱其驭曰:"驱之。"世称王阳为孝子,王尊为忠臣。在部二岁,徼外服其威信。〇《世说》:桓温入峡,绝壁天悬,腾波迅急,乃叹曰:"既为忠臣,不得为孝子,如何?"

## 倚闾贾母　投阁扬雄

齐王孙贾事湣王,楚淖齿乱齐国,王出走,贾失王之处。其母曰:"汝朝去而晚来,则吾倚门而望;暮出而不归,则吾倚闾而望。今王出,汝不知其处,尚何归?"贾因率国人杀淖齿,立湣王之子,而齐赖以安。〇淖音闹。闾,里门也。

汉扬雄,字子云,成都人。刘歆之子棻从之学,坐事诛,辞连及雄。时雄方校书天禄阁,惧而投阁下,几死。京师谚曰:"惟寂寞,自投阁。"后仕新莽,为大夫,作《剧秦美新论》。〇新,王莽篡窃之号。剧音极。

## 梁姬值虎　冯后当熊

宋韩世忠,字良臣,延安人。夫人梁氏,京口娼也。尝五更入府贺朔,见虎蹲卧廊间,骇甚,趋出,不敢言。已而众至,复往视,乃睡卒。蹴之,问姓名,为韩世忠。心异之,归告其母。以酒邀韩,约为伉俪。后世忠贵,遂封梁国夫人。见《鹤林玉露》。〇夫人小字红玉。赵雄奉诏撰世忠墓碑,载梁氏本楚州人。

汉傅太后与冯太后并事元帝为婕妤。帝幸虎圈,熊逸出,傅婕妤走,冯直前当熊而立。上问之,对曰:"妾恐熊至御坐,故以身当之。"傅惭,冯宠,由是有隙。〇婕音接,好音俞,女官也。

## 罗敷陌上　通德宫中

汉王仁妻秦罗敷,邯郸美女也。仁为赵王家令。罗敷出,采桑陌上。王登台,见而悦之,因饮酒,欲夺焉。罗敷善弹筝,作《陌上桑》之歌以自明。歌载《古乐府》。〇邯郸,赵县名。筝,秦乐,蒙恬所造。〇汉严延年女一名罗绀,音敷。

汉伶玄之妾樊通德,赵飞燕女使也,能道飞燕姊妹宫中事。玄曰:"俱灰灭矣。疲精神,驰嗜欲,宁知终归荒田野草乎?"通德掩袖视烛影,以手拥髻,悽然泣下。玄因作《飞燕传》。

# 二　冬

## 汉称七制　唐羡三宗

西汉自高帝而下,有文有武有宣;东汉自光武而下,有明有章,其余无称。故河汾王通尝以七制断之。南宫靖一曰:"反覆两汉之世,大抵仁义公恕,役简刑清,如七制之盛者,两汉之所以兴也;母后擅权,宦戚用事,如七制以下者,两汉之所以亡也。"

太宗除隋之乱,比迹汤、武,致治之美,庶几成、康。玄宗开元之初,励精图治,政如冰霜,号称至治。宪宗刚明果断,志平僭叛,卒收成功,唐威复振。唐有天下二十一君,史论以三宗为最。○"隋"即"随"字,隋文帝去"辵"作"隋"。

## 杲卿断舌　高祖伤胸

唐颜杲卿为常山太守。时安禄山乱,贼将史思明陷常山。杲卿以守具未备,遂为所执。骂贼不绝口,禄山怒,命钩断其舌,以致喷血而死。文天祥《正气歌》"为颜常山舌",盖指此。○杲音稿,字昕。

汉高祖与项羽争雄。汉四年,羽与汉王临广武间而语。汉王数羽十罪,羽怒,伏弩射汉王,伤胸。汉王扪足曰:"虏中吾趾。"因痛创卧。张良强请起行劳军,以安士心。○扪音门。

## 魏公切直　师德宽容

宋韩琦,字稚圭,安阳人,以功封魏国公。为仁宗相,切直敢言,如厉声撤曹太后帘,英宗病,以调护圣躬责太后,及谏止青苗法,皆是。子忠彦知定州,州人庆曰:"此老相公子也。"忠彦字师朴,举进士,累拜右仆射、观文殿大学士。

唐娄师德,字宗仁。武后时为相,宽大有容。尝谓其弟曰:"人唾汝面,俟其自干可耳。"曾荐狄仁杰为相,而狄反挤之。武后出荐书示狄,狄退而叹曰:"娄公盛德,我为所容久矣。"○宋寇準每短王旦,旦专称準才能,密荐为节度使,同平章事,与娄、狄事同。

## 祢衡一鹗　路斯九龙

汉祢衡客游颍、许,怀一刺漫灭无可投。孔融深爱其才,定为忘形交,上疏荐曰:"鸷鸟累百,不如一鹗。使衡立朝,必有可观。"曹操亟见之,衡自称狂疾,不往。操怒,召为鼓吏。尝奏《渔阳掺挝》,音节悲壮,听者感慨。后为黄祖所杀。○祢音你,字正平,淄川人。掺音参。

唐张路斯为宣城令,夫人石氏生九子。尝钓于焦氏台,归则体湿而寒。夫人问之,曰:"我龙也,蓼人郑祥远亦龙,今日与我争钓台宝殿。明日当战,使九子助我。我领绛绡兵,郑领青绡兵。"明日,齐射青绡,中之,九子皆化龙而去。○蓼音六,即今六安州。

## 纯仁助麦　丁固梦松

宋范仲淹,字希文。知开封,命次子纯仁将麦五百斛还姑苏。舟次丹阳,遇石曼卿,云:"家有三丧未葬。"纯仁举麦助之。又云:"二女未适。"遂并其舟与之。还见公,话未毕,而公意悉与之合。○纯仁字尧夫。曼卿名延年。

汉丁固,吴人。少时梦松生腹上,占者曰:"松字于文为十八公,后十八年,君其为公乎?"卒如言。○固尝梦井中生桑,问赵直。直曰:"桑者四十八字,君寿不过四十八卒。"见《佩觿》注。○又唐张志和母梦枫生腹上,生志和。

## 韩琦芍药　李固芙蓉

江都芍药凡三十二种，惟红瓣黄腰称金带围者不易得。韩琦守郡时，偶开四枝。时王岐公珪为郡倅，王荆公安石为幕官，陈秀公升之以卫尉丞适至，韩公命宴花下，各簪一朵。后四人相继大拜，乃花瑞也。〇琦音其。倅音翠，副也。

唐李固言遇一老姥，言"郎君明年芙蓉镜下及第"，来年果中状元，策中有"人镜芙蓉"之语。老姥乃金天神也。见《酉阳杂俎》。〇按李固，汉人；固言，唐人，字仲枢。此作固言为是。

## 乐羊七载　方朔三冬

后汉乐羊子远游就师，一年来归。妻跪问其故，曰："无他，久行怀归。"妻乃引刀趋机曰："此织生自蚕茧，成于机杼，一丝而累，以至于寸；累寸不已，遂成丈定。夫子积学以成德也，若中道而归，何异断斯机乎？"乐羊子遂复卒业，七年不返，妻纺织以养姑，兼馈乐羊子。〇杼音暑，即梭也。

汉东方朔，字曼倩。善诙谐滑稽。汉武即位，朔上书曰："臣年十二学书，三冬文史足用。十五学击剑。十六学诗书，诵二十二万言。十九学孙、吴兵法，战阵之具，钲鼓之教，亦诵二十二万言。若是，可以为天子大臣矣。"帝伟之。

## 郊祁并第　谭尚相攻

宋宋郊，字公序，雍丘人。少与弟祁遇胡僧，相曰："小宋他日当魁天下。"后十年，僧惊问大宋，曰："丰神顿异，似活数万命者，亦当大魁。"盖郊曾作筏渡蚁。比唱第，小宋第一。章献太后谓弟不可先兄，命易之。乃以庠第一，祁第十，并入翰林。〇郊，仁宗命改名庠。祁字子京，小字选郎。

季汉袁谭、袁尚，皆冀州牧袁绍子。绍死，自相攻伐，以争冀州。曹操乘衅起兵，并夷灭之。〇绍字本初，汉司徒袁安之后，汉末据冀州。〇冀州即秦之钜鹿郡，东汉为安平国，曹魏时名冀州。

## 陶违雾豹　韩比云龙

周陶答子治陶三年，名誉不兴，家产三倍。妻谏曰："能薄而官大，是谓婴害；无功而家昌，是谓积殃。今夫子贪富图大，妾闻南山有玄豹，雾隐七日不下食者，何也？欲泽其毛衣而成其文章耳，故藏以避害。豕不择食，故肥而死。今君违此，得无后患乎？"不听。后果被诛。

唐韩愈《醉留东野》诗："昔年因读李白、杜甫诗，长恨二人不相从。吾与东野生并世，如何复蹑二子踪？东野不得官，白首夸龙钟。韩子稍奸黠，自惭青蒿倚长松。低头拜东野，愿得终始如驱蛩。东野不回头，有如寸筳撞巨钟。吾愿身为云，东野变为龙。四方上下逐东野，虽有离别无由逢。"〇孟郊字东野，与愈为忘年交。〇筳音亭，枝茎也。

## 洗儿妃子　校士昭容

唐玄宗宠安禄山，值生辰，厚赐。后三日，入禁中，杨贵妃以锦绣裹安禄山，使宫人以彩舆昇之。上闻喧笑，问故，左右答以贵妃三日洗禄山儿。上喜，赐贵妃洗儿银钱，又厚赐禄山，尽欢而罢。自是出入无忌，颇有丑声闻于外。上不疑。〇昇音预，对举也。

唐上官婉儿母方妊，梦巨人畀以大秤，曰："持此称量天下。"婉生逾月，母戏曰："称量岂尔耶？"辄哑然应。后为昭容，内秉机政。中宗春日幸昆明池，命侍臣应制，属昭容选第一者。昭容从楼上落纸如飞，惟沈、宋二诗不下。又落一纸，乃沈诗，曰："二诗工力悉敌，宋末句'不愁明月尽，自有夜珠来'，较沈更胜耳。"〇宋，宋之问；沈，沈佺期也。

## 彩鸾书韵　琴操参宗

晋吴猛，字世云。女彩鸾，从丁义女秀英学道，后适文箫。箫贫不自给,鸾日写韵书一部,售以度日。居十年,各跨一虎而升。○售音酬。

宋苏轼在杭州,携琴操游西湖。一日戏曰:"我作长老,你试参禅。"琴问:"何谓湖中景?"轼曰:"落霞与孤鹜齐飞,秋水共长天一色。""何谓景中人?"曰:"裙拖六幅潇湘水,髻挽巫山一段云。""何谓人中意?"曰:"随他杨学士,鳖杀鲍参军。""如此究竟何如?"曰:"门前冷落车马稀,老大嫁作商人妇。"琴大悟,遂削发为尼。○鹜音木。

## 三　江

### 古帝凤阁　刺史鸡窗

黄帝姓公孙,名轩辕。时凤凰巢于阿阁。先是,帝问凤象于天老,天老详述其象,且曰:"凤出东方君子之国,翱翔四海之外,见则天下大安。"帝乃斋于殿中。凤凰蔽日而至,集梧桐,食竹实,没身不去。

晋宋宗,字处宗,沛人。官兖州刺史,得一长鸣鸡,爱养窗前。后忽作人语,与处宗谈论,极有玄致。由是处宗玄业大进,时人称为"窗禽"。

### 亡秦胡亥　兴汉刘邦

秦胡亥,始皇次子。始皇崩,赵高、李斯矫诏杀太子扶苏,立胡亥为二世,秦因以亡。初,始皇因卢生奏箓图书,曰:"亡秦者,胡也。"乃遣蒙恬发兵三十万,北筑长城,自临洮至辽东,延袤万余里,威镇匈奴。初不知亡秦之胡乃胡亥也。○袤音茂。

汉高祖刘邦,沛人。起自亭长,初称沛公。用三杰,诛秦灭项,大兴汉室,传至十二,祚四百年。至光武而中兴汉室,至先主而鼎立蜀中。后主禅降魏,汉始亡。

### 戴生独步　许子无双

后汉戴良,字叔鸾。议论高奇,多骇流俗。同郡谢季孝问曰:"子自视天下,孰与为比?"答曰:"我若仲尼长东鲁,大禹出西羌,独步天下,无与为偶也。"○又王坦之字文度,与郗超并为桓温长史。时人语曰:"盛德彬彬郗嘉宾,江东独步王文度。"

汉许慎,字叔重。性纯笃,少博学经籍,马融尝推敬之。时人语曰:"《五经》无双许叔重。"初,慎以《五经》传说臧否不同,于是传为《五经异议》,又作《说文》十四篇以献,特举孝廉。○又南北朝伏挺,少敏悟,及长,博学有才思。任昉曰:"此子日下无双。"又汉黄香,博通经典,能文章,京师号曰:"天下无双,江夏黄童。"

## 柳眠汉苑　枫落吴江

汉苑中有柳,状如人形,因号之曰"人柳"。一日三眠三起,不差时刻。李义山《江之嫣赋》曰:"岂如河畔牛星,隔岁止闻一过;不比禁中人柳,终朝剩得三眠。"○江之嫣,美人名。

唐崔信明,以五月五日生,日方中,有异雀鸣集庭树。史占之曰:"生子当以文显。位殆不高。"贞观中为秦州令,卒。工诗,有"枫落吴江冷"之句,郑世翼因请睹其全,以为所见不逮所闻,遂投其所作于水而去。

## 鱼山警植　鹿门隐庞

鱼山在泰安府东阿县西。魏曹植尝登此山临东阿,忽闻岩岫里有诵经声,清通深亮,远谷流响,肃然有灵。不觉敛衿祗敬,即效而则之。今之梵唱,皆植依拟所造。又植徙封东阿后,登鱼山,喟然有终焉之志。今陈思王墓在山上。○按山即《瓠子歌》之吾山也。山又有神女智琼祠。

后汉庞德公,襄阳人。终年不入城府,荆州刺史刘表数延请,不能屈。后携妻子登鹿门山,采药不返。○按鹿门山在襄阳府城东三十里。襄阳侯习郁立神祠于山,刻二石鹿,夹神道口,谓之鹿门山。○孟浩然少亦隐此。

## 浩从床匿　崧避杖撞

唐孟浩然字浩然。年四十，始游京师，与王维友善。维私邀入内署，适明皇至，匿浩然床下。维以实对，帝曰："朕闻其人而未见也。"诏浩然出。诵所为诗，至"不才明主弃"，帝曰："卿不求仕，朕未尝弃卿，奈何诬我？"因放还。采访使韩朝宗约浩然偕至京，欲荐诸朝，会与故人剧饮，欢甚，不赴。朝宗怒，辞之，浩然亦不悔也。

汉明帝性褊察，喜以耳目隐发为明，公卿大臣数被诋毁，近臣尚书以下至遭捶曳。尝以事怒郎药崧，以杖撞之。崧走入床下，帝怒甚，急言曰："郎出！"崧乃曰："天子穆穆，诸侯皇皇。未闻人君，自起撞郎。"○又田凤为尚书郎，入奏事，灵帝目送之，题柱曰："堂堂乎张，京兆田郎。"

## 刘诗瓿覆　韩文鼎扛

明刘基，字伯温，青田人。元进士，为江浙儒学副提举。弃官隐青田山。太祖征基，入见，陈时务十八策，北伐中原，遂成帝业。封诚意伯。所作文章，为一代称首。诗有《犁眉公集》、《覆瓿集》，卓然元音。谥文成。○汉巨鹿侯芭从扬雄受《太玄》、《法言》。刘歆谓雄曰："今学者有禄利，然尚不能明《易》，其若《玄》何？吾恐后人用覆酱瓿也。"

唐韩愈，字退之，河阳人。擢进士第，官至吏部侍郎。诗与李白、杜甫称三杰。有诗云："龙文百斛鼎，健笔乃独扛。"公自言其诗也。○班固《宝鼎诗》："宝鼎见兮色纷缊，焕其炳兮被龙文。"又黄庭坚《赠米元章》诗："虎儿笔力能扛鼎。"虎儿，元章子友仁小字。

## 愿归盘谷　杨忆石淙

盘谷在河南济源县北，唐李愿隐此。韩愈《送愿归盘谷序》云："太行之阳有盘谷，盘谷之间，泉甘而土肥。或曰：'谓其环两山之间，故曰盘。'或曰：'是谷也，宅幽而势阻，隐者之所盘旋。'"○按西平王李晟子名愿，曾仕至武宁节度使，与愈《序》中意不合，当另有一人。

镇江府城南有杨一清石淙精舍,在丁卯桥侧。一清字应宁,其先云南安宁人。公少能文,以奇童荐为翰林秀才,宪宗命内阁择师教之。年十四,举乡试,登成化八年进士。父景葬丹徒,遂家焉。李梦阳记云:石淙有虎丘之丘,曹溪之溪,螳螂之川,自昆明池来者,奔流数千里,其地崩湍激石,泠然金石之音,故曰"石淙"。

## 弩名克敌 城筑受降

宋韩世忠于金入寇时,造克敌弓,以当敌骑冲突。其发可至百步,其劲可穿重甲。淳熙九年,淮东总领朱佺言:镇江一军,乃世忠部曲。诸军计弩手八千八百四十二人,人合用两弓,一弓一日上教,一弓备出战,合用弓万七千六百八十有四。往岁调发,不免损失,乞下镇江都统司足其额。

受降城在山西大同府西北。○《李陵传》诏"抵受降城休士"注:"受降城本公孙敖所筑。休,息也。"《一统志》:中、东、西三城皆唐朔方总管张仁愿所筑。仁愿请乘虚取漠北地,于河北筑三受降城,当虏南寇路,斥地三百余里。自此,突厥不敢逾山牧马。○仁愿,华州下邽人,封韩国公。

## 韦曲杜曲 梦窗草窗

西安府南有韦曲,地近樊川,唐韦安石别业,擅林泉花竹之胜。又贵家园亭、侯王别墅多萃于此。○《三秦记》:韦曲在皇子陂之西。又有杜曲,唐杜岐公佑致仕,与昆仲时贤游纵其间。杜固谓之南杜,杜曲谓之北杜。韦、杜二氏俱显仕,时人语云:"城南韦、杜,去天尺五。"

南宋吴文英,字君特,四明人。从吴毅夫游,工词,有《梦窗甲乙丙稿》四卷。尹惟晓云:"求词于吾宋,前有清真,周邦彦也。后有梦窗。此非予之言,四海之公言也。"○又周密,字公谨,济南人。侨居吴兴,自号弁阳啸翁,又号萧斋。精于词,有《草窗词》二卷,一名《蘋洲渔笛谱》。○宋儒周茂叔斋前草不除,曰:"与自家生意一般。"

## 灵征乌狗　诗祸花尨

明陈士元著《梦占逸旨》,有云:"梦亦觉也者,如庄子梦为蝴蝶,梁世子梦为鱼鸟是也。觉亦梦也者,如太史乌狗之梦,周宣乌狗之占是也。"注:"《魏志》:周宣字孔和。太史问宣梦见乌狗,宣曰:'得饮食。'他日又问梦见乌狗,曰:'堕车折脚。'他日又问梦见乌狗,曰:'有火灾。'太史曰:'三问皆非梦,聊试君耳,何以皆验?'"

明高启,字季迪,自号青丘子,长洲人。洪武初,召修《元史》,擢户部侍郎。工诗。以题《宫女图》触高帝之怒,借坐魏观事伏法,年三十九。诗云:"女奴扶醉踏苍苔,明月西园侍宴回。小犬隔花空吠影,夜深宫静有谁来?"又御史张尚礼作宫怨诗,帝以其能摹写宫闱心事,下蚕室死。○魏观筑台,启作《上梁文》。

## 嘉贞丝幔　鲁直彩缸

唐郭元振美丰姿,宰相张嘉贞欲纳为婿,曰:"吾有五女,命各持一丝于幕后,子牵之。得者为妇。"元振牵一红丝,得第三女,贤而色美。元振后拜相。○武后索元振所为文章,上《宝剑篇》。○又李林甫有六女,于堂壁开一横窗,蒙以绛纱。凡子弟进谒者,令女于窗下自选,号"选婿窗"。

宋黄鲁直之子求婚于苏迈之女,纳吉时以红彩缠其缸。○婚姻有六礼:一曰纳采,二曰问名,三曰纳吉,四曰纳征,五曰请期,六曰亲迎。○苏迈,东坡长子。

# 四　支

## 王良策马　傅说骑箕

汉中有四星曰天驷,旁一星曰王良。《步天歌》云:"五个吐花王良星,良星近上一策名。"《黄帝占》曰:"四马参差不列行,则天下安;四马齐行,王良举策,则不安,天子自临兵。"《史记》云:"王良策马,车骑满野。"
○汉王良,字仲子。王莽累辟,不应。

《庄子·大宗师》篇:"傅说得之,以相武丁,奄有天下。乘东维,骑箕
尾,而比于列星。"得之指道言。今箕、尾间有傅说一星主祀章,为后宫祀
神明,保子孙。明大则王者多子孙,亡则社稷无主,入尾则天下咀呪,庄
周盖取此以相比,非真谓说能上升也。○说音悦。

## 伏羲画卦　宣父删诗

伏羲,风姓,号太昊,一号春皇。时黄河龙马浮出,背旋成图,具阴阳
奇偶之数。帝见法之,画成八卦:乾一,兑二,离三,震四,巽五,坎六,艮
七,坤八。是谓之先天。其后文王、周公、孔子相继而成《易》。○马八尺
以上曰龙。羲音希。奇音基。

至圣孔子,哀公谥为尼父。西汉褒谥成宣,又加称至圣文宣王。周
流四方,道不行,退而归鲁。古诗三千余篇,删为三百十一篇以授,子夏
为之序。至秦汉之际,复亡其六。○父音甫。

## 高逢白帝　禹梦玄彝

汉高祖微时,被酒,夜经泽中,有大蛇当道,高祖拔剑斩之。后人来,
至蛇所,有老妪夜哭曰:"吾子白帝子也,化为蛇当道,今赤帝子斩之。"妪
忽不见。后人以告高祖,心独喜自负,从者日众,推戴益隆。

禹治水至衡山,血白马以祭。梦有赤绣文男子称玄彝苍水使者曰:
"欲得我简书,斋于黄帝之宫。"禹斋三日,果得金简玉牒,因知治水之要。
或云得于岣嵝峰,或云得于宛委。今岣嵝有神禹碑,皆科斗文字。未究
孰是。○岣嵝,即衡山。宛委,山名,在会稽。

## 寅陈七策　光进五规

宋高宗时,起居郎胡寅进七策:一罢和议而修战略,二置行台,三务

实效，四起天下之兵，五都荆襄，六选宗室，七存纪纲。吕颐浩为平章兼江淮宣抚，恶其切直，罢之于外。○寅字明仲，称致堂先生。

宋司马光，仁宗朝知谏院。上三札，又进五规，曰保业、惜时、远谋、谨微、务实。帝嘉纳之。○唐人奏事非表非状者，谓之札子。又淳熙中，侍读郑丙复取五规以进。

## 鲁恭三异　杨震四知

后汉鲁恭，字仲康。为中牟令。邻邑苦蝗，独不犯恭界。河南尹袁安遣掾肥亲廉之，与恭息桑阴，有雉过儿童旁，掾曰：“何不捕之？”童曰：“雉方将雏。”掾辞恭曰：“虫不入境，化及禽兽，童子有仁心，三异也。”还白安，表荐为大司徒。○掾，官属。肥亲，掾姓名。○孟昶《戒石铭》：“政存三异。”

汉杨震，字伯起。迁东莱太守，道经昌邑，所举荆州茂才王密为邑令，夜怀金献之。震曰：“故人知君，君不知故人，何也？”密曰：“暮夜无知者。”震曰：“天知，地知，子知，我知，何谓无知？”密惭而退。又尝为涿州守，公廉不受私谒，或劝其置产以遗子孙，震曰：“使后世为清白吏子孙，所遗不已多乎？”子名秉，字叔节，即世称“三不惑”者。

## 邓攸弃子　郭巨埋儿

晋邓攸，字伯道。为尚书，尝因石勒之乱弃其己子，系之树，特负其侄而逃。及过江，纳一妾，甚宠，询其家属，即攸甥也。遂感恨不复畜妾，后竟无子。谢太傅哀之曰：“天道无知，使伯道无儿。”○石勒，五胡之一。

汉郭巨，字文举，林县人。家贫不能供母，每食母，儿必分甘。夫妇欲埋其儿，谓子可再有，母不可复得。掘土三尺余，忽见黄金一釜，上有丹书曰：“天赐孝子郭巨，官不得夺，人不得取。”○一云巨将卖儿，妻不敢违，一日偶掘坑，得此金。

## 公瑜嫁婢　处道还姬

宋锺离瑾，字公瑜，合肥人。知德化县，将嫁女，市婢，乃前令女，遂与己女同嫁。夜梦绿衣丈夫谢曰："请命于帝，奉十郡太守世禄君子孙。"即前令也。

杨素，字处道。陈乐昌公主，徐德言妻也。陈乱，夫妇相诀，破一镜，各执其半，约他日以正月望日卖于都市。及陈亡，公主为越公杨素家姬，德言流离至京。遇上元，公主令苍头卖半照，高大其价。德言引至寓，出半照合之，仍题诗曰："照与人俱去，照归人不归。无复嫦娥影，空留明月辉。"素知之，即召德言，还其妻，厚遗之。遂归江南偕老。

## 允诛董卓　玠杀王夔

汉王允，有才略。郭林宗见而异之，曰："王生一日千里，王佐才也。"献帝朝为司徒，忿董卓专恣，乃潜结卓将吕布，定计诛之，弃其尸于市。守尸吏燃灯卓脐，光明达曙者三日。〇允字子师。

宋余玠为四川宣谕使，利司都统王夔素残悍，不受节度，蜀人苦之。玠至嘉定，夔帅所部迎谒。玠徐徐命吏以次班赏，而密与亲将杨成计，僭以成代领其众，招夔计事，至即斩之。

## 石虔趫捷　朱亥雄奇

晋桓石虔趫捷绝伦，从父豁猎围中，见猛兽被箭而伏。诸将素知其勇，戏令拔箭。虔往拔之，得一箭。猛虎跳，虔亦跳，高于虎身。虎又伏，虔复拔一箭以归。从桓温入关，威镇敌人。桓冲被苻坚所围，垂没，石虔跃马赴之，救冲于数万众之中。时有病疟者，云"石虔来"以怖之，辄愈。〇石虔，小字镇恶。

周朱亥，大梁人。勇侠，隐于屠肆。侯嬴荐之魏公子无忌，使奉璧谢秦。秦王怒，使置之虎圈，亥发上冲冠，瞋目视虎，虎不敢动。遂以礼遣。复使亥袖四十斤铁椎击杀晋鄙，夺其兵，遂退秦存赵。〇晋鄙，魏将姓名。

## 平叔傅粉　弘治凝脂

季汉何晏，字平叔。南阳人。善谈老庄，官吏部尚书。美姿仪，面至白。魏明帝疑其傅粉，正值夏月，与以热汤饼。既啖，大汗出，以朱衣自拭，色转皎然。

晋杜乂，字弘治，预孙。其肤清绝，王右军见之叹曰："面如凝脂，眼如点漆，神仙中人也。"有称王长史形者，蔡子尼曰："恨诸人不见杜弘治耳。"○王长史名仲祖。○《江左名士传》曰："杜弘治清标令上，为后来之美。"

## 伯俞泣杖　墨翟悲丝

汉韩伯俞性至孝。尝有过，母笞之，泣。母曰："从前数杖汝，弗泣，今泣，何也？"俞对曰："往者杖尝痛，知母康健；今杖不痛，知母力衰，是以悲泣。"○笞音鸥。"俞"一作"瑜"。陈思王《灵芝篇》曰："伯俞年七十，彩衣以娱亲。"

墨翟，战国时宋人。著书十篇，号为《墨子》。时见有染丝者，悲叹曰："染于苍则苍，染于黄则黄，五入则为五色，不可不慎也。非独染丝，治国亦然。"○《文心雕龙》："才有天资，学慎始习。斫梓染丝，功在初化。"

## 能文曹植　善辩张仪

季汉魏曹植字子建，曹操第三子。十岁善属文，才敏七步。操尝疑其倩人，植曰："出言为论，下笔成文，固当面试，奈何倩人？"当时目为"绣虎"。谢灵运尝言："天下才共一石，子建独得八斗。"封陈王，谥曰思。○又唐柳公权从幸未央宫，帝驻辇曰："朕有一喜，当贺我以诗。"乃应声成文。上曰："子建七步，尔乃三焉。"

张仪，战国时魏人。与苏秦同师鬼谷。尝从楚相饮，诬以盗璧，击之遍体。归问其妻曰："视吾舌在否？"曰："在。"曰："舌在足矣。"善辩，因连衡六国,使皆割地事秦,为秦、魏二国相,封武信君。○鬼谷子,王诩也。

## 温公警枕　董子下帷

宋司马光,字君实,夏县人。哲宗朝为相,封温国公。一室萧然,图书盈几。尝喜读书,恐其熟睡,乃以圆木为枕,小睡则枕欹而觉,乃起更读。○按唐武肃王钱镠在军,尝为警枕,温公或法之欤?

汉董仲舒,广川人。少治《春秋》,勤于嗜学,乃下帷读书,三年目不窥园囿。后举贤良,廷对天人三策,谓"不在六艺之科、孔子之术者,宜绝勿进。凡治申、韩、苏、张之说者,宜罢之"。为江都相。又以正谊明道之言折易王"越有三仁"之问,程子称其度越诸子,为汉醇儒。○易王,汉武帝兄,封江都。

## 会书张旭　善画王维

唐张旭,字伯高。善草书,性嗜酒,每醉,呼叫狂走,乃下笔,或以发濡墨而书。既醒,以为入神。初为常熟尉,有老人陈牒求判,信宿又至。旭责之,曰:"观公笔奇妙,欲以藏家耳。"因出其父书,天下奇笔也。旭自是尽得其法。又尝见公主、担夫争道而得笔法,观公孙大娘舞《剑器》,更得其神,人称草圣。○舞《剑器》,空手舞也。详见杜诗。又汉张芝善书,韦仲将目为草圣。

唐王维,字摩诘,开元九年进士及第。画思入神。有别墅在辋川,与裴迪时游其中,因为画图,极臻其妙。苏子瞻曰:"味摩诘之诗,诗中有画;观摩诘之画,画中有诗。"○秦太虚观《辋川图》,便却疾。墅音竖。

## 周兄无慧　济叔不痴

晋悼公名周子。成公十八年春正月,栾书、中行偃使程滑弑厉公,以车一乘,使荀罃、士鲂逆周子于京师,立之,生十四年矣。大夫逆于清源,庚午盟而入。辛巳朝于武宫,逐不臣者七人。周子有兄而无慧,不能辨菽麦,故不可立。

晋王湛,字处冲。雅抱隐德,遂负痴名,兄子济往省,略无子侄敬。忽见床头有《易》,讶之,与谈。湛为剖析入微。又与乘马驰骋,步骤不异于济。济叹曰:"家有名士,三十年而不知。"先是,武帝尝调济:"卿家痴叔死未?"至是,济应曰:"臣叔不痴。"为道其美。帝问:"谁比?"曰:"山涛以下,魏舒以上。"于是显名。年二十八始宦。

## 杜畿国士　郭泰人师

季汉杜畿自荆州还,至许,见侍中耿纪,语终夜。尚书令荀彧与纪比屋,夜闻畿言,异之。旦遣人谓纪曰:"有国士而不进,何以居位?"既见畿,如旧相识,遂进之于朝。

汉郭泰,字林宗,介休人。魏照童子时求入事泰,供给洒扫。泰曰:"当精义讲书,何来相近?"照曰:"经师易获,人师难遭。欲以素丝之质,附近朱蓝。"于时泰名显,士争归之,载刺常盈车。又于梁、陈间行,遇雨,巾一角垫。时人乃故折巾一角,以为林宗巾。

## 伊川传易　觉范论诗

宋程颐尝游成都,见治篾箍桶者挟册,就视之,则《易》也。篾者问曰:"若尝学此乎?"因论《未济》卦,知三阳失位,为男穷之义。颐后请袁滋曰:"《易》学在蜀矣。"又尝见卖酱薛翁,与语,大有得。盖篾叟、酱翁皆蜀之隐君子也。○按滋一作袁溉,字道洁,其学得于富顺监卖香薛翁。

宋洪觉范为僧,善诗。有弟名超然,为人谨厚,亦善论诗,极有风味。尝曰:"诗贵得于天趣。"觉范曰:"何以识其天趣?"曰:"能知萧何所以识韩信,则天趣可识矣。"觉范竟不能屈。

## 董昭救蚁　毛宝放龟

汉董昭之,字公仁,渡钱塘,见短芦浮一巨蚁,甚遑遽,因引芦至岸,蚁得济。夜梦乌衣人谢曰:"仆蚁王也,感君济溺。君后倘有急难,当告。"后昭之被盗诬系余杭狱,忽忆梦,同禁者令取一二蚁置掌中语之。昭之如其言,果复梦乌衣,曰:"可急投山中。"既寤,众蚁啮械穴狱,因得出投山中。遇赦免。○啮音孽。

晋毛宝,字硕贞。年十二,见渔人钓得一白龟,宝赎放之。后守邾城,与石虎战败投江,足蹑一物,得至岸。回视之,则向所放龟也,昂首摇尾而去。○按《晋书》,放龟乃宝之军士事。

## 乘风宗悫　立雪杨时

南北朝宗悫,字元幹,南阳人,炳之从子。少时,叔父问所志,答曰:"愿乘长风破万里浪。"仕刘宋,为豫州太守,曰:"得一州如斗大,何足展吾志?"后为振武将军,伐林邑,克之。珍宝山积,秋毫不染,归惟枕被而已。后封洮阳侯。○悫音却。

宋杨时,字中立,南剑将乐人。潜心经史,第进士,调官不赴,以师礼见程颢于颍昌,相得甚欢。及归,颢目送之曰:"吾道南矣。"颢卒,又从程颐于洛,时年已四十,事颐愈恭。一日颐偶瞑坐,时与游酢侍立不去。颐既觉,门外雪深一尺矣。杜门不仕者十年。久之,历知浏阳、余杭、萧山三县,皆有惠政。○游字定夫。

## 阮籍青眼　马良白眉

晋阮籍,字嗣宗。丰仪瑰杰,神气宏放,当其得意,忽忘形骸。属天下多故,名士少有全者,遂甘饮自适。能为青白眼,见俗客,则以白眼对。尝居丧,嵇喜往吊,籍作白眼,喜不怿。喜弟康闻之,挟琴赍酒造焉,籍乃大悦,见青眼。

季汉马良,字季常,襄阳宜城人。五兄弟并以才著。良眉际有白毫,里人称之,曰:"马氏五常,白眉最良。"昭烈领荆州,辟为从事。即位,以为侍中。及征吴,遣入武陵招纳五溪蛮,皆受印号。○季常外有伯常、仲常、次常、幼常。

## 韩子孤愤　梁鸿五噫

韩非，韩之诸公子也。与李斯共事荀卿，善刑名法律之学，作《说难》、《孤愤》、《五蠹》、《说林》十余万言。秦王尝手其书读之，叹曰："朕得与此人游，死不恨矣。"韩纳地称藩于秦，使非往聘，始皇悦之。未及用，李斯即谮之，下吏自杀。○《说难》之说音税。

汉梁鸿，字伯鸾。家贫，尚节操。因东出关，过京，作《五噫歌》。肃宗求之，鸿乃变姓名为运期燿，字侯光，隐于齐、鲁间。后与其妻孟光适吴，依皋伯通庑下，为人赁春。妻具食，必举案齐眉。伯通异之，曰："彼佣能使其妻敬之如此，非凡人也。"乃舍之于家。死葬要离冢旁，妻子归扶风。○案，古椀字。要离，吴烈士。噫音衣。

## 钱昆嗜蟹　崔谌乞麂

宋钱昆，字裕之。初惩藩镇之弊，置通判以贰州事，故常与守争权，曰："朝廷使我监汝。"昆性嗜蟹，为少卿，求补郡。人问所欲，昆曰："但得有螃蟹无通判，则可矣。"东坡诗有云："欲问君王乞符竹，但忧无蟹有监州。"宋人诗文喜用本朝故事。

北齐西河守崔谌，恃弟暹势，从李绘乞麂角、鸽羽。绘答书曰："鸽有六羽，飞则冲天；麂有四足，走便入海。下官手足迟钝，不能近追飞走，以事佞人。"○谌音忱。暹音先。绘时拜高阳内史。

## 隐之卖犬　井伯烹雌

晋吴隐之，字处默，濮州人。性至孝。将嫁女，谢石知其贫素，移厨帐，助其经营。使者至，见其婢方牵犬卖之，此外萧然无办。其时为谢石主簿也。○又宋胡铨嫁女，惟《汉书》一部，匣一砚。又汉戴叔鸾嫁女，惟贤是与，不问贵贱。五女并贤，皆练裳、竹笥、木履以遣之。

周百里奚,字井伯。家贫,出游不返。其妻无以自给,乃西入秦为浣妇,遂与相失。后奚为秦相,妻知之,未敢言。一日,奚坐堂上作乐,所赁浣妇自言知音,因援琴而歌者三。其一曰:"百里奚,五羊皮。忆别时,烹伏雌,炊扊扅,今日富贵忘我为?"问之,乃故妻也。遂还为夫妇。○扊音庵,扅音移,门枋也。○按班氏《古今人表》,列百里奚第三,井伯第六,明非一人。朱子尝辨之。

## 枚皋敏捷　司马淹迟

汉枚皋,字少孺,乘子,淮阴人。武帝时,年十七,上书梁共王,拜为郎。好诙谐,喜赋颂,又极敏捷,时以比东方朔。扬雄曰:"军旅之际,戎马之间,飞书驰檄,则用枚皋。"○乘字叔,景帝朝拜弘农都尉。

汉司马相如,武帝朝以词赋得幸。为文首尾温丽,但构思淹迟。其为《上林》、《子虚》赋,控引天地,错综古今,忽然而睡,焕然而兴,几百日而后成。扬雄曰:"庙廊之下,朝廷之上,高文典册,则用相如。"○梁武帝手敕答张率曰:"相如工而不敏,枚皋敏而不工。卿可谓兼二子於金马矣。"

## 祖莹称圣　潘岳诚奇

南北朝祖莹,字元珍。八岁能通《诗》、《书》,藏火夜读,恐为家人所觉,时号为"圣小儿"。及长,与陈郡袁翻齐名。时人语曰:"京师楚楚袁与祖;洛中翩翩祖与袁。"仕魏为秘书监。尝曰:"文章须自出机杼,成一家风骨,何得与人同生活也?"○又张堪、任延、杜育、孙思邈俱称"圣童"。

晋潘岳,字安仁,中牟人。才名冠世,藻思如江濯锦绮而增绚。美姿容,少时挟琴弹出洛阳道,妇人皆投以果,满车而归,乡邑号为"奇童"。尝为河阳令,满县种桃李,人称"河阳一县花"。累官太常卿,封安昌侯(安昌公系潘尼封号)。○又李泌、严武俱称"神童"。

## 紫芝眉宇　思曼风姿

　　唐元德秀,字紫芝。天宝中任鲁山令,天下重其行,称曰元鲁山。后隐居陆浑山中,不为墙垣扃钥,岁饥日,或不爨,以琴酒自娱。房琯曰:"见紫芝眉宇,使人名利之心都尽。"苏源明亦曰:"不幸仆生于衰俗,所不耻者,识元紫芝也。"及卒,家惟杖履箪瓢而已。

　　南北朝张绪,字思曼。风姿清雅,宋明帝朝为侍中令。齐武帝时,刘峻为益州刺史,献蜀柳,枝条甚长,状如丝缕。武帝植之于太昌灵和殿前,尝玩之,叹曰:"此柳风流可爱,似张绪当年。"时绪吐纳风流,听者皆忘饥疲,见者肃然,如在宗庙。○曼音万。

## 毓会窃饮　谌纪成麋

　　季汉锺毓、锺会,锺繇子。小时值父昼寝,因共偷服药酒。其父已觉,姑托寐以观之。毓拜而后饮,会饮而不拜。既而问毓何以拜,曰:"酒以成礼,不敢不拜。"问会何以不拜,曰:"偷本非礼,所以不拜。"○又孔文举儿大者六岁,小者五岁。小者盗饮,大者问之,答与会同。

　　汉太丘长陈寔二子纪、谌,与父并著高名,时号"三君"。有客诣之,谈锋甚敏,二子时尚少,令炊饭。问:"何迟留?"纪跪曰:"君与客语,儿辈窃听,炊忘著箅,今皆成麋。"太丘曰:"汝颇有所识否?"二子跪述,言无遗失。太丘曰:"如此但麋自可,何必饭?"○识音志。著读酌。

## 韩康卖药　周术茹芝

　　汉韩伯休,名康,霸陵人。家世著姓,卖药长安市,口不二价,三十余年。时有女子买药,康守价不二。女子怒曰:"公是韩伯休耶? 乃不二价!"康叹曰:"我本避名,今女子皆知,何用药为?"遂隐霸陵山中,连征不起。桓帝以玄缥安车聘,中道遁去。

　　汉周术,字元道,"四皓"之一,号角里先生,一号霸上先生。今太湖洞庭山有角里村,是其故居。尝作《采芝歌》云:"莫莫高山,深谷逶迤。

晔晔紫芝,可以疗饥。唐虞世远,吾将何归? 驷马高盖,其忧甚大。富贵
之畏人兮,莫如贫贱之肆志。"○角音禄,俗作"角"。

## 刘公殿虎　庄子涂龟

宋刘安世官台谏,欲直言,因白其母。母曰:"谏官为天子诤臣,汝父
欲为之而弗得,汝当捐生报主,勿以母老为虑。"安世因知无不言,言无不
尽。至雷霆之怒赫然,则执简却立;少霁,复前,或至四五。观者皆汗缩
竦听,目之曰"殿上虎"。尝曰:"吾欲为元祐全人,见司马公于地下也。"
世号元城先生。○又司马光上殿相争如虎,下堂未失和气。

《南华·秋水篇》:庄子钓于濮水,楚王使大夫二人往先焉,曰:"愿
以境内累矣。"庄子持竿不顾,曰:"吾闻楚有神龟,死已三千岁矣,王巾笥
而藏之庙堂之上。此龟者,宁其死为留骨而贵乎,宁其生而曳尾于涂中
乎?"二大夫曰:"宁生而曳尾于涂中。"庄子曰:"往矣。吾将曳尾于涂
中。"○曳音异。

## 唐举善相　扁鹊名医

周蔡泽从唐举相,举笑曰:"圣人不相,殆先生乎?"泽知戏己,乃曰:
"富贵吾所自有,所不知者,寿耳。"举曰:"今以往可四十三岁。"泽曰:"持
粱刺肥,怀黄金印,富贵四十三岁足矣。"后果为秦相。

周扁鹊,姓扁名缓。一云姓秦名扁鹊,字越人。魏文侯问曰:"子兄
弟三人孰最?"曰:"长兄于病,视神未有形而除之,名不出于家;仲兄治
病,其在毫毛,名不出于闾。若扁鹊,镵血脉,投毒药,敷肌肤间,而名闻
于诸侯。"

## 韩琦焚疏　贾岛祭诗

宋韩琦,年二十登进士第二,唱名终,太史奏"日下五色云见"。累官
至宰相。为谏官三年,所存疏稿,欲敛而焚之,效古人谨密之义。但恐无

以彰从谏之美，乃集七十余章，曰《谏垣存稿》，自序大略，谓谏主于理胜，而以至诚将之。〇陈群、皇甫嵩、荀彧、羊祜、田锡、马周，皆自焚谏章。

唐贾岛，字浪仙，范阳人。善诗。宣宗尝微行至法乾寺，闻钟楼上有吟声，取其诗卷览之。岛夺取其卷，曰："郎君向会此耶？"宣宗去，赐御札，除长江主簿。后寓于滇，乞诗者无虚日。每岁除夕，检一年所作，祭以酒脯，曰："劳吾精神，以是补之。"

## 康侯训侄　　良弼课儿

宋胡安国，字康侯。弟之子寅，少桀黠难制，安国闭之空阁一年。上有杂木，寅尽刻为人物。安国乃置书千卷于上，年余，寅悉成诵。遂登进士，累迁起居郎。

宋余良弼勤于课子，尝为诗曰："白发无凭吾老矣，青春不再汝知乎？年将弱冠非童子，学不成名岂丈夫？幸有明窗兼净几，何劳凿壁与编蒲？功成欲自殊头角，记取韩公训阿符。"〇阿符，韩昶小字，愈子。

## 颜狂莫及　　山器难知

南北朝颜延之，文章冠世，与谢灵运齐名。宋文帝尝召，不见，但于酒店狂歌，了不应对。他日醉醒，乃见。帝问其诸子才能，对曰："竣得臣笔，恻得臣文，㚟得臣义，曜得臣酒。"何尚之曰："谁得卿狂？"曰："其狂不可及。"性激直，所言无忌讳，论者谓之"颜彪"。〇竣音铨。㚟音绰。

晋山涛，器量不群。羊祜与武帝谋伐吴，涛曰："自非圣人，外宁必有内忧。释吴以为外惧，岂非算乎？"人服其远识。王戎目之曰："璞玉浑金，人皆钦其宝，莫能名其器。"

## 懒残煨芋　　李泌烧梨

唐高僧明瓒，号懒残。隐居衡山石窟中。尝作歌曰："世事悠悠，不如山丘。卧藤萝下，块石枕头。"德宗闻其名，召之，使者至其窟，宣言天子有诏,尊者幸起谢恩。瓒方拨牛粪火煨芋食之,寒涕垂膺,不答。使者笑之,劝其拭涕。瓒曰:"我岂有工夫为俗人拭泪耶?"竟不能致。德宗钦叹之。○又李泌见之,瓒煨芋啖之,曰:"勿多言,领取十年宰相。"后果如其言。

唐肃宗夜坐,三弟颖王等及李泌皆与。泌方绝粒,上自烧梨赐之。王等请联诗为他年故事。颖王曰:"先生年几许,颜色如童儿。"信王曰:"夜抱九仙骨,朝披一品衣。"汴王曰:"不食千锺粟,惟餐两颗梨。"上曰:"天生此间气,助我化无为。"○泌小字顺。

## 干椹杨沛　焦饭陈遗

季汉杨沛除新郑长,课民蓄桑椹、萱豆,积得千余斛。魏武为兖州刺史,西迎天子,所将千余人皆无粮。过新郑,沛乃进椹、豆,操大喜。后令邺,赐生口十人,绢百疋,以报之。○萱音劳,野豆也。

晋陈遗,吴郡人。母好食铛底焦饭,遗作郡主簿,每煮食,辄贮之,归以奉母。后值孙恩乱,吴郡府君袁崧即日起兵,遗复聚得数斗,遂带以从军。及战败,逃走山泽,众多饿死,遗独以焦饭活,人以为纯孝之报。后举孝廉。

## 文舒戒子　安石求师

季汉王昶,字文舒。性谨厚,名其兄子曰默、曰沉,名其子曰浑、曰深、曰沦、曰湛,为书戒之曰:"吾以数者为名,欲使汝曹顾名思义,不敢违越也。夫物速成则疾亡,晚就则善终。能屈以为伸,让以为得,弱以为强,鲜不遂矣。人或毁己,当退而求之于身。谚曰:'救寒莫如重裘,止谤莫如自修。'斯言信矣。"司马懿荐其才德兼备。

宋王安石教元泽,求馆宾,须博学善士。或曰:"发蒙何必尔?"公曰:"先入者为主。"见《晁氏客话》。○元泽,安石子王雱字。○《荀子》:"人无师法,则隆情矣;有师法,则隆性矣。"又周子云:"师道立,则善人多。"

## 防年末减　严武称奇

汉景时，防年因继母陈杀其父，遂杀陈。廷尉以大逆谳，帝疑之。武帝年十二，侍侧，对曰："继母如母，缘父之故。今继母杀其父，下手之时，母道绝矣。是父仇也，不宜以大逆论。"帝从之。〇汉又有防广为父报仇事。

唐严武，字季鹰，挺之子。母裴氏不为挺之所容，独厚其妾玄英。时武八岁，袖铁锤就英寝，碎其首。左右惊白，托言小郎戏。武曰："安有大朝人士厚其侍妾，困辱儿之母乎？儿故杀之，非戏。"挺之奇之，曰："真严挺之儿。"天宝中，为剑南节度使，最厚杜甫。甫尝登武床，睨之曰："严挺之乃有此儿。"〇挺之名浚。

## 邓云艾艾　周曰期期

季汉邓艾，字士载。少有大志，每见高山大泽，辄规度军营处所。仕魏，封邓侯。景元中，大举伐蜀，艾督军自阴平道，以毡自裹，推转而下。蜀平，诏以艾为太尉。艾捷于应对，然口吃，语称："艾艾。"晋文帝戏之曰："卿云'艾艾'，定是几艾？"对曰："凤兮凤兮，故是一凤"〇吃音吉。

汉周昌，强力敢言。高祖欲易太子，昌廷诤之。上问其说，昌为人口吃，盛怒曰："臣口不能言，然期期知其不可。陛下欲易太子，臣期期不奉诏。"上欣然而笑，太子始定。〇宋刘贡父戏王汾口吃《赞》曰："恐是昌家，又疑非类。未闻雄名，只有艾气。"〇按扬雄、韩非皆口吃。

## 周师猿鹄　梁相鹓鶵

《抱朴子》曰："周穆王南征，一军尽化，君子为猿为鹄，小人为虫为沙。"〇"鹄"一作"鹤"。"虫"一作"泥"。〇葛洪著书名《抱朴子》。〇又《左传》："郑翩愿为鹳，其御愿为鹅。"此以阵言。

惠子相梁，庄子往见之。或谓惠子曰："庄子来，欲代子相。"于是惠子恐，搜于国中，三日三夜。庄子往见之，曰："南方有鸟，其名鹓鶵，子知之乎？夫鹓雏发于南海而飞于北海，非梧桐不止，非练实不食，非醴泉不饮。于是鸱得腐鼠，鹓雏过之，仰而视之曰：'吓！'今子欲以子之梁国而吓我耶？"〇吓音罅。鹓音渊。鸱音笞。

## 临洮大汉　琼崖小儿

始皇二十六年，有大人长五丈，足履六尺，皆夷服，凡十二，见于临洮。天戒若曰："勿大为夷狄之行，将受其祸。"是岁，始皇初并六国，反喜以为瑞，销天下兵器，铸为金人十二以象之，各重二十四万斤，立阿房殿前，名"翁仲"。后董卓销其十，苻坚销其二。一云翁仲姓阮，长二丈三尺，始皇时拜临洮太守，威震匈奴。后铸像司马门外，匈奴至者皆下拜。

宋太平兴国中，李守忠为承旨，奉使至琼州，遇扬遐举。邀至其家，其父曰叔连，年一百二十二岁，其祖宋卿，年一百九十五。语次，见梁上鸡窠中一小儿出头下视，宋卿曰："此吾前代祖也。不语不食，不知其年。朔望取下，子孙列拜而已。"见钱易《洞微志》并东坡诗。"扬"一作"杨"。

## 东阳巧对　汝锡奇诗

明李东阳，号西涯，长沙人。举神童，入朝，不能逾门限。帝曰："神童足短。"应曰："天子门高。"帝置诸膝，其父伏丹陛。帝曰："子坐父立，礼乎？"曰："嫂溺叔援，权也。"帝又出句曰："螃蟹浑身甲胄。"对曰："蜘蛛满腹经纶。"后入相。

宋陈汝锡，青田人。幼颖悟，或以其诗一联示黄庭坚，曰："闲愁莫浪遣，留为痛饮资。"黄击节称赏曰："我辈人也。"绍圣四年，由太学登进士第。邑之登第，自汝锡始。所著有《鹤溪集》。

## 启期三乐　藏用五知

周荣启期，不知何许人，鹿裘带索，鼓琴而歌。孔子游泰山，见而问曰："先生何乐也？"曰："吾乐甚多。天生万物，人为贵，吾得为人，一乐也。男女之别，男尊女卑，吾得为男，二乐也。人生有不见日月、不免襁褓者，吾行年九十矣，三乐也。贫者士之常，死者人之终，居常以待终，何不乐也?"○乐音洛。

宋李若拙，字藏用。奇伟尚气节。历两浙运使，因以浮沉许久，作《五知生先传》，谓知时、知难、知命、知退、知足也。○藏用，西安人。

## 堕甑叔达　发瓮锺离

汉孟敏，字叔达。性刚直，有剖决。尝客居太原，荷甑堕地，不顾而去。郭泰见而问之，敏曰："甑已破矣，视之何益?"泰奇之，因劝令学，卒以成业。三公征辟，并不屈。○堕音惰。甑，增去声。

汉锺离意为鲁相，出私钱万三千，付户曹孔䜣修孔子庙。有张伯除堂下草，得玉璧七枚，怀其一，以六枚白意。堂下有悬瓮，意召问，䜣答曰："夫子瓮也。背有丹书。"意发之，文曰："后世修吾书，广川董仲舒。护吾车，拭吾履，发吾笥，会稽锺离意。璧有七，张伯怀其一。"意即问伯，果服。○䜣音银。

## 一钱诛吏　半臂怜姬

宋张咏知崇阳县，一吏自库中出，视其鬓傍有一钱，诘之，库钱也。咏命杖之，吏勃然曰："一钱何足道? 尔能杖我，不能斩我也。"咏援笔判云："一日一钱，千日千钱。绳锯木断，水滴石穿。"自杖剑下阶，斩其首，申府自劾。公自号乖崖，《像赞》云："乖则违俗，崖则绝物。乖崖之名，聊以表德。"

宋宋祁，字子京。多内宠。尝宴于锦江，微寒，命取半臂，诸姬各进一枚，凡十余枚皆至。子京视之茫然，恐有厚薄之嫌，竟不敢服，忍冻而归。○房太尉家法，不著半臂。《名义考》："古者有半臂，谓在手臂，如今搭护。"

## 王胡索食　罗友乞祠

晋王胡之，字修龄。尝在东山，甚贫乏。陶胡奴为乌程令，送米一船遗之，却不肯取，直答云："王修龄若饥，当就谢仁祖索食，不须陶胡奴米。"〇胡奴名範，士行子。仁祖，谢尚也。

晋罗友，少好学，性嗜酒，当其所遇，不择士庶。又好伺人祠，往乞余食。或早，遂隐门侧，至晓得食，乃还。虽复营署墟肆，不以为羞。桓温尝责之云："君大不逮！须食，何不就身求？"友傲然不屑，答曰："就公乞食，今乃可得，明日已复无。"温大笑。后表为襄阳太守，累迁广、益二州刺史。

## 召父杜母　雍友杨师

汉召信臣，字翁卿，寿春人。为上蔡长，视民如子。后为南阳太守，为民兴利，教化大行，号"召父"，诏赐黄金四十斤。迁河南太守，官至九卿。〇杜诗字君公，初为郡功曹，以公平称。光武知其才，拜成皋令，迁南阳太守。诛暴立威，爱民罢役，造作水排，铸为农器，百姓便之，以方信臣，号"杜母"。及卒，贫困无田宅，诏使治丧郡邸，赠绢千匹。〇又杜预镇武昌，楚人德之，号曰"杜父"。

宋张浚试吏兴元间，问杨用中曰："公尝往来梁、洋，其人士有从游者乎？"曰："杨仲远可以为师，雍退翁可以为友。"〇杨仲远，兴元人。雍冲字退翁，洋州人。〇汉李元礼尝叹荀淑、锺皓曰："荀君清识难尚，锺君至德可师。"

## 直言解发　京兆画眉

唐贾直言，代宗时代父饮鸩，立死，复苏，与父俱流南海。行时，与妻董氏诀曰："生死不可期，吾去，汝亟嫁。"董不答，引绳束发，封以帛，曰："非君手不解。"直言居南海二十年乃还，置帛依然。〇鸩，朕去声，毒鸟也。以其毛沥酒，饮之则杀人。

汉张敞，字子高。为京兆尹，赏罚分明，豪强屏迹。尝为妇画眉，有司奏闻。上问之，对曰："闺房之事，更有过于此者。"上不之责。后坐杨恽党,免官。京兆枹鼓数起,复拜为冀州刺史。〇枹音浮,击鼓槌也。

## 美姬工笛　老婢吹箎

　　石崇有妓女绿珠,美而工笛。孙秀求之,不得。其弟子宋袆有国色,亦善笛,后在晋明帝宫。帝有疾,群臣进谏,请出宋袆。帝曰:"卿诸人谁欲得者?"阮遥集时为吏部尚书,对曰:"愿以赐臣。"即遣出与之。〇袆音衣。

　　河间王琛有婢朝云,善吹箎,能为《团扇歌》《陇上声》。琛为秦州刺史,诸羌外叛,屡讨之不下。琛令朝云假为贫妪吹箎而乞,诸羌闻之,流涕曰:"何为弃坟井,在山谷为寇也?"即降。秦民曰:"快马健儿,不如老婢吹箎。"〇琛又有绿鹦鹉,能和歌,号"绿朝云"。

# 五　微

## 敬叔受饷　吴祐遗衣

　　南北朝何敬叔为长城令,在政清约,不通问遗。尝岁检,夏节至,忽榜门受饷,数日共得米二千八百石,悉取以代贫民输租,嗣后问遗仍复不通。

　　汉吴祐,字季英,陈留长垣人。举孝廉,迁胶东相。政尚仁简,吏怀而不敢欺。啬夫孙性私赋民财,市衣进父。父怒曰:"有君如是,何忍欺之?"性惧,自首伏罪。祐曰:"掾以亲故,甘受污辱之名。所谓'观过斯知人矣'。"使归谢父,仍以衣遗。〇首音兽,有咎自陈也。遗音位。

## 淳于窃笑　司马微讥

　　周淳于髡,齐之赘婿。楚伐齐,威王使髡之赵请救,赍金百斤,车马十驷。髡仰天大笑,冠缨索绝。王曰:"有说乎?"髡曰:"今臣从东方来,见道傍有穰田者,操一豚蹄、酒一盂,祝曰:'瓯窭满篝,汙邪满车,五谷蕃熟，穰穰满家。'臣见所持者狭而欲者奢，故笑之。"于是王乃益黄金千镒，白璧十双，车马百驷。之赵，赵与之精兵十万。楚闻之，夜引兵去。○瓯窭，高地狭小之田。汙邪，下地田，言高下皆熟也。

唐卢藏用，字子潜。初隐终南、少室二山，时有意当世，人目为"随驾隐士"。武后征为左拾遗。睿宗召天台道士司马承祯，至是还山。卢指终南曰："此中大有佳处，何必天台？"承祯徐曰："以仆观之，乃仕宦之捷径耳。"藏用惭。

# 子房辟谷　公信采薇

汉张良，字子房，尝语人曰："吾今以三寸舌为帝者师，封万户侯，此布衣之极，于良足矣。愿弃人间事，从赤松子游耳。"遂辟谷学道。○赤松子，神农时雨师。

伯夷、叔齐，孤竹君墨胎氏之二子。夷名允，字公信；齐名致，字公远。夷、齐其谥也。兄弟让国，弃孤竹而逃，就养西伯。及武王伐纣，叩马谏，不听，耻食周粟，遂隐于雷首之阳，相与采薇而食，寻饿且死。○按"致"一作"智"，"远"一作"达"。其仲子名凭，国人立之。又其父名初，字子朝。见韩婴《诗传》。○孤竹城在今永平府南。

# 卜商闻过　伯玉知非

子夏丧子，哭之失明，曾子吊之。子夏哭曰："天乎，予之无罪也。"曾子曰："商，汝何无罪也？吾与汝事夫子于洙、泗之间，退而老于西河之上，使西河之民疑汝于夫子，尔罪一也。丧尔亲，使民未有闻也，尔罪二也。丧尔子，丧尔明，尔罪三也。"子夏投杖而拜曰："吾过矣，吾过矣。吾离群而索居，亦已久矣。"

卫大夫蘧瑗，字伯玉。《淮南子》称其行年五十而知四十九年之非。盖先者难为知，后者易为攻也。○《庄子·则阳篇》："伯玉行年六十而六十化。"吴公子季札聘卫，与语，悦之，曰："卫多君子，未有患也。"○瑗音愿。伯玉,蘧庄子无咎之子,谥曰成子,见《吕氏春秋》高诱《注》。

## 仕治远志　伯约当归

晋谢安初有东山之志,以屡征就桓温司马。时有饷桓公药草者,中有远志,公问谢:"此物何以又名'小草'?"谢未即答,时郝隆在坐,应声曰:"此甚易解:处则为远志,出则为'小草'。"桓公目谢而笑曰:"郝参军此过乃不恶。"以其妙于讥谢也。○隆字仕治,一云弘始,高平人。

季汉姜维,字伯约。少孤,与母居。为人喜立功名,阴养死士,不修布衣之业。因诣诸葛亮,遂与母失。久之,得母书,令求当归。维曰:"良田百顷,不在一亩,但有远志,不在当归也。"盖忍于违亲者。

## 商安鹑服　章泣牛衣

鹑服,贫者之服也。荀子曰:"子夏之衣,悬结如鹑。"○晋董京在洛阳,隐居白社,以残絮缕帛为衣,号"百结衣"。○又南北朝到溉守建安,任昉以诗寄溉,求一衫。溉答曰:"予衣本百结。"百结即鹑服也。○鹑音纯。

汉王章,字仲卿。尝贫病,卧牛衣中,泣与妻诀。妻正言曰:"京师尊重,谁逾仲卿? 今不自激昂,反涕泣,何鄙也?"后事成帝为京兆尹,虽为王凤所举,实不附。因日食上封事过直,妻曰:"人当知足,独不念牛衣中泣涕时耶?"章不听,果罹其害。○罹音离。

## 蔡陈善谑　王葛交讥

宋蔡襄,字君谟。陈亚,字少卿。亚善诗,滑稽尤甚。尝与蔡君谟会于金山僧舍。酒酣,君谟戏题于屏间曰:"陈亚有心终是恶。"亚即索笔对曰:"蔡襄无口便成衰。"闻者绝倒。○又北齐徐之才戏王昕曰:"有言则诳,近犬则狂。加足额为马,施角尾成羊。"又戏卢元明曰:"在亡为虔,在丘为虚,生男则为虏,配马则为驴。"皆以姓谑。

晋诸葛令恢、王丞相导共争姓族先后，王曰："何不言葛、王，而言王、葛?"恢曰："譬如言驴马，不言马驴。驴宁胜马耶?"〇恢字道明，琅琊阳郡人。少有令问，避难江左。中宗召补主簿，累迁尚书令。

## 陶公运甓　孟母断机

晋陶侃，字士行。为广州刺史，时在州无事，朝运百甓于斋外，暮运百甓于斋内。人问其故，曰："吾方致力中原，过尔优逸，恐不堪事，故自劳耳。"〇《尔雅》："瓴甋谓之甓。"即砖也，俗误作瓮解。

孟母姓仉氏，孟子之母。夫死，挟子以居，三迁为教。及孟子稍长，就学而归，母方织，问曰："学何所至矣?"对曰："自若也。"母怒，因以刀断机，曰："子之废学，犹吾之断斯机也。"孟子惧，旦夕勤学，遂成"亚圣"。〇仉音掌。

# 六　鱼

## 少帝坐膝　太子牵裾

晋明帝名绍，元帝长子。数岁，坐元帝膝上，有人从长安来，帝问："长安何如日远?"答曰："日远。不闻人从日边来。"明日集群臣宴会，重问之，乃答曰："日近。"帝失色，曰："何故异昨日之言?"答曰："举头见日，不见长安。"

晋愍怀太子，少聪慧。五岁时，宫中夜失火，武帝登楼观火。太子牵上衣裾，使入暗中。上问故，对曰："暮夜仓卒，宜备非常，不宜亲近火光，令照见人主。"〇太子，武帝孙，名遹，后为贾后毒死，谥愍怀。

## 卫懿好鹤　鲁隐观鱼

闵公二年，狄人灭卫。卫懿公好鹤，鹤有乘轩者。将战，国人受甲者皆曰："使鹤，鹤实有禄位，余焉能战?"战于荧泽，卫师败绩。遂灭卫，杀懿公。○荥泽当在河北,据孔《疏》。苏轼曰:"嗟夫! 南面之君,虽清远闲放如鹤者,犹不得好,好之则亡其国。"

隐公五年,公将如棠观鱼者。臧僖伯谏曰:"凡物不足以讲大事,其材不足以备器用,则君不举焉。君将纳民于轨物者也。"公曰:"吾将略地焉。"遂往,陈鱼而观之。僖伯称疾,不从。○如,往也。棠,地名。

## 蔡伦造纸　刘向校书

汉蔡伦,字敬仲。和帝时官常侍,封龙亭侯。尝因古书契多编以竹简,其用缣帛者谓之为纸。伦乃用树皮、麻头、敝布、鱼网等物创造为纸,天下称"蔡侯纸"。今湖广衡州耒阳县蔡子池南春纸石臼尚存,或谓《前汉·皇后纪》已有"赫蹏",纸不始于伦。○赫音隙。蹏音蹄。

汉刘向,字子政,本名更生。宣帝命于天禄阁校正《五经》同异。值元宵,诸人皆出游,惟向不出。有老人衣黄,叩阁而进,吹青藜杖端焰照之,与说开辟前事,曰:"我太乙之精,上帝闻卯金之子好学,特使下观焉。"

## 朱云折槛　禽息击车

汉朱云,字游。成帝朝为槐里令,请借上方剑斩佞臣张禹。上怒,命斩之。云攀折殿槛,呼曰:"臣得从龙逄、比干游地下,足矣。"上怒回,赦之,令勿治槛,以旌直臣。○云尝与五鹿充宗论《易》,恒辩折之。诸儒语曰:"五鹿岳岳,朱云折其角。"由是以云为博士。

周禽息事秦,荐百里奚于穆公,公不纳。伺公出,息以头击车阑,脑乃精出,曰:"臣生无补于国,不如死也。"公始感悟,而用百里奚,秦以大化。○阑音孽。

## 耿恭拜井　郑国穿渠

汉耿恭,字伯宗。光武朝为戊己校尉。攻匈奴,引兵据疏勒城。匈奴拥绝涧水,恭穿井及十五丈,犹不得水。乃整衣冠,向井再拜,顷之,水泉涌出,扬以示虏,虏以为神。围始解。○戊己,戍所名。又霍去病讨匈奴皋兰山下,苦渴,以鞭卓地而五泉涌出,浑邪王请降。

初,韩欲疲秦,使无东伐,乃使水工郑国为间于秦,凿泾水为渠。秦觉,欲杀之。国曰:"秦为韩延数年之命,然渠成,亦秦万世之利也。"乃使卒为之,溉田四万余顷,皆亩一钟。后汉武时白公奏引泾水,起谷口,尾入栎阳,溉田四千五百顷,民赖其利而歌之,因名白公渠。

## 国华取印　添丁抹书

宋曹彬,字国华。始生周岁日,父母以百玩罗其前。彬左手持干戈,右手执俎豆,斯须复取一印,余无所视。人皆异之。后事宋太祖平蜀下江南,功称第一,封鲁国公。

唐卢仝,自号玉川子。举子名添丁。韩文公寄诗云:"去岁生儿名添丁,意令与国充耘耔。"唐制,男子二十一岁差丁役事耕耘也。添丁幼时喜于涂抹诗书,往往令黑,故仝戏为诗曰:"忽来案上翻墨汁,涂抹诗书如老鸦。"○抹音末。宋贾耘老之子亦名添丁。

## 细侯竹马　宗孟银鱼

汉郭伋,字细侯。建武中,除颍川太守。帝劳之曰:"贤良太守,去帝城不远,河润九里,冀京师蒙福也。"伋前在并州,素结恩德。后行部到西河,儿童数百,骑竹马迎拜道次。征为太中大夫。○并音平。

宋蒲宗孟,字传正。神宗朝为翰林学士。上曰:"翰林职清地近,而官仪未宠,自今宜佩鱼。"学士佩鱼,自宗孟始。

## 管宁割席　和峤专车

汉管宁,字幼安。少好学,与华歆同席肄业。有乘轩过门者,歆废书往观。宁遂割席分坐,曰:"子非吾友也。"坐一木榻,积五十五年,未尝一箕踞,榻上当膝处皆穿。征命凡十至,不起。○箕踞,人傲坐,形如箕也。

○歆字子鱼。

晋和峤,字长舆。少立风格,雅有盛名,庾子嵩比之千丈之松,施之大厦,必称栋梁。晋制,监令同车。峤为中书令,鄙其监荀勖为人,以意气加之,遂专车而坐。

## 渭阳袁湛　宅相魏舒

晋谢绚曾于公座戏调,无礼于其舅袁湛,湛甚不堪之,曰:"汝父昔已轻舅,汝今复来加我,可谓世无渭阳情也。"绚父重,即王胡之外孙,与舅亦有不协之论。○秦康公送晋公子重耳诗云:"我送舅氏,曰至渭阳。"

晋魏舒,字阳元。少为外家宁氏所养。宁氏起宅,相宅者云:"必出贤甥。"舒自负曰:"当为外家成此宅相。"晋文帝深器重之,每朝退,目送之曰:"魏舒堂堂,人之领袖也。"入晋,武帝拜为司徒。

## 永和拥卷　次道藏书

南北朝李谧,字永和。少好学,惟以琴书为业。杜门却扫,绝迹下帷,弃产营书,手自删定。每叹曰:"丈夫拥书万卷,何暇南面百城?"屡辞征辟,谧贞靖处士。谧初师孔璠,数年后,璠还就谧请业。同门语曰:"青成蓝,蓝谢青,士何常? 在明经。"

宋宋次道家书皆校雠三五遍,世之藏书以次道家为善本。住在春明坊,士大夫喜读书,多僦居其侧,以便于借置故也。当时春明宅子僦值,比他处常高一倍。次道尝云:"校书如扫尘,随扫随有。"

## 镇周赠帛　虑子驱车

唐张镇周,舒州人。武德中,自寿春迁舒州都督。到州,就故宅,多市酒殽,召亲故酣饮十日,既而分赠金帛,泣与之别,曰:"今日犹得与故人欢饮,明日则舒州都督,治百姓耳。官民礼隔,不复得为交游。"自是一无所纵,境内肃然。○舒州即今安庆府。

周处不齐,为单父宰,过阳昼。昼曰:"吾少贱,不知治民之术,有钓道二焉,请以送子。夫扱纶错饵,迎而吸之者,阳桥也,其鱼薄而不美。若存若亡,若食若不食者,鲂也,其鱼博而味美。"子贱曰:"善。"于是未至单父,冠盖而迎之者,交仆于道。子贱曰:"车驱之!车驱之!阳昼之所谓阳桥者至矣。"及至单父,亲耆老,尊贤者,而与之共治。子贱,不齐字。桥音皎。

## 廷尉罗雀　学士焚鱼

汉翟公字子威,文帝时为廷尉,宾客填门。及罢,门外可设雀罗。后复用,宾客欲往,公大署其门曰:"一死一生,乃知交情。一贫一贱,乃见交态。一贵一贱,交情乃见。"

南北朝张褒,梁天监中,御史劾其不供学士职。褒曰:"碧山不负吾。"乃焚章长啸而去。杜诗曰:"碧山学士焚银鱼。"银鱼,御史所佩者。

## 冥鉴季达　豫识卢储

宋杨仲希,字季达。微时,客成都某氏,主人少妇出而调之,仲希正色拒之。其妻夜梦一人告曰:"汝夫独处他乡,不欺暗室。神明知之,当魁多士。"次年果擢第一。

唐卢储举进士,投卷谒尚书李翱,翱置文卷几案间。长女及笄,阅其卷,谓小青衣曰:"此人必为状元。"翱乃招为婿。明年,果首唱。成婚之夕,储作催妆诗曰:"昔年曾向玉京游,第一仙人许状头。今日已成秦晋约,早教鸾凤下妆楼。"○女子年十五而笄。

## 宋均渡虎　李白乘驴

汉宋均,字叔庠。为九江太守。郡多虎暴,募设槛穽,犹多伤害。均曰:"今为民害,咎在残吏。其务退奸贪,进忠善,可一去槛穽。"其后虎皆渡江东去。楚沛多蝗,其飞至九江界者,辄东西散去。明帝朝拜尚书令。

唐李白尝乘驴过华阴县,令止之。白索笔供云:"予生西蜀,身寄长安。天上碧桃,惯餐数颗;月中丹桂,曾折高枝。曾使龙巾拭唾,御手调羹,贵妃捧砚,力士脱靴。想知县莫尊于天子,料此地莫大于皇都,天子殿前尚容吾走马,华阴县里不许我骑驴?"令大惊,谢之。○疑是伪作。

## 苍颉造字　虞卿著书

苍颉,上古南乐吴村人。为轩辕皇帝史官。生而神圣,有四目,观鸟迹虫文,始制文字,以代结绳之政。字成,天雨粟,鬼夜哭。○又周有程邈,秦人。改篆为隶,今楷书是也。汉灵帝时师宜官隶书为最,大则一字径丈,小则方寸千言。今以八分书为隶,误矣。

周虞卿,游说士也。蹑屩担簦,说赵孝成王,一见赐黄金百镒,白璧一双;再见为赵上卿,故号虞卿。著书八篇,世号《虞氏春秋》。太史公曰:"虞卿非穷愁不能著书以自见。"○簦音登,有柄笠,今之伞相似。

## 班妃辞辇　冯诞同舆

汉成帝游后庭,欲与班婕妤同辇。婕妤辞曰:"观古图书,贤圣之君,皆有名臣在侧;三代末主,乃有嬖妾。今欲同辇,得无近似之乎?"帝乃止。○妃,班彪之姑。

《后魏书》云:冯诞与高祖同岁,幼侍书学,特蒙优待。尚高祖妹乐安公主,升驸马都尉。高祖宠诞,同舆而载,同案而食,同席而坐卧。知遇之隆,罕有其比。

# 七　虞

## 西山精卫　东海麻姑

《山海经》:炎帝之少女,游东海,溺死,化为冤禽,名曰"精卫"。居发鸠之山,常衔西山之木石,以填东海。○少女名女娃。精卫文首、白喙、赤足,其鸣自詨。

《神仙传》:王远字方平,位为总镇真人。七月七日偶降吴人蔡经家,威仪如大将军,持玉壶十二,皆蜡封。遣人召麻姑至,会方平,言:"接待以来,东海三为桑田。"方平曰:"海中行复扬尘也。"麻姑手似鸟爪,长数寸,蔡经心想可爬背痒,忽有鞭鞭经背。时陈县尉闻之,乞见,远曰:"君心邪,未可教仙道。"与一符,曰:"寿可一百二十岁。"

## 楚英信佛　秦政坑儒

英,汉光武第六子,封楚王。明帝时,闻西域有神名佛,遣使至天竺求其道,得书及沙门来。于是中国始传其书,图其像。王公贵人,独楚王英最先好之。○梵言沙,华言勤息也。

秦始皇名政,恶诸儒心非巷议以惑黔首,乃焚烧《诗》《书》、百家语。诸儒犯禁者四百六十余人。乃密使人种瓜骊山硼谷中温处。瓜实冬成,诏下,诸儒说之,人人各异。使往视瓜所,因发机坑之。○黔音钳。民首黑,故称黔首。

## 曹公多智　颜子非愚

曹操与马超、韩遂等相持渭南。超等请和,操伪许之。操与遂父同岁孝廉,又与遂同侪辈,屡交马会语,不及军事。秦、胡观者,前后重沓,曹笑曰:"汝辈欲观曹公耶?亦犹人也,非有四目两口,但多智耳!"

颜回,字子渊,鲁人,小邾子夷甫颜之后也。天资明睿,甫成童,游孔门,孔子曰:"回也不愚。"汉高时从祀孔庙。唐赠充国公。元赠复圣公。为四配之首。○小邾,鲁附庸。○颜子重瞳,见梁刘昼《新论》。

## 伍员覆楚　句践灭吴

楚伍员,字子胥,奢子。奢谏平王以谗贼疏骨肉,遂同长子尚被害。员乃奔吴,说吴伐楚。平王已死,昭王出奔。员遂入郢,鞭平王尸三百。

初，楚大夫申包胥以复楚自誓，至是，哭秦庭者七日夜，勺水不入口，秦伯为之赋《无衣》。乃出师救楚，昭王复位。

吴王夫差入越，报檇李也。句践败房，用范蠡计，得行成反国，卧薪尝胆，生聚教训。元王三年戊辰，吴子出会诸侯于黄池，越起兵灭吴，一雪旧忿。○檇音醉。檇李在嘉兴。

## 君谟龙片　王肃酪奴

茶之品，莫贵于龙凤团。始于丁晋公谓，成于蔡君谟。蔡为福建运使，始造小片龙茶，凡二十余饼，重一斤，直金二两，然不易得。每因南郊致斋，中书枢密院各赐一饼，四人分之。宫人往往镂金其上，其贵重如此。

南北朝王肃，初不食羊肉及酪浆，常食鲫鱼羹，渴饮茗汁。后与魏高祖会，乃食酪粥。高祖怪之，问曰："羊肉何如鱼羹？茗汁何如酪浆？"对曰："羊比齐、鲁大邦，鱼比邾、莒小国。惟茗不中，与酪作奴。"人因呼茗饮为"酪奴"。○酪，乳浆也。中如字。

## 蔡衡辨凤　义府题乌

汉辛缮隐华阴，光武征，不至。有鸟高五尺，五色备而多青，栖缮槐树，旬日不去。太守以闻，咸以为凤。太史令蔡衡曰："凡象凤者有五：多赤者凤，多青者鸾，多黄者鹓雏，多紫者鸑鷟，多白者鹔鹴。今多青，乃鸾非凤也。"上善其言。○鹔鹴音峻宜。

唐李义府，始见太宗，试令题乌。义府曰："日里扬朝彩，琴中伴夜啼。上林多少树，不借一枝栖。"帝曰："当全树借汝，岂惟一枝？"遂拜御史。○义府阴柔而能害物，人号为"李猫"。

## 苏秦刺股　李勣焚须

周苏秦，洛阳人。说秦不用，归洛阳，裘敝金尽，妻不下机，嫂不为炊,父母不子。乃发太公《阴符经》读之,欲睡则以锥刺股。期年,揣摩成,合从六国,相与图秦。遂为从长,佩六国印。

唐徐世勣,字懋功。太宗赐姓李。官仆射。其姊病,勣亲为煮粥,燃其须。姊曰:"仆妾多矣,何必乃尔?"勣曰:"岂为无人耶? 今姊老,勣亦老,欲数为姊煮粥,其可得乎?"○又勣尝暴病,医者曰:"得须灰可以疗之。"上翦须和药以赐。

## 介诚狂直　端不糊涂

宋石介,字守道。庆历中擢太子中允。时富、韩、范同为执政,欧阳修、余靖等并为谏官。介因作《庆历圣德诗》,有云:"众贤之进,如茅斯拔。大奸之去,如距斯脱。"盖指夏竦也。其师孙明复见之,曰:"介祸始于此矣。"人皆目为狂直。

宋太宗不豫,宣政使王继恩辈忌太子英明,欲立楚王元佐。吕端为相,趣太子入。及帝崩,后遣恩召端。端给恩,锁之书阁,亲掖真宗登极,揭帘审视而后下拜。太宗尝称其"小事糊涂,大事不糊涂",早见及此。○端字易直,谥正惠。趣音促。糊涂一音鹘突。

## 关西孔子　江左夷吾

汉杨震,明经博学,从游者千人,人称"关西孔子",以震籍华阴也。常有鹳雀衔三鳣鱼,飞集讲堂下。弟子贺曰:"鳣者,卿大夫之象也。其数三,三台也。先生升矣。"震后官至太尉。○又《北史》裴献称薛道衡为"关西孔子"。

晋王导,字茂弘。善因事运机。时江左草创,温峤殊以为忧。及见导,共谈,喜曰:"江左自有管夷吾,吾复何虑哉?"又桓彝初至江左,与导极谈,因告周顗曰:"向见管夷吾,无复忧矣。"○顗音以。

## 赵抃携鹤　张翰思鲈

宋赵抃,字阅道。弹劾不避权幸,京师号"铁面御史"。帅蜀,以一琴一鹤自随。其再任也，屏去琴鹤，止一苍头执事。后拜参知政事，与王安石不合，求知杭州。请老，加太师少保。卒谥清献。按《吕氏家塾记》作"一龟一鹤"。苏轼《清献公神道碑》作"一琴一龟"。○抃音便。

晋张翰，字季鹰，吴人，俨之子。仕齐王冏，为大司马东曹掾，见秋风起，因思吴中鲈脍、莼羹，叹曰："人生贵适意耳，何能羁宦数千里以邀名爵乎？"遂命驾归。俄而冏败，人皆服其先见。又翰尝曰："使我有身后名，不如生前一杯酒。"○翰宜读平声，与季鹰义近。

## 李佳国士　聂悯田夫

汉聂季宝与李元礼同县，欲见元礼。宝乃小家子，不敢见。杜周甫知宝贤，不能定名，以语元礼。呼见，坐置砌下牛衣上。一与言，即决曰："此人当作国士。"后卒如元礼言。

五代聂夷中，字坦之，河东人。咸通中进士。善诗，《伤田家》诗云："二月卖新丝，五月粜新谷。医得眼前疮，剜却心头肉。我愿君王心，化作光明烛。不照绮罗筵，遍照逃亡屋。"孙光宪谓其有《三百篇》之旨。○粜，挑入声。

## 善讴王豹　直笔董狐

讴，歌之别调也。王豹，卫人。出自单门，善讴。家淇水，河西近淇之地，人皆化而善讴。淳于髡亟称之，以诮孟子。《左传》哀公六年：陈僖子囚王豹于句窦之丘。此系景公嬖臣，非卫人。

鲁宣公二年，晋赵穿弑灵公于桃园。赵盾为正卿，亡不出境，反不讨贼，太史董狐直书："赵盾弑其君。"以示于朝。孔子曰："董狐，古之良史也，书法不隐。赵宣子，古之良大夫也，为法受恶。惜矣。越境乃免。"

## 赵鼎倔强　朱穆专愚

宋赵鼎，字元镇。南渡时相。凡使者至金，金人必问李纲、赵鼎安否。秦桧以其不附和议，徙鼎于吉阳军，鼎谢表有曰："白首何归，怅余生之无几；丹心未泯，誓九死以不移。"桧见之曰："此老倔强犹昔。"越三年，得疾，即自书墓中石，记乡里及除拜岁月，且书铭旌云："身骑箕尾归天上，气作山河壮本朝。"遂不食，殁于吉阳。谥忠简。○倔音掘。强上声。

汉朱穆，字公叔。锐意讲诵，不预人事。或时不自知，亡失衣冠，颠坠坑岸。其父尝以为专愚，几不知马之几足。○穆年五岁便有孝称。父母有病，辄不饮食，差乃复常。○差与瘥同。

## 张侯化石　孟守还珠

汉张颢为梁相，一日雨后，见一鸟如山雀，堕地化为圆石。颢捶破之，得金印曰"忠孝侯印"，因表闻藏秘府。后议郎汝南樊衡夷上言："尧、舜时旧有此官，今天降印，宜复置之。"○灵帝朝，颢官太尉。

汉孟尝，字伯周。顺帝朝为合浦太守。郡不产米谷，而海出珠，前守贪婪，珠渐徙于交趾界。尝革前弊，去珠复还，商贾流通，百姓蒙利，称为神明。后被征，吏民攀留不得去，乃夜遁。归隐穷泽，身自耕佣。邻邑慕其德，就栖止者百余家。

## 毛遂脱颖　终军弃繻

周毛遂，赵平原君门下客。时秦攻赵邯郸，赵使平原君求救于楚。君约门下食客有勇力文武备具者二十人与偕，得十九人，余无可取。毛遂乃自荐。君曰："贤士处世，譬如锥之处囊，其末立见。今先生三年于此，胜未有所闻也。"遂曰："臣乃今请处囊中耳。若蚤处其中，当脱颖而出，非特末见而已。"因与至楚，卒赖其力，楚使黄歇将兵救之。○胜，平原君名。

汉终军，字子云。初从济南步入关，关吏与繻。军曰："大丈夫西游，终不复传还。"遂弃繻去。后为谒者给事中，建节东出，关吏曰："此前弃繻生也。"尝愿受长缨以羁南越王颈，致之阙下。时军年少，世谓之"终童"。○繻,帛边也。传还合以为信。繻音胥。

## 佐卿化鹤　次仲为乌

唐徐佐卿,蜀中道士。天宝中,玄宗猎沙苑,见孤鹤,射之,带箭向西南逝。佐卿归山中,谓弟子曰:"吾出游,为飞矢所中。"乃挂箭于壁间曰:"候箭主至此,付还之。"后玄宗幸蜀,游观中,识其箭,乃知前鹤佐卿所化也。

大翮、小翮,山名。秦羽士王次仲,少有异志,弱冠变苍颉旧文为今隶。始皇时官务烦多,以次仲所易文简便于事要,奇而召之,三征不至。始皇怒,令槛车传送次仲,首发于迈,化为大乌,翮飞而去,落二翮于斯山。故其峰峦有大翮、小翮之名。

## 韦述杞梓　卢植楷模

唐韦述,万年人。著作甚富。玄宗朝任史馆,禄山乱,抱国史藏南山。弟五人:迪,逍,迥,巡,遁。述与遁对为学士,与迪并为礼官,缙绅荣之。张说谓人曰:"韦家兄弟,人之杞梓。"○又罗君章,荆楚之杞梓。

汉卢植,字子幹。刚毅有大节。师马融。融左右多列美姬,植侍讲数年,未尝一盼,融甚敬之。董卓议废立,众唯唯,植独抗论。曹操尝曰:"植名著海内,学为儒宗。士之楷模,国之桢干。"昭烈微时,尝执经门下。

## 士衡黄耳　子寿飞奴

晋陆机,字士衡。家有骏犬,名曰黄耳,甚爱之。久羁京师,乃戏语黄耳曰:"吴中久绝家音,汝能往取消息否?"犬摇尾作声。机以书贮竹筒,系颈。犬去一月而返,机视之,乃家书也。其后因以为常。及犬死,葬之,名"黄耳冢"。○又魏时鲜卑献千里马,色白耳黄,亦名黄耳。

唐张九龄,字子寿。擢进士,又以道侔伊、吕科高第,为中书舍人。时号为"文坛元帅",后为李林甫所挤罢相。玄宗每拜相,辄犹问:"风度

得如九龄否?"少时喜养群鸽,与亲知书,则系足,依教往投之,谓之
"飞奴"。

## 直笔吴兢　公议袁枢

唐吴兢,汴州浚仪人。尝与刘子玄撰《武后实录》,叙张昌宗诱张说
诬执魏元忠事。及说为相,问兢曰:"刘生书魏公事,不少假借,奈何?"兢
曰:"子玄已亡,不可受冤地下。兢实书之。"说屡以情恳,辞曰:"徇公则
何名实录?"卒不改。世称董狐云。

宋袁枢,字机仲,建安人。乾道间分修国史。章子厚家乃同里,力求
润饰其传。枢曰:"吾为史官,法难隐恶。宁负乡人,不可负天下后世公
议。"时相赵雄叹曰:"无愧古良史矣。"枢有《纲鉴纪事本末》行世。

## 陈胜辍耜　介子弃觚

秦陈胜,字涉,阳城人。尝与人佣耕,辍耜于陇上,曰:"苟富贵,无相
忘。"佣者曰:"若为耕佣,何富贵也?"胜叹曰:"燕雀安知鸿鹄之志哉?"遂
举兵,称扶苏、项燕,自立为将军,寻立为王。诸郡县争杀长吏以应。

汉傅介子,字武仲,茂陵人。年十四,好读书。尝弃觚而叹曰:"大丈
夫当立功异域,何能坐屋子下作老儒生?"后以从军得官。先是,龟兹、楼
兰尝杀汉使者。昭帝时介子以使大宛,至其国,斩楼兰王首,还诣阙下。
以功封义阳侯。○觚,木简也。龟音丘。

## 谢名蝴蝶　郑号鹧鸪

宋谢逸,字无逸,临川人。屡举进士不第,以诗文自娱,学者称溪堂
先生。有句云:"贪夫蚁旋磨,冷官鱼上竿。"又云:"山寒石发瘦,水落溪
毛凋。"大为黄鲁直称赏。又尝作《蝴蝶诗》三百首,多佳句,人因呼"谢
蝴蝶"。

唐郑谷,字守愚,咸通十哲中人。七岁能诗,司空图奇之,拊其背曰:

"当为一代风骚主。"曾改齐己《早梅诗》"数枝"为"一枝",己遂不觉下拜,以为一字师。又《鹧鸪诗》极佳,人多脍炙之,称为"郑鹧鸪"。○齐己,衡岳沙门,有《白莲集》。

## 戴和书简　郑侠呈图

汉戴和每得密友,焚香告于先祖,则书于简编,名为"金兰簿"。上书越人结交盟曰:"卿乘车,我戴笠,他日相逢下车揖。君担簦,我跨马,他日相逢为君下。"○一作唐戴弘正。

宋郑侠,字介夫。初从王安石学,举进士,监东京安上门。时亢旱,侠以本门所见流民扶老携幼寒困苦之状,呼画工列为图,上之,且曰:"陛下观臣之图,行臣之言,十日不雨,斩臣宣德门外,以正欺君慢天之罪。"神宗览之,下诏责躬,罢方田等诸新法凡十八事。越三日,大雨。有和安石诗:"何处难缄口,熙宁政失中。四方三面战,十室九家空。见佞眸如水,闻忠耳似聋。君门深万里,焉得此言通?"

## 瑕丘卖药　邺令投巫

唐瑕丘仲,西宁人。卖药百余年,因地动卒。或取仲尸弃水中,收其药。仲披裘造之,取药。其人惧,叩头求哀,仲曰:"不恨汝也。"后为夫余王驿使,自北乘马至宁,人呼"谪仙"。○夫余,北夷,与赵、代邻。

周西门豹仕魏,为邺令,开十二渠,引漳水灌田,民赖其利。邺俗素信巫,岁为河伯娶妇,选良民处女投河中。豹曰:"今岁幸来告吾,吾亦往送之。"至期,豹视其女曰:"丑。烦大巫入报。"即投巫于河中,继又取二人投之。群巫皆惊惧,乞命。从此遂止。

## 冰山右相　铜臭司徒

唐玄宗以贵妃从兄杨钊为右相,赐名国忠。其为人强辩而轻躁,公卿以下,颐指气使。或劝进士张彖谒之,彖曰:"君辈以杨右相为泰山,吾以为冰山耳。若皎日既出,君辈得无失所恃乎?"遂隐居嵩山。○又张九龄鄙朝士之附国忠者为"向火乞儿"。

汉崔烈,崔寔之从兄。有重名于北州,历位郡守、九卿。灵帝时,开鸿都门,榜卖官爵。烈因傅母入钱五百万,得为司徒。烈问其子钧曰:"吾居三公,外议何如?"钧曰:"议者嫌大人铜臭。"烈怒,举杖击之。钧时为虎贲中郎将,服武弁,戴鹖尾,狼狈而走。

## 武陵渔父　闽越樵夫

晋黄道真,武陵人。太康中,捕鱼,缘溪行,忽逢桃花夹岸。异之,舍舟,步入石洞。不数十武,豁然明旷,桑竹鸡犬,依然人间。问所从来,自言:"先世避秦乱,率妻子邑人来此。"不知有汉。渔人留数日,辞去,舟已腐,步回归家。言于郡守刘歆,歆欲偕往,迷不复得路。陶渊明为之记。

榴花洞在闽县之东山。唐永泰中,樵者蓝超遇白鹿,逐之,渡水,入石门。始极窄,忽豁然,见鸡犬人家。有王翁告曰:"吾避秦人也。留卿可乎?"超答欲与亲旧诀乃来,因与榴花一枝而出,恍若梦中。后竟不知所在。宋蔡襄有记。

## 渔人鹬蚌　田父羸卢

赵且伐燕。苏代为燕说赵王曰:"今者过易水,见川蚌出曝,而鹬啄其肉,蚌合而箝其喙。鹬曰:'今日不雨,明日不雨,必有死蚌。'蚌曰:'今日不出,明日不出,必有死鹬。'两者不舍,渔人见而两得之。今燕、赵久相支,以敝大众,臣恐强秦之为渔父也。"惠王乃止。○鹬音聿。蚌音棒。

齐欲伐魏,淳于髡谓齐王曰:"韩子卢者,天下之疾犬也。东郭逡者,海内之狡兔也。韩子卢逐东郭逡,环山者三,腾山者五。兔极于前,犬废于后。田父见之,无劳倦之苦而擅其功。今齐、魏久相持,以顿其兵、敝其众,臣恐强秦大楚收田父之功也。"齐王乃谢将休士。○父,孚上声。逡,平声,一音俊。

## 郑家诗婢　郗氏文奴

汉郑玄家奴婢皆读书。尝使一婢,不称旨,将挞之,方自陈说,玄怒,使人曳著泥中。须臾,复有一婢来,问曰:"胡为乎泥中?"答曰:"薄言往愬,逢彼之怒。"〇陆游诗:"婢知书似郑康成。"

晋郗愔,字方回。有苍头善知文章,王羲之爱之,每称奴于刘惔。惔问:"何如方回?"羲之曰:"小人有意向耳,何遽比郗公?"惔曰:"不如方回,故常奴耳。"〇郗音希。汉世名奴为苍头,见《鲍宣传》注。

# 龙文鞭影卷之二

## 八　齐

### 子晋牧豕　仙翁祝鸡

汉商丘子晋好吹竽牧豕,年七十不娶,不老。食菖蒲根、饮水而已。贵戚闻而服之,不能终岁辄止。孙绰《赞》曰:"商丘卓荦,执策吹竽。渴饮寒泉,饥食菖蒲。所牧何物? 殆非真猪。倘遇风云,为我龙攄。"○荦音落,超绝也。

晋祝鸡翁,洛阳人。常养鸡千余头,皆有名字。朝放暮收,呼其名即别种而栖。今世人呼鸡曰"祝祝"始此。唐李德裕贬崖州司户,遗段成式书曰:"海滨居人多养鸡,往往飞入寓舍。今乃作祝鸡翁矣。"本此。○"祝祝"一作"朱朱"。

### 武王归马　裴度还犀

周王发,姓姬,谥武,文王次子也。因商纣无道,奉太公望为师,率师渡盟津灭商。反于丰,偃武修文,归马华山之阳,放牛桃林之野,示天下以不复再用。○"盟""孟"同。

唐裴度,字中立。相者云:"当饿死。"一日游香山寺,值妇人以其父被罪,假得犀带,往赂要津,置于栏楯。祈祷毕,遂忘持去。度捡得,访而还之。前相者复见度,喜曰:"子有阴德及物,前程万里,非所知也。"后果大贵。○《尚友录》:一作裴质事。

## 重耳霸晋　小白兴齐

晋文公，姬姓，名重耳。唐叔虞之后，献公之子，犬戎狐姬所生也，居蒲城。骊姬之乱，出亡十九年，其从者有狐偃、赵衰、颠颉、魏武子、司空季子诸人。后得反国，定襄王叔带之难，出谷戍，释宋围，一战而霸。

齐桓公姓姜氏，名小白，釐公子也。釐公卒，太子诸儿立，是为齐襄公。襄公无道，群弟惧祸及，子纠奔鲁，小白奔莒。无知弑襄公，小白与子纠争国，得先入。鲍叔牙荐管仲为相，尊周攘夷，大兴齐国，遂为五霸之长。○"釐""禧"同。

## 景公禳彗　窦俨占奎

齐景公二十二年，彗星见。公坐柏寝，叹曰："堂堂！谁有此乎？"群臣皆泣。晏子笑其谀。公曰："彗当齐分，寡人以为忧。"晏子曰："君高台深池，赋敛如弗得，刑罚恐弗胜，茀星将出，彗何惧乎？"公使禳之。晏子曰："无益也，只取诬耳。天之有彗，所以除秽也。君有秽德，又何禳焉？"○茀音佩。禳，壤平声。彗音遂。

宋窦俨，字望之。为翰林学士，善推步。与卢多逊、杨徽之同在谏垣，谓二公曰："岁在丁卯，五星当聚于奎。奎主文明，又在鲁分，自此天下始太平。二拾遗必见之，老夫不预。"乾德丁卯，五星果聚于奎。

## 卓敬冯虎　西巴释麑

明卓敬，字惟恭，浙江瑞安人。年十五，读书宝香山。风雨夜归，迷失道，得一物，谓是牛，冯归之。比入门，纵之，乃虎也。洪武二十一年擢进士，除给事中，改名士寻，又改名士源。后死建文之难。越四十年，侍讲刘球始传其事。私谥忠贞。○冯，据也。古凭字。

周秦西巴事孟孙，孟孙猎，得麑，使西巴载之持归。其母随之不去，西巴弗忍而与之。孟孙大怒，逐之。居三月，复召以为子傅，曰："夫子不忍于麑，又且忍吾子乎？"○麑，鹿子，色白。亦作"麛"。

## 信陵捕鹞　祖逖闻鸡

周魏公子无忌，号信陵君。方食，有惊鸠投入案下，一鹞在屋。公子纵鸠去，鹞逐杀之。公子暮为不食，曰："鸠避祸归吾，吾负之。"乃捕鹞，得三百余。公子按剑曰："谁获罪？"一鹞独低首伏罪，乃取杀之，尽纵其余。由是慈声满天下，而士归焉。

晋祖逖，字士稚，慷慨有志节。少每共刘琨寝，语及世事，则中宵起坐，相谓曰："若四海鼎沸，豪杰共起，吾与足下相避中原矣。"后俱为司州主簿，复共寝。中夜闻鸡鸣，逖蹴琨觉，曰："此非恶声也。"因并起舞。元帝时，为豫州刺史，渡江击楫，誓曰："不清中原而复济者，有如此江！"遂部兵与石勒相持。由是黄河以南悉为晋土。

## 赵苞弃母　吴起杀妻

后汉赵苞为辽西太守，迎养其母，道经柳城，值鲜卑入寇，劫质其母。苞悲，谓母曰："欲以微禄奉养，恨为王臣，义不得顾私恩。"母答曰："人各有命，何得相顾，以亏忠义！"苞遂进战破贼，母因遇害。苞寻呕血死。

周吴起，魏人，仕鲁。齐伐鲁，鲁欲拜起为将。起妻齐女，鲁疑，不果。起遂杀妻为示信，求为之将。吕东莱曰："贪财货与贪功名，其贪则一。起之杀妻求将，毕竟是贪心所使。"〇起尝学于曾子。仕魏，与武侯浮西河而下。武侯叹山河之盛，起进曰："在德不在险。"

## 陈平多辙　李广成蹊

汉陈平，阳武户牖乡人。家贫，居负郭穷巷，以敝席为门。里有富人张负女孙，五嫁而夫辄死，平欲娶之。负曰："平虽贫，门外多长者车辙。"卒与女，诫曰："无以贫故，事人不谨。"平自是富饶。后事高祖，凡六出奇计：一请捐金行反间；二以恶草具进楚使；三出女子解荥阳围；四蹑足封齐王信；五请伪游云梦；六解白登围。以功封曲逆侯。〇曲逆音去遇。

李广，汉人。武帝尝谓其口不能出词，悃悃如鄙人，天下仰之，正谚所云"桃李不言,下自成蹊"者也。此语虽小,可以谕大。(此处语出《史记·李将军传》"太史公曰",非武帝言。)○唐李义进为吏部侍郎,请谒不行,时人语曰:"李下无蹊径。"

## 烈裔刻虎　温峤燃犀

秦始皇二年,有画工名烈裔,刻两白玉虎,其毛如生,不点目睛。始皇使余工夜往点之。及旦,虎飞去。明年,南郡献白虎二只,视之,乃玉虎也。命去目睛,乃不能复去。○详《拾遗记》。

晋温峤,字太真,山西祁人。初,都督江州军事,过牛渚,深不可测。世传下多怪,峤燃犀照之,奇形怪状,有赤衣乘马者。须臾,水族覆火。夜梦告曰:"幽明自别,何故相犯?"○牛渚在今太平府城北,今名然犀渚。

## 梁公驯雀　茅容割鸡

唐狄仁杰,字怀英。以功封梁国公。始居母丧,有白雀驯扰之祥。○又张九龄居母丧,有紫芝产坐侧,白鸠、白雀巢于家树。○宋吴在木知余干县,有白雀、青鹿之瑞。民歌曰:"吴在木,政严肃。鸟有白翎雀,兽有青毛鹿。"

汉茅容,字季伟。年四十余,耕于野。避雨树下,众皆夷踞,容独危坐愈恭。郭林宗见而异之,因留宿。旦日,容割鸡为馔,林宗以为奉己,既而容以供母,余半庋置,自以草蔬与客饭。林宗曰:"卿贤矣哉! 真吾友也。"因劝其就学。○南北朝乐颐之,性至孝。庾杲之往候之,设食惟菜菹,杲之不能食。母出其膳。杲之曰:"卿过于茅季伟,愧我非郭林宗。"

# 九　佳

## 禹钧五桂　王祐三槐

五代窦禹钧,渔阳人。官谏议。广行阴德,置义塾,延名儒,给衣食,以教四方游学之士。子五人：仪、俨、侃、偁、僖，相继登高第。冯道赠诗曰："燕山窦十郎，教子有义方。灵椿一株老，丹桂五枝芳。"一称"窦氏五龙"。

宋王祐使魏州，太祖许以王溥官职。及回，以百口明符彦卿冤，反得贬。亲朋戏曰："意公作王溥官职。"祐笑曰："祐虽不及做，吾二郎当得之。"谓旦也。因手植三槐于庭，曰："吾子孙必有三公者。"后旦果相真宗。因构三槐堂，东坡为作堂铭。〇祐音又。〇王溥，宋初位司空。

## 同心向秀　肖貌伯偕

晋向秀，字子期。少为同郡山涛所知，又与谯国嵇康、东平吕安友善，其进止无不同，而造事营生业亦不异。尝与康锻于洛邑，与安灌园于山阳。志同道合，当世所少。故颜延之《五君咏》云："交吕既鸿轩，攀嵇亦凤翥。"

唐张伯偕与弟仲偕形貌相似。仲偕娶妻，新妆毕，见伯偕曰："妆好否？"伯偕答曰："我伯偕也。"趋避之。须臾又见，告曰："向大误，认伯为卿。"伯偕曰："我仍伯偕也。"妇大惭，遂不出户。后兄弟二人各以衣别之。〇宋李易安《贺人李生子启》："无午未二时之分，有伯仲两偕之秀。既系臂而系足，实难弟而难兄。"注："伯偕、仲偕，形状无二。母以五采绳，一系于臂，一系于足。"

## 袁闳土室　羊侃水斋

汉袁闳，父贺，为彭城相，卒，闳往迎丧，不受赗赙，缞绖扶柩，手足流血，见者莫不伤悼。陈蕃荐其可登三事，桓帝以安车征之。及朋党事作，闳乃筑土室，潜身十八年，绝不见客。旦暮于室中向母礼拜，虽子往，亦不得见，子亦向户拜而去。〇赗赙音附讽。

南北朝羊侃，少瑰玮，膂力绝人。尝于兖州尧庙蹋壁，直上五寻，横行得七迹。雅爱文史，尝即席应诏赋诗。性豪侈，善音律。初赴衡州，于两艘艒起三间通梁水斋,饰以锦缋,设帷屏列女乐。乘潮解缆,临波置酒,缘塘傍水,观者填咽。○艘艒,舟也。

## 敬之说好　郭讷言佳

唐项斯,字子迁。擢进士,授丹徒尉。为人清奇雅正,尤工于诗。杨敬之赠以诗云:"几度见诗诗尽好,及观标格胜于诗。平生不解藏人善,到处逢人说项斯。"斯由此名益著。

晋郭讷,官至太子洗马。讷尝入洛听伎人歌,言佳。石季伦问其曲,郭曰:"不知。"季伦笑曰:"卿不识曲,那得言佳?"讷答曰:"譬如见西施,何必识姓名然后知美?"○讷字敬言。

## 陈瓘责己　阮籍咏怀

宋陈瓘为礼部,与范淳夫同舍。淳夫曰:"颜子不迁不贰,惟伯淳有之。"瓘曰:"谁也?"淳夫默然久之,曰:"不知有程伯淳也。"瓘愧,因作《责沈文》,谓叶公沈诸梁,当世贤者,鲁有仲尼而不知,宜子路之不对也,以责己之不知伯淳。○淳夫,范祖禹也。

晋阮籍容貌瑰杰,志气宏放,蒋济辟为掾,后谢病去。为尚书郎,迁步兵校尉。属文,初不苦思,率尔便成。晋文帝时,常虑祸患,故作《咏怀诗》八十余篇,《昭明》入选者十七篇,大约非作于一时,各因情景物候耳。严沧浪诗体分为正始体。

# 十　灰

## 初平起石　左慈掷杯

晋皇初平,一号赤松子,丹溪人。少牧羊,遇道士,引入金华山石室中,四十余年。兄初起寻获之,问羊安在,平曰:"山以东。"往视之,皆白石。平叱羊来,石皆起,成羊数万头。初起遂就平学道。○叱,开口貌。

"皇"一作"黄"。

季汉左慈,字元放,庐江人。有仙术。曹操召之,闭于一室,断食期年,颜色如故。操欲学之,慈曰:"学道当清静无为。"因欲杀之。设酒,慈以箸画杯中酒断,饮其左,以半与操。以杯掷屋栋,似鸟飞之状,一坐属目。因失所在。○掷音直。

## 名高麟阁　功显云台

汉宣帝朝,上以戎狄宾服,思股肱之美,乃图画其人于麒麟阁,状其形貌,署其官爵、姓名。惟霍光不名,曰"大司马大将军博陆侯姓霍氏",其次张安世、韩增、赵充国、魏相、丙吉、杜延年、刘德、梁丘贺、萧望之、苏武,凡十一人,皆以功德知名当世。○阁在未央宫内。

汉明帝朝,上思中兴功臣,乃图画二十八将于南宫云台,以邓禹为首,次马成、吴汉、王良、贾复、陈俊、耿弇、杜茂、寇恂、傅俊、岑彭、坚镡、冯异、王霸、朱祐、任光、祭遵、李忠、景丹、万修、盖延、邳彤、姚期、刘植、耿纯、臧宫、马武、刘隆,又益以王常、李通、窦融、卓茂,合三十二人。马援以椒房之戚,独不与。○台在洛阳。

## 朱熹正学　苏轼奇才

宋朱熹,字元晦,一字仲晦,婺源人,韦斋先生子。初从刘子羽居崇安,后从延平李侗学,复遍交当世。著述《六经》,得洙泗正学之传,故《记》称绝学以来,集诸儒之大成,发先圣之要秘,熹一人而已。○韦斋名松。

宋苏轼,字子瞻,眉山人。父洵,弟辙,世称三苏。嘉祐中为翰林学士,召对便殿,宣仁太后曰:"先帝每诵卿文章,必叹曰:'奇才! 奇才!'但未及进用,今是以得此官。"轼感泣失声,后与哲宗亦泣。已而命坐,赐茶,撤御前金莲烛送归院。○金莲烛送归院事,始于唐令狐绹,至宋乃有六人,东坡其一也。

## 渊明赏菊　和靖观梅

晋陶元亮，本名渊明，入刘宋改名潜，隐居栗里。种菊东篱，九日无酒，摘菊盈把，坐而怅望。久之，见白衣人至，乃太守王弘遣之送酒，即欣然命酌，醉酩而归。

宋林逋，字君复。居西湖二十年，不履城市。构宅孤山，宅四面皆种梅，镇日观之不倦。其咏梅诗如"疏影横斜水清浅，暗香浮动月黄昏"，尤脍炙人口。家蓄二鹤，每泛舟湖中，客至，童子纵鹤使翔，逋即棹舟还晤客。卒谥和靖。

## 鸡黍张范　胶漆陈雷

汉张劭，字元伯。与范式为友，同游太学。告归，式约二年当过拜尊亲，乃共克期。至期，劭白母具鸡黍待之。母曰："二年之别，千里结言，何期之审耶？"对曰："巨卿信士，必不乖违。"式果至，升堂拜母，尽欢而别。后劭死，见梦于式，式奔赴，丧已发，柩不肯前。须臾，式白马素车，号泣而来，执绋，遂前。世称"死友"。

汉雷义，字仲公，鄱阳人。与陈重为友，顺帝朝举茂才，让与重。刺史不听，义遂不应命。后同举孝廉，同拜尚书郎。时人语曰："胶漆自谓坚，不如雷与陈。"义尝济人死，人谢以金，不受。人候其不见，投之承尘。后葺屋得之，主已死，归之县司。〇承尘即今之顶板。

## 耿弇北道　僧孺西台

汉光武兵至邯郸，耿弇进谒，与俱北，至蓟。官属皆曰："死当南首，奈何北行入囊中？"光武指弇曰："此我北道主人也。"后平齐，帝曰："将军前在南阳建此大策，常以为难，今乃知有志者事竟成。"〇弇字伯昭。弇音甘。

唐牛僧孺，字思黯。初为伊阙县尉。旧传县有人入台，县前水中先有滩出，石砾金沙。一日滩出，老吏曰："此必分司御史。若是西台，当有一双鸂鶒。"牛祝曰:"既能有滩,何惜鸂鶒?"言讫,一双飞下。旬日,牛拜西台,官同平章事,封奇章郡公。〇鸂鶒,音溪尺,五色水鸟。

## 建封受觌　孝基还财

唐张建封,字本立。未遇时,尚书裴宽罢郡西归汴,日晚维舟,见一人坐树下,衣服极敝。宽屈与之语,大奇之,曰:"以君才识,岂长贫贱?"举船钱帛奴婢,悉以觌之。建封不让,登舟,奴婢偃蹇者辄鞭之。裴公益奇之。既而问其人,乃建封也。德宗朝,镇徐州十年,所辟僚佐若韩愈、李藩,皆名士。

宋张孝基,娶同里富人女。富人只一子,不肖,斥逐之。富人病且死,悉以家财付孝基。后其子为丐,孝基恻然,问曰:"汝能灌园乎?"曰:"能。"因使灌园,颇自力。复问曰:"能管库乎?"曰:"能。"更觉淳谨。孝基遂以其父财产悉归之。卒成善士。孝基卒,有友游嵩山,忽遇孝基坐专车,仪从如守土大臣,孝基告之曰:"吾以还财之故,上帝命主此山。"言讫不见。

## 準题华岳　绰赋天台

宋寇準,华州人。八岁时吟华山诗云:"只有天在上,更无山与齐。"其师谓其父曰:"贤郎怎得不作宰相?"又《秋风亭》诗云:"野水无人渡,孤舟尽日横。"时人以为必济巨川,后果如言。封莱国公。

晋孙绰,字兴公。博学能文。为永嘉太守,欲解印以向幽寂。闻天台神秀,可以长往,因使图其状,遥为之赋。赋成,示友人范荣期曰:"卿试掷地,当作金石声。"刘义庆曰:"'赤城霞起而建标,瀑布飞流而界道。'此赋之佳处。"

## 穆生决去　贾郁重来

汉穆生,少时与楚元王及白生、申公受诗于浮丘伯。后元王王楚,以生等为中大夫,敬礼之。生不嗜酒,每置酒,常为设醴。及王戊嗣位,亦常设,后乃忘设。生曰:"可以逝矣!醴酒不设,王意怠矣!"遂决意去。○醴音李,甘也。

五代时,贾郁为仙游簿,秩满为令。邑人饷新果,郁曰:"古人畏四知,今倍于昔,可不畏乎?"不受。及代去,一吏醉,郁怒曰:"吾再来,必惩之。"吏言:"公若再来,犹铁船渡海。"后果再任。醉吏盗库钱,狱具,批曰:"窃铜镪以润家,非因鼓铸;造铁船而过海,不假炉锤。"

## 台乌成兆　屏雀为媒

汉朱博为御史大夫,府列柏树,有乌数千栖其上,故后遂称御史台为"乌台",或称"乌府"。东坡诗"乌府先生铁作肝,霜风卷地不知寒"是也。○唐柳仲郢为谏议大夫,每迁官,必乌集升平第,庭木荣戟皆满,五日乃散。

南北朝窦毅,字天武。为周上柱国。有女方数岁,读《列女传》,一过不忘。闻隋祖受周禅,自投床下曰:"恨我非男子,不能救舅家难。"毅奇其言,不妄与人。画二孔雀于屏间,求婚者射二矢,阴约中目。李渊最后射,发二矢,各中一目,遂以归之。渊为唐祖,窦氏为后。

## 平仲无术　安道多才

宋寇準,字平仲。与张詠善。準入相,詠时知陈州,谓僚属曰:"寇公奇才,惜学术不足耳。"及準知陕,詠过之。準严供帐以待詠,临别问詠曰:"何以教準?"詠曰:"《霍光传》不可不读。"準归取读之,至"不学无术",笑曰:"张公谓我矣。"

宋张方平,字安道。少颖悟绝伦,凡书过眼不再读。尝因家贫无书,借人三史,旬日还之,曰:"已知其详矣。"生平属文,未尝起草。宋绶、蔡齐以为天下奇才,荐之仁、英、神三朝,始终一节,时论高之。

73

## 杨亿鹤蜕　窦武蛇胎

宋杨亿母韦氏,始生亿,梦羽衣人自言武夷君托化。既诞,则一鹤雏,尽室惊骇,弃之江。其叔父曰:"吾闻间世之人,其生必异。"追至江滨,开视,则鹤蜕为婴儿矣。体有紫毳尺余,既月乃落。○又宝誌公生木巢中,有东阳朱氏闻儿啼,收育之,遂冒朱姓。○蜕音退。

汉窦武,字游平。初生,有一蛇同产,送之林中。后母卒,及葬,有大蛇自林出,以首触枢,涕血皆流,若哀泣之容,有顷而去。人以为祥。○武封大将军、槐里侯,时人语曰:"天下忠诚窦游平。"

## 湘妃泣竹　鉏麑触槐

尧以二女娥皇、女英妻舜。舜南巡,崩于苍梧,二妃从之,死于江、湘之间,为湘水神,故世称湘妃。初,二妃至洞庭之山,泣恸挥泪,染竹成斑,故今有斑竹,又号湘妃竹。○详《博物志》。

鉏麑,晋之力士。灵公使刺赵宣子。晨往,寝门辟矣,盛服将朝,尚早,坐而假寐。麑退而叹曰:"不忘恭敬,民之主也。贼民之主,不忠;弃君之命,不信。"遂触槐而死。○宣子,赵盾谥。

## 阳雍五璧　温峤一台

汉阳雍伯尝设义浆,给行人,三年。有一人饮讫,问曰:"何无菜羹?"答曰:"无种。"其人怀中出菜子一升与之,且曰:"种此生美玉,并得好妇。"北平徐氏有女,公求之,徐氏曰:"得白璧一双,当为婚。"公于所种处求之,得五双以聘,因名其地曰"玉田"。生十男,皆俊异,位至卿相。○"阳"一作"羊"。

晋温峤博学能文,丰仪秀整。峤姑有女,属其觅婿,答曰:"佳婿难得,如峤者何如?"姑曰:"何敢希汝辈?"久之,报姑曰:"得之矣!门第人才,不减于峤。"因下玉镜台一枚。既行婚礼毕,女披纱扇笑曰:"我故疑是老奴。"○老奴,峤之小字。

# 十一真

## 孔门十哲　殷室三仁

孔子弟子分为四科,共十人,称"十哲"。程正叔曰:"此特从夫子于陈、蔡间者耳。门人之贤,不止于此。曾子传道而不与于'十哲',固知为世俗之论也。"○"十哲"之称,见唐开元二十七年八月之制。

殷纣无道,微子启,帝乙首子,纣庶兄也,去之荒野,以存宗祀。箕子胥余,父师也,谏不听,因之,乃被发佯狂为奴。王子比干,少师也,陈先王艰难,天命不易,请王洗心易行,伏于象门之外。纣怒曰:"比干自以为圣,吾闻圣人心有七窍,信乎?"遂剖之以观其心。孔子以其迹异而心同,称为"三仁"。

## 晏能处己　鸿耻因人

季汉何晏,字平叔。七岁,明慧若神,魏武奇爱之。因晏在宫中,欲以为子。晏乃画地令方,自处其中。人问其故,答曰:"何氏之庐也。"魏武知之,即遣还。

汉梁鸿,字伯鸾。少孤,尝独止,不与人同食。比舍先炊已,呼伯鸾及热釜炊。伯鸾曰:"童子鸿不因人热者也。"灭灶更然之。

## 文翁教士　朱邑爱民

汉文翁名党,舒人。少好学,通《春秋》。景帝时,为蜀郡守,崇尚教化,兴学校,以变风俗。遣俊士司马相如及张叔等十八人,东诣博士,受七教,还以教授,学徒麟萃,比于齐、鲁。故《地理志》曰:"文翁倡其教,相如为之师。"武帝时,天下皆建学,自文翁始。后终于蜀,蜀人祀之。

汉朱邑,字仲卿,舒人。举贤良,迁北海太守,治行第一,入为大司农。天性廉正,及卒,天子惜之曰:"大司农退食自公,无疆外之交,可谓淑人君子。"赐黄金以奉祭祀。初,邑病,属其子曰:"我故为桐乡啬夫,遗爱在民,民实爱我,死必葬我桐乡。"今墓在桐西二十里,民立祠祀之。

## 太公钓渭　伊尹耕莘

太公姓吕名尚,字子牙,姜其氏也。年八十,钓于渭水,得玉璜,刻曰:"周受命,吕佐之。"文王出猎,卜曰:"非熊非罴,乃王者师。"遇尚,以后车载之归,喜曰:"吾太公望子久矣!"因称为太公望。武王尊为师尚父,从之伐纣。

伊尹名挚,生于空桑,居于伊水,故氏曰伊,尹其字也。第考《太甲》篇自称尹躬,恐无君前称字之理。尹耕于有莘国之野,乐尧、舜之道。汤三使往聘,因说汤伐夏救民焉。○故莘城在汴州陈留县东北。

## 皋惟团力　泌仅献身

唐曹王皋,德宗朝为江西节度使,教习所部兵惟以团力法。蔡州刺史李希烈为乱,皋败其将韩霜露于黄梅,斩之。拔黄州,进拔蕲州,又破其将杜少诚万余骑。希烈遂东畏曹王皋、西畏李兼,不敢复窥江、淮。○皋,唐宗室,袭封曹王。

唐代宗朝,端午各献服玩。上谓李泌曰:"先生何独无献?"泌曰:"自巾至履,皆陛下所赐,所余独一身耳。"上曰:"朕所求正在此。既献其身,当惟朕所为,不为卿有矣。"○隋苏威,五月五日百寮上馈,多以珍玩,威献《尚书》一部。

## 丧邦黄皓　误国章惇

季汉刘后主用内宦黄皓,皓专权自恣,屏逐姜维,以致后主昏庸。魏陈留王遣邓艾往征之,遂降魏,蜀汉亡。诸葛武侯曰:"亲小人,远贤臣,此后汉所以倾颓也。"此有所指。○丧,桑去声。

宋章惇,字子厚。助王安石行新法,哲宗朝外斥,寻内召。通判陈瓘中道谒之,问曰:"天子待公为政,何先?"惇曰:"司马光奸邪,当先辨。"瓘曰:"公误矣。果尔,恐失天下之望。指司马为奸邪,必复改作,则误国亦甚。为今之计,消朋党,持中道,庶可以救弊。"惇不悦。〇惇二弟九孙,皆及第。

## 鞅更秦法　普读鲁论

周商鞅,魏人。为秦相,徙木立信,尽变秦法,使民勇于公战,怯于私斗。后以公子虔之徒告鞅反,逃亡,欲止客舍。客曰:"商君之法,舍人无验者,坐之。"鞅叹曰:"嗟乎!为法自弊,一至于此。"

宋赵普,字则平,蓟州人。沉厚寡言,手不释卷,历相两朝。太宗尝称之曰:"普能断大事,尽忠国家,真社稷臣也。"每归私第,必阖户启箧,取《论语》读之。尝语上曰:"臣有《论语》一部,以半部佐太祖定天下,以半部佐陛下定太平。"后卒,谥忠献。上撰神道碑铭,亲为八分书赐之。

## 吕诛华士　孔戮闻人

太公望封于齐。齐有华士者,义不臣天子,不友诸侯,人称其贤。召之,三不至。命诛之。周公曰:"此齐之高士,奈何诛之?"太公曰:"夫不臣天子,不友诸侯,望犹得臣而友之乎?望不得臣而友之,是弃民也。召之三不至,是逆民也。而旌之以为教首,使一国效之,望谁与为君乎?"〇华音话。

孔子为鲁司寇,摄政七日,而诛乱政大夫少正卯于两观之下。子贡曰:"少正卯,鲁之闻人也,何诛之?"孔子曰:"天下有大恶五,窃盗不与焉。心逆而险,行僻而坚,言伪而辩,记丑而博,顺非而泽,少正卯兼有之,不可以不除。"

## 暴胜持斧　张纲埋轮

汉武天汉二年,泰山瑯琊盗起,遣直指使者暴胜之等衣绣持斧,分部逐捕,刺史郡守以下多伏诛。闻隽不疑贤,请见,不疑盛饰造门,胜之迎上座。不疑曰："凡作吏,太刚则折,太柔则废。威行济之以恩,乃可善后。"胜之改容纳焉。遂表荐不疑。○胜之字公子。

汉张纲,字文纪。皓子,彭山人。少负气节,顺帝朝为御史。时帝遣八使按行风俗,纲独埋车轮于洛阳都亭,曰："豺狼当道,安问狐狸?"遂劾大将军梁冀及冀弟河南尹不疑等不法事。冀患之,使出为广陵守,以广陵有张婴之乱也。○八使:杜乔、周举、周栩、冯羡、栾巴、郭遵、刘班,并纲八人。

## 孙非识面　韦岂呈身

宋孙抃,皇祐中为御史中丞,荐唐介、吴中复为御史。或问之曰:"君未与相识而荐之,何也?"抃曰:"昔人耻呈身御史,今岂求识面台官耶?"后二人俱以刚介著闻。

唐韦澳,字子斐。武宗朝,擢宏词,十年不调。高元裕欲荐之为御史,讽澳谒己,澳曰:"恐无呈身御史。"宣宗朝官翰林。持身清节,不逐时流。

## 令公请税　长孺输缗

晋裴楷,武帝朝累官散骑侍郎,后迁中书令。梁王、赵王,国之近属,贵重当时。令公岁请二国租钱数百万,以恤中表之贫者。或讥之曰:"何以乞物示惠?"叔则曰:"损有余,补不足,天之道也。"○叔则,楷字。楷尝营新宅,甚丽,当移住,与兄共游,床帐俨然,轩楹疏朗。兄甚欲之,而口不言。楷心识之,便推以与。

宋杨长孺帅番禺,将受代,有俸钱七千缗,悉以代下户输租。每对客曰:"士大夫清廉,便是七分人了。"以忤权贵见劾。陈肤中作《玉壶冰》、《朱丝弦》二诗送行。后以学士致仕。○缗音民。

## 白州刺史　绛县老人

唐薛稷为纸封九锡,拜楮国公、白州刺史,统领万字军。详《纂异记》。◯又晋桓温有主簿善别酒，好者为"青州从事"，恶者为"平原督邮"。青州有齐郡，从事谓到脐下；平原有革县，督邮言在鬲上。下句"绛县老人"与"青州从事"对亦可。

鲁襄三十年，晋悼夫人食舆人之城杞者，绛县老人与焉。问其年，曰："臣小人也，不知纪年。臣生之岁，正月甲子朔，四百有四十五甲子矣。"盖七十三年也。赵孟召之而谢过焉，曰："武不才，任君之大事，以晋国事多虞，不能由吾子，使吾子辱在泥涂久矣，武之罪也。"遂仕之，使助为政。辞以老，使为君复陶，以为绛县师。◯复陶主衣服。

## 景行莲幕　谨选花裀

南北朝庾杲之，字景行。王俭用为卫将军长史。萧缅与俭书曰："盛府元僚，实难其选。庾景行泛绿水依芙蓉，何其丽也。"时人以入俭府为莲花池，故缅书美之。

唐许慎，字谨选。放旷不拘小节。与亲友结宴花圃中，未尝张幄设坐，只使僮仆聚落花铺坐，曰："吾自有花裀，何须坐具？"◯裀，《集韵》："伊真切。"《韵会》："通茵。"《博雅》："复襜谓之裀。"

## 郗超造宅　季雅买邻

晋郗超，字嘉宾。每闻高尚隐退者，辄为办百万资，并为造立居宇。在剡为戴公起宅，甚精。安道谓所亲云："近至剡，如官舍。"◯安道，戴公字。戴公博学能文，善鼓琴，性高洁，孝武累征不就。谯国人，隐于剡溪。

南北朝宋季雅罢南康，市宅居吕僧珍宅侧。僧珍问宅价，答曰："一千一百万。"怪其贵，曰："一百万买宅，一千万买邻。"及僧珍生子，季雅往贺，函曰"钱一千"。阍人少之，不为通。季雅强入，僧珍发之，乃金钱也。

## 寿昌寻母　董永卖身

宋朱寿昌，字康叔。七岁，父嫁其母，不知所在。及长，弃官，刺血写经求之，得于蜀中，计别五十年矣。东坡贺以诗云："嗟君七岁知念母，怜君壮大心愈苦。羡君临老得相逢，喜极无言泪如雨。"〇又晋庾道愍亦弃官求母，得之，悲动路人。宋吕宣问六岁失母，以沔阳当蜀道，求谪其地，便于访问。秩将满，乃弃官入荆门，得之。

汉董永，千乘人。少失母，独养父。父死，无以葬，从里人裴氏贷钱一万，约以身作奴。葬毕，忽遇一妇求为妻，俱诣钱主。主人令织缣三百匹以偿，一月毕。妇曰："我织女也。因君至孝，上帝令我助君偿债。"言讫，凌空而去。后生子仲，送永抚之。

## 建安七子　大历十人

建安，汉献帝年号。七子谓王粲、陈琳、徐幹、刘桢、应场、阮瑀、曹植也。[1] 七人俱以文章重于魏文帝，而曹、刘尤称绝唱。锺嵘曰："若孔门用诗，则公幹升堂，子建入室，景阳、潘、陆可坐于廊庑之间。"〇景阳，张协字。潘，潘岳。陆，二陆也。

大历，唐代宗年号。十人谓卢纶、吉中孚、韩翃、钱起、司空曙、苗发、崔峒、耿沣、夏侯审、李端也。皆工诗齐名，号"大历十才子"。《诗评》云："大历之诗，高者尚未失盛唐。"宪宗诏中书舍人张仲素访集遗文。文宗尤爱其诗，遣中人索之，得五百篇。

## 香山诗价　孙济酤缗

唐白居易为江州司马，筑草堂于香炉峰下，称香山居士。工诗，初颇以规讽得失，其后更下偶俗好，至数千篇，士人争为传写。鸡林行贾，售其相国，率篇易一金。其伪者，相国辄能辨别之。〇鸡林，新罗国名。

季汉孙济，孙权之叔。嗜酒，不治产业。常醉，屡欠酒缗，人皆笑之。济恬然自若，谓人曰："寻常行坐处，欠人酒债，欲货此缊袍偿之。"杜工部诗"酒债寻常行处有"本此。

---

① 按：七子中"曹植"当为"孔融"。见《典论·论文》。

## 令严孙武　法变张巡

周孙武,齐人。以《兵法》见吴王阖庐,王出宫中美女百八十人,使武教之战。孙子分为二队,以二宠姬为队长。皆令持戟,三令五申,妇人大笑,斩二队长以徇。复鼓之,妇人左右前后跪起,皆中规矩。王遂用武为将,西破强楚,北威齐、鲁。武著有《兵法》十三篇。

唐张巡用兵,未尝依古法,勒大将教战,各出其意。或问之,对曰:"古人情敦朴,故军有左右前后,大将居中,三军望之,以齐进退。今胡人务驰突,云合鸟散,变态百出,故吾止使兵识将意,将识士情,上下相习,人自为战矣。"

## 更衣范冉　广被孟仁

汉范冉,一云丹,字史云。桓帝时,为莱芜长,议者以为侍御史,遂遁去,卖卜于梁、沛之间。少与同郡尹包善,出入共一绛衣,到人门外,尹年长,常先著而入,比出,解与冉。冉尝候姊,姊具饭,以姊夫不德,密留钱五十而去。○冉音酤。

季汉孟仁,一云宗。少从李肃学。其母为作厚被大褥,人问故,母曰:"小儿无德致客,客多贫,故为广被,庶可得与气类接也。"后为鱼官,作鲊寄母,母封还之。与陶母湛氏事同。○又南北朝裴之横,少纵诞,兄之高为狭被蔬食以激之。之横叹曰:"大丈夫富贵,必作百幅被。"后除吴兴太守,作百幅被,以成其志。

## 笔床茶灶　羽扇纶巾

唐陆龟蒙,字鲁望,长洲人。尝自忍饥,耻食屠沽儿酒肉,故亲党鲜会,伏腊丧祭皆未尝及。无事时,乘小舟,赍束书、茶灶、笔床、钓具,棹船而游。少不会意,竟还不留。性嗜茶,辟园顾渚山下,岁收之。号天随子,又号甫里先生。

季汉诸葛亮与司马懿对于渭南,克日交战。懿戎服莅事,使人视亮,独乘素车,纶巾羽扇,指挥三军,随其进止。懿叹曰:"诸葛君可谓名士矣。"亮寻卒,军退。懿行其营垒,复叹为天下奇才。○"纶"字亦作"綸",音关,说本明杨升庵。

## 灌夫使酒　刘四骂人

汉灌夫,为人刚直使酒,不好面谀,贵戚有势者必凌之,诸士贫贱者益恭敬。尝醉搏卫尉窦甫,后又以酒酣侵丞相田蚡,又怒蚡请魏其侯城南田,又因蚡取燕王女为夫人,往贺骂坐不敬,得罪,引他事劾诛之。○蚡音粉。

唐刘子翼,有学行,性刚直,朋友有过,辄面责之,退无余訾。李百药尝语人曰:"刘四虽复骂人,人终不恨。"为隋秘书监。唐太宗征之,辞以母老,不至。○訾音疵。

## 以牛易马　改氏为民

晋元帝南渡,是为东晋,传世十,享祚九十八年。初,《玄石图》有"牛继马后"之谶,故司马懿深忌牛氏,为二榼共一口,以贮酒,懿先饮佳者,而以毒酒鸩其将牛金。不知恭王妃夏侯氏竟通小吏牛氏而生元帝。

季汉民仪,本姓氏,仕吴。孔融嘲之曰:"'氏'字'民'无上,可改为'民'。"但考《姓谱》并无"民"姓。《琅琊代醉篇》"泯"与"昏"皆从"民"字,唐避太宗讳,故《石经》皆以"氏"字代之,则又改"民"为"氏"矣。或云仪改"氏"为"是",俟再详。○昏音敏。

## 圹先表圣　灯候沈彬

唐司空图,字表圣,虞乡人。举进士,避乱不仕,自号耐辱居士,又号知非子。尝预冢圹,故人来者,引至圹内,赋诗对酌。人或难之,表圣曰:"我非止暂游此中,公何不广耶?"出则以女家人鸾台自随。尝为王重荣作碑,赠绢数千匹,图置之市门外,人得取之,一日而尽。有《一鸣集》

传世。

唐沈彬,字子文。隐云阳山,学仙道。工诗,有《湘江行》云:"数家渔网残烟外,一岸夕阳细雨中。"人脍炙之。后仕南唐为吏部郎。临终,指葬地以示家人,穴其所,得石莲花灯三碗,有铜碑篆文曰:"佳城今已开,虽开不葬埋。漆灯犹未灭,留待沈彬来。"〇"未灭"一作"不爇"。

# 十二文

## 谢敷处士　宋景贤君

晋谢敷,字庆绪。澄静寡欲,入若耶山十余年,辟命皆不就。郗恢尝曰:"庆绪识见虽不绝人,可以累心处都尽。"少微星,一名处士星,初月犯少微,占者以隐士当之。时戴逵有美才,人或忧之。俄而敷死,越人嘲之云:"吴中有高士,求死不得死。"

宋景公时,荧惑守心,心,宋分也。召子韦问焉。韦曰:"祸当君,可移于相。"公曰:"相,所与治国家者也。"曰:"可移于百姓。"公曰:"百姓死,寡人将谁为君?"曰:"可移于岁。"公曰:"岁荒,人饥必死,谁以我为君乎?"韦曰:"君有至德之言三,荧惑必退。"是夜,果退舍。

## 景宗险韵　刘辉奇文

南北朝曹景宗,字子震。少以胆勇闻。梁武朝为右将军,魏兵围锺离,景宗帅师解围,振旅而还。帝宴之,群臣联句,令沈约限韵。时韵用已尽,惟余"竞""病"二字,景宗操笔立成,云:"去时儿女悲,归来笳鼓竞。借问行路人,何如霍去病?"帝大称赏。

宋刘幾,字之道。为文好险语,欧公恶之。《论》有曰:"天地轧,万物茁,圣人发。"公曰:"必刘幾也。"因戏批"秀才刷,试官刷",以硃笔横抹之,谓之"红勒帛"。后公为御试考官,试《尧舜性仁赋》,有曰:"静以延年,独高五帝之寿;动而有勇,刑为四罪之诛。"擢第一。及唱名,乃刘辉,即易名也。公愕然久之。

## 袁安卧雪　仁杰望云

汉袁安,字邵公,汝阳人。微时,客洛阳。时大雪,洛阳令按行,至门,门无行迹,因除雪以入。见安僵卧,问何以不出,曰:"大雪不宜干人。"令举为孝廉。后累官至司徒。○又胡定卧雪事,与安同。

唐狄仁杰,武后朝为相,以功封梁国公。初为并州法曹参军,亲在河南。仁杰偶登太行,见白云孤飞,叹曰:"吾亲舍在其下。"徘徊久之,云移,乃得去。○并音平。太行山在今山西绛县东。

## 貌疏宰相　腹负将军

宋王钦若,貌疏瘦,举止山野,复赘项。尝以文谒钱公希白,公颇蔑视之。有术者谓公曰:"此乃人中之贵,何可轻也?"公曰:"中堂内有此等宰相乎?"术者曰:"第恐不免,事不远矣。"后果为真宗相。谥文穆。

宋苏轼闻弟子由瘦,寄诗云:"十年京国厌肥羜,日日糕花压红玉。从来此腹负将军,今者固宜安脱粟。"俗云:大将军食饱,扪腹叹曰:"我不负汝。"左右曰:"将军不负此腹,此腹负将军,未尝少出智虑之万一也。"

## 梁亭窃灌　曾圃误耘

梁大夫宋就为边县令,与楚邻界。梁亭与楚亭皆种瓜。梁勤于灌,瓜美;楚灌稀,瓜恶。楚亭人搔梁瓜,焦死。梁觉,欲报之,就曰:"人恶亦恶,何褊之甚? 我教子为楚人夜灌其瓜,勿令知也。"梁人如其言。楚瓜美,怪而察之,乃梁人为之也。楚王曰:"此梁之阴让也。"谢以重币,因请交。

曾子耘瓜,误斩其根。父皙怒,大杖击之,曾子仆地,有顷乃苏。孔子闻之,曰:"参来勿纳。"曾子请之,孔子曰:"舜事瞽瞍,小杖则受,大杖则走。今参委身以待暴怒，身死，陷父于不义，不孝孰大焉？女非天子之民也？杀天子之民，其罪奚若？"曾子闻之，曰："参罪大矣。"遂造孔子，谢过。〇仆音訇。

## 张巡军令　陈琳檄文

唐雷万春事张巡为偏将。令狐潮围雍丘，万春立城上与潮语，伏弩发，六矢著面，万春不动，潮疑木刻人。谍得其实，乃惊，遥谓巡曰："向见雷将军，已知足下军令矣。"〇谍，军中细作。

季汉陈琳，字孔璋，广陵人。初为何进主簿，后归曹操。操爱其才，军国书檄，多出琳手。操先苦头风，一日疾发，卧读琳作，翕然起曰："此愈我病！"数加厚赐，官至门下督。建安七子之一也。〇檄，以木简为书，长尺二寸，以号召也。有急则播鸡羽，谓之羽檄。檄音吸。

## 羊殖益上　宁越弥勤

赵简子问成抟曰："吾闻羊殖贤大夫也，是行奚若？"对曰："臣抟不知也。"简子曰："子与友亲，何不知也？"抟曰："其为人也，数变。其年十五也，廉以不匿其过；其二十也，仁以喜义；其三十也，为晋中军尉，勇以喜仁；其年五十也，为边城将，远者复亲。今臣不见五年矣，是以不敢知。"简子曰："果贤大夫也，每变益上。"

周宁越，中牟人。苦耕稼之劳，谓其友曰："何为可以免此？"友曰："莫如学也。勤三十年则可以免矣。"越曰："然则人将休，吾不敢休；将卧，吾不敢卧。如是者，十五年亦足矣。"乃发愤十三年，齐威公师事之。

## 蔡邕倒屣　卫瓘披云

季汉王粲，字仲宣。博物多识，问无不知。蔡邕奇其才略，闻粲在门，倒屣迎之。粲年少短小，一座皆惊。邕曰："此君奇才，吾不如也。吾家书籍，当悉与之。"后仕魏。〇屣，履不蹑跟也。邕音雍。

晋乐广，字彦辅。善谈论，每以约言析理，遂餍人心。卫瓘见而奇之，曰："此人之水镜也，见之若披云雾而睹青天。"后仕至尚书令。女适卫玠，时有"妇翁冰清，女婿玉润"之语。

## 巨山龟息　遵彦龙文

唐李峤，字巨山。昆弟皆年三十而卒，母忧之，以峤寿问于袁天罡。袁答曰："神清气秀，苦寿不永耳。"因请与峤连榻而寝，视其鼻息，乃出入在耳中。遂贺曰："龟息也，必大贵寿。"后果验。○罡音刚。

南北朝杨愔，字遵彦。六岁受史书，十一岁受《诗》《易》，从兄昱器重之，曰："此儿驹齿未落，已是吾家龙文。更十年，当求之千里外。"后事梁武，为太子少保，封开封王。幼时在学庭，群儿争取柰实，愔颓然独坐。季父昕异其恬裕。室内有茂林，为愔独葺一室，饭以铜盘重肉之食。○龙文，良马名。

# 十三元

## 傲倪昭谏　茂异简言

唐罗隐，字昭谏。工诗，尤长于咏史。性傲倪，少与桐庐章鲁封齐名，为宰相郑畋所重。畋女览隐诗，讽咏不已，畋疑有慕才意。隐貌陋，一日女窥见之，遂绝口不咏。令狐绹子滈登第，隐贺以诗。绹曰："吾不喜汝得第，喜汝得罗公诗耳。"○滈音缟。

宋吴简言，以茂异决科，累官祠部郎中。尝经巫山神女庙，题诗云："惆怅巫娥事不平，当时一梦是空成。只因宋玉闲唇吻，流尽长江洗不清。"是夜梦神女来谢。○吴字若讷。

## 金书梦珏　纱护卜藩

唐李珏，开成中拜相，李绛称其"日角珠庭，非庸人相"。时广陵有李珏以贩籴为业,每斗惟求子钱二文,资奉父母。凡籴粜,受人升斗,俾其自量。丞相珏节制淮南时,梦入洞府,见石壁金书姓名中有李珏,方自喜,有二童子云:"此是江阳部民李珏耳。"后百余岁,仙去。○珏音觉。

唐李藩,字叔翰。少沉静有检局,宪宗朝同平章事。尝问卜于葫芦生,曰:"子纱笼中人也。"藩不省。后有新罗僧言:"凡位当宰相者,冥司必潜以纱笼护其名姓,恐为异物所害。"后为杜兼所诬,召藩诣长安。帝望见其仪度安雅,曰:"此岂为恶者耶?"

## 童恢捕虎　古冶持鼋

汉童恢,为不其令。民有为虎所害,恢捕二虎,谓曰:"王法杀人者死,若杀人者,垂头伏罪;不杀人者,当号诉。"一虎低头瞑目,一虎视恢号鸣。恢乃杀一释一,吏民为之歌颂。迁丹阳太守,执法廉平。弟翊,名高于恢,宰府先辟之。翊阳喑不出,及兄被命,乃就孝廉。○翊音揖。不其,今山东即墨县。恢字汉宗。

齐景公渡河偶沉,鼋衔左骖没之,众皆惕,古冶子独仗剑从之,斜行五里,逆行五里,至于砥柱之下,左手持鼋头,右手挟左骖,燕跃鹄踊而出,仰天大呼,水为逆流三百步。观者皆比于河伯。

## 何奇韩信　香化陈元

汉萧何见韩信,与语,奇之。汉王未及重用信,信亡去。何自策骑月下追返之,力荐于高祖,曰:"诸将易得耳。至如信,国士无双。"高祖遂筑坛,拜为大将。卒赖成功。○信字君实。

汉仇览,一名香。为蒲亭长。有陈元者,母讼其不孝。览惊曰:"守寡养孤,奈何致子于法?"览因亲至其家,详谕元以大义,卒成孝子。邑令王涣署为主簿,曰:"闻不罪陈元而化之,得无少鹰鹯之志乎?"览曰:"窃谓鹰鹯不如鸾凤,故不为耳。"

## 徐幹中论　扬雄法言

季汉徐幹与陈琳等七人皆好文章,号建安七子。魏文帝尝与吴质书曰:"伟长抱文怀质,恬淡寡欲,有箕山之节,可谓彬彬君子矣。"疾时人美丽之文,不能敷散道教,故著《中论》行世。辞义典雅,当世嘉之。○伟长,幹字。

汉扬雄,少好学。居岷山之阳,有田一廛,有宅一区。以经莫大于《易》,作《太玄》;传莫大于《论语》,作《法言》;篇莫善于《苍颉》,作《训纂》;箴莫善于《虞人》,作《九箴》;赋莫善于《离骚》,作《反骚》;辞莫丽于相如,作四赋。雄撰《法言》,蜀有富人,赍钱十万,愿载一名。子云曰:"富人无义,正如圈中之鹿、栏中之牛矣,安得妄载?"

## 力称乌获　勇尚孟贲

乌获,秦武王时人,力能扛鼎。秦武王好以力戏,获遂至大位。后举鼎,折肱而卒。○扛音钌,对举也。获字文举。○《论衡》云:"董仲舒、扬子云,文之乌获也。"

孟贲,齐人。能生拔牛角。往归秦武,尝过河,先其伍。船人虓之,不知其为贲也。中河,贲怒,目裂发直,舟中之人尽扬播于河。○虓,孝平声。贲音奔。《淮南子》注作卫人。

## 八龙荀氏　五豸唐门

汉荀淑,字季和。子八人:俭、绲、靖、焘、汪、爽、肃、敷,并有名。淑居西豪里,县令苑康曰:"昔高阳氏有才子八人。"遂署其里曰"高阳里",号其子曰"八龙"。靖、爽尤知名,复有"二龙"之号,或称"二玉"。许劭曰:"叔慈内照,慈明外朗。"陈太丘尝携诸子侄造之,于时德星聚,太史奏五百里当有贤人聚。○又唐崔珙、宋韩亿、徐伟各八子,皆贤,亦号"八龙"。

宋唐垌、唐肃、唐询、唐介、唐淑问相继为御史,人称"一门五豸"。○按介字子方,垌之叔。淑问,介之子,垌兄。肃则垌祖,询则垌父也。

○有足曰虫，无足曰豸。本音池，上声，俗讹为獬廌，廌字则柴上声矣。御史官服用獬廌，"豸"宜作"廌"。

## 张瞻炊臼　庄周鼓盆

江淮王生善卜。贾客张瞻将归，梦炊臼中，以问王生。生曰："君归不见妻矣。臼中炊，无釜也。"字义釜同声为妇。瞻归，其妻果卒。见《酉阳杂俎》。

周庄周，蒙人，一称蒙庄。妻死，惠子吊之。周箕踞，鼓盆而歌曰："堪叹浮世事，有如开花谢。妻死我必埋，我死妻必嫁。我若先死时，一场大笑话。田被他人耕，马被他人跨。妻被他人恋，子被他人打。以此动伤心，相看泪不下。世人笑我不悲伤，我笑世人空断肠。死后若还哭得转，我亦千愁泪万行。"惠子曰："不亦甚乎?"○不似三代时语，疑属后人傅会。惠子名施，庄子友。

## 疏脱士简　博奥文元

南北朝张率，字士简。嗜酒疏脱。在新安，遣家童载米三千斛还吴，耗失大半。士简问其故，答曰："雀鼠耗也。"士简叹曰："壮哉鼠雀!"竟不究。率初作颂赋，虞讷诋之;后更为之，托言沈约，讷便句句称赏。

唐萧颖士，谥文元。性严酷，有仆名杜亮，事之十余年，颖士每加箠楚辄百余，不堪其苦。人或激之择木，亮曰："我非不能他从，所以迟留者，特爱慕其博奥耳。"○陆放翁诗："奴爱才如萧颖士。"○萧字茂挺。

## 敏修未娶　陈峤初婚

宋陈敏修，绍兴间中进士第三人。玉音云："卿便是陈敏修，年几何?"对曰："七十三。"又问："有几子?"对曰："未娶。"上乃出内人施氏嫁之，年三十，资奁甚厚。时人语曰："新人若问郎年纪，五十年前二十三。"

宋陈峤，字景山。年近六十，方及第。有儒家以女妻之，合卺之夕，作诗云："彭祖尚闻年八百,陈郎犹是小孩儿。"○东坡谪惠州,邻有老举人年六十九,其妻三十岁,诞子,公戏一联曰："令阁方当而立岁,贤夫已过古稀年。"见《侯鲭录》。

## 长公思过　定国平冤

汉韩延寿,字长公。为左冯翊,行县,至高陵,民有昆弟相与讼田,延寿大伤之,曰："幸得备位,为郡表率,不能宣教明化,至令民有骨肉争讼,咎在冯翊。"因闭门思过,一县莫知所为,令丞以下亦皆自系待罪。于是讼者自悔,肉袒谢罪,愿以田相让,终死不敢复争。○冯音平。翊音亦。

汉于定国累官廷尉,时称之曰："张释之为廷尉,天下无冤民;于定国为廷尉,民自以为不冤。"先是,定国父于公为狱史,闾门坏,父老方共治之,公曰："幸少高大,令容驷马高车盖。我治狱多阴德,子孙必有兴者。"至定国,果拜相,封西平侯。生平谦厚,身为列卿,尚迎师执弟子礼。饮酒数斗不乱,酒后治狱益精明。

## 陈遵投辖　魏勃扫门

汉陈遵,字孟公。性好客,每会饮,取客车辖投井中,虽有急,不得去。善书,凡与人尺牍,众皆珍藏之。初为京兆史,列侯中有与同姓字者,每至,入门,坐中莫不震动。既而非,因号曰"陈惊坐"。

汉魏勃欲见齐相曹参,贫无以通,乃常早起扫齐相舍人门。舍人怪而问之,乃知是勃。询其故,勃曰："愿见相君,无因,故为扫之,借以自通也。"于是引见,参遂以为舍人。

## 孙璊织屦　阮咸曝裈

宋孙璊,家贫嗜书,善吟咏。不应举,躬耕织屦以为食,寿百岁。尝赋《述怀诗》云："坐倦秋树根,摄衣步前丘。横河淡如练,波月西南流。独持一樽酒,悠然发清讴。俯仰无不足,吾生焉所求?"○璊,连上声。

晋阮咸，字仲容。任达不拘，当时莫不怪其所为，惟太原郭奕见之心醉焉。与叔籍齐名。咸与籍居道南，诸阮居道北，北富南贫。七夕日，北阮曝衣，锦绮熇日。咸以竹竿挂犊鼻裈于庭，曰："未能免俗，聊复尔耳。"出补始平太守。〇熇音郝。

## 晦堂无隐　沩山不言

宋黄庭坚，字鲁直。尝欲诠释"吾无隐乎尔"之义，再三不得其解，因问黄堂寺晦堂老子，晦堂不答。时暑退凉生，秋风满院，晦堂因问曰："闻木樨香乎？"山谷曰："闻。"晦堂曰："吾无隐乎尔。"山谷叹服。〇木樨，桂之别名。山谷，庭坚别号。

唐香岩禅师参沩山，沩山曰："父母未生时，试道一句看。"师茫然，屡乞沩山说破。沩山曰："我说底是我底，终不干汝事。"乃泣辞。过南阳，一日芟除草木，偶抛瓦砾，击竹作声，忽省悟。遽沐浴焚香，遥礼沩山，赞曰："和尚大慈，恩逾父母。若为说破，今日何有？"〇沩音规。

## 十四寒

## 庄生蝴蝶　吕祖邯郸

周庄周，为漆园吏，字子休。尝梦化为蝴蝶，栩栩然不知周也。俄而觉，则蘧蘧然周也。不知周之梦蝶，蝶之梦周也，是谓物化。〇栩栩，忻畅貌。蘧蘧，自得貌。〇南北朝李愚性疏旷不羁，尝曰："予夙夜在公，不得烂游华胥国。欲构一蝶庵，以庄周为第一祖，陈抟配食，忙者难与注籍供职。"

唐开元中，吕喦得道，云游经邯郸客邸。适主人炊黄粱，时有卢生在坐，言困厄，欲求仕。喦乃取囊中枕授之，睡未几，梦登第，出入将相，五十年荣盛无比。及觉，黄粱尚未熟。卢生因求度世之术，后亦仙去。〇喦即纯阳子。邯音寒。郸音单。

## 谢安折屐　贡禹弹冠

晋谢安领扬州刺史,时苻坚入寇,安方在别墅对客围棋。侄玄以文武良将御敌,破坚肥水。捷至,安略无喜色,客问,但曰:"小儿辈已破贼矣。"既罢弈,还内,过门限,喜甚,不觉屐齿之折。其矫情镇物如此。○屐音极。

汉贡禹,字少翁。与王阳友善,阳为益州刺史,禹乃弹冠相庆,俟其荐己,阳果荐于成帝。○一说禹初为河南令,以职事为上官所责,免冠谢,已而曰:"冠一免,安可复冠?"遂谢去。世言"王阳在位,贡禹弹冠",则前说为是。

## 颛容王导　浚杀曲端

晋王敦乱,从弟王导诣台待罪,亟呼周颛曰:"伯仁以百口累卿。"颛直入不顾,见帝申救而出,但谓左右曰:"今年杀诸贼奴,取金印如斗大。"既又表明导无罪。导皆不知。敦至,问颛何如,导不答,遂杀颛。寻知之,导悔曰:"我虽不杀伯仁,伯仁由我而死。"○伯仁,颛字。颛音以。

宋曲端,字正甫。为武威将军,善战,得士卒心。与宣抚使张浚议不合,窜之,浚犹张其号以惧虏。寻召还,欲用,吴玠与之有隙,书"曲端谋反"四字于手示浚。又端诗:"不向关中兴事业,却来江上泛渔舟。"王庶诬其指斥乘舆,遂下端狱,武臣康随计杀之。谥壮愍。

## 休那题碣　叔邵凭棺

明姚康,字休那,桐城人。素恬淡寡营,研精坟史,不屑仕进。何、史二相国先后敦请入幕,文章经济略见一斑,而贫窭如故。七十初度,为诗自祭,有陶靖节风。又自题圹碣曰:"吊有青蝇,几见礼成徐孺子;赋无白凤,免得书称莽大夫。"寿七十六,著述甚富。○那,懦平声。

明方叔邵,字虎玉,桐城人。豪放不羁,诗酒自适,书法媲美草圣,识者宝之。崇祯壬午夏忽病齿,遂整衣冠,坐棺中,凭棺援笔书曰:"千百年之乡而不去，争此瞬息而奚为？无干戈剑戟之乡而不去，恋此枳棘而奚为？清风明月如常在，翠壁丹崖我尚归。笔砚携从棺里去，山前无事好吟诗。"书毕，就寝，遗命勿殓。

## 如龙诸葛　似鬼曹瞒

季汉诸葛亮，隐居隆中，徐庶称为卧龙先生。因司马徽之荐，三顾之，乃克见，喜如鱼之得水。后为相，封武乡侯。兄瑾事吴，族弟诞事魏。时谓蜀得龙，吴得虎，魏得狗。○今南阳府卧龙岗，即隆中，孔明躬耕处。

季汉曹操，小字阿瞒。机警有权术。临终戒其子曰："我死，当题云'安汉公曹将军墓'。"恐人窃听，又但嘱众妾分香卖履，无一语及他事。故阳节潘氏论曰："平生奸伪，死见真性，操之所以如鬼也。"盖本坡公祭诸葛君文："视亮如龙，视操如鬼。"

## 爽欣御李　白愿识韩

汉李膺，字元礼。性简亢，无所交接，惟以荀淑为师。淑第六子爽尝就谒膺，因为其御。既还，喜曰："我今日得御李君矣。"其见慕如此。故当时被其容接者，名为"登龙门"。○登龙门，任昉、袁昂事亦同。

唐韩朝宗，玄宗朝为荆州刺史，以好士荐贤称。李白流落江汉，上书自荐，其简端曰："白闻天下谈士相聚而言曰：'生不愿封万户侯，但愿一识韩荆州！'何令人之景慕一至于此！"

## 黔娄布被　优孟衣冠

周黔娄子，齐隐士。守道不屈，威王师之。卒，覆以布被，覆头则足露，覆足则头露。曾西曰："斜其被，则殓矣。"其妻曰："斜而有余，不若正而不足。"著书四篇，言道家之要，号《黔娄子》。

周优孟，楚乐人。楚相孙叔敖知其贤，善待之。叔敖将卒，嘱其子贫困则往见优孟。孟为叔敖衣冠，抵掌谈笑，庄王以为叔敖复生，欲以为相。孟请归与妇计。三日后来,曰:"妇言慎无为楚相,孙叔敖尽忠于楚,今死,其子无立锥地,负薪以自衣食。如为相,不如自杀。"于是庄王谢孟,召叔敖子,封之寝丘。

## 长歌宁戚　鼾睡陈抟

周宁戚,卫人。家贫,为人挽车。至齐,夜于车下饭牛,扣角而歌曰:"南山矸,北石烂,生不逢尧与舜禅。短布单衣适至骭,从昏饭牛薄夜半,长夜漫漫何时旦?"桓公闻而异之,命管仲迎之,拜为上卿。○歌共三章,详《古诗纪》。

宋陈抟,字图南,号希夷,普州崇龛人。初,隐武当山,有五老人来听讲《易》,曰:"吾日月池中龙也,此非君之所栖。"令闭目,御风而行,顷之,已至华山石上。因喜鼾睡,每至百余日不起,盖五龙授以蛰法也。周世宗曾于禁中扃户试之。○鼾音酣。抟音团。

## 曾参务益　庞德遗安

曾子有疾,曾元抱首,曾华抱足。曾子曰:"吾无颜氏之才,无以告子。然君子务益,夫华多实少者天也,言多行少者人也。夫飞鸟以山为卑,而层巢其巅;鱼鳖以滩为浅,而穿穴其内。然所以得者,饵也。君子苟能无以利害身,则辱安从至乎? 官怠于宦成,病加于小愈,祸生于懈惰,孝衰于妻子。"

汉庞德公隐居岘山,不入城府。刺史刘表累召不赴,乃造访。公耕陇上,妻耘于前,相敬如宾。表曰:"先生不受官禄,何以遗子孙?"公曰:"人遗之以危,我遗之以安耳。"建安中,携妻子移隐鹿门山下。子涣,晋太康中牂柯太守。○牂柯音臧歌。

## 穆亲杵臼　商化芝兰

汉公沙穆,字文义。少游太学,无资,乃变服客佣,为吴祐赁春。祐与语，大惊，遂共定交于杵臼之间。穆后为弘农令。螟虫食稼，乃设坛请以身祷，于是暴雨，既霁而螟虫自消，人称神明。〇公沙，覆姓。

孔子曰："吾死之后，商也日益，赐也日损。"曾子曰："何谓也？"子曰："商也好与贤己者处，赐也悦不若己者处。不知其人，视其友。故曰与善人居，如入芝兰之室，久而不闻其香，即与俱化矣。与不善人居，如入鲍鱼之肆，久而不闻其臭，即与俱化矣。丹之所藏者赤，漆之所藏者黑。是以君子必慎所与处者焉。"

## 葛洪负笈　高凤持竿

晋葛洪，字稚川，句容人。家贫，篱落不修。常披榛出门，排草入室。屡遭延火，典籍都尽，故闭门却扫，绝少交游。或寻书问义，则不远千里，期于必得。常负笈徒步，借书钞写，自伐薪以货纸墨。夜辄然火，或写或读，但所写多反覆，人罕能读之。后得秘术，仙去。〇笈，书箱也。笈音及。

汉高凤，字文通，叶县人。家以农为业。妻尝之田，曝麦于庭，令凤护鸡。时天暴雨，凤持竿诵经，麦为流水所漂。妻还怪问，凤方悟。后成名儒，教授西唐山中。不应征辟，隐身渔钓而终。〇西唐山一名唐子山，在今南阳府唐县南，见《水经注》。

## 释之结袜　子夏更冠

汉张释之，官廷尉。时有王生者，善释老，隐居不仕，释之与之善。尝召公卿，王生立庭中，袜解，顾谓释之曰："为我结袜。"释之跪而结之。既退，或曰："奈何辱廷尉？"王生曰："吾老且贱，度无益于廷尉，聊辱结袜以重之耳。"诸公闻之，皆贤王生而重释之。

汉杜钦，字子夏。少好经书，家富而目偏盲，故不好为吏。茂陵杜邺与钦同姓字，俱以材能称，故称钦为"盲杜子夏"以相别。钦恶以疾见诋，乃为小冠，高广才二寸，由是京师更谓钦为"小冠杜子夏"，而邺为"大冠杜子夏"云。王凤奏请钦为大将军军武库令。

## 直言唐介　雅量刘宽

宋唐介，字子方。仁宗朝为御史里行，劾文彦博结交后宫，窃取相位。帝怒，贬介英州别驾，寻遣使护行，又图其像于便殿。李师中送以诗，有"去国一身轻似叶，高名千古重如山"之句。由是介直声动天下。后神宗朝参知政事，简亢敢言，数与王安石辩，不胜愤忿，遂至疽发背死。

汉刘宽，字文饶。性仁厚，为南阳太守，吏民有过，但用蒲鞭示辱。熹平中，拜太尉。当朝会，夫人欲试宽令恚，使婢捧肉羹污其朝衣，宽神色不异，乃徐言曰："羹烂汝手乎？"又尝有人误认其牛，宽无所言，下驾步归。顷，认者得牛，送牛还，叩头请责，宽反慰劳之。○恚音惠。

## 捋须何点　捉鼻谢安

南北朝何点，字子皙。容貌方雅，博通群书，宋、齐累征不起。与梁武帝有旧，帝践祚，赐以鹿皮巾，手诏征之。召见华林园，欲拜为侍中。点以手捋帝须，曰："乃欲臣老子耶？"寻辞疾归。○李卓吾谓其可比严光。

晋谢安少有时名，朝命敦逼，皆不就。人谓语曰："安石不起，当如苍生何？"虽处衡门，雅负公辅之望。时兄弟已有贵者，翕集家门，倾动人物。刘夫人，刘惔妹也，见安独静退，戏谓之曰："大丈夫不当如此耶？"安乃捉鼻曰："正恐不免耳。"弟万废，安年四十余，始应辟命。后破苻坚，赠太尉，谥文靖。

## 张华龙鲊　闵贡猪肝

晋张华，字茂先。学业优博，所著有《博物志》，时人比之子产。陆机尝遗华鲊，华曰："此龙肉也。"遂以苦酒沃鲊，鲊中有五色光。因问鲊主，果自园中积茅下得白鱼，以作鲊也。○又汉昭帝时有鲛鲊。又唐安禄山恩宠莫比，所赐品目中有野猪鲊。

汉闵贡，字仲叔。世称节士，虽周党之洁白，自以为弗及也。尝客居安邑,家贫,日买猪肝一片,屠者或不肯。安邑令闻之,敕吏常给之。贡怪焉,问知其故,叹曰:"闵仲叔岂以口腹累安邑耶?"遂去沛。建武中以博士征,不就。

## 渊材五恨　郭奕三叹

宋彭渊材,宜丰人。平生喜游。一日,同一黥徒负布囊归,人疑金珠也,渊材曰:"吾富可以敌国。"及开视,止李廷珪墨一丸,文与可竹一枝,欧阳公《五代史稿》一巨编而已。尝自言平生有五恨:一恨鲥鱼多骨,二恨金橘带酸,三恨莼菜性冷,四恨海棠无香,五恨曾子固不能诗。渊材善晓大乐,除协律郎。

晋郭奕,字大业。有才望。初为野王令,羊祜还洛,至界,奕遣人要之,便自往。既见,叹曰:"羊叔子何必减郭太业!"复往羊许,小悉还,又叹曰:"羊叔子去人远矣!"祜既去,奕送之弥日,一举数百里,遂以出境免官。复叹曰:"羊叔子何必减颜子!"

## 弘景作相　延祖弃官

南北朝陶弘景,字通明。读书万卷,一事不知,以为深耻。齐高帝引为诸王侍读。永明中,脱朝服挂神武门,上表辞禄,隐居茅山华阳洞。性爱松风,庭院皆植松,每闻其响,欣然为乐。筑三层楼,自处其上,弟子处其中,宾客处其下。行辟谷导引之术。梁武帝蚤与之游,即位,征之不出。每有大事,无不咨询,谓之"山中宰相"。

唐元延祖,矢志不仕。年过四十,亲娅强勒之。再调春陵丞,辄弃官去,曰:"人生衣食可适饥寒,不宜复有所须。每灌畦掇薪,以为有生之役。过此吾不思也。"子结,为道州刺史。

## 二疏供帐　四皓衣冠

汉疏广,字仲翁。仕至太子太傅,兄子受太子少傅。在位五年,广谓受曰："知足不辱,知止不殆。功成身退,天之道也。不去,恐有后悔。"乃上疏乞骸骨。许之,赐黄金百斤,太子赠五十斤。公卿大夫设供帐,祖道东都门外,送者车数百辆,道路观者皆曰："贤哉二大夫。"

汉高欲易太子,吕后问策张良,良曰："此难以口舌争。顾上所不能致者四人,固请,宜来。上见之,则一助也。"太子书迎至,客建城侯吕泽所。及宴,置酒,太子侍,四人从,年皆八十余,须眉皓白,衣冠甚伟。上怪问:"何自从吾儿游?"四人曰:"陛下轻士,臣等义不辱。太子仁孝,愿为之死。"出,上召戚夫人指示曰:"羽翼已成,难动矣!"〇四人:东园公辕乘,一云唐秉;夏黄公崔廓,"廓"一作"广";甪里先生周术,亦称霸上先生;绮里季朱晖,一云吴实。

## 曼卿豪饮　廉颇雄餐

宋石延年,字曼卿,宋城人。喜豪饮,与刘潜善。尝倅海州,潜访之,剧饮。中夜酒竭,有醋斗余,并饮之。每与客痛饮,露发跣足,著械而坐,谓之"囚饮";坐于木杪,谓之"巢饮";以藁束之,引首出饮,复就束,谓之"鳖饮",人甚苦之。官中允,进备边策,不报。已而西方用兵,上思其言,欲召用,则死矣。

周廉颇为赵将,威震齐、秦,伐燕有功,封信平君,为假相国。悼襄王立,使乐乘代颇,颇怒,遂奔魏。赵后困于秦,复使使视颇。仇人郭开赂使,令毁之。使见颇,颇一饭斗米,肉十斤,被甲上马,以示可用。使者报曰:"廉将军虽老,尚善饭,然顷之三遗矢矣。"

## 长康三绝　元方二难

晋顾恺之,字长康。博学有才气,善丹青,每画人物,数年不点睛,曰:"传神写照,正在阿堵耳。"尤信小术,以为求之必得。故世传恺之有三绝:才绝、画绝、痴绝。为虎头将军,因号顾虎头。〇阿堵,晋时方言,犹云"这个"耳。又宋令文工书,富文辞,有勇力,号三绝。郑虔自写其诗并画以献,玄宗署其尾曰"三绝"。俱唐人。

汉陈寔长子纪,字元方;次子谌,字季方。与寔并著高名,时号"三君"。元方子长文,季方子孝先,各论父功德,咨于祖,太丘曰:"元方难为兄,季方难为弟。"

## 曾辞温饱　城忍饥寒

宋王曾,字孝先,山东益都人。咸平中乡试、廷对皆第一,刘子仪戏之曰:"状元试三场,一生吃著不尽。"曾曰:"曾平生志不在温饱。"初布衣时,以梅诗谒吕文穆云:"雪中未问调羹事,先向百花头上开。"吕云:"此生已安排作状元宰相。"后正色立朝。谥文正。

唐阳城,字亢宗。性好学,求为吏,隶集贤院,窃书读之,六年精通。去,隐中条山,与弟堦、域易衣而出。岁饥,屏迹不过邻里,屑榆为粥,讲论不辍。有奴都儿,亦化其德,或与之食,不受,糠则受。城后为谏议大夫。

## 买臣怀绶　逢萌挂冠

汉朱买臣,字翁子。家贫,常担薪自给,行讴道中。妻耻,求去。后随计吏至长安上书,严助复荐之,拜中大夫,授会稽太守。买臣衣故衣,怀其印绶,步归郡邸,诸吏方群饮不视,守邸见其绶,乃太守也。白守丞来谒,买臣徐乘传而之官。

汉逢萌,字子庆。家贫,为亭长。叹曰:"大丈夫安能为人役哉!"遂去,之长安求仕。时王莽杀其子宇,萌谓友人曰:"三纲绝矣! 不去,祸将及。"即挂冠东都城门,携家浮海,客辽东。光武即位,始还,累征不起。

## 循良伏湛　儒雅兒宽

汉伏湛,字惠公。伏生九世孙。更始时,天下兵起,湛为平原太守,捐俸赈饥，一郡赖以保全。光武征拜大司徒，奏行乡饮酒礼。自伏生以来，世传经学，清净无竞，故东州号湛为"伏不斗"。

汉兒宽治《尚书》，家贫赁作，带经而锄。武帝朝，射策为掌故，迁左内史。雍容儒雅，尝守同州，以负租课殿当免，民闻之，大家车牛，小家担负，输租不绝，课更最。后为御史大夫。○殿，下考。最，上考也。兒读作倪。

## 欧母画荻　柳母和丸

宋欧阳修，字永叔。四岁失父，母韩国夫人郑氏守节自矢，亲教育之。家贫，常以荻画地教书。后成进士，两试国学，一试礼部，皆第一，文章名冠天下。修父观为泗州司理时，尝秉烛治官书，屡废而叹。妻问之，曰："此死狱也，我欲其生不得，故叹。"○又陶弘景幼好学，四五岁恒以荻为笔，画地画灰学书。

唐柳公绰妻韩氏，相国休之曾孙，家法严肃，为缙绅家楷范。训其子仲郢，尝粉苦参、黄连、熊胆和为丸，使永夜习学，含之以助勤苦。后仲郢累官侍御史、京兆、河南尹，退公布卷，不舍昼夜。《九经》、《三史》一钞，《魏》、《晋》、《南》、《北》史再钞，手书分门三十卷，号"柳氏自备"，小楷精谨，无一字肆笔。

## 韩屏题叶　燕姞梦兰

唐僖宗宫人韩翠屏有感，因题诗红叶云："流水何太急，深宫尽日闲。殷勤谢红叶，好去到人间。"置御沟水中流出。学士于祐得之，亦题一叶云："曾闻叶上题红怨，叶上题诗寄阿谁?"亦置御沟，风送逆流而进，韩得之。后放宫人三千人，丞相韩泳为于作伐，礼成，各出红叶相视，乃曰："事岂偶然?"翠屏因又题一绝。○按唐小说载红叶事凡四。此载刘斧《青琐》中。"屏"一作"蘋"。

郑文公有贱妾燕姞，梦天使与己以兰，曰："以是为而子。"盖以兰有国香,人服媚之也。既而文公与姞兰而御之,辞曰:"贱妾有子,将不信,敢征兰乎?"公曰:"诺。"后果生穆公,名曰兰。后穆公有疾,曰:"兰死,吾其亡乎?"刈兰而死。

## 漂母进食　浣妇分餐

汉韩信,淮阴人。贫甚,钓于城下。漂母见信饥,饭信,信曰:"吾必有以重报母。"母怒曰:"大丈夫不能自食,吾哀王孙而进食耳,岂望报乎?"又尝见辱于屠中少年,曰:"子每好带剑,能死,刺我;不能,出我胯下。"信乃俯首蒲伏,出其胯下,市人皆笑其怯。后归汉,封淮阴侯。○漂母坟在泗口。信为楚王,立家以报漂母。

伍子胥奔吴,至溧阳,见女子击缥濑水上,子胥乞食,女与之饭。子胥曰:"掩尔壶浆,勿令其露。"既去,回顾,女已自沉水中。女姓史氏。子胥得志于吴,欲报,不知其家,投金濑水而去。○今溧阳有投金濑,李白作《史贞义女碑记》。浣音缓。

## 十五删

## 令威华表　杜宇西山

汉丁令威,辽东人。学道于灵墟山,后化鹤归辽东,集华表柱,云:"有鸟有鸟丁令威,去家千年今始归。城郭如故人民非,何不学仙冢累累?"○《安徽通志》:灵墟山在太平府东三十五里。旧传丁令威化鹤于此,坛址犹存,有丹洞、丹井。○化鹤事与苏耽同。

黄帝子昌意娶蜀女,生帝喾,后封其支庶于蜀,始称王者名蚕丛,后王曰杜宇。尝值大水,与居民避水于长平山。荆人鳖灵,其尸随水上,至汶山下复生,宇立为相。开峡治水,人得陆处。宇禅位与之,自居西山,道成升天。又号望帝。尝化为鸟,即今之子规。

## 范增举玦　羊祜探环

　　沛公先入关，项羽怒。沛公至鸿门谢之，羽留宴。居鄹人范增在坐，数举所佩玦示羽，令杀沛公，羽不听。后增以反间去。苏轼曰："增不去，项羽不亡。增亦人杰也哉！"〇玦，佩之不周者。居鄹，今巢县。增字亚父。玦音决。

　　晋羊祜，字叔子。生五岁，忽令乳母往邻家李氏园桑树中探取金环。李氏曰："此吾亡儿所失。"因知李氏子，祜前身也。〇又五代文澹于杏林中取五色香囊，亦记前世事。

## 沈昭狂瘦　冯道痴顽

　　晋沈昭略尝晚醉，负杖至娄湖苑，遇王约，张目视之，曰："汝何肥而痴？"约答曰："汝何瘦而狂？"昭略抚掌大笑，曰："瘦已胜肥，狂又胜痴，奈何？奈何？王约奈汝痴何？"〇娄湖苑在江宁府东南，以张昭封娄侯名。

　　契丹灭晋，冯道朝耶律德光于京师。德光责道事晋无状，道不能对。又问："何以来朝？"对曰："无城无兵，安敢不来？"德光因诮之曰："尔是何等老子？"对曰："无才无德痴顽老子。"德光喜，以道为太傅。〇契音乞。契丹即匈奴。契丹主名德光，耶律覆姓。冯道字可道。

## 陈蕃下榻　郅恽拒关

　　汉陈蕃，字仲举。为豫章太守，性方峻，杜门谢客。徐孺子名稚，蕃慕其贤，时为设一榻以礼之，去则悬之于壁。唐王勃《滕王阁序》"人杰地灵，徐孺下陈蕃之榻"是也。又乐安周璆，高洁之士，蕃每见之，字而不名，亦设一榻以待之。

　　汉郅恽，字君章，西平人。为上东门候。光武尝出猎，夜还，恽拒关不纳。乃从东中门入。明日，恽复上书谏。奏入，赐布百匹，而贬东中门候为尉。〇郅音智。恽，氲上声。

## 雪夜擒蔡　灯夕平蛮

　　蔡州吴元济叛，李愬奉命讨之，名位素微，淮西人轻之，不为备。愬夜半乘雪袭蔡州，至悬弧城。城傍池，多鹅鹜，愬令击之，以乱军声，遂擒元济，槛送京师。先是，讨蔡久无功，惟裴度言淮西必可取，悉以兵事委之，故愬屯于鞠场以待度，具囊鞬，出迎拜。度欲避，愬曰："蔡人不知上下之分，愿公示之，使知朝廷之尊。"度乃受之。至是平蔡。○愬字元直。囊鞬，马上盛弓矢。

　　宋狄青，字汉臣。宣抚广西时，蛮房侬智高守昆仑关。青至宾州，值上元，大张灯火，首夜享将佐，次夜享众军官，次夜二鼓青称疾，辄起，令孙元规暂主席，数使劳坐客。至晓，未敢退，忽报三鼓已破昆仑矣。○韩世忠有秀州张灯破敌事。

## 郭家金穴　邓氏铜山

　　汉郭况，光武郭后弟也。赏赐甚厚，累金数亿，时号"金穴"。错珍宝以饰台榭，悬明珠于四垂，昼视之如星，夜望之如日。故里语云："洛阳多钱郭氏室，夜日昼星富无匹。"

　　汉邓通以棹船为黄头郎。文帝梦上天，有黄头郎推上，见其衣尻后穿。觉而之渐台，通衣穿，宠幸之。使相者相通，当贫饿死。帝曰："能富通者，我也，何谓贫乎？"于是赐以蜀严道铜山，得自鼓铸，"邓氏钱"遂布天下。官至上大夫。后景帝立，怨通，因失家产，竟寄死人家。○尻，考平声，脊梁尽处也。

## 比干受策　杨宝掌环

　　汉何比干，字少卿。武帝时为廷尉，治尚仁恕，活者数千人。一日，有老妪造门曰："公先世有功德，及公又治狱多平反，今天赐策以广公后。"因怀中策九十九枚，曰："子孙佩印者如此算。"○反音翻。《汉书》录囚平反之，请举活罪人也。

汉杨宝,华阴人。性慈爱,方九岁,至华阴山北,有一雀为鸱鸮所搏,坠地,蝼蚁攒之。宝怀归,置巾笥中,饵以黄花,百余日,雀愈,朝去暮来。忽一夕变为黄衣童子,以白玉环四枚与宝曰:"善掌此环,使君子孙洁白,累世三公,当如此环。"光武封为靖节先生。子震、孙秉、曾孙赐、元孙彪俱贵显,符其数。

## 晏婴能俭　苏轼为悭

晏婴相齐,节俭力行,食不重肉,妾不衣帛,祀先人豚肩不掩豆,一狐裘三十年。人以为陋,而晏子自著。○又景公饮酒,陈桓子请浮晏子,以其弊车驽马而朝,为隐君之赐。晏子辞而后饮,曰:"非臣之罪也。臣以君之赐,父党无不乘车者,母党无不足衣食者,妻党无冻馁者,国中待臣举火者数百家,如此为隐君之赐乎?"公曰:"善。"

宋苏轼与李公择书:"仆行年五十,始知作活大要是悭耳。而文以美名,谓之俭素。"故司马温公在洛为真率会,相约不得过五品。子瞻在黄州复杀而为三,言此有三养:一曰安分以养福;二曰宽胃以养气;三曰省费以养财。○杀音晒。

## 堂开洛水　社结香山

宋文彦博,字宽夫。以太尉留守西都,慕白乐天九老会,乃集洛中公卿年高德劭者富弼、司马光等为耆英会,就资圣院建耆英堂,命闽人郑奂绘像堂中,合席汝言、王尚恭、赵丙、刘几、冯行己、楚建中、王慎言、张问、张焘、王君贶共一十三人。○奂音绰。

唐白居易,字乐天。晚年放意诗酒,与嵩山僧如满为空门友,平泉客韦楚为山水友,刘梦得为诗友,皇甫明之为酒友。又与胡杲、吉皎、张浑、刘真、郑据、卢真、狄兼谟、卢贞等年高不仕,共结香山社,日为赋诗宴集,人争慕之。因绘为《香山九老图》,惟卢真年未七十,虽与会而不及列。

## 腊花齐放　春桂同攀

唐武后天授二年腊，卿相欲诈称花发，请幸上苑，有所谋也。许之。寻疑有异图，乃遣使宣诏云："明朝游上苑，火速报春知。花须连夜发，莫待晓风吹。"凌晨，名花布苑，群臣惊异，事乃寝。

明仪真蒋、王二公，未遇时，元旦同游于庙，闻桂花香，游人杂沓，分趋左右树，二公各折得已开桂花一枝，众诧之。持花出门，群儿歌曰："一布政，一知府。掇高魁，花到手。"众问之，儿曰："信口戏耳。"二公同中正德戊辰进士。蒋名南金，官知府；王名大用，官布政。

# 龙文鞭影卷之三

## 一　先

### 飞凫叶令　驾鹤缑仙

汉王乔,河东人。明帝时为尚书郎,显宗时为叶令。汉法,畿内长吏节朔还朝,乔每自县来。帝怪其来数而不见车骑,令太史伺之。将至,见有双凫从南来,举罗张之,得一舄,乃四年中所赐尚书履也。后天下玉棺于堂前,乔沐浴寝其中而卒,百姓立祠祀之。○又蜀人王乔,得肉芝,食之仙去。叶音摄。叶县在今河南。

周灵王太子晋,一名迥,好吹笙作凤鸣,游于伊洛之间,道士浮丘公接之上嵩高山。三十余年后见桓良,谓曰:"可告我家,七月七日候我于缑氏山巅。"至期,果乘白鹤驻山头,可望不可即。俯首谢时人,数日方去。因立祠祀之。或又称王子乔。○缑音钩。

### 刘晨采药　茂叔观莲

汉刘晨,剡溪人。永平中,与阮肇入天台采药,路迷粮尽,望山头有桃,取食之,下山,见渡口流出一杯,有胡麻饭屑,因度山。遇二女子,便唤刘阮姓氏,因邀还家,一切精丽。俄有群女各持三五桃,笑云:"贺汝婿来。"遂行夫妇礼。居半载,辞归,诸仙作歌送之。至家,已传七世。晋太康八年,忽失所在。○曹唐有诗咏其事。

宋周敦颐,别号濂溪,道州人。性喜莲,每当盛开,辄往观。久之,因作《爱莲说》,有云:"香远益清,亭亭净植,可远观而不可亵玩焉。"又云:

"莲,花之君子者也。"皆寓意深远。公之生平,可于此想见。黄山谷曰:"茂叔人品甚高,胸中洒落,如光风霁月。"(敦颐字茂叔。)

## 阳公麾日　武乙射天

《淮南子》曰:"鲁阳公与韩构难,战酣,日暮,援戈而麾之,日为之反三舍。"全性保真,不亏其身。遭急逼难,精通于天也。○又虞公与夏公战,日欲落,公以剑指日,日遂不落。○麾音挥,一作"扬"。

殷王武乙无道,为偶人,谓之天神,与之博,令人为行,天神不胜,乃僇辱之。又为革囊,盛血,仰射之,命曰"射天"。在位四祀,猎于河渭之间,暴雷震死。○盛音承。

## 唐宗三鉴　刘宠一钱

唐魏徵卒,太宗悲恸,谓侍臣曰:"以铜为鉴,可正衣冠;以古为鉴,可知兴替;以人为鉴,可明得失。朕尝保此三鉴,今魏徵逝,亡一鉴矣!"帝后登凌烟阁观徵像,赋诗痛悼。封郑国公,谥文贞。

汉刘宠,字祖荣。会稽太守。征为将作监大匠,山阴五六老叟各赍百钱为饯,泣曰:"自明府下车以来,狗不夜吠,民不见吏。今闻当见弃去,故自扶奉送。"宠曰:"吾政何能及公言耶? 勤苦父老!"各选一大钱受之。出山阴界,投于江。后名其江为钱清,今有一钱太守庙。○赍音鸡。

## 叔武守国　李牧备边

晋重耳出亡,曹、卫不礼。及反国,侵曹伐卫,卫人出成公于襄牛,以悦于晋。宁武子从大夫元咺奉公弟叔武以受盟。或诉曰:"立叔武矣!"咺子角从公,公使杀之,咺不废命,奉叔武以入守。晋人复成公,前驱射杀叔武,元咺奔诉于晋。公不胜,执归京师,鲁僖公请之,得释。○咺,喧上声。

李牧,赵良将,常居代雁门,备匈奴。日击牛享士,谨烽火,多间谍,虏入则急收保。赵王怒，使代之。虏来，出战辄不利。复用牧，如前者数岁，士皆愿决一战。遂张左右翼，大破之，虏由是十余年不敢犯边。又大破秦军，以功封武安君。

## 少翁致鬼　栾大求仙

汉武李夫人卒，帝思念不已。方士齐人少翁言能致其神，乃夜张灯烛，设帷帐，陈酒肉，令帝居帷帐，遥见好女如夫人之貌，环幄座而步，又不得就视，帝愈悲悼。作诗，令乐府诸音家弦歌之。歌曰："是耶？非耶？立而望之，翩何姗姗其来迟？"○姗音三。

汉武帝以方士栾大为五利将军，尚公主。大见上，言曰："臣尝往来海上，见安期、羡门之属，曰：'黄金可成，河决可塞，不死之药可得，仙人可致也。'"帝崇信之，使治装入海求其师。后坐诬罔，腰斩。○安期、羡门，皆仙侣。栾音鸾。

## 彧臣曹操　猛相苻坚

季汉荀彧，字文若。颍川人，淑之孙。何颙许以王佐才。闻曹操有雄略，与从子攸往归之。操悦曰："吾子房也。"以为奋武司马，军中事悉以谘之。后董昭欲进操九锡，密以访彧。彧曰："君子爱人以德，不宜如此。"操憾之。彧偶病，操馈食，发之，空器也，遂饮药卒。○攸从操征伐，奇策十二，操称为"人之师表"。后文中子曰："荀氏有二仁：生也以济时，死也以明道。"彧音郁。

晋王猛，字景略，北海剧人。少贫贱，以鬻畚为业，遇异人于嵩高山。桓温入关，猛被褐谒之，扪虱与谈世务，旁若无人。温曰："江东无卿比也。"乃署为军谘祭酒，欲与猛俱还。猛不就。寻因吕婆楼荐，相苻坚，坚自谓如玄德之遇孔明，秦遂以大。临终，劝勿以晋为图，坚不从，致取灭亡。○畚音本，盛土器。苻音扶。

## 汉家三杰　晋室七贤

汉高祖置酒洛阳南宫，语诸将曰："运筹帷幄，决胜千里，吾不如子房；镇抚百姓，馈饷不绝，吾不如萧何；连师百万，战胜攻取，吾不如韩信。三者皆人杰，吾能用之，所以取天下。项羽一范增而不能用，所以为我擒也。"群臣悦服。

晋嵇康文词壮丽，好言老、庄，而尚奇任侠。魏嘉平中，与陈留阮籍、籍兄子咸、河内山涛、河南向秀、琅琊王戎、沛人刘伶同居山阳，共为竹林之游，世号"竹林七贤"。然皆崇尚虚无，轻蔑礼法，纵酒昏酣，遗落世事。○袁宏、戴逵为《七贤传》，孙统又为《赞》。

## 居易识字　童乌预玄

唐白居易始生七月，即能展书，姆指"之""无"二字，即能记认，百试不差。后官至刑部尚书，诗数千篇。尝置二妓：一名小蛮，善舞；一名樊素，善歌。公诗曰："樱桃樊素口，杨柳小蛮腰。"一女名金銮，十岁写《北山移文》，公为买石刻之。后公卒，葬龙门山，四方过者必奠酒，冢前方丈之土常成泥泞。○姆，女师也。妇人五十无子出，不复嫁，以妇道教人者。易音异。

汉扬雄草《太玄》，或嘲以玄之尚白，雄解之，号曰《解嘲》。又有难其太深者，又解之，号《解难》。刘歆亦曰："空自苦，吾恐后人用覆酱瓿也。"雄笑而不应，惟桓谭以为必传。子乌称神童，《法言》曰："吾家童乌，九岁预吾玄矣！"○刘向《别录》云："扬信，字子乌，雄第二子。"又晋王戫之子绚，亦小字童乌。瓿音剖。

## 黄琬对日　秦宓论天

汉黄琬，字子琰，琼孙。建和元年正月日食，京师不见，琼为魏郡守，以状闻。太后诏问所食多少，琼思其对而未知所况。琬时七岁，在侧，曰："何不言日食之余如月之初？"琼大惊，即以其言应。后征拜少府，又为豫州牧,击平寇贼,威声大震。封阳泉乡侯。○琬,黄香曾孙。

季汉秦宓,字子敕,蜀人。吴使张温来聘,丞相亮同百官往饯,促宓至。温忽问曰:"天有头乎?"宓曰:"有。《诗》云:'乃眷西顾。'"又问:"有耳乎?"曰:"有。天高听卑。《诗》云:'鹤鸣于九皋,声闻于天。'"又问:"有足乎?"曰:"有。《诗》云:'天步艰难。'"又问:"有姓乎?"曰:"姓刘。""何以知之?"曰:"当今天子姓刘。"温大敬异之。○宓音服。

## 元龙湖海　司马山川

汉陈登,字元龙,下邳人。许汜尝与刘玄德共论人物,汜曰:"元龙湖海之士,豪气未除。"刘问故,汜曰:"昔过下邳,见元龙无主客礼,自上大床卧,使客卧下床。"刘曰:"君有国士名而不留心救世,乃求田问舍,言无可采,是元龙所讳也。如我自当卧百尺楼上,卧君于地下,何但上下床间哉?"○汜音犯。

汉司马迁,字子长。太史谈之子,生于龙门。南游江、淮,上会稽,探禹穴,窥九疑,浮沅、湘,涉汶、泗,讲业齐、鲁,乡射上邹峄山,过梁、楚以归。太初中为太史,后因李陵事受腐刑,乃绌石室金匮之书,作《史记》。

## 操诛吕布　膑杀庞涓

季汉吕布据下邳,曹操兵至下邳,攻布,不下。用荀攸、郭嘉计,决泗、沂之水灌之。月余,布将宋宪、魏续等举城降,擒布,斩之。下邳遂属于魏。○下邳本夏邳国,秦置下邳县,即今徐州府邳县。

孙膑,武子之后。庞涓潜于魏,刖之,遂以膑名。齐淳于髡使魏,以计载归,威王师之。魏伐赵,齐田忌用膑计,直捣大梁,解赵围。时涓为魏将,膑用减灶计诱之,度其夜当至马陵,白书大树云:"庞涓死此树下。"涓至,取火视之,万弩齐发,因自刎,曰:"遂成竖子之名。"○刖音月。刎,纹上声。膑,刖膝盖之刑。膑,频上声。涓音蠲。

## 羽救巨鹿　準策澶渊

秦兵围赵巨鹿，项羽悉引兵渡河往救。皆沉船，破釜甑，烧庐舍，持三日粮，以示必死。九战，绝其甬道，杀苏角，虏王离。诸侯皆从壁上观，楚战士无不以一当百，呼声动天，诸侯军惴恐。项羽召见诸将，入辕无不膝行而前，莫敢仰视。由是羽为上将军，诸侯属焉。○甬音勇，粮道也。壁，军垒临危之谓。

宋真宗朝，契丹大入，帝以问寇準，準曰："了此不过五日。"因决策，请帝幸澶渊。及至南城，敌兵甚众，请驻跸以观军势。準独与高琼同议渡河，帝御北城楼。敌薄城下，诸士卒迎击之，斩获大半。帝还行宫，準居城上，与杨亿饮博欢歌。帝闻，喜曰："準如此，吾复何忧？"寻射杀统军挞览，敌因请盟。帝遣曹利用往议，岁币三十万而还。○澶音蝉。

## 应融丸药　阎敞还钱

汉应融为汲县令，时祝恬被征，道得瘟病，过其友郦令谢著，著拒之。至汲，诸生因往语融，融曰："伯休不世英才，当为国家干辅，何有默止客舍，邂逅不自贞哉？"即相随入传，亲为恬御，手自丸药，且制送终之具。恬病稍减，相对悲喜交集。凡止传中数十日，俟强健复故，乃别。○伯休，恬字。应音英。

汉阎敞，字子张。为郡五官掾。太守第五尝被征，以俸钱百三十万寄敞，敞埋置堂上。后尝举家病死，惟孤孙方九岁，闻尝说有钱三十万寄敞。及长，求之，敞一见悲喜不胜，即取钱还之。孙曰："祖惟言三十万，无百三十万。"敞曰："府君病困模糊耳。郎君勿疑。"○第五，覆姓。阎音炎。

## 范居让水　吴饮贪泉

南北朝范柏年，初见宋明帝，因言及广州有贪泉。帝问："卿州有此水否？"对曰："梁州惟有文川、武乡、廉泉、让水。"又问："卿宅在何处？"

曰："臣所居在廉、让之间。"帝善之,授梁州刺史。○又陆慧晓与张融并宅,其间有池,池上有柳。何点曰："此泉便是醴泉,此木便是交让。"

晋吴隐之,字处默。介立有清操,与韩康伯邻。康伯母曰："汝居诠衡,必举如此辈人。"后为广州刺史,州二十里地名曰石门,有贪泉,饮者怀无厌之欲。乃酌泉饮之,赋诗曰："古人云此水,一歃怀千金。试使夷、齐饮,终当不易心。"在州清操愈厉。及归,夫人刘氏赍沉香一片,隐之见之,投于湘亭之水。○歃音察。

## 薛逢羸马　刘胜寒蝉

唐薛逢,字陶臣。会昌中登进士,迁巴州刺史。民歌其德曰:"日出而耕,日入而归。吏不到门,夜不掩扉。有孩有童,愿以名垂。何以字之,薛孙薛儿。"晚年阨于宦途,策羸马赴朝,值新进士出游,团司挥曰:"回避新郎君。"逢曰:"莫贫相,阿婆三五少年时,也曾东涂西抹来。"○羸音雷。

汉杜密,字周甫,登封人。为北海相,罢归。每谒守令,多所陈托。同郡刘胜,亦自蜀还,独闭门扫轨,无所干预。太守王昱谓密曰:"刘季陵高士。"密知讽己,对曰:"胜位列大夫,而知善不荐,闻恶无言,隐情惜己,自同寒蝉,此罪人也。"昱惭谢。党事起,密与李膺同坐。○季陵,胜字。

## 捉刀曹操　拂矢贾坚

季汉崔琰,字季珪,武城人。声姿高畅,眉目疏朗,须长四尺。魏武将见匈奴使,自以形陋,不足威远,乃使琰代,操自捉刀立床头。既毕,令间牒问曰:"魏王何如?"匈奴使答曰:"魏王雅望非常,然床头捉刀人乃真英雄也。"操令追杀此使。○琰音掩。

南北朝贾坚仕燕,弯弓三石余,烈祖以其善射,亲试之。乃取一牛置百步上,召坚曰:"能中之乎?"坚曰:"少壮之时能不中,今年老,正可中之。"恪大笑。射发,一矢拂脊,再矢摩腹,皆附肤落毛,上下如一。恪曰:

"复能中乎?"曰:"所贵者,不中耳。中之何难?"时年已六十余。〇恪,烈祖名。

## 晦肯负国　质愿亲贤

唐徐晦与杨凭善。李夷简弹凭,贬临贺尉,亲友无敢送者,晦独至蓝田与别。权德舆谓之曰:"毋乃为累乎?"对曰:"晦自布衣,蒙杨公知奖,今日远谪,安得不与之别?"数日,夷简奏为御史,晦谢曰:"平生未奉颜色,公何从而取之?"夷简曰:"君不负杨临贺,肯负国乎?"

宋范希文贬饶州,举朝莫敢相送,王质独扶病饯于国门。大臣让之曰:"君何自陷朋党?"质曰:"范公天下贤者,质何敢望之? 若得为范公党人,公之赐质厚矣。"九江王阮每云:"听景文论古,如读郦道元《水经注》,名山大川,贯串周悉,咳唾皆成珠玑。"〇景文,质字。①

## 罗友逢鬼　潘谷称仙

晋罗友,字它仁,襄阳人。少有志气,博学能文。会有得郡者,桓温集僚佐饯之,友后至。温问之,友曰:"中途逢鬼,揶揄云:'只见汝送人作郡,不见人送汝作郡。'"温因表为襄阳太守。〇揶揄,举手相弄也。友从桓温平蜀,按行城阙观宇,内外道陌广狭,植种果木多少,皆能默记无遗,助温以达简文。

宋潘谷精墨法,黄山谷尝以锦囊贮其墨半丸。后饮酒三日,发狂赴枯井死。人下视之,趺坐其中,体背柔软,疑其解化,手尚持念珠也。因多图其像。坡公有"一朝入海寻李白,空看人间画墨仙"之句,盖言其为墨隐也。

## 茂弘练服　子敬青毡

晋王导,字茂弘。善于因事运机。初过江时,帑藏空虚,惟有练数千

① 按:送范王质字子野。

端,鬻之不售,而国用不给,导患之。乃与朝贤俱制练布单衣,于是士人竞翕然服之,练遂踊贵。乃令主者出卖,端至一金,其为时所慕如此。○帑音倘,金帛藏也。练,所菹切。练,葛也,作"练"非。○后汉祢衡著练巾。

凡居教地者,坐青毡。晋王献之,字子敬,夜卧斋中。偷入其室,盗物都尽,子敬徐曰:"偷儿!青毡我家旧物,可特置之。"○子敬小字官奴,羲之尝呼为七郎。

## 王奇雁字　韩溥鸾笺

宋王奇,赣县人。少为县吏,令题雁字诗于屏云:"只只衔芦背晓霜,昼随鸳鹭入寒塘。"奇密续云:"晚来渔棹惊飞去,书破遥天字一行。"令奇之,因激使学。后游京师,真宗偶见其诗,召见赐第。奇作诗云:"不拜春宫与座主,愿逢天子作门生。"官至侍御史。○赣音绀。

五代韩溥与弟泊俱有词学。泊尝轻溥曰:"吾兄为文,绳枢草舍,庇风雨而已。吾之文,是造五凤楼手。"溥闻之,因人遗蜀笺题诗寄泊曰:"十样鸾笺出益州,新来寄自浣溪头。老兄得此全无用,助汝添修五凤楼。"○溥宋初举进士,官至郎中。○梁周翰有《五凤楼赋》,乃东京也。泊音忌。

## 安之画地　德裕筹边

唐严安之为治严肃。玄宗尝赐酺三日,御五凤楼,观者喧溢,乐不得奏,金吾白梃如雨,不能止。上患之。高力士奏,河南丞严安之为理严,请使止之。安之至,以手板画地曰:"犯此者死。"于是三日指其画以相戒,无敢踰者。○酺音蒲,饮酒作乐也。汉禁不得群饮,赐酺乃得聚会饮食。唐无禁而亦赐酺者,盖聚作伎乐,高年得赐酒面。

唐李德裕罢相,出为西川节度使,乃于成都府西建筹边楼,按山川险要,南道与蛮人相接者图之左,西道与吐蕃接者图之右。后德裕闲居,有平泉别墅为游憩之所，花石园池殊异，内有醒酒石，醉卧则醒。

## 平原十日　苏章二天

　　秦昭王闻魏齐在平原君所，必欲为范雎报仇，乃遗书平原君曰："寡人闻君高义，愿与为布衣之友，君幸过寡人，寡人与君为十日之饮。"平原君畏秦，且以为然，而入见昭王。与饮数日，因索魏齐。

　　汉苏章为冀州刺史，有故人任清河太守，章行其部，按其奸赃，乃请太守，为设酒肴，陈平生之好。太守喜曰："人皆有一天，我独有二天。"章曰："今日苏孺文与故人饮者，私恩也；明日冀州刺史案事者，公法也。"遂正其罪，州境肃然。○孺文，章字。

## 徐勉风月　弃疾云烟

　　南北朝徐勉，字修仁。六岁能为祈霁文，见称耆宿。宗人徐孝嗣曰："此人中骐骥，必能致千里。"后仕梁为吏部尚书。尝与门人夜坐，有虞暠求詹事五官，勉正色曰："今夕只可谈风月，不宜及公事。"累官至仆射中书令。尝曰："人遗子孙以财，我遗子孙以清白。"卒谥简肃。

　　宋辛弃疾，字幼安。理宗朝，拥节钺，奉身勇退，因以家事付儿曹，作《西江月》云："万事云烟已过，一身蒲柳先衰。而今何事最相宜，宜醉宜游宜睡。蚤起催科了办，更量出入收支。乃翁依旧管些儿，管竹管山管水。"所著有《稼轩集》，自号稼轩居士。工词，与苏轼并称。谥忠敏。○衰音催。

## 舜钦斗酒　法主蒲鞯

　　宋苏舜钦，字子美。诗歌豪放，与梅圣俞齐名。好饮酒，读书外舅杜祁公家，每夕饮酒，以斗为率。一夕，公密视之，读《汉书》至"良与客狙击始皇"，抚案曰："惜乎，击之不中。"遂满饮一大白。及至"臣始起下邳，与上会于留，此天以臣授陛下"，又抚案曰："君臣相遇，其难如此？"复举一大白。公笑曰："有如此下酒物，一斗不足多也。"○杜衍封祁公。

唐李密，字法主。才兼文武，志气雄远。微时乘一黄牛，被一蒲鞯，牛角上挂《汉书》一帙，一手捉鞘，一手翻书。越公杨素遇之，问："何处书生，耽学若此？"密下牛再拜，自言姓名。又问："何书？"答曰："《项羽传》。"公与语，奇之，顾玄感曰："汝等不如也。"后玄感起兵，以为谋主。寻归唐，封邢国公。○帙音佚。玄感，素子。鞯音笺。

## 绕朝赠策　苻虏投鞭

周绕朝，秦大夫。晋士会奔秦，晋人忌秦用士会，乃使魏寿余伪归秦以诱士会。秦使士会如魏师，绕朝谏，不听。士会行，朝赠之以策，曰："子无谓秦无人，吾谋适不用也。"既济，魏人噪，以士会还。○杜预以策为马棰。服虔解策为策书，义较确当。绕朝后以漏言而诛，见《韩非子》。○朝音潮。

苻坚北定九州，将大举南伐，苻融等咸谏止之，不听，曰："吾百万之众，投鞭于江，足断其流，何险之足恃！"至淝水，为谢玄等所败。○坚祖父蒲洪以"草付王"之谶，改姓为苻。坚字永固，武都氐人，小字坚头。

## 豫让吞炭　苏武餐毡

赵襄子杀智伯，漆其头为饮器。其臣豫让挟匕首入襄子宫中涂厕，以刺襄子，被获，义释之。遂漆身为癞，吞炭为哑，行乞于市。一日，伏桥下，复图之。襄子马惊，搜获，责曰："子尝事范中行，智伯灭之，不报仇何？"让曰："中行氏众人遇我，我众人报之；智伯国士遇我，我故国士报之。"因请襄子衣，拔剑，三跃击之，伏剑而死。○饮器，溺器也。匕音彼。匕首，剑属。

汉苏武，字子卿。天汉初，为中郎将，使匈奴，被留。使卫律说降，不屈，置阴山大窟中，啮雪餐毡，仗节牧羝。匈奴誓羝乳乃得归。寻复使李陵说降，终不屈。羁漠北十九年始还，拜典属国。宣帝立，赐爵关内侯，图形麒麟阁。○鬣音孽。羝，牡羊。

## 金台招士　玉署贮贤

燕昭王欲招贤以自强。郭隗曰："昔有求千里马者，赍千金往，马已死，五百金买其骨。不期年，千里之马至者三。大王招贤，先从隗始，贤于隗者岂远千里哉？"王乃筑黄金台，师事之。乐毅、邹衍、剧辛闻风而至。○黄金台在易水东南。

宋苏易简，字太简。才思敏赡，太宗时进士第一，累官翰林学士承旨。上飞白书"玉堂之署"四字赐之，曰："美卿居华清之地也。"一日赐酒，上曰："君臣千载会。"对曰："忠孝一生心。"上喜，尽以席上金器赐之。○宋周麟之为学士，高宗亦书"玉堂"二字赐之，故称翰林为玉堂。

## 宋臣宗泽　汉使张骞

宋宗泽，字汝霖，义乌人。有文武才，李纲荐为东京留守。大败金师，十三战皆捷，金人惮之，对南人言，必称宗爷爷。后为汪伯彦、黄潜善所沮，愤死，叹曰："出师未捷身先死，长使英雄泪满襟。"呼"渡河，杀贼"者三，无一语及家事。墓在京口京岘山。谥忠简。

汉张骞，武帝时为郎，使西域，至大宛，得葡萄种，一名马乳，一名黑水晶，国人以酿酒，十年不败。至大夏，得筇竹。留西域十余年。元朔中，击匈奴，封博望侯。○《汉书》载骞穷河源，实无犯斗、牛得支机石事。此另是一人，见《博物志》。

## 胡姬人种　名妓书仙

晋阮咸，字仲容。先幸姑家鲜卑婢。及居母丧，姑当远移，初云当留婢，既发，定将去。仲容借客驴著重服自追之，累骑而返，曰："人种不可失！"即遥集之母也。○遥集，阮孚字。《孚别传》云："咸与姑书曰：'胡婢遂生胡儿。'姑答书曰：'《鲁灵光殿赋》曰："胡人遥集于上楹。"可字曰遥集。'"

长安中有妓女名曹文姬,尤工翰墨,为关中第一,号曰"书仙"。见《丽情集》。○魏夫人曰:"学书者执笔为先。真书者一寸三分,行、草书三寸一分,执之下笔,点画波撇屈曲,皆须尽一身之力送之。"


## 二 萧

### 滕王蛱蝶　摩诘芭蕉

唐滕王元婴善画蛱蝶,王建《宫词》云:"内中数日无呼唤,搨得滕王《蛱蝶图》。"刘鲁封尝见其图,有江夏斑、大海眼、小海眼、村里来、菜花子诸品。其嗣王湛然亦善花鸟。○元婴,高祖子。曾为洪州刺史,后封滕王。蛱音劫。

唐王维,字摩诘。善画,然每不问四时,尝以桃李、芙蓉、莲花同画。画《袁安卧雪图》有雪里芭蕉,乃得心应手,意到笔随,自成妙品。


### 却衣师道　投笔班超

宋陈师道,字无己,彭城人。与赵挺之皆郭大夫婿。陈在馆职,当司侍祠郊坛,非重裘不能御寒。无己止一裘,其内子于挺之家假一裘衣之。无己诘所从来,内子以实告。无己曰:"汝岂不知我不著渠家衣耶?"是夜遂忍冻病卒。○无己家酷贫,傅尧俞尝怀金赠之,见其词色,不敢出。诗平淡雅奥,自成一家。

汉班固,召诣校书郎,弟超与母随至洛阳。超居贫,尝为官佣书供养,苦,因投笔叹曰:"大丈夫无他志略,犹当效傅介子、张骞立功异域,以取封侯,安能久事笔砚间乎?"左右笑之。超曰:"小子安知壮士之志哉?"相者曰:"虎头燕颔,飞而食肉,万里封侯相也。"后果以平西域功封定远侯。

## 冯官五代　季相三朝

后五代冯道，字可道。始事唐庄宗为翰林学士，寻复历事四姓十君，俱为相，自号长乐老子。著书数百言，陈己更事四姓及契丹所得阶勋官爵以为荣，人以贩国无耻鄙之。又耶律德光问道曰：“尔是何等老子。”道曰：“无才无德痴顽老子。”后封瀛王卒。长乐，地名。

季文子名行父，鲁之元卿，历相宣、成、襄三公。逐莒仆，作丘甲，归汶阳之田。襄五年卒。家无衣帛之妾，食粟之马，无藏金玉，无重器，备宰庀家器为葬具。君子是以知文子忠于公室也。○丘甲，丘出一甲，益兵也。庀，具也，披上声。

## 刘蕡下第　卢肇夺标

唐刘蕡，字去华。文宗朝对策，极诋宦寺，考官冯宿等皆叹服而不敢取。李郃曰：“刘蕡下第，我辈登科，能不厚颜？”乃上疏言：“蕡所对，臣实不及，乞回臣所授，以旌蕡直。”不报。○郃音台。或作“郤”，误。蕡音焚。

唐卢肇，宜春人。与黄颇同举，郡守独饯颇，不及肇。明年，肇状元及第，归，太守请观竞渡，肇为诗云：“向道是龙刚不信，果然夺得锦标归。”见《唐诗纪事》。○肇为李文饶所知，王文懿公知贡举，因取之以作状头，所试《天河赋》一时传诵。又进《海潮赋》敕宣付史馆。

## 陵甘降虏　蠋耻臣昭

汉李陵，李广孙。武帝朝拜骑都尉，将步兵五千，与匈奴遇于浚稽山，击败之。单于欲引去，军候管敢具言陵兵无后援，矢且尽，单于遂引兵遮道，矢如雨下。陵力尽，乃降。事闻，上怒，族之。○单音蝉，匈奴自谓其广大象天，故称“单于”。

王蠋，齐昼邑人。谏湣王不听，退耕于野。燕昭王使乐毅破齐，毅闻蠋贤，令军中环昼邑三十里无入，备礼请蠋，蠋谢不往。燕人曰：“不来，

119

吾且屠邑。"蠋曰:"忠臣不事二主,烈女不更二夫。今国破君亡,吾何以存?"遂自经死。乐毅封表其墓而去。○蠋音孰。

## 隆贫晒腹　潜懒折腰

晋郝隆,字佐治。七月七日,富室皆晒衣,隆独仰卧日中。人问其故,曰:"晒吾腹中书耳。"后仕桓温为蛮府参军。三月三日宴会,隆不能诗,仅作一句:"娵隅跃清池。"桓公曰:"何为作蛮语?"隆曰:"千里投公,始得蛮府参军,那得不作蛮语?"○娵音苴。蛮名鱼娵隅。

晋陶潜,字元亮。为彭泽令,在官八十余日,吏报郡遣督邮至,应束带见之。潜曰:"我岂能为五斗米折腰向乡里小儿?"即日解印绶去,赋《归去来》,自号五柳先生以自况。后颜延年私谥为靖节征士。○潜原名渊明,入宋改名潜,唐避高祖讳,又易渊为泉,故或称泉明云。

## 韦绶蜀锦　元载鲛绡

唐韦绶,万年人。在翰林,德宗尝至其院,韦妃从幸。会绶方寝,学士郑絪欲驰告,帝不许。时适大寒,帝以妃蜀缬锦袍覆之而去。弟贯之,在宪宗朝。贯之子澳,在宣宗朝。澳子庠,在僖宗朝。庠弟郊,在昭宗朝。三世五人,俱翰林学士。

唐元载芸晖堂户牖内设紫绡帐,得于南海,即鲛绡之类,轻疏而薄,无所障碍,虽凝冬而风不能入,盛暑则凉自生。其色隐隐然,或不知其为帐,谓卧内紫气之光而已。○南海有鲛人,居水室,织绡售之于市,去则泣珠以谢主人。鲛音交。绡音宵。

## 捧檄毛义　绝裾温峤

汉毛义,庐江郡人。家贫,以孝行称。南阳张奉慕其名,往候之。坐定而府檄适至,以义为安阳令。义捧檄而入,喜动颜色,奉心薄之。及义母死,去官行服。后举贤良,公车屡征,不至。奉叹曰:"贤者固不可测。

往日之喜,乃为亲屈也。"〇庐江郡即今安庆府,今之庐江县袭其名,遂误以义为其县人。

晋温峤,谥忠武。博学能文,丰仪秀整。为刘琨右司马,奉表诣建康,其母崔氏固止之,峤绝裾而行。既至,屡求返命,朝廷不许。后母卒,因阻乱不得奔丧,终身以为恨。议者谓峤急于功名之会,而不知天性之恩,峤恐无辞矣。〇峤,山峭高也,啸韵同。

## 郑虔贮柿　怀素种蕉

唐郑虔,字弱斋。玄宗朝,置广文馆,上爱其才,以为博士。居官贫约,淡如也。微时好书,苦无纸,尝于慈恩寺前扫柿树落叶,贮至数屋,日为隶书,久之殆遍。〇又晋王育折蒲学书,徐伯珍以箬叶学书,俱究经史。

唐僧怀素善草书,居零陵东郊,贫无纸,常于所居种芭蕉数万,取叶代纸,以供挥洒。号其所曰"绿天庵",曰"种纸"。后道州刺史追作《绿天铭》。太白《草书行》:"少年上人号怀素,草书天下独称步。"又云:"吾师醉后倚绳床,须臾扫书数千张。"又:"恍惚如闻神鬼惊,时时只见龙蛇走。"皆道其实。

## 延祖鹤立　茂弘龙超

晋嵇绍,字延祖,康之子。或谓王戎曰:"昨于众中见绍,昂昂若野鹤之在鸡群。"戎曰:"君复未见其父耳。"官侍中,会河间王举兵,绍从惠帝临敌,侍卫皆奔溃,惟绍力战死,血溅帝衣。事定,左右请浣,帝曰:"此嵇侍中血,何必更?"〇溅音赞。

晋王导,小字阿龙。出将入相,戮力王室。元帝即位,进侍中司空。桓廷尉彝作两髻、葛裙,策杖路边观之,叹曰:"人言阿龙超,阿龙故自超。"遂不觉至台门矣。羡之极,遂忘其不衣冠而至也。

## 悬鱼羊续　留犊时苗

汉羊续,字兴祖。以功臣后累官庐江太守,清介自持。府丞尝馈生鱼,续受而悬之。后复进,续出前鱼示之,以杜其意。或以为河南南阳事,误。○又有遗公仪休鱼者,休不受。客曰:"闻君嗜鱼,何故不受?"休曰:"以嗜鱼,故不受。为相能自给鱼,受鱼而免,谁复给我者?"

季汉时苗,建安中为寿春令。驾车黄特牛,岁余,产一犊。及去任,谓主簿曰:"令来时本无此犊也,犊是淮南所生者。"群吏曰:"六畜不识父,自宜随母。"苗不听,竟留之而去。○又宋凌冲令含山留砚意同。犊音读。

## 贵妃捧砚　弄玉吹箫

唐玄宗坐沉香亭,时牡丹盛开,意有所感,召供奉李白为乐章。时白已大醉,水颒其面,醉稍解。帝使贵妃杨玉环为之捧砚,白援笔立成《清平调》三章,婉丽精切。帝爱其才,令梨园子弟促歌,帝自调玉笛以倚曲。○颒音悔。

萧史善吹箫作凤鸣,秦穆公以女弄玉妻之。遂居凤楼,教弄玉吹箫。后弄玉乘凤、萧史乘龙,共飞升而去。今陕西宝鸡县有凤女台,乃其遗迹。

# 三　肴

## 栾巴救火　许逊除蛟

汉栾巴,字叔元,成都人。桓帝朝四迁桂阳太守。有道术,能役鬼神。帝正旦大会群臣,赐酒不饮,忽含酒西噀。有司劾巴不敬。巴云:"臣本县城东有火患,故噀酒救之。"数日,成都果奏火灾,云:"是日火,有雨从东北来,火息,有酒气。"○噀音巽。又郭宪噀酒救齐国火,佛图澄噀酒救幽州火。

晋许逊,字敬之。母梦金凤衔珠堕掌而生。从吴猛得秘法。太康初为旌阳令,弃官东归,遇谌母,传以道术,遂斩蛇诛蛟,悉除民患。虑豫章为蛟螭所穴,乃于牙城南井铸铁为柱,下施八索,镇锁地脉。自是水妖屏迹。至宁康二年一百三十六岁,举家同时上升,鸡犬亦随飞去。宋封神功妙济真君。

## 诗穷五际　易布三爻

《汉书·翼奉传》:"《易》有阴阳,《诗》有五际,《春秋》有得失,皆列终始,推得失,考天心,以言王道之安危。"按《韩诗内传》:"五际,卯、酉、午、戌、亥也。阴阳终始,际会之际,于此则有改变之形。"又《诗纬·汎历枢》:"午亥之际,为革命;卯酉之际,为改正。辰在天门,出入候听。卯,天保也;酉,祈父也;午,采芑也;亥,大明也。"

三国吴虞翻,字仲翔,会稽余姚人。翻初立《易注》,奏上曰:"臣郡吏陈桃梦臣与道士相遇,放发披裘,布《易》六爻,挠其三以饮臣。臣乞尽吞之,道士言《易》道在天,三爻足矣。岂臣受命,应当知经!"以所著《易注》示孔融,融答曰:"闻延陵之理乐,吾子之治《易》,乃知东南之美,非徒会稽之竹箭也。"又为《老子》、《论语》、《国语》训注,皆传世。

## 清时安石　奇计居鄛

晋谢安,字安石,尚从弟也。始有东山之志,寓居会稽,与王羲之及高阳许询、桑门支遁游,处则鱼弋山水,入则言咏属文。虽受朝寄,然东山之志始末不渝,每形于言色。王俭尝曰:"江左风流宰相,唯有谢安石。"〇又唐有韦安石,宋有王安石。

范增,居鄛县人。年七十余,居家,有奇计。说项梁立楚后,时楚怀王孙心为民间牧羊,梁立之。后事项羽,羽尊为亚父,以为谋主。陈平为高祖行间,羽疑,增遂乞骸骨归,疽发背死。〇按居鄛即今皖省之巢县。居鄛亦作居巢,今其地有增故宅,又有亚父井。

## 湖循莺脰　泉访虎跑

苏州一郡最巨者为太湖。又有石湖,在吴江盘门外;女坟湖、淡台湖俱在吴县。昆湖、尚湖,俱在常熟南。此外有鹭脰湖,在震泽西南,以其形似鹭脰,故名。〇《越绝书》:太湖周回三万六千顷,亦曰五湖。

杭州大慈山去清波门西南十里,唐元和间建定慧寺于此,寺有虎跑泉。金华宋濂叙云:"唐元和十四年,性空大师栖禅其中,寻以无水,将他之。忽神人告:'自师驻锡于此,我等徼惠,奈何弃去?南岳有童子泉,当遣二虎来移。'翼日,乃见二虎跑山出泉,甘冽异常。"〇镇江府治南兽窟山招隐寺有虎跑、鹿跑二泉。

## 近游束皙　诡术尸佼

晋束皙,字广微,阳平元城人。汉太傅疏广之后,因避乱徙居,改"疏"为"束"也。官著作郎。性沉退,不慕荣利,作《玄居释》以拟《客难》,张华见而奇之。又尝作《近游赋》。又《远游》,《楚词》名,屈平作。"皙",俗误作"晳"。《客难》,汉扬雄作。

《汉·艺文志》有《尸子》二十篇。尸子名佼,鲁人,秦相商鞅师之。〇韩愈《送孟东野序》云:"孟轲、荀卿,以道鸣者也。邹衍、尸佼、孙武、张仪、苏秦之属,皆以其术鸣。"

## 翱狂晞发　嵇懒转胞

宋谢翱,字皋羽,闽之福安人。元兵南下,文天祥由海至闽上,檄州郡勤王,翱倾家赴难,遂参军事。天祥被执,翱匿民间,隐于黄冠。工诗,筑汐社,与诸诗侣往来。有《晞发集》,自号晞发子。年四十七死,葬严陵钓台南岸。友人方凤建许剑亭于墓右。

晋嵇康,字叔夜,谯国铚人。其先姓奚,会稽上虞人,徙居铚之嵇山,因而命氏。康长七尺八寸,所著有《养生论》,官中散大夫。山涛将去选官,举康自代,康与涛书告绝曰:"游山泽,亲鱼鸟,心甚乐之。一行作吏,此事便废,安能舍其所乐而从其所惧哉?"又云:"每常小便,忍而不起,令胞中略转,乃起耳。"康性懒,故如此。

## 西溪晏咏　北陇孔嘲

海陵西溪盐场，宋晏文静殊官于此，手植牡丹一本，有诗刻石。后范文正亦尝临莅，复题一绝云："阳和不择地，海角亦逢春。忆得上林色，相看如故人。"后人以二公诗笔，故题咏极多，而花亦为人贵重，护以朱栏，不忍采折。岁久茂盛，枝覆数丈，每花开数百朵，为海滨之奇观。详见《渑水燕谈录》。

南齐孔稚珪，字德璋，山阴人。有《北山移文》，其辞曰："南岳献嘲，北陇腾笑。"《文选》五臣注云："周颙先隐都北锺山，后出为海盐令，欲过北山，孔稚珪乃假山灵意，作文移之。"○按《齐书》：元徽中颙出为剡令，建元中为山阴令，未尝令海盐也。《选》注误。

## 民皆字郑　羌愿姓包

魏郑浑迁下蔡长，邵陵令。天下未定，俗皆剽轻，不念产殖，生子无以相活。浑所在夺其渔猎具，课使耕桑，又开稻田，重去子之法。民初畏罪，后稍丰裕，无不举赡，所育男女，多以"郑"为字。○唐阳城为道州刺史，州产侏儒，岁贡诸朝。城哀其所生离，无所进。帝使求之，奏曰："州民尽短，不知何者可。"供自此罢，州人感之。

宋包拯，字希仁，庐州合肥人。天圣五年举进士，立朝刚毅。西羌俞龙珂既归，朝吏阁门引见，谓押伴使曰："平生闻包中丞拯朝廷忠臣，某既归汉，乞赐姓包。"神宗遂如其请，名顺。其后熙河之役，极罄忠力。又公极言时事，复为京尹，令行禁止，天下皆呼包待制。市井小民及田野之人，凡见徇私者，皆指笑之。

## 骑鹏沈晦　射鸭孟郊

唐李白有《骑鹏赋》。又何薳《春渚纪闻》云："沈晦梦骑大鹏抟风而上，因作《大鹏赋》以纪其事，已而大魁天下。"○《天中记》云："昆仑层期国大鹏飞则蔽日，能食骆驼，人拾得其翅，裁为水桶。"○贾彪亦有《鹏赋》。阮修有《大鹏赞》。

《建康志》：射鸭堂在平陵城，元和初，县尉孟郊建。按郊诗"不知竹枝弓，射鸭无是非"，因名。平陵，地名，属溧阳。郊调溧阳尉，县有投金濑，郊间往来水旁，裴回赋诗，曹务多废。○杨万里诗："溧水孟东野，南昌梅子真。平生一少府，千载两高人。"

## 戴颙鼓吹　贾岛推敲

晋戴颙，字仲若。谯郡人，逵子。春日携双柑斗酒，人问何之，曰："往听黄鹂声。此俗耳针砭，诗肠鼓吹，汝知之乎?"○砭，石针刺病也。又孔稚珪为吏部尚书，不乐，门庭内草莱不剪，中有群蛙鸣。或曰："欲为陈蕃乎?"稚珪曰："我以此当两部鼓吹，何必期效仲举?"○又郑遨以蛙为鼓吹长。○吹，去声。

唐贾岛，字浪仙。初为浮屠，号无本，居法乾寺。喜苦吟，每跨驴不避公卿。尝自吟云"僧敲月下门"，又欲作"推"字，于驴上以手作推敲势，不觉冲至京尹韩愈第三节，左右拥之马前，诘之，岛以实对。愈曰："敲字佳。"与共论诗，遂为布衣交。令其改业，后举进士。○岛又有骑驴吟诗冲大京兆刘栖楚事。

## 四　豪

## 禹承虞舜　说相殷高

夏大禹，姓姒，字高密，崇伯鲧之子。其母孕十四月而生于僰道之石纽乡。娶涂山氏女，甫四日，遂往治水。功成，因受舜禅而家天下。○禹母暮夜获月精石如薏苡，吞之而生禹，故姓姒氏。僰音北。石纽，今在四川石泉县。涂山有四，此属今之凤阳府。

殷王高宗名武丁。傅岩在虞、虢之间，高宗时，道路为水所坏，使胥靡刑人筑之。傅说贫不自给，代筑供食。高宗梦上帝赉以良弼，乃审象旁求，得之版筑之间。与之语，果圣人，爰立作相。○虞、虢，二国名。胥靡，囚徒也。《蔡传》："筑，居也。"作说居傅岩解，似胜。

## 韩侯敝裤　张禄绨袍

韩昭侯有敝裤，命藏之，侍者曰："曷不赐左右？"昭侯曰："吾闻明主之爱，一嚬一笑，嚬有为嚬，而笑有为笑。兹裤岂特嚬笑已哉？吾必待有功者。"○嚬音贫。裤，《急就篇》注："胫衣也。"《释名》："裤，跨也。两股各跨别也。"

范雎，魏人。副须贾使齐，齐厚礼之。贾疑雎以阴事告齐，言于相魏齐。笞击，佯死，置厕中。得出，改名张禄，说秦昭王，拜相。贾使秦，雎敝衣私见之，贾惊曰："范叔一寒至此！"赠以绨袍，不知其为相君也，因肉袒谢罪。叔曰："汝之得无死，以绨袍恋恋，犹有故人意耳。"乃释之，索魏齐。○叔，雎字也。唐高适诗云："尚有绨袍赠，应怜范叔寒。不知天下士，犹作布衣看。"○绨音题。

## 相如题柱　韩愈焚膏

汉司马相如，字长卿，成都人。将东游，成都城北十里有升仙桥，相如题其柱曰："不乘高车驷马，不复过此桥。"后果为中郎将，建节使蜀，太守以下郊迎，县令负弩前驱。○相如故宅在益州西笮桥北。

庸韩愈七岁读书，日记数千言，比长不勌。为国子博士，尤贪多务得，焚膏油以继晷，经史百家，皆搜抉无隐。宋苏轼为公作《潮州庙碑》，有云："匹夫而为百世师，一言而为天下法。"又云："文起八代之衰，道济天下之溺。"○"勌""倦"同。晷音轨，日影也。

## 捐生纪信　争死孔褒

项羽围荥阳急，汉王无计可全。纪信请乘汉王黄屋车，傅左纛以诳楚。汉王得间出走成皋，信遂被焚。后立忠祐庙于顺庆，诰曰："以忠徇国，与君任难，实开汉业，使后世知君为重，身为轻，侯何有焉？"○蠚音读。顺庆府在西蜀。纪信，广安人。

汉孔褒，孔子二十代孙。山阳张俭为侯览所怨，亡抵褒，不遇。褒弟融年十六，匿之。事泄，俭脱，收融及褒。融自谓当坐，褒曰："彼来投我，请甘罪。"乃问其母，母曰："家事任长，妾当其辜。"一门争死，上谳，独坐褒。

## 孔璋文伯　梦得诗豪

汉张纮作《枬榴枕赋》，陈琳在北见之，示人曰："此吾乡张子纲所作。"后纮见陈琳《武库赋》《应机论》，遗书美之。琳答曰："自仆在河北，与天下隔，此间率少于文章，易为雄伯，故使仆受此过善之誉。今景兴在此，足下与子布在彼，所谓小巫见大巫，神气尽矣。"○孔璋，琳字。景兴，王朗字。子布，张昭字。

唐刘禹锡，字梦得，彭城人。登进士博学宏词科，累官至太子宾客。晚年以文章自适，白居易推为诗豪。尝作九日诗，以《五经》无"糕"字，辍不复成。后宋子京诗云："飚馆轻霜拂曙袍，糗餈花饮斗分曹。刘郎不肯题糕字，空负诗中一世豪。"盖讥之也。《周礼·笾人》职"糗饵粉餈"即糕类。"不肯"一作"不敢"。

## 马援矍铄　巢父清高

汉马援，字文渊，茂陵人。少有大志，兄况曰："汝大才，当晚成。良工不示人以朴，且从所好。"后仕光武为伏波将军。援尝谓宾客曰："丈夫立志，穷当益坚，老当益壮。"至年六十二，五溪蛮乱，援复请行，帝愍其老，不许。援披甲上马，据鞍顾盼，以示可用。帝笑曰："矍铄哉！是翁也。"遂遣之。进营壶头，失利，病卒。封新息侯。○援音愿。矍音镬。铄，式灼切。

巢父，尧时隐士，山居，不营世利。年老，以树为巢，寝处其上，因号

"巢父"。尧让以天下,巢父曰:"君之牧天下,犹予之牧犊。无用天下为。"乃过清泠之水,自洗其耳曰:"向闻贪言,污吾耳也。"或云许由以清泠之水洗耳,巢父牵犊见之,不饮而去。

## 伯伦鸡肋　超宗凤毛

晋刘伶,字伯伦。土木形骸,遨游一世,悠悠荡荡,无所用心。尝与俗士相牾,其人攘臂而起,必欲辱之。伶和其色曰:"鸡肋岂足以当尊拳?"俗士遂废然而返。○又魏武伐蜀,至汉中,不得进。欲弃之,发令曰:"鸡肋。"众不悟。杨修曰:"弃之则可惜,啖之则无得。"魏武乃还。○肋音勒。

南北朝谢凤子超宗,好学,有文词。尝作《殷淑仪诔》,孝武嗟赏,谓谢庄曰:"超宗殊有凤毛,灵运复出。"仕至宋义兴太守,坐公事免。诣东府门自通,其日风寒,齐高帝谓四坐曰:"此客至,使人不衣自暖。"

## 服虔赁作　车胤重劳

汉服虔,字子慎。将注《春秋》,欲参考同异,闻崔烈讲传,遂匿名,为烈门人赁作食,每讲窃听。既知不能逾己,稍共诸生叙其短长。烈疑为虔,次早,及未寤,便呼"子慎!子慎!"虔不觉惊应,遂相与友善。先是,郑玄注《春秋》未竟,偶闻虔说,尽以付之,遂为服氏之注。○赁音任。

晋车胤,字武子。太元中领国子博士,迁吏部尚书。孝武将讲《孝经》,谢公兄弟与诸人私庭讲习。武子苦问难,因谓袁羊曰:"不问则德音有遗,多问则重劳二谢。"袁曰:"必无此嫌。"车曰:"何以知之?"袁曰:"何尝见明镜疲于屡照,清流惮于惠风?"

## 张仪折竹　任末然蒿

周张仪与苏秦同师鬼谷子,以游说显名。二人微时,尝为人佣书,遇圣人之文无题记,则以墨书掌内及股里,夜还,折竹写之,久而成帙。

○鬼谷子，王诩也。○又袁峻家贫无书，每从人假借，必皆钞写，日自课五十纸，纸数不登，则不止。

宋任末，年十四，便勤学，或依林木之下，编茅为庵，削荆为笔，夜则映月望星，暗则然蒿自照。观书有合意，则题其衣裳及掌里，以记其事。门徒悦其勤学，更以净衣易之。○又顾欢贫，无以受业，常于学舍壁后倚听，无遗忘者。夕则然松节读书，或然糠以照。○按《后汉书》亦有任末。

## 贺循冰玉　公瑾醇醪

晋贺循，字彦先，山阴人。为吴内使，操尚清厉。建武初，拜太常，朝廷疑滞皆谘之。元帝渡江，宗庙制度皆循所定，为当世儒宗。帝曰："冰清玉洁，位上卿，而居室才蔽风雨。"赐六尺床荐席褥并钱二十万。○又元黄潜升朝挺立，足不登巨公之门。世称其清风高节，如冰壶玉尺，纤尘弗污。

季汉周瑜，字公瑾，庐江舒人，英达有文武才。程普颇以年长，数凌侮瑜，瑜折节容下，终不与校。普后乃告人曰："与公瑾交，如饮醇醪，不觉自醉。"初，孙坚徙家于舒，子策与瑜同年，独相友善，瑜推道南大宅以舍策，登堂拜母，有无通共。遂定计下江东。○又南北朝顾宪之为建康令，政得人和，都下饮酒者得醇旨，辄号曰顾建康。醪音牢。

## 庞公休畅　刘子高操

汉庞德公与司马德操夹汉而居，望衡对宇，欢情自接。泛舟搴裳，率尔休畅。一日，德操诣之，值德公渡沔，德操入其室，呼其妻子，使速为黍："徐元直向云当来就我与德公谈。"妻子罗拜堂下，奔走设供。须臾，德公还，直入相就，不知何者是客。

南北朝刘讦与从兄歊及阮孝绪各履高操，号为"三隐"。族祖孝标尝与之柬云："讦超超绝俗，如天半朱霞；歊矫矫出尘，如云中白鹤。皆歉岁之粱稷，寒年之纤纩。"尝著鹿皮冠、被衲衣游山泽，风神颖俊，意气弥远，遇者以为神仙。孝绪撰《高隐传》，篇中所载一百三十七人。歆、讦卒，乃益二传。○歆音鸮。

## 季札挂剑　吕虔赠刀

周吴季札，虞仲十九世孙。兄诸樊让国于札，不受，封之延陵，号延陵季子。尝聘鲁，过徐，徐君好季子剑，口不敢言。札心知之，为使上国，未赠。及使还至徐，徐君已死，解剑挂其冢树而去。从者曰："尚谁予乎？"季子曰："始吾以心许之，岂以死倍吾心哉？"○挂剑台在泗州大徐城。

晋吕虔有佩刀，工相之，以为必登三公，可服此刀。因谓王祥曰："苟非其人，刀或为害，卿有公辅之量，聊以相赠。"祥固辞，强之，乃受。后祥将死，以刀授弟览曰："汝后必兴，足称此刀。"览后奕世多贤才，兴于江左，祥言卒有验。○览字元通。

## 来护卓荦　梁竦矜高

隋来护儿，幼卓荦，读《诗》至"击鼓其镗，踊跃用兵"、"羔裘豹饰，孔武有力"，舍书叹曰："大丈夫当如是，会为国灭贼，以取功名，安能区区事笔砚乎？"仕为大都督，以平陈功进位上开府。后屡击贼有功，进封荣国公。○镗音汤。荦音落。

汉梁竦，字叔敬。生长京师，不乐本土，自负其才，郁郁不得意。尝登高望远，叹曰："大丈夫居世，生当封侯，死当庙食。如其不然，闲居可以养志，《诗》、《书》足以自娱，州郡之职，徒劳人耳。"后辟命交至，并不就。著书名《七序》。班固曰："孔子作《春秋》而乱臣贼子惧，梁竦作《七序》而窃位素餐者惭。"后三子皆封侯。○竦，嵩上声。

## 壮心处仲　操行陈陶

晋王敦，字处仲。为荆州刺史，每醉后，以铁如意敲唾壶，歌曰："老骥伏枥,志在千里。烈士暮年,壮心不已。"歌阕,壶口尽缺。○唾,拖去声。四句系魏武乐府《龟虽寿》中语。

五代陈陶,操行高洁。郡守严譔欲试之,遣小妾莲花往试,陶竟夕不纳。妾献诗曰:"莲花为号玉为颜,珍重尚书遣妾来。处士不生巫峡梦,空劳云雨下阳台。"陶答云:"近来诗思清如水,老去风情薄似云。已向升天得门户,锦衾深愧卓文君。"譔益重之。陶善诗,有"中原不是无麟凤,自是皇家结网疏"之句,人皆脍炙。○陶字嵩伯,隐洪州西山。

## 子荆爽迈　孝伯清操

晋孙楚,字子荆。才藻卓绝,爽迈不群。少时欲隐,谓王武子当"枕石漱流",误云"吾欲漱石枕流",王曰:"流可枕、石可漱乎?"子荆曰:"所以枕流,欲洗其耳;所以漱石,欲砺其齿。"后为石苞骠骑参军,自负才气,入见不拜,但长揖曰:"天子命我参卿军事。"

晋王恭,字孝伯。清操过人,自负才地高华,恒有公辅之望。尝言:"名士不必须奇才,但使常得无事,痛饮酒,熟读《离骚》,便可称名士。"恭美姿容,人目之曰"濯濯如春月柳"。尝在京口被鹤氅涉雪而行,孟昶见而叹曰:"真神仙中人。"○氅音敞,鹜羽也。鹜音秋,水鸟。

## 李订六逸　石与三豪

唐李白,其先为蜀之彰明人,父为任城尉,遂家焉。因与孔巢父、陶沔、韩準、裴政、张叔明订交,居徂徕山,号"竹溪六逸"。白又与贺知章、李适之、李琎、崔宗之、苏晋、张旭、焦遂为"饮中八仙",杜甫曾作歌纪之。○任城,今济宁州。琎音津。

宋石延年,字曼卿,永城人。气节自豪,不务世事。工诗,其句有"乐意相关禽对语,生香不断树交花",为世所叹赏。石祖徕作《三豪诗》,谓欧阳公豪于文,曼卿豪于诗,杜默豪于歌也。○祖徕,石介号。默字师雄,历阳人。

## 郑弘还箭　元性成刀

汉郑弘，字巨君，山阴人。微时采薪白鹤山，得一遗箭，顷有人寻觅，弘与之。问弘所欲，曰："常患若耶溪载薪为难，愿得旦南风，暮北风。"果如愿。至今犹然，俗呼为"郑公风"。弘后官淮阴太守，勤行德化，随车致雨，白鹿方道夹毂。主簿贺曰："三公车幡画像鹿，明府其为相乎？"寻拜太尉。

汉蒲元性于斜谷口为孔明铸刀三千口。刀成，言汉水钝弱，不堪淬，蜀江爽烈，是大金之元精，可命取之。水至，蒲以淬刀，言杂涪水，不可用。使者捍言不杂，蒲以刀画水，言杂八升。使叩头，言于涪津覆水，果益八升。因易淬之。以竹筒盛满铁珠，举刀斫之，应手虚落，名曰"神刀"。○淬音翠。

## 刘殷七业　何点三高

晋刘殷，字长盛。仕至刘聪太保。性至孝，曾祖母王氏盛冬思堇食，殷方九岁，往泽中恸哭，堇忽生，得斛余。又尝梦神人谓西篱下有粟，掘之，果得十五钟，铭曰："七年粟百石，赐孝子刘殷。"有七子，五子授《五经》，一子授《史记》，一子授《汉书》。一门之内，七业俱兴。北州之学，殷门为盛。○堇音谨，根如荠，蒸食之，味甘。

南北朝何点，灊人，字子晰。明目秀眉，不簪不带，时人重其通，号曰"游侠处士"。宋、齐累征不起。梁武召至华林园，不屈，辞疾归。兄求、弟胤皆隐遁不仕，世谓"何氏三高"。○又世号点为大山，胤为小山，求为东山。求字子有。胤字子季。潜山有三高亭。

# 五　　歌

## 二使入蜀　五老游河

汉李郃，知天文，通《五经》。和帝遣二使入蜀观风俗，向益州，宿候舍。郤时为候吏，因问曰："君来时，可知二使何时发？"二人惊问何以知之，郤曰："有二使星临益部，故知之。"〇郤音合。

《论语谶》八卷，载仲尼云：吾闻帝尧率舜等游首山，观河渚，有五老游河渚，一曰"河图将来告帝期"，二曰"河图将来告帝谋"，三曰"河图将来告帝书"，四曰"河图将来告帝图"，五曰"河图将来告帝符"。有顷，赤龙衔玉苞，舒图刻板题命可卷，金泥玉检封盛书，咸曰："知我者，重瞳也。"五老乃为流星，上入昴。黄婉视之，龙反图在，尧等共发，曰："帝当枢百则禅于虞。"

## 孙登坐啸　谭峭行歌

季汉孙登，[①]字公和，隐汲郡北山土窟。夏编草为裳，冬散发自覆。好读《易》，抚一弦琴。人或投之水，以观其怒，登出，独大笑。尝谓嵇康："才高识寡，难乎免于今之世矣。"后栖苏门山，阮籍诣之，登相对不答。籍长啸，终不答，意尽而返。行至半岭，闻有声如凤鸾鸣，林谷传响，则登独啸也。籍因作《大人先生论》。

唐谭峭，字景升。幼聪敏，文史涉目无遗，坚心学仙，每行吟曰："线作长江扇作天，靸鞋抛在海东边。蓬莱信道无多路，只在谭生柱杖前。"后居南岳，丹成服之，入水不濡，入火不灼。夏则衣乌裘，冬则衣绿衫，或卧风雪中。后入青城山仙去。所著有《化书》。南唐宋齐丘窃其名，攘为己作，以行世。一云齐丘和其书，醉而束以鸱夷，投之江。渔人得之，则峭方浓睡云。峭，樵去声。

## 汉王封齿　齐主烹阿

汉高祖大封同姓，诸将坐沙中偶语。上望见之，问张良。良曰："陛下以若属取天下，而止大封同姓，诸将欲谋反耳。"因劝上急封所最憎之雍齿为什方侯。诸将曰："齿且侯，吾辈无患矣。"遂定。

---

① 按：此当为晋孙登。

齐威王时，即墨大夫毁言日至，使视之，而即墨治；阿大夫誉言日至，使视之，而阿不治。于是封即墨以万家，即日烹阿大夫及左右尝誉之者。群臣悚惧，务尽其情，齐国大治。〇阿音窝，即今泰安府东阿县。即墨，今平度州。

## 丁兰刻木　王质烂柯

汉丁兰，河内人。早丧母，刻木像事之若生。邻人张叔假物，兰妻卜筶，木像不许。叔醉詈木像，且击之。兰归，见木像色不怿，询之，即奋击张叔。吏至捕兰，木像为之垂泪。郡嘉其孝通神明，奏之，诏图其形。〇筶音告。刻木为像事，唐刘师贞、宋汪与成亦同。金陵慈姥矶相传以丁兰母得名。

晋王质，衢州人。入山伐木，至石室，见二童子围棋，质置斧观之。童子以一物如枣核与质，含之得不饥。比还，斧柯已烂。至家，已数百年，亲戚无复存者。后复入山，得道，因名其山曰烂柯山。〇按《水经注》、《东阳记》、任昉《述异记》俱云质听童子琴歌，无观棋事。

## 霍光忠厚　黄霸宽和

汉霍光为光禄大夫，出入禁闼二十余年，小心谨慎，未尝有过。武帝欲立太子弗陵，以其年稚，察群臣惟霍光忠厚可任大事，乃使黄门画者画周公负成王朝诸侯图赐之。光寻为大司马大将军，受遗诏辅少主，是为昭帝。

汉黄霸，字次公，阳夏人。武帝朝为河南太守丞，温良有让，足智，善御众，太守甚任之。武帝末用法多深，昭帝立，霍光秉政，一遵武帝法度，由是俗吏尚严酷，霸独用宽和。宣帝立，召为廷尉正，决狱称平。迁颍川太守，仁政大行，嘉禾生，凤凰至，帝赐黄金百斤。迁扬州刺史，治为天下第一。后为丞相。

## 桓谭非谶　王商止讹

后汉桓谭，字君山，以宋弘荐为议郎给事中。光武由《赤伏符》即位，遂欲以图谶决疑，因宣布天下。谭力谏，帝怒其非圣，欲斩之。谭叩头流血，黜为六安丞。藏书甚多，时人语曰："挟桓君山之书，富于猗顿。"〇《赤伏符》，儒生彊华所奉谶书。猗顿，鲁富人。

汉王商，字子威。成帝朝为左将军。京师无故惊言大水将至，奔走蹂躏。大将军王凤以为太后与上当御船，令吏民上城避水。商曰："此必讹言，不宜重惊百姓。"有顷，稍定，果讹言。上于是美商，数称其议。凤乃大惭，自恨失言。〇蹂，柔上声。躏音吝，往来足践之意。"讹""讹"同。

## 隐翁龚胜　刺客荆轲

汉龚胜，字君宾。哀帝时谏议大夫。王莽秉政，归隐，号隐翁。莽征之，使太守以下千人致诏，胜谓门人高晖等曰："谊岂一身事二姓乎？"遂称疾，不食者十四日，死。年七十九。有老父来吊，哭甚哀，既而曰："嗟呼！薰以香自烧，膏以明自销。龚生竟夭天年，非吾徒也。"〇胜一字君实，与龚舍称"二龚"。

荆轲字次非，卫人。燕太子丹客之，称荆卿。令劫秦王，反侵地，不可则刺之。乃奉燕督亢地图与樊将军於期头入秦。太子宾客皆白衣冠，送至易水，高渐离击筑，荆轲和而歌之，士皆瞋目，发尽指冠，时有白虹贯日之异。至秦，事败死之。〇筑音竹。

## 老人结草　饿夫倒戈

晋文公之臣魏武子名犨，有嬖妾，武子疾，命子颗曰："必嫁是妾。"疾革，则又曰："必以为殉。"及卒，颗从治命嫁之。秦师伐晋，颗败之，获杜回。颗见老人结草以抗回，回蹶而颠，故获之。夜梦老人曰："余，而所嫁妇人之父也。尔用先人治命，余是以报。"〇犨音酬。

晋赵宣子，名盾。田首山，舍于翳桑。见灵辄饿，问其病，曰："不食三日矣！"食之，舍其半。问之，曰："宦三年矣，未知母之存否。今近焉，请以遗之。"使尽之，更与肉食。后为公介。灵公不道，伏甲攻盾，辄遂倒戈以御公徒，宣子得免。问何故，对曰："翳桑之饿人也。"问其名居，不告，遂自亡。○遗音位。

## 弈宽李讷　碑赚孙何

唐李讷性卞急，而酷嗜弈棋，每下子，极宽缓，有时躁急，家人密以棋具置前，便欣然取子布算，都忘其恚。此癖之佳处。○恚音惠，怒恨也。讷，嫩入声。

宋孙何，字汉公，汝阳人。好古文。为转运使，苛急，州县患之。乃求古碑磨灭者数本，订于馆中。孙至，读碑辨识文字，以爪搔发垢嗅之，往往至暮，不复省录文案。○赚音暂。

## 子猷啸咏　斯立吟哦

晋王徽之，字子猷。尝暂寄居空宅，便令种竹。或问："暂居何烦尔？"王啸吟久之，直指竹曰："何可一日无此君？"一日过吴中，一士大夫家有竹，主人知子猷当往，洒扫施设相待。王肩舆径造竹下，啸吟良久，竟不通主人，遂直出。主大不堪，即令闭门。王更以此赏主人，留坐，尽欢而散。

唐崔立之，字斯立。元和初为蓝田丞。邑庭有老槐四行，南墙巨竹千梃，俨立若相持，水㶁㶁循除鸣。斯立痛扫溉，对树二松，日哦其间。有问者，辄对曰："余方有公事，子姑去。"种学绩文，以蓄其有。○㶁音虢。

## 奕世貂珥　闾里鸣珂

汉金日磾，休屠王子，没入官。武帝奇其貌，拜为侍中，赐姓金氏。

后为车骑将军,与霍光同受遗诏辅昭帝。素著忠勋,封秺侯。二子赏、建,昭帝时俱为侍中,赏嗣侯爵,与张安世皆七叶貂珥,汉代衣冠惟金、张为盛。○日䃅音密低。休屠音朽除。秺音妒,地名。珥,插也。朔方以貂皮温额,汉因金珰饰首,则插貂尾,加以附蝉为文,侍中插左,常侍插右,故或称貂蝉。珥音二。

唐张嘉贞以张循宪荐,天后诏为监察御史,历梁、秦二州都督。开元中拜中书令,弟嘉祐任金吾将军。每朝,轩盖驺从盈闾巷,时号所居坊曰"鸣珂里"。○珂,佩饰,有声,故云鸣。

## 昙辍丝竹　衰废蓼莪

晋羊昙,谢安之甥,为安所知。安亡后,昙辍乐弥年,行不出西州路。尝因过石头,大醉,扶路唱乐,不觉至州门。左右曰:"此西州门。"羊悲感不已,以马策叩扉,咏曹子建诗曰:"生存华屋处,零落归山丘。"恸哭而去。○石头,金陵城名。昙音潭。

晋文帝为魏安东将军时,以直言斩王仪。仪子裒,字伟元,痛父死于非命,未尝西向而坐,示不臣于晋也。隐居教授,累辟不就。庐于墓侧,攀柏悲号,涕泣著树,树为之枯。母在畏雷,死后,每雷鸣,辄至墓前曰:"裒在此。"读《诗》,至"哀哀父母,生我劬劳",未尝不三复流涕。门人受业者,并废《蓼莪》之诗,恐触其悲也。○又南北朝顾欢早孤,读《诗》至"哀哀父母",辄执卷恸哭,受业者亦废《蓼莪》。裒音桴。

## 箕陈五福　华祝三多

武王胜商,亲访道于箕子,箕子为之陈《洪範》九畴,次九为向用五福:一曰寿,二曰富,三曰康宁,四曰攸好德,五曰考终命。皆极之所感。○畴,类也,治天下之大法。其类有九,故云《九畴》。

帝尧观于华,华封人祝曰:"愿圣人多福、多寿、多男子。"尧辞曰:"多男子则多惧,多富则多事,多寿则多辱。"封曰:"天生万民,必授之职,多男而授之职,何惧之有? 富而使人分之,何事之有? 天下有道,与物皆昌;天下无道,修德施仁,何辱之有?"

# 六　麻

## 万石秦氏　三戟崔家

汉秦彭,茂陵人。六世祖名袭,为颍川太守,与群从同时为二千石者五人,三辅号为"万石秦氏"。彭为山阳太守,有麒麟、凤凰、嘉禾、甘露之瑞,肃宗褒之。○历朝号"万石"者六家。自汉石奋为九卿,长子建、次子庆,叔季失名,皆官至二千石,景帝号奋为"万石君家"。后世遂以"万石"为美谈。○石音食,俗读担,误。

唐崔琳,开元中为中书令,弟珪为太子詹事,瑶为光禄卿,列棨戟,时号"三戟崔家"。每宴集,组印相辉,华毂盈门,一榻置笏,重叠其上。○又张俭兄文师、弟延师并赐银青光禄大夫,亦号"三戟张家"。○棨音启。戟,兵栏,双枝为戟,单枝为戈。

## 退之驱鳄　叔敖埋蛇

唐韩愈,字退之。宪宗迎佛骨,愈表谏,上怒,将加极刑,裴度、崔群为言,贬潮州刺史。问民疾苦,皆告曰:"鳄溪有鱼,食民生畜且尽。"愈作文祭之,即夕风雨大震,鳄鱼遂西徙六十里,民赖以安。集中有《祭鳄鱼文》。○又宋陈尧佐通判潮州,网捕鳄鱼,杀之。鳄音谔。

楚孙叔敖一名芶,字艾猎。儿时出见两头蛇,杀而埋之,恐后人复见。归泣白母曰:"吾闻见两头蛇者死,恐不得事亲矣。"母曰:"有阴德者,必有阳报。子埋蛇,阴德著,可不死矣。"后以虞丘子荐,庄王以车迎之,使为令尹。○芶音委。

## 虞诩易服　道济量沙

汉虞诩,字升卿,武平人。年十二,通《尚书》。孝养祖母,举顺孙。为朝歌长,时朝歌多盗,故旧皆吊之,诩曰:"不遇盘根错节,何以别利器?"大有治声。历迁武都太守,兵不满三千,羌万余围之。诩陈兵令从东郭出,西郭入,贸易衣服,回转数周。羌恐而退,设伏邀之,复增灶进兵,大破羌人。官至尚书仆射。

檀道济仕刘宋文帝,进爵司空。元嘉八年,使领兵伐魏,与魏兵三十余战,军至历城,以资粮竭引还。魏人追之,恐兵溃,夜乃唱筹量沙,以所余少米覆其上。及旦,魏人见道济资粮有余,以降卒妄告,斩之。道济因全军而返,雄名大振。魏甚惮之,图之以禳鬼。

## 伋辞馈肉　琼却馈瓜

周孔伋,字子思,孔子孙。居鲁,鲁缪公亟馈鼎肉,伋以劳于拜赐,摽使者出诸大门之外,北面稽首再拜而不受。○鼎肉,熟肉也。亟,数也。摽,麾也。缪与穆通。

北齐苏琼,字珍之,长乐人。除南清河太守六载,绝不通馈饷。郡人赵颖,年八十余,致仕归,恃年老,亲奉新瓜一双,琼勉留,置梁上,竟不剖食。人闻受颖瓜,竞贡新果,至门,问知颖瓜犹在,相顾而还。○百姓乙普明兄弟争田,积年不断。琼召谕之曰:"难得者兄弟,易求者田地。假令得田地,失兄弟心,何如?"因而下泪。明兄弟感之,遂不复分。

## 祭遵俎豆　柴绍琵琶

汉祭遵,字第孙。从光武征河北,赏赐尽与士卒,家无私财,韦裤布被。所在吏民不知有兵。范升奏曰:"遵为将,取士皆用儒术,对酒设乐,雅歌投壶。虽在军旅,不忘俎豆。"帝每叹曰:"安得忧国奉公之臣如祭征虏者乎!"封颍阳侯,图形云台。○又宋岳飞雅歌投壶,恂恂如诸生。○祭音债。

唐柴绍，字嗣昌，尚高祖平阳公主。主与绍同助太宗定天下，号"娘子军"。吐谷浑与党项寇边，绍御之。虏据高射绍军，矢下如雨。绍安坐，遣人弹胡琵琶，二女子对舞。虏异之，停射纵观，绍伺其懈，以精骑从后掩击之，虏遂溃。○吐谷浑，西番国名，三字音突浴魂。

## 法常评酒　鸿渐论茶

河阳释法常，性嗜酒，无寒暑风雨，常醉，醉则熟寝，觉即朗吟曰："优游曲世界，烂漫枕神仙。"谓人曰："酒天虚无，酒地绵邈，酒国安恬。无君臣贵贱之拘，无财利之图，无刑罚之避，陶陶焉，荡荡焉，乐其可得而量也。转而入于飞蝶都，则又蒙腾浩渺而不思觉也。"

唐竟陵僧于水滨得婴儿，育为弟子。及长，自筮得蹇之渐，繇曰："鸿渐于陆，其羽可用为仪。吉。"乃姓陆氏，字鸿渐，名羽。尝论说茶之功效，并煎煮之法，造茶具二十四事，以都统笼贮之。隐居苕溪，李季卿宣慰江南，召羽煮茶。羽野服挈具而入，李心鄙之，命取钱三十文酬博士。羽夙游江界，通狎胜流，遂收钱及具雀跃而出，旁若无人。因著《毁茶论》。又尝论煮茶以楚水为第一。

## 陶怡松菊　田乐烟霞

晋陶潜解组归田，赋《归去来辞》，有"三径就荒，松菊犹存"之句。盖以松菊自怡悦也。故唐韦表微擢进士，授监察御史，不乐曰："爵禄譬滋味也，人皆欲之。吾年五十，取一班一级，不见其味，将为松菊主人，不愧陶元亮可耳。"

唐田游岩，三原人。隐太白山，后入箕山，居许由祠旁。自谓东邻，频召不出。高宗幸嵩山，亲至其门，田野服出拜。帝命左右扶止，问曰："先生比来佳否？"对曰："臣所谓泉石膏肓，烟霞痼疾者。"召至京师，拜崇文馆学士，居奉天宫左，天子自书榜其门，曰"处士田游岩宅"。与韩法昭、宋之问为方外友。○肓音荒。乐音洛。

## 孟邺九穗　郑珏一麻

北齐孟邺,字敬业,安国人。为东郡太守,以宽惠著名。郡内麦或一茎五穗,或三穗、四穗,县人送嘉禾一茎九穗,咸以为政化所感。〇汉光武生于洛阳,是岁县界有嘉禾一茎九穗,因名曰秀。又张堪为渔阳太守,民歌曰:"桑无附枝,麦穗两岐。张公为政,乐不可支。"穗音遂。

后唐郑珏与李愚同为学士。郑阁下一麻忽生,李曰:"承旨相矣。"及霜降成实,乃白麻也,珏果大拜。〇唐制,拜相诏用白麻纸。珏音觉,同毂。〇阳城居谏议时曰:"如相裴延龄,当取白麻坏之。"

## 颜回练马　乐广杯蛇

孔子与颜回俱上泰山,望吴阊门外系有白马,谓颜子曰:"若见吴阊门乎?"颜子曰:"见。"孔子曰:"门外何有?"颜子曰:"有匹练之状。"孔子曰:"噫!白马也。"详视果然。故马曰匹。

晋乐广,字彦辅。尝饮亲故以酒,忽告曰:"前蒙赐酒,见杯中有蛇,饮而疾作。"盖厅壁有角弓,其影落于杯中,似蛇形也。广因复置酒,问曰:"有所见否?"客曰:"如初。"广乃告以弓影之故,客疑遂释,而沉疴顿愈。

## 罗珦持节　王播笼纱

唐罗珦,庐州人。少贫困,尝投入福泉寺,随僧饭。历二十年间持节归乡,书僧房云:"二十年来此布衣,鹿鸣西上虎符归。故时宾从追前事,到处松杉长旧围。野老共遮官路拜,沙鸥遥认隼旟飞。春风一宿琉璃殿,惟有泉声惬素机。"〇作"向"字非。

唐王播,字明敭,穆宗朝拜相。微时客扬州木兰院,随僧饭。僧厌之,饭后击钟。播愧恨,题诗于壁云:"上堂已了各西东,惭愧阇黎饭后钟。"僧夺其笔,拂袖而去。后贵,出镇是邦,前诗已笼碧纱矣。因续云:"三十年前尘扑面,而今始得碧纱笼。"〇阇音蛇。阇黎,僧也。又宋魏野与寇莱公游陕郊僧寺，后再到，莱公诗以笼碧纱，魏诗尘满，官妓以袖拂之。野云："若得时将红袖拂，也应胜著碧纱笼。"

## 能言李泌　敢谏香车

唐李泌与肃宗同寝，固请还山。上曰："卿以朕不从北伐之谋乎？"对曰："非也，乃建宁王事耳。臣非咎既往，欲陛下慎将来。昔天后忌杀长子弘，次子贤惧，作《黄台瓜辞》，冀其感悟，辞曰：'种瓜黄台下，瓜熟子离离。一摘使瓜好，再摘使瓜稀。三摘犹为可，四摘抱蔓归。'今陛下已摘一矣，慎勿再摘。"上愕然曰："卿言朕当书绅。"○建宁王名倓。

齐宣王为大室，盖百亩，堂上三百户，三年不成，群臣莫敢谏。香车问曰："荆王释先王之礼乐而为淫乐，敢问荆邦有主乎？"曰："为无主。""为有臣乎？"曰："为无臣。"车曰："今王为大室，三年不成，群臣莫敢谏，为有臣乎？"王曰："为无臣。"车曰："臣请避矣。"遂趋出。王曰："香子留。何谏寡人之晚也。"因止其役。○车，裾平声。

## 韩愈辟佛　傅奕除邪

唐韩愈谏宪宗迎佛骨，以为佛不足事，当付有司投诸水火，永绝根本，可谓辟之极矣。韩文《外集》载其与大颠三书，东坡力言其书为伪，朱晦翁又力辩以为真。○按《论佛骨表》，愈上于从平淮西作侍郎时。

唐傅奕上表请除佛法，萧瑀诘之。奕曰："萧瑀不生于空桑，乃遵无父之教。"太宗得胡僧，能立咒人死，复咒而苏，验之以告。奕曰："此邪术也。邪不能干正，使咒臣，必不行。"咒之不验，其僧立仆，遂不复苏。○瑀音禹。

## 春藏足垢　邕嗜疮痂

南北朝阴子春，官至刺史，身服垢污，脚数年一洗，言每洗则失财。后于梁州洗足者再，竟败事。○商丘有刘姓者，饱闻人足臭，而文思乃发

143

越，亦一奇也。

南北朝刘邕，爱食疮痂，以为味似鳆鱼。尝诣孟灵休，灵休患灸疮，痂落在席，邕取食之。灵休大惊，痂未落者，悉褫以饲邕，灵休遂举体流血。邕袭父封南康郡公，国吏二百许人，不问有罪无罪，递与鞭，疮痂尝以给膳。○鳆音薄，海鱼，一名石决明。

## 薛笺成彩　江笔生花

浣花溪在成都府西南，一名百花潭。任夫人微时，见一僧堕污渠，为濯其衲，百花满潭，因名浣花溪。杜甫结庐其上，节度使裴冕为筑草堂。后名妓薛涛亦家其傍，以潭水造十色彩笺，名"薛涛笺"。一云涛好制小诗，因易大为小，号"薛涛笺"。

南北朝江淹，字文通。少以文章显。令浦城时，夜宿郭外孤山，梦人授以五色笔，文词日丽。后十余年，宿冶亭，梦一美丈夫，自称郭璞，曰："吾有笔在卿处多年，可见还。"淹探怀中笔还之。嗣后诗绝无佳句，人谓之才尽。○冶亭在金陵。又李白梦笔头生花，自是文思日进。

## 班昭汉史　蔡琰胡笳

汉班昭，班固妹。适曹世叔，早寡。作《女诫》七章，以示诸女。和帝朝，兄固著《汉书》，未就而卒，诏昭就东观踵成之。数召，入宫中，令皇后贵人事以师礼，号为曹大家。○家音姑。大家仅著《七诫》并《汉书》，坊刻《女孝经》则唐郑氏所托以著者。

汉蔡琰，邕女。六岁知音律，及笄，适卫仲道。为胡骑所获，在胡十二年。曹操痛邕无子，以金帛赎归。琰感，作《胡笳十八拍》。胡人卷芦叶吹之，名笳，琰作为歌词，载《汉魏诗乘》。○琰音掩。笄音鸡。一云琰归，重嫁董祀。

## 凤凰律吕　鹦鹉琵琶

黄帝使伶伦采嶰谷之竹，吹之为黄钟之音。于是制十二管，以听凤凰之鸣,其雄鸣为六律,雌鸣为六吕,谓之律本。故《抱朴子》曰:"轩辕听凤凰鸣而调律。"○轩辕,黄帝讳。嶰谷在大夏之西。《抱朴子》,葛洪所著书。

宋蔡確,神宗时为相。贬新州,侍儿名琵琶。有鹦鹉甚慧,公每叩响板,鹦鹉传呼其名。琵琶卒后,误触响板,鹦鹉犹传呼不已。蔡悒悒不乐,因写怀曰:"鹦鹉言犹在,琵琶事已非。伤心瘴江水,同渡不同归。"

## 渡传桃叶　村名杏花

晋王献之有爱妾名桃叶,其妹名桃根。子敬尝临渡,歌以送之,因名其渡曰桃叶渡,相传地在今秦淮口。歌曰:"桃叶复桃叶,渡江不用楫。但渡无所苦,我自来迎接。桃叶复桃叶,桃树连桃根。相怜两乐事,独使我殷勤。"○桃叶有答歌,又有《团扇歌》。○《演繁露》云:"渡江不用楫,隐语也,言横波急也。"

唐杜牧诗情豪迈,人称小杜,以别杜甫。尝镇秋浦,清明日有"借问酒家何处有,牧童遥指杏花村"之句,地在池州府治秀山门外。明太守顾元镜诗:"牧童遥指处,杜老旧题诗。红杏添新色,黄垆忆昔时。远山凭作画,好鸟解吹箎。偷得余闲在,官钱换酒卮。"

# 七　　阳

## 君起盘古　人始亚当

自太极生两仪,两仪生四象,四象变化而庶类繁矣。相传首出御世者曰盘古氏,又曰浑沌氏,明天地之道,达阴阳之理,为三才首君。其时民风沕穆,居不知其所,行不知所之,闷闷然如人之方孩,兽之适野。○沕音沃。沕穆,深微貌。

《格致草》云:"造人之始,西经所载,以水土合和成男,复取男一肋成女。男曰亚当,女曰厄袜。生二子:一名迦音,一名亚伯。种类蕃息,秽染大地。自亚当生后一千六百五十六年,洪水稽天,仅留一善者名诺厄夫妇及三子夫妇共八人。三子一名生,一名刚,一名雅弗。种传贤圣,分掌天下。意盘古正当此时。"

## 明皇花萼　灵运池塘

　　唐玄宗素友爱,宋王成器等请献兴庆坊宅为离宫,制许之。始作兴庆宫,仍各赐成器等宅,环于宫,西南置楼,题其西曰"花萼相辉之楼",南曰"勤政务本之楼"。上或登楼,闻诸王奏乐,则召升楼同宴,或幸其所居尽欢,赏赐优渥。○唐李乂与兄尚一、尚正所著诗文共为一集,号《花萼集》。

　　南北朝谢惠连十岁能属文,族兄灵运嘉赏之,曰:"每有篇章,对惠连辄得佳语。"尝于永嘉西堂思诗,竟日不就,忽梦见惠连,即得"池塘生春草",大以为工。尝云:"此语有神助,非吾语也。"○又灵运性无所推,唯重惠连,与为刎颈交。

## 神威翼德　义勇云长

　　季汉张飞,字翼德。义释严颜。先主背曹向袁,败奔江南,曹追之,飞于霸陵桥瞋目横矛曰:"身是张翼德也。可来决死!"敌皆无敢近者。史称其神威亚于关羽,魏谋士程昱等咸称飞与羽为"万人敌"。

　　季汉关羽,字云长,蒲州解人。善《左氏春秋》,与先主誓同生死。尝守先主家累于下邳,操围之,使张辽说降,羽表三约以明志。后于万众中斩颜良以示报效,尽封所赐而奔刘。及先主即位,假节钺镇荆州,威震华夏。孔明遗羽书云:"孟起兼资文武,雄烈过人,一世之杰,黥彭之俦,当与翼德并驱争先,犹未若髯之超群绝伦也。"○孟起,马超字。黥,黥布;彭,彭越。

## 羿雄射日　衍愤飞霜

　　尧时十日并出,杀苗稼,命羿射去其九。后有穷国君亦善射,慕之而袭其名。详见《淮南子》。○陈眉公《枕谭》曰："传言羿日落九乌，乌最难射，而一日得九，言其射之捷也。后世遂以为日，谬矣。"

周邹衍闻燕昭王下士，乃自梁至燕。昭王拥篲先驱，筑碣石宫，师事之。王崩，惠王信谗，系衍于狱。衍冤不能白，仰天而哭，夏月天为降霜。○篲，竹帚，音遂。碣石馆，今无复识其处，或谓蓟州东去抚宁县枕海有石如甬道数十里，即《禹贡》冀州之碣石。

## 王祥求鲤　叔向埋羊

晋王祥，字休征，沂州人。事继母朱氏极恭谨。冬月母思食生鱼，天寒冰结，祥解衣将剖冰求之，冰忽解，双鲤跃出。今望江县埠南岸有小池，相传每天寒冰冻，如人卧形，祥尝奉母避地于此，因名为卧冰池。○宋罗孟郊事与祥略同，人目其池为曾子湖。○又晋王延冬月为母欲鱼，扣冰而哭，鱼忽跃出冰上。

叔向名肸，晋卿也。尝有攘羊者以羊首遗向，向母不食，埋之。阅三年，攘羊事败，遭捕追问。向家起验之，羊首骨肉皆尽，惟一舌尚存，国人异之。向后遂以羊舌为氏。○《左传》《疏》：或曰：羊舌氏姓李名果。盗羊事发，辞连李氏，李氏掘羊头示之，以明己之不食。

## 亮方管乐　勒比高光

季汉诸葛亮躬耕南阳，好为《梁父吟》。每旦抱膝长啸，以管仲、乐毅自比，时人莫许，惟博陵崔州平、颖川徐元直谓为信然。后出仕先主，三分鼎峙。○梁父，泰山下小山。其所吟则晏婴谋以二桃杀三士事。君有德则封泰山，禅梁父，愿佐君王致于有德，苦为小人所阻也。三士：公孙捷、田开疆、古冶子。

后赵石勒，因徐光谓其过于汉高，曰："卿言亦已太过。人岂不自知？朕遇高祖，当北面事之。若遇光武，可以并驱中原。大丈夫宜磊落如日月，终不效操与懿欺孤怜寡，狐媚以取天下。"○"磊""磊"同。

## 世南书监　晁错智囊

唐虞世南,字伯施,余姚人。十八学士之一。文章赡博,太宗尝称其五绝:一德行,二忠直,三博学,四文词,五书翰。上一日出行,有司请载书以从。上曰:"虞世南在,行秘书监也,何用载书?"○太宗尝令世南和宫体诗,竟不奉诏。

汉晁错学申、商刑名于轵张恢生所,为人峭直刻深。上言太子宜令知术数,文帝善之,拜为太子家令。以其辩得幸太子家,号为"智囊"。○晁音潮。轵音止,地名。又秦惠王弟疾居樗里,人称樗里子,滑稽多智,亦号"智囊"。

## 昌囚羑里　收遁首阳

周文王名昌。纣为不道,醢九侯,脯鄂侯,文王闻之窃叹。崇侯虎谮之,纣乃囚之羑里。文王因演伏羲八卦为六十四卦,而系之辞,是为《周易》。其臣闳夭辈计释之,纣因命文王为西伯,赐弓矢,使专征伐。○醢音海,肉酱也。羑音有。

南北朝薛收,字伯褒。闻唐高祖兴,遁入首阳山,将应义举。入唐为秦王府主簿,从讨王世充及平刘黑闼,为书檄露布,或马上占辞,该敏如宿构。后封汾阴县男,早卒。太宗即位,谓房玄龄曰:"收若在,当以中书令处之。"○露布,捷书也。

## 轼攻正叔　浚沮李纲

宋程颐,字正叔。年十八,伏阙上书,劝仁宗以王道为心,乞召对。哲宗朝为讲官,持己过庄,苏轼谓其不近人情,每加玩侮,遂属顾临等连章劾之,出为句管西京国子监,力辞不报。绍圣间追贬元祐诸臣,遂至目为奸党。

宋李纲,字伯纪,邵武人。钦宗朝为相,张浚为侍御史,劾纲以买马招军之罪,黄潜善、汪伯彦复力排之,遂贬提举洞霄观,在相位仅七十七日,议者惜之。○洞霄观在杭州大涤山。卒赠太师,谥忠定。纲负天下重望,每宋使至燕山,必问李纲安否,其为远人所畏服如此。

## 降金刘豫　顺虏邦昌

宋刘豫为河北提刑。金人南侵,弃官居真州,张悫荐之,起知济南。时盗起山东,豫求易南郡,执政不许,豫忿而去,遂降金。兀术立为齐帝。高宗诏暴其罪逆于六师。○《铁围山丛谈》云:"刘豫为小官时,梦至阙里拜仲尼,仲尼辄答其拜。又尝梦拜释氏。释氏为之起。因独自负。"

徽、钦北狩,金人使吴开等集百官,议立异姓。张叔夜请立太子,不许。张邦昌为相,遂受伪命,立为楚帝。舍人吴革等数百人皆先杀妻子,焚所居,举义金水门外。范琼乃诈与合谋,而袭杀百余人。是日风霾,月晕无光。邦昌心亦不安,拜官皆加"权"字。高宗立,伏诛。○开音坚。霾音埋,风而雨土也。

## 瑜烧赤壁　轼谪黄冈

季汉周瑜,仕吴为建威中郎将。曹操治水军八十万征吴,议者欲迎降,瑜独请精兵三万往擒之。遂与程普等逆操师于赤壁,火攻破之。以功拜偏将军,领南郡太守。○按赤壁在今嘉鱼县西南大江滨,是周郎拒操真迹。东坡所赋黄州之赤壁,借摅感慨耳。黄州赤壁,《水经》谓赤鼻山。今江、汉间称赤壁者有五:汉阳、汉川、黄州、嘉鱼、江夏。

宋苏轼出判杭州,中丞李定、御史舒亶摘其诗文,以为怨谤君父,逮下台狱。曹太后闻之,言轼为仇人中伤,乃得轻议,贬黄州团练副使。○按"乌台诗案",篇长不备录。中伤之"中",音众。

## 马融绛帐　李贺锦囊

汉马融,字季长。新息侯援之后,美辞貌。后历南郡守,忤梁冀,免官。高才博学,世称通儒,从游者以千计,卢植、郑玄皆其高弟。善鼓琴,

149

好吹笛,堂施绛纱帐,前授生徒,后列女乐,以次相传,鲜有入其室者。达生任性,不拘儒者之节。著《忠经》。○融受学挚恂。绛音降,火赤色。

唐李贺,字长吉。耽苦吟,每旦出,骑弱马,小奚奴背锦囊随后,遇所得,即投其中。暮归,母探囊见属草,必怒曰:"是儿呕出心乃已!"一日,昼见绯衣人驾赤虬,持一版曰:"上帝白玉楼成,召君为记。"遂卒。○凡男女没入官为奚,今奴婢也。虬音求,龙无角者。

## 昙迁营葬　脂习临丧

释昙迁,游心佛义,兼谈老庄,工正书,与范蔚宗、王昙首游款。后蔚宗被诛,门有十二丧,交知无敢近者。昙迁抽货衣物,悉营送葬。宋孝武闻而叹赏,语徐爰曰:"卿著《宋书》,勿遗此士。"○蔚宗下狱,宋文帝有白团扇,令书诗赋美句。蔚宗援笔书曰:"去白日之昭昭,袭长夜之悠悠。"上循览凄然。

季汉脂习与少府孔融相善。魏武为司空,威德日盛,融书疏倨傲,习常责之。及融被诛,许中百官与融素善者,皆莫敢收恤。习独抚尸而哭曰:"文举!卿舍我死,我当复与谁语者?"魏武欲收治罪,以事直见原。后见魏武,特字之曰:"元升,卿故慷慨!"

## 仁裕诗窖　刘式墨庄

《后史补》:王仁裕著诗万篇,时号"诗窖子"。言所积之多也。○又五代王仁裕喜为诗,少时尝梦人剖其肠胃,以西江之水涤之,顾见江中沙石皆为篆籀之文。由是文思日进。汉初知贡举,所收门生王溥、和凝、范质,皆仕至宰相。○窖音教。

宋刘式,字叔度,清江人。太宗朝掌邦计者十余年。既没,而家徒壁立,惟遗书数千卷。其妻陈氏指示诸子曰:"此汝父墨庄也,今贻汝辈,为学殖之资。"其后诸子及孙并起高第,为时名臣。

## 刘琨啸月　伯奇履霜

晋刘琨，字越石。少得俊朗之目，与祖逖俱以豪雄著名。永嘉初为并州刺史，转战至晋阳，为胡骑所围。城中窘迫，琨乃乘月登楼清啸。贼闻之，皆凄然长叹。中夜奏胡笳，贼又流涕歔欷，人有怀土之念。比晓，胡遂弃围而走。○又刘畴尝避乱坞壁，畴吹笳为《出塞》、《入塞》之声，以动其思，贾胡皆垂泣而去。○畴字王乔。琨音裈。

周尹伯奇母死，父吉甫更娶后妻，生伯邽，潛伯奇。吉甫偏听而放伯奇于野。伯奇自伤无罪见逐，为作《履霜操》以歌之，冀感悟也。宣王出游，吉甫从，闻其歌，宣王曰："此孝子之辞也。"吉甫乃求伯奇于野，已化为伯劳。吉甫遂射杀后妻以谢之。○邽音规。伯劳，鸟名。歌详《古诗纪》。○伯奇采楟花而食。

## 塞翁失马　臧穀亡羊

塞上之翁马无故亡入胡，人吊之，翁曰："安知非福？"数月，其马带胡骏而归，人贺之，翁曰："安知非祸？"其子乘之，坠折臂，人又吊之，翁又曰："安知非福？"后胡兵大战，丁壮者多死，其子以折臂仅存。固知祸福相倚而生也。见《淮南子》。○《淮南子》，汉刘安所著书。塞音赛。

臧与穀二人相与牧羊，而俱亡其羊。问臧奚事，则挟笑读书；问穀奚事，则博塞以游。二人者，事业不同，其亡羊均也。事见《庄子·骈拇》篇，寓言也。博塞，局戏，今双陆之类。"笑""策"同。

## 寇公枯竹　召伯甘棠

宋寇準，真宗朝大拜，张咏闻之，喜曰："真宰相也。"寻以斥丁谓为佞被谗，三绌。乾兴初再贬雷州。道出公安，剪烛插神祠前，祝之曰："準若无负朝廷，枯竹再生。"已而果然。居雷州有年，一日沐浴，具朝服，束所赐犀带，北面再拜，就榻而卒。丧过公安，民皆迎祭，斩竹挂纸钱，逾月皆生笋成林。因庙祀之，名为"相公竹"，不忍剪伐。準初知巴东县，手植双柏,民爱之,亦号"莱公柏"。

召公奭,周同姓。食采于召,谓之召康公,与周公分陕而治,陕以西召公主之,故又称召伯。尝巡行南国,有棠树,决狱政于其下,自侯伯至庶人各得其所。公卒,民思之,为之赋《甘棠》。因爱其树,不忍剪伐。○奭音释。武王封奭于北燕。

## 匡衡凿壁　孙敬悬梁

汉匡衡,字稚圭,东海承人。家贫好学,邑有大姓多藏书,衡为佣作,而不求取直。主人怪问,衡曰:"愿得藏书遍读之。"主人感叹,给以书。尝夜读,无膏烛,凿邻壁借其光,遂致精诣绝人。十年之间,不出长安城门,而致相位。朝廷有政议,辄引经以对,数上书陈便宜。后封乐安侯。

汉孙敬,字文宝,信都人。性嗜学,穷年闭户读书。或间一入市,人皆曰:"闭户先生来也。"每夜读,恐其久睡,乃以绳悬其髻于梁上,少睡则发顿而醒,仍读之。○又刘孝标寄人庑下,自课读书,常燎麻炬,从夕至旦。时或昏睡,爇其须发,及觉复读。

## 衣芦闵损　扇枕黄香

闵损,字子骞,鲁人。性至孝。早丧母,父娶后妻,惟爱己生之二子,独嫉损,冬日以芦花絮衣之。一日,损为父御车,体寒失靷,损不自理。父知之,欲去后母。损固启曰:"母在一子寒,母去三子单。"父乃止。母因感悟,遂以慈终。○衣音意。靷音孕。闵子墓在今南宿州,其地有闵子集。又闵子两弟,一名蒙,一名革。

汉黄香,字文彊,江夏安陆人。年九岁,失母,哀毁骨立,事父至孝。夏月扇枕席,冬则以身温被。比长,博通能文章,京师语曰:"天下无双,江夏黄童。"肃宗诏诣东观,读所未见书。又召诣安福殿言政事,拜尚书郎。后迁尚书令。○扇,平声。双叶音春。

## 婴扶赵武　籍杀怀王

程婴，晋人，与公孙杵臼为赵朔客。屠岸贾诛朔，朔妇生遗腹子，贾闻而索之。杵臼取他儿匿山中，令婴谬呼赵氏孤在。贾因攻杵臼及孤儿，杀之，婴乃匿赵氏真孤。年十五，韩厥言于晋景公，立之，是为赵武。灭屠岸贾。○贾音古。

项梁兵起，从范增言，求楚怀王孙心民间，立为怀王，以从民望。后项籍尊为义帝，都盱眙。及灭秦自王，乃使人徙义帝于长沙，阴令九江王布弑于江中。新城三老董公说汉王发丧，率诸侯之师伐籍。○布，黥布。义帝向牧羊于盱眙。

## 魏徵妩媚　阮籍猖狂

唐魏徵事太宗，谏有不从，帝与语辄不应。帝曰："应而后谏何伤？"徵曰："昔舜戒面从，臣心知其非而口应陛下，是面从也。岂稷契事舜之意？"帝笑曰："人言魏徵疏慢，我视之更觉妩媚，正为此耳。"○妩音武。

晋阮籍容貌瑰杰，任情不羁。或闭户读书，累月不出；或登山临水，竟日忘归。时率意独驾，不由径路，车迹所穷，辄痛哭而返。○唐王勃《滕王阁序》有云："阮籍猖狂，岂效穷途之哭？"

## 雕龙刘勰　愍骥应场

南北朝刘勰，字彦和。撰《文心雕龙》五十篇，论古今文体。欲取定于沈约，无由自达，乃负书候约于车前，状若货鬻者。约取读，大重之，谓深得文理，常陈之几案。又撰自古帝王贤达至于魏世，通三十卷，名为《要略》。后为沙门。○一云王勰著《要略》，非刘事。○勰，古协字。

季汉应场，字德琏，汝阳人。建安七子之一。时遭董卓之乱，不得志于时，因作《愍骥赋》，愍良骥之不遇以自寓也。故谢灵运《邺中诗序》云："应场汝颍之士，流离世故，颇有飘薄之叹。"又子建《送应氏诗》："清时难屡得，嘉会不可常。天地无终极，人命若朝霜。"即其不遇可知已。○愍音敏。场音羊。

## 御车泰豆　习射纪昌

　　造父之师曰泰豆氏。造父始从学御,三年不告,造父执礼愈谨,乃告之曰:"古言良弓之子必先为箕,良冶之子必先为裘。汝先观吾趋,趋如吾,然后六辔可持,六马可御。"乃立木为涂,仅可容足,履之而行,趋走往还无失跌也。造父学之三日,即尽其巧。泰豆于是乃告以应心得手之妙。○为箕、为裘,取其相似而易学也。

　　周纪昌学射于飞卫。卫曰:"尔先学不瞬,而后可以言射。"昌归卧于妻之机下,以目承牵挺,三年后,锥末到眥而不瞬。卫曰:"未也。必视小如大,视微如著,而后告我。"昌以氂垂虱于牖,南面望之,浸大。三年后,如车轮焉。以视余物,如丘山。乃射,贯虱之心而垂不绝。○氂音离,牛犬长毛。

## 异人彦博　男子天祥

　　宋文彦博立朝端重有威,契丹使耶律永昌入觐,见彦博,却立改容,曰:"此潞公耶?何其壮也!"东坡曰:"使者见其容,未闻其语。其总理庶务,贯穿古今,虽少年名家有不如。"永昌拱手曰:"天下异人也。"公少侍尊人监税阆郡,紫极宫道士何守贞见而异之,曰:"南极之灵,降而为国申、甫。"遂自号南极贞子。后以太师致仕,卒年九十二。谥忠烈。

　　宋文天祥,字履善,号文山。宋亡,元主欲以为相,不屈,诏有司杀于柴市。天祥因南向再拜而死。其衣带中有赞曰:"孔曰成仁,孟曰取义。惟其义尽,所以仁至。读圣贤书,所学何事?而今而后,庶几无愧。"元帝临朝叹曰:"文丞相真男子!本朝将相皆不能及,诚可惜也。"

## 忠贞古弼　奇节任棠

　　南北朝古弼,代州人。仕魏,以忠直闻。尝入奏减苑囿,太武方与刘树棋，弼侍坐良久，不获申。乃起，于帝前捽树，掣下床以手搏之曰："朝廷不理，实尔之罪！"帝愕然曰："不听奏事，朕之过也。树何罪？"弼具状，帝奇之而可其奏。弼头尖，时称"笔公"。太武尝称为社稷臣，又称为国宝。封灵寿侯。〇捽音卒，持发也。

汉任棠隐居教授，有奇节。汉阳太守庞参先候之，棠不与言，但以薤一大本，水一盂，置户屏前，自抱孙儿伏户下。主簿白以为倨。参思其意，良久曰："水者，欲吾清也。拔大本薤者，欲吾击强宗也。抱儿当户，欲吾开门恤孤也。"叹息而还。参在职果能抑强扶弱，以惠政得民。庞字仲达。〇薤音械，叶似韭。

## 何晏谭易　郭象注庄

季汉何晏，字平叔。言《易》义精通，所不了者九事。一日迎管辂共论，辂为剖析玄旨，九事皆明。时邓玄茂在坐，言："君善《易》，而语不及《易》中辞义何？"辂曰："善《易》者不论《易》。"晏含笑赞曰："可谓要言不烦。"

晋向秀，字子期。尝注《庄子》，于旧注之外，妙析奇致，大畅玄风，惟《秋水》、《至乐》二篇未竟而卒。子幼，义遂零落。郭象遂窃以为己注，乃自注《秋水》二篇，又易《马蹄》一篇，其余点定文句而已。〇郗绍作《晋中兴书》而何法盛窃之，与此事相类。

## 卧游宗子　坐隐王郎

南北朝宗炳，字少文。好琴书，善画，精玄理。每临山水佳处，辄忘归。刘裕辟之，曰："吾栖丘隐壑三十年，岂可于王门折腰？"尝西涉荆巫，南登衡岳，因结宇衡山。有疾，还江陵，叹曰："老病俱至，名山恐难遍睹。惟澄怀观道，卧以游之。"凡所游履，皆图之于室，谓人曰："抚琴动操，欲令众山皆响。"炳为远公白莲社十八贤之一。

晋王坦之誉辑朝野，标的当时，累迁侍中中书令，领北中郎将，故称中郎。《世说》云:"王中郎以围棋为坐隐,支公以围棋为手谈。"《语林》云:"王以围棋为手谈,故其在衰制中,祥后客来,方幅会戏。"

## 盗酒毕卓　割肉东方

晋毕卓,字茂世,铜阳人。少放达,尝曰:"得酒满数百斛,左手持酒杯,右手持蟹螯,拍浮酒船中,便足了一生。"大兴末,为吏部郎。比舍郎酿熟,卓因醉,夜至瓮下盗饮,为掌酒者所缚。明旦视之,乃毕吏部也。卓与阮孚等为"八达"。

汉东方朔善诙谐滑稽,武帝朝待诏金马门。帝社日赐从官肉,大官未至,朔割肉以归。有司奏,帝令自责。朔再拜曰:"受赐不待诏,何无礼也! 拔剑自割,何壮也! 割之不多,何廉也! 归遗细君,又何仁也!"上笑曰:"令卿自责,而反自誉。"复赐酒肉。○大官,主上食者。细君,妻之称。

## 李膺破柱　卫瓘抚床

汉李膺迁司隶校尉,时内侍张让弟朔为野王令,贪残无道,畏膺威严,逃还京师,匿于兄家合柱中。膺知其状,率吏卒破柱取朔,付洛阳狱。受辞毕即杀之。自此内侍皆鞠躬屏气。

晋卫瓘,字伯玉。位侍中。惠帝为太子,时咸谓其不堪。瓘会醉,遂跪床前曰:"臣欲有所启。"帝曰:"卿欲何言?"瓘言而复止者三,因以手抚床曰:"此坐可惜。"帝意乃悟,因谬曰:"公真大醉耶?"○惠帝在华林园闻蛙声,问左右曰:"此鸣者,为官乎,为私乎?"贾胤对曰:"在官地为官,在私地为私。"○瓘音贯。

## 营军细柳　校猎长杨

汉文朝,匈奴入云中,以周亚夫次细柳,刘礼次霸上,徐厉次棘门。上自劳军,至霸上及棘门军,直驰入。已而之细柳,先驱曰:"天子且至。"

军门都尉曰："军中但闻将军令，不闻天子诏。"上使使持节诏将军，亚夫乃传令开壁门。士请曰："将军约军中不得驰骤。"上乃按辔徐行。至中营，亚夫曰："介胄之士不拜。"天子为动改容，曰："此真将军也。棘门、霸上，俱如儿戏耳。"

汉成帝羽猎，扬雄从，归作《羽猎赋》以讽。明年秋，又捕兽输长杨射熊馆以夸胡人，农民不得收敛。雄从至射熊馆，还，上《长杨赋》，因笔墨成文章，故借翰林为主人，子墨为客卿以讽。俱详《文选》。

## 忠武具奠　德玉居丧

宋岳飞，谥忠武。家贫力学，尤好《左氏春秋》、《孙吴兵法》。未冠，能挽弓三百斤，弩八石。学射于周同，能左右射。同死，朔望必鬻衣具酒肉，诣同冢，奠而泣，引同所赠弓，发三矢乃归。父知而义之。

唐顾德玉，字润之。从俞观光学，观光无子，尝曰："吾昔病，润之侍汤药，情若父子，医为感动，弗忍受金。我老，必托之以死。"寻访医吴中，疾革，趋润之，次尹山而遂卒。润之奉其尸，敛于家，衰绖就位。或问："敛于家，礼与？"润之曰："生服其训，死而委诸草莽，仁者弗为也。"明年，葬于顾氏先茔傍，岁时享祭惟谨。

## 敖曹雄异　元发疏狂

南北朝高昂，字敖曹。龙準豹头，姿体雄异。少不遵师训，专事驰骋。每言："男儿当横行天下，自取富贵，谁能端坐读书作老博士也？"其父尝曰："此儿不大吾门，必灭吾族！"北齐神武以为西南道大都督，渡河，祭河伯，言曰："河伯水中之神，高敖曹地上之虎。"○準音拙。

宋滕达道，字元发。性疏豁。神宗时力言新法之害，落职知筠州，上章自讼，改知扬州。微时为范文正公馆客，尝私就狎邪饮，范病之。一夕，候其出，径造书室，明烛读书以俟。元发大醉，入门长揖，问范读何书，曰：《汉书》。问："汉高帝何如人？"范逡巡走入。

## 寇却例簿　吕置夹囊

宋寇準，真宗朝大拜，用人多不以次，同列颇不悦。堂吏尝持例簿以进，準曰："宰相所以进贤退不肖也。若用例，一吏职耳。"却去不用。寻为王钦若所谮，罢为刑部尚书，出知陕州，复知天雄军。契丹使过之，谓準曰："相公重望，何以不在中书！"公曰："主上以朝廷无事，北门锁钥非準不可。"

宋吕蒙正，字圣功，河南人。淳化、咸平中凡两居相位。夹囊中有册子，每四方人谒见，必问有何人才，即疏之，悉分门类。朝廷求贤，取之囊中，而用无不当。封许国公，谥文穆。○又晋山涛为吏部，甄别人物，各为题目，时号"山公启事"。

## 彦升白简　元鲁青箱

南北朝任昉，字彦升。八岁能属文。初仕齐为太学博士，王俭、沈约皆推让其文。后仕梁武为御史中丞，每奏弹，必曰："臣谨奉白简以闻。"简，略状也。○凡弹文白纸为重，黄纸为轻。又魏制置殿中侍御史二员，簪白笔，侧阶而坐，伺察非法。

南北朝王淮之，字元鲁。自曾祖彪之博闻多识，练悉朝仪。自是家世相传，并谙江左旧事，缄之青箱。世谓之"王氏青箱业"。自彪之至淮之四叶为御史中丞，淮之尤百僚所惮。○淮之父名纳之，祖名越之。

## 孔融了了　黄宪汪汪

汉孔融，字文举。十岁随父之洛阳。时李膺有盛名，诣门者多不得通。融谓阍者曰："我与李府君通家。"坐定，膺问曰："高明祖父，与仆有旧乎？"对曰："昔先君仲尼与君先人伯阳相师友，则融与君累世通家也。"膺与宾客皆奇之。陈韪后至，人语之，韪曰："小时了了，大未必佳！"融曰："想君小时，必当了了。"韪大踧踖。○韪音委。

汉黄宪，字叔度，汝南人。郭泰至汝南造袁奉高，车不停轨，銮不辍轭。至诣叔度,乃弥日信宿。人问故,曰:"奉高之器,譬诸泛滥,虽清而易挹;叔度汪汪,若千顷波,澄之不清,淆之不浊,不可量也。"屡举孝廉,不就,天下号曰"征君"。陈蕃、周举相谓曰:"时月之间不见叔度,鄙吝复生矣!"

## 僧岩不测　赵壹非常

南北朝赵僧岩,寥廓无常,人不能测。与刘善明友。善明为青州,欲举为秀才,大惊,拂衣而去。后忽为沙门,栖迟山谷,常以一壶自随。一日,谓弟子曰:"吾今夕当死壶中。"至夜而亡。

汉赵壹,字元叔。恃才倨傲,作《穷鸟赋》以自遣。客游成州,上计到京,长揖司空袁逢,逢让之,壹曰:"昔郦食其长揖汉王,今揖三公,何遽怪耶?"逢下执手,敬重之。既出,造河南尹羊陟,不得见,因上堂大哭。陟知其非常人,出与语,大奇之。明旦造访,诸计吏皆盛饰骑从,壹独柴车露宿。陟曰:"良璞不剖,必有泣血以相明者。"遂与袁共荐之。寻西还。十辟公府,皆不就。○食其音异基。

## 沈思好客　颜驷为郎

唐仙吕洞宾,于宋熙宁九年游湖州归安之东林。有沈思者,号东老,能酿十八仙白酒。吕一日自称回道人,求饮。自午至暮,饮数斗,殊无酒容,谢曰:"久不游吴中,为子有阴德,留诗赠子。"乃擘榴皮,书于壁曰:"西邻已富忧不足,东老虽贫乐有余。白酒酿成缘好客,黄金散尽为收书。"○思字持正。

汉颜驷庞眉皓发,为郎。武帝辇过郎署,帝问:"何老也?"对曰:"文帝好文,臣好武;景帝好美,臣貌丑;陛下好少,臣已老。是以三世不遇。"上拜为都尉。

## 申屠松屋　魏野草堂

汉申屠蟠,字子龙,陈留人。九岁丧父,哀毁致甘露、白雉之祥,蔡邕称曰大孝。蟠隐居精学,博贯《五经》,兼明图纬。见汉室陵夷,累征不就,因树为屋,杜门养高。董卓废立,荀爽、陈纪辈皆为所胁,独蟠得全,人皆服其先见。○纬音位,天象也。申屠,复姓。

宋魏野,字仲先,陕州人。居东郊,架草堂,有水竹之胜。又凿土袤丈,曰乐天洞。无贵贱,皆纱帽白衣见之。出跨白驴,号草堂居士。好弹琴赋诗,有"棋进莫饶客,琴生却问儿"、"松风轻赐扇,石井胜颁冰"、"洗砚鱼吞墨,烹茶鹤避烟"诸佳句。太宗祀汾阴,与李渎并被荐,召之不至。一日方教鹤舞,忽报中使至,抱琴逾垣而走。

## 戴渊西洛　祖逖南塘

晋陆机,字士衡。赴假还洛,辎重甚盛。戴渊使少年劫掠,渊在岸上,倨胡床,指挥左右,皆得其宜。渊神姿锋颖,虽处鄙事,神气犹异。机于船屋上遥谓曰:"卿才如此,亦复作劫耶?"渊便流涕,投剑归机,辞语非常。机遂与定交,作笔荐渊。过江,仕至征西将军。○渊字若思。假音驾,告休沐之谓。

晋祖逖,字士雅。过江时,公私俭薄,无好服玩。王、庾诸公共就祖,忽见裘袍重叠,珍饰盈列,诸公怪问之。祖曰:"昨夜复南塘一出。"祖于时恒自使健儿鼓行劫钞,在事之人,亦容而不问。仕至豫州刺史。卒于晋元帝四年。○逖音剔。一作士稚。

## 倾城妲己　嫁虏王嫱

商纣伐有苏,得美女妲己,色可倾城。纣嬖之,牝鸡司晨,惟言是用。劝纣为炮烙之刑,遂至亡国。李延年侍汉武,起舞歌曰:"北方有佳人,绝世而独立。一顾倾人城,再顾倾人国,宁不知倾城与倾国,佳人难再得!"因以其妹为夫人。○妲,单入声。

汉武帝[①]使画工图后宫,按图召幸,宫女皆赂工。昭君王嫱姿容甚

---

丽,志不苟求,工遂毁其状。匈奴入朝,命后宫愿往者赐之。嫱愿往,陛辞,光彩射人。帝悔恨无及,画工毛延寿等同日弃市。汉人怜嫱远嫁,多作歌送之。后生子为单于。

## 贵妃桃鬘　公主梅妆

唐明皇在禁苑中,有千叶桃花盛开,帝与杨贵妃宴花下,帝曰:"不独萱草忘忧,此花亦能消恨。"○又王仁裕《天宝遗事》载御苑有千叶桃花,帝亲折一枝,插妃子宝鬘,曰:"此花亦能助娇态。"○鬘音计。

南北朝宋武帝女寿阳公主,人日卧于含章殿檐下,梅花落额上,妆著如钿,益映其媚。后人效之,遂增饰巧制贴面,名曰"寿阳妆"。○钿音田,金华饰也。一云梅落公主额,成五出之花,拂之不去。经三日,洗之乃落。

## 吉了思汉　供奉忠唐

秦吉了,鸟名。出川广,形如鹦鹉而色白,脑有黄肉冠,头红。耳聪,心慧,舌巧,人言无不通。白香山诗谓其"彩毛青黑花颈红",未知孰是。尝有夷人买去,吉了曰:"我汉禽,不入夷地。"遂惊死。

五代唐昭宗播迁,随驾有弄猴,能随班起居,昭宗赐以绯袍,号"供奉"。罗隐诗"何如学取孙供奉,一笑君王便著绯"是也。朱梁篡位,取猴,令殿下起居。猴望见全忠,径趋而前,跳跃奋击,遂杀之。○《广雅》:猴一名王孙。王延寿有《王孙赋》可证。

# 龙文鞭影卷之四

## 八　庚

### 萧收图籍　孔惜繁缨

汉萧何从沛公入关,秦王子婴来降,诸将争走财货之府,何独收秦丞相御史律令、图书藏之。沛公因具知天下阨塞、户口多少、强弱处并民所疾苦者。〇明宋潜溪邃言曰:"当始皇焚天下诗书,而藏于秦博士者固在也。酂侯乃弃之而取户口阨塞之图,方与咸阳宫殿一火俱尽,悲夫! 酂侯万世之罪人也!"

卫孙桓子帅师伐齐,与齐遇,败。新筑人救桓子,是以免。卫人赏之邑,辞,请曲县繁缨以朝,许之。仲尼闻之,曰:"惜也,不如多与之邑。惟名与器,不可以假人。"〇县音玄。天子乐县四面,诸侯缺南方,谓之轩县,即曲县。繁为大带;缨,马鞅也,诸侯之服。繁音盘,本作緐。

### 卞庄刺虎　李白骑鲸

卞庄子,鲁卞邑大夫,性好勇。尝刺虎,管竖子止之曰:"两虎方食牛,牛甘,必争斗,则大者伤,小者亡。从伤而刺,一举必两获。"庄子然之,果获两虎。齐人欲伐鲁,忌庄子,不敢过卞。〇卞即今泗水县。

唐李白天才独绝,贺知章见其文而叹曰:"子谪仙人也。"后访族人李阳冰于当涂,泛舟游采石,大醉,见水中月影,狂叫捉之,堕水而死。后人因建捉月亭吊之。或云骑鲸上天而去,盖托言也。盐官徐仲华题诗云:"舟舣江干吊谪仙,吟风弄月笑当年。骑鲸直上天门去,诗在人间月在天。"〇太白墓在太平府青山北。

## 王戎支骨　李密陈情

晋王戎、和峤同遭大丧，王鸡骨支床，和哭泣备礼。武帝谓刘仲雄曰："卿数省王、和否？闻和哀毁过礼，使人忧之。"仲雄曰："和峤虽备礼，神气不损；王戎虽不备礼，而哀毁骨立。臣以和峤生孝，王戎死孝。陛下不应忧峤，而应忧戎。"

晋李密，字令伯。父早亡，母更适人，鞠于祖母刘氏。武帝征为太子洗马，密上表陈情，乞赐归养，其警句云："臣无祖母，无以至今日；祖母无臣，无以终余年。母孙二人，更相为命，是以区区不能废远。"帝览表叹曰："密不空有此名。"下诏褒之；赐奴婢二人，郡县时给精膳。〇密在蜀尝奉使聘吴，与吴王曰："愿为人兄。为兄，事亲之日长也。"

## 相如完璧　廉颇负荆

赵得楚和氏璧，秦昭王请易以十五城。蔺相如奉璧入秦，秦竟无偿城意。相如乃绐云璧有瑕，取示之，乃令秦王斋五日而受璧，阴使使者怀归，以身待命于秦。秦王以为贤，礼而归之。赵终不与秦璧。〇蔺音吝。

廉颇、蔺相如同仕赵，相如位居颇上。颇怒，欲辱之。相如每称疾引避，人皆耻之。相如语舍人曰："秦人不敢加兵于赵，以吾两人在也。吾所为者，先国家之急而后私仇也。"颇闻之，肉袒负荆，造门请罪，卒成刎颈之交。〇颈音景。

## 从龙介子　飞雁苏卿

晋文公反国，赏从亡者，不及介子推。推奉母隐于绵上，其从者悬书宫门曰："有龙矫矫，遭天遣怒。三蛇从之，一蛇割股。二蛇入国，厚蒙爵土。余有一蛇，弃于草莽。"公曰："噫！寡人之过之也。"求之不出，因焚其山，母子而死，环绵俱封焉。故号其山曰介山。〇子推原名王光，公饥于曹，推割股饲之。饲音寺。其歌不一，今从《吕氏春秋》。

汉苏武，字子卿。武帝遣使匈奴，迫降不得，屏居北海者十九年。昭帝即位，复遣使至匈奴。常惠夜见汉使，教使者谓单于，言天子射上林，得雁足系帛书，知武等俱在某泽中。单于惊谢，遣武等南还。〇常惠，与武同使者。

## 忠臣洪皓　义士田横

宋洪皓为大金通问使，至云中，金人迫使事刘豫。皓曰："万里衔命，不能奉两宫南归，恨力不能磔逆豫，忍事之耶？愿就鼎镬。"粘没喝怒，将杀之。旁一校曰："此真忠臣也。"为皓跪请，乃得流冷山。绍兴十二年始归。〇粘没喝，金臣名。磔音窄，裂也。

齐田横，故齐王荣弟，自立为王。高帝即位，与其徒五百余人居海岛，帝召之，横与二客诣洛阳，未至三十里自杀，二客传首洛阳，并拜为都尉，以王者礼葬横。既葬，二客穿冢自刭，其从五百人俱自杀。闻者皆窃叹，以为义士，作《薤露》、《蒿里》之歌哀之。〇歌载《文选》。

## 李平鳞甲　苟变干城

诸葛亮军祁山，李平催督运事，不继，遣人呼亮还。及还，乃阳惊以辞己责，又表说"军伪退，诱贼与战"。亮因出前后手书，表平颠倒不职。复与蒋琬、董承书曰："孝起前为吾说，正方腹中有鳞甲。吾谓鳞甲者，但不当犯之耳，不图复有苏、张游说事也。"遂徙平梓潼郡为民。〇孝起，陈震字。正方，平字。

子思言苟变于卫侯曰："其材可将五百乘。"公曰："吾知其可将。然变也，尝为吏，赋于民，而食人二鸡子，故弗用也。"思曰："夫圣人之官人，犹匠人之用木，取其所长，弃其所短。君处战国之势，选爪牙之士，而以二卵弃干城之将，不可使闻于邻国。"公再拜，曰："谨奉教。"

## 景文饮鸩　茅焦伏烹

宋明帝疾笃，赐王景文死。敕至之夜，景文方与客棋，看敕讫，置局下。待争劫竟，乃敛子纳奁中，已毕，徐言："奉敕赐死。"因出敕示客而举赐鸩，乃谓客曰："此酒不可相劝。"遂仰饮而绝。〇景文名彧，后兄，美丰姿，袁粲见之，叹曰："景文非但风流可悦，乃哺歠亦复可观。"

秦吕不韦通太后，恐觉，以舍人嫪毐诈为宦者进之，生二子。事觉，夷三族。迁太后于雍，以谏死者二十七人。齐客茅焦请谏，王欲烹之。茅焦徐前，曰："秦方以天下为事，而陛下车裂假父，囊扑二弟，迁母于雍，残戮谏士，桀、纣之行不至是。臣恐天下瓦解，无向秦者。"言讫，解衣伏烹。王下殿，手接之，爵以上卿，自驾迎太后归。嫪音涝，毐音蔼。

## 许丞耳重　丁掾目盲

汉黄霸为颍川太守，长吏许丞老病聋，督邮白欲逐之。霸曰："许丞廉吏，虽老，犹能拜起送迎，正重听，何伤？且善助之，无失贤者意。"或问其故，霸曰："数易长吏，有送故迎新之费。且吏缘为奸，新吏又未必贤，徒相益为乱。凡治道，去其太甚者耳。"

季汉丁仪，曹操慕其才，欲妻以女。丕曰："正礼目眇，恐爱女不悦也。"后操数与语，甚奇之。责丕曰："丁掾即使两目俱盲，尚当妻以女，况但眇乎？是儿误我。"〇正礼，仪字。掾音砚。盲音萌。

## 佣书德润　卖卜君平

季汉阚泽，字德润，吴人。家贫好学，为人佣书，所佣既毕，诵读亦遍。兼通历数。举孝廉，除钱塘长，累官至太子太傅。每朝廷大议，经典所疑，必咨访之。以儒学勤劳，封都乡侯。初，泽年十三，梦见名字炳然在月中。〇阚音瞰。

汉严遵，字君平，临邛人。尝卖卜于成都，日得百钱自给，则闭肆下帘，以著《易》为事。扬雄师事之，曰："风声足以激贪励俗，近古之逸民也。"富人罗冲资之,劝其仕,不听。叹曰:"益我货者损我神,生我名者杀我身。"○又林闾为扬雄之师,见《古文苑》。

## 马当王勃　牛渚袁宏

马当山在彭泽,去南昌七百里,唐王勃省父,舟次马当,梦水神告曰:"助汝顺风一帆。"达旦,即抵南昌。值都督阎伯屿重修滕王阁,九日宴宾僚于上,欲夸其婿吴子章才,令宿构序文,故豫请客作,莫敢当者。勃年最少,受而不辞。阎恚,遣吏伺句即报,至"落霞与孤鹜齐飞,秋水共长天一色",乃叹曰:"天才也。"俟成,极欢而罢。

晋袁宏,字彦伯。少贫,为人佣载运租于牛渚。值中秋夜,讽所为《咏史诗》以自适。时谢尚官镇西将军,乘月泛江,闻估客咏诗声甚有情致,因遣人讯问,答曰:"是袁临汝儿郎诵诗。"尚即迎升舟,谈论申旦。自此名誉日茂。○宏或作虎,即宏小字。宏父官临汝令。

## 谭天邹衍　稽古桓荣

周邹衍闻燕昭王好士,乃自梁入燕。昭王作碣石宫,师事之。燕有谷地,美而寒,不生黍稷。衍为吹律,以温其气,黍乃生,因名"黍谷"。尤好谈天事,《战国策》曰:"邹衍大言天事,号为'谭天衍'是也。"又刘向《别录》云:"驺衍所言五德始终,天地广大,尽言天事,故称'谭天驺'。"

汉桓荣,字春卿。少习《欧阳尚书》,光武朝,拜议郎,授太子经,累迁太子少傅。车驾幸太学,会诸博士论难于前,荣辩明经义,每以礼让相厌,不以辞长胜人,帝赐以辎车乘马。荣大会诸生,陈其车马、印绶曰:"今日所蒙,稽古之力也,可不勉哉!"明帝立,犹尊以师礼,拜为五更。○五更,通五行者。

## 岐曾贩饼　平得分羹

后汉赵岐,字邠卿,京兆长陵人。唐玹为京兆尹,进不由德,岐数为贬议。玹恚，欲收岐。岐乃变姓名，于北海市中贩胡饼。孙嵩疑其非常人，问曰："自有饼耶？"岐曰："贩之。"嵩曰："买几钱？卖几钱？"岐曰："买三十，卖亦三十。"嵩遂载归。兴平中，岐以太仆持节使安惠天下，复与嵩遇，相对流涕。年九十余，建安六年卒。著《孟子章句》、《三辅决录》，传于时。岐初名嘉，生于御史台，因字台卿。

唐李林甫子婿郑平为户部员外郎。一日，林甫见其须发斑白，谓平曰："上明日当赐甘露羹，郑郎若食，纵华皓亦自转黑。"明日，中使果至林甫第赐食，因以羹食平，一夕斑白尽黑。○林甫小字哥奴。

## 卧床逸少　升座延明

晋王羲之，字逸少。郗鉴遣门生求婿于王丞相导，导曰："君往东厢，任意选之。"门生归，白郗曰："王氏诸郎，亦皆可嘉，但闻来觅婿，咸自矜持。惟有一郎，在东床上坦腹卧，食胡麻饼，若不闻。"郗公曰："此正吾婿。"访之，乃逸少也，遂妻以女。仕至右军将军。

南北朝刘昞，字延明。年十四，就博士郭瑀学。瑀时弟子五百余人，通经业者八十余人。瑀有女始笄，妙选良偶，心属延明。遂别设一席，谓弟子曰："吾有女，欲觅一快婿，谁坐此者，吾当婚焉。"延明即奋衣升坐，神志湛然。曰："延明其人也。"遂妻之。○"昞"、"炳"同。

## 王勃心织　贾逵舌耕

唐王勃六岁能文，九岁得颜师古《汉书》读之，作《指瑕》以摘其失。与卢照邻、骆宾王、杨炯齐名，号"四杰"。所至请托为文，金帛丰积，或人谓"心织笔耕"。每为文，先磨墨数升，引被掩面而卧，忽起，一笔书之，初不点窜，时人谓之腹藁。

汉贾逵，字景伯。微时教授为业，从学者不远千里，积粟遂至盈仓。或曰："逵非力耕所得，诵经不倦，乃舌耕也。"明帝朝，给笔札，使为《神雀颂》，拜为郎，与班固同校秘书。○《南史》：王韶之尝三日绝粮，执卷不辍。家人怪其不耕,答曰:"我常目耕。"

## 悬河郭子　缓颊郦生

晋郭象,字子玄。能清言。王衍云:"每听象语,如悬河泻之,久而不竭。"〇裴遐善言玄理,音辞清畅,泠然若琴瑟。尝与象谈,一座叹服。

汉王闻魏豹反,方东忧楚,未及击,谓郦生曰:"缓颊往说魏豹,能下之,吾以万户封君。"郦生说豹,豹谢曰:"人生一世间,如白驹过隙耳。今汉王慢而侮人,骂詈诸侯郡臣如骂奴耳,非有上下礼节也。吾不忍复见也。"于是汉王遣韩信击,虏豹于河东。〇郦生,食其也。郦音力。

## 书成凤尾　画点龙睛

南齐江夏王锋,字宣颖。年四岁,即倚井栏为书,书满,洗去,更复书。晨兴不拂窗尘,先于尘上书。至五岁,高帝使学凤尾诺,一学即工。帝大悦,以玉麒麟赐之,曰:"麒麟偿凤尾也。"〇锋封江夏王,姓萧,作"王锋"误。南齐高帝第十二子。〇自晋迄梁、陈以来,东宫上书则曰笺。陆龟蒙云:"凤尾则所诺笺之文也。绰缛然,襘裰然,若今之批答。"

梁张僧繇丹青绝代,于金陵安乐寺画四龙于壁,不点睛。人问其故,曰:"点之即飞去。"人以为妄,固请点之。才及二龙,虚臾即雷电破壁,骧腾飞去,惟未点者在。阎立本至荆州,见其旧迹,曰:"虚得名耳。"再往,曰:"犹近代佳手。"三往,曰:"名下无虚士。"遂坐卧留宿其下。

## 功臣图阁　学士登瀛

唐太宗贞观癸卯十七年,命阎立本图功臣于凌烟阁,长孙无忌、李孝恭、杜如晦、魏徵、房玄龄、高士廉、尉迟恭、李靖、萧瑀、段志玄、刘弘基、屈突通、殷开山、柴绍、长孙顺德、张亮、侯君集、张公瑾、程知节、虞世南、刘政会、唐俭、李世勣、秦叔宝,凡二十四人。盖象二十四气,所以转天而宏化也。时魏徵初殁。后张亮、侯君集二人以反诛。〇孝恭封赵郡元王。

唐高祖武德四年,以秦王世民功大,擢为天策上将,令开府置属。太宗乃开馆于宫西,延四方之士,以杜如晦、房玄龄、虞世南、褚亮、姚思廉、李玄道、蔡允恭、薛元敬、颜相时、苏勖、于志宁、苏世长、薛收、李守素、陆德明、孔颖达、盖文达、许敬宗为文学馆学士,三番更直,暇则访以政事,讨论坟籍,或至夜分乃寝。命阎立本图像,褚亮为赞,题名字爵里,号"十八学士"。天下慕之,谓之"登瀛洲"。○盖音蛤。又开元中有含象亭十八学士。

## 卢携貌丑　卫玠神清

唐卢携,貌极丑,尝以文上尚书韦宙,韦氏子弟辄肆轻侮,宙曰:"卢虽人物不扬,观其文章有首尾,异日必贵。"后竟如其言。○又左思貌陋而口讷,游遨于市,群妪唾之,委顿而返。

晋卫玠,字叔宝。神清韵远,咸称璧人。其舅王武子叹曰:"珠玉在侧,觉我形秽。"又曰:"与玠游,若明珠之在侧,朗然照人。"仕为太子洗马,后移家建业,士人观者如堵。卒年二十七,时人谓"看杀卫玠"。○玠即乐广婿,世称"妇翁冰清,子婿玉润"。

## 非熊再世　圆泽三生

唐顾况,字逋翁,海盐人。后隐茅山。暮年一子非熊忽暴亡,况哀悼不辍,乃作诗曰:"老人丧爱子,日暮泪成血。老人年七十,不作多时别。"非熊冥间闻之,以情告冥官,冥官悯之,复令生于况家,二岁能言冥间闻父苦吟求再生事。及长,擢长庆进士,官盱眙尉。○非熊少时见坏绿裙化为蝶。

唐僧圆泽与李源善,约游峨嵋。舟次南浦,见妇人锦裆负罌而汲。泽曰:"此妇孕三年,迟吾为子。今已见,难逃。三日愿临,一笑为信。后十三年中秋月夜,杭州天竺寺当相见。"及暮泽亡,而妇乳三日,往果一笑。后如期往,于葛洪井畔,闻牧童扣牛角歌曰:"三生石上旧精魂,赏月吟风不要论。惭愧情人远相访,此身虽异性常存。"源问泽今健否,答曰:"李君真信士,然世缘未断,慎勿相近。惟勤修,乃复相见。"又歌曰:"身前身后事茫茫,欲问因缘悉断肠。吴越山川寻百遍,好回烟棹上瞿塘。"遂去。不知所之。李源一作泌。○迟音稚,待也。

## 安期东渡　潘岳西征

晋王承,字安期。去官东渡江,道路梗涩,人怀畏惧,每遇艰险,处之夷然,虽家人不见其忧喜之色。既至下邳,登山北望,叹曰:"人言愁,我始欲愁!"谢太傅曰:"当尔时觉形神俱往。"○涩,森入声。

晋潘岳,字安仁,荥阳人。才名冠世,藻思如锦,尝作《西征》、《闲居》等赋。《文选纂注》云:"《西征赋》,岳为长安令作。岳家在巩县东,故言西征。述所历古迹美恶,以为劝戒焉。"○杜少陵有《北征》诗,非"征伐"之"征"。

## 志和耽钓　宗仪辍耕

唐张志和,字子同,初名龟龄。肃宗朝擢明经,授录事参军。亲丧不复仕,往来江湖,自称"烟波钓徒",垂钓不设饵,志不在鱼也。陆羽问:"孰为往来?"对曰:"太虚为室,明月为烛,与四海诸公为友,未尝少别,何有往来?"御赐奴婢各一名,曰渔童、樵青,俾为夫妇。颜真卿见其舟敝,欲馆之,谢曰:"愿为浮家泛宅,与鸥上下于烟水间,不愿于尘土中埋侠骨也。"著有《玄真子》。

宋陶宗仪,字九成,天台人。至元间避难华亭,雅好著述。往耕于田,恒携笔砚,置一瓮树下,遇有所得,书投其中。久之满贮,则取成帙,题曰《南村辍耕录》。又著《说郛》,后人渐为增益,不啻等身。○一作元人。

## 卫鞅行诈　羊祜推诚

秦使卫鞅伐魏，魏使公子卬御之。军既相距，鞅遗卬书曰："吾始与公子欢，今俱为两国将，不忍相攻。可与公子面相见，盟，乐饮而罢兵，以安秦、魏。"卬以为然。会盟已饮，鞅伏甲士袭虏卬，攻其军，破之以归秦。惠王恐，割西河之地以献，遂去安邑，徙木梁。〇卬音昂。

晋羊祜，字叔子。镇襄阳，绥怀远近，甚得江、汉之心。在军轻裘缓带，身不披甲，铃阁之下，侍卫不过数十人。与吴将陆抗对境，使命交通，不为掩袭之计，进谲计者辄饮以醇酒，使不得言。尝出军行吴境刈谷为粮，计所侵，送绢偿之。游猎常止晋地，若禽兽先为吴人所伤而为晋兵所得者，皆封还之。抗遗使遗祜酒，即饮之不疑。抗疾，祜遗之药，抗即服，人多谏止，抗曰："岂有酖人羊叔子哉！"〇抗字幼节，拜大司马、荆州牧。

## 林宗倾粥　文季争羹

汉郭林宗尝止陈国问学，童子魏德公求为供给洒扫。林宗偶不佳，终夜命作粥。林宗呵之曰："为长者作粥，使沙，不可食！"以杯掷地，如是者三。德公无变容，反有悦色。林宗曰："始见子之面，今乃知子之心矣。"遂成妙学。

齐高帝既为齐王，置酒为乐，羹脍既至，崔祖思曰："此味为南北所推。"侍中沈文季曰："羹脍吴食，非祖思所解。"祖思曰："炰鳖脍鲤，似非勾吴之诗。"文季曰："千里莼羹，岂关鲁、卫？"帝悦甚，曰："莼羹故应还沈。"〇千里，湖名，属今溧阳。

## 茂贞苛税　阳城缓征

唐李茂贞为凤翔节度使，赋税烦苛，油灯皆有征，遂不许松薪入城，恐以松薪为光，必减油税，故严禁之。时有优人为戏语讽之，曰："臣请并禁月明。"

171

唐谏议大夫阳城,字亢宗。左迁道州刺史,治民如治家。州之赋税不登,观察使数加诮让,城自署其考曰:"抚字心劳,催科政拙。考下下。"观察使遣判官督之,城自囚于狱,坐卧一故门扇。判官留一二日,不自安,辞去。后又他遣,所遣官至,遂载妻子中道遁去。

## 北山学士　南郭先生

宋徐大正,瓯宁人。省试过子陵钓台,诗云:"光武初征血战回,故人长短尚论材。中兴若起唐虞业,未必先生恋钓台。"元祐中,苏轼见之,遂与定交。后筑室北山之下,号为闲轩,秦少游为记,东坡赋诗。人以北山学士呼之。〇徐字德之。

宋雍存,全椒人。隐居不仕,以文史自娱,居城南,号南郭先生。钱公辅《游山诗》"每从南郭先生到",谓存也。绍圣初,曾肇为守,尝与文字交。〇后汉廖扶惮为吏,专心经史,居先人冢侧,时号为北郭先生。

## 文人鹏举　名士道衡

南北朝温子升,字鹏举。博学百家,文章清婉,孝庄以为主客郎中。济阴王晖业尝云:"江左文人,宋有颜延之、谢灵运,梁有沈约、任昉,我子升足以凌颜轹谢,含任吐沈。"阳夏守傅标使吐谷浑,见其国主床头有书,视之,子升文也。〇庾信至北,惟爱温子升《寒山寺碑》。后南还,人问北方人物,信曰:"惟寒山一片石差堪共语耳。"

南北朝薛道衡,字玄卿。衡聘陈,作《人日》诗云:"入春才七日,离家已二年。"南人嗤之曰:"是底语,谁谓此虏解作诗?"及云"人归落雁后,思发在花前",方喜曰:"名下固无虚士。"裴献尝目之曰:"鼎远河朔,吾谓关西孔子,罕遇其人。今复见薛君矣。"官至中书侍郎。

## 灌园陈定　为圃苏卿

陈定,字子终。楚王遣使,持金百镒,聘以为相。子终谓妻曰:"今日为相，明日结驷连骑，食方丈于前。"妻曰："结驷连骑，所安不过容膝；食方丈于前，所甘不过一肉。今以容膝之安，一肉之味，而怀楚国之忧，恐先生不保命也。"于是夫妻遁去，为人灌园。或云即陈仲子。

宋苏云卿，广汉人。绍兴间结庐豫章东湖，人称曰苏翁。布褐草履，终岁不易。畲砾为圃，人争贸之，以故薪米不乏。有余，则以周急。少与张浚为布衣交，浚为相，持书函金币属帅漕致之，曰："此人非折简可致也。"帅漕力请，期以诘朝上谒。旦则扃户阒然，书币俱在，而翁已遁矣。竟不知所往。○阒音翕。圃址今在百花洲。

## 融赋沧海　祖咏彭城

南北朝张融，字思光。所著有《玉海集》。尝作《海赋》，警句云："穷区没渚，万里藏岸。湍转则日月似惊，浪动则星河若覆。"以示顾觊之，觊之曰："卿此赋实超玄虚，但恨不道盐耳。"融即索笔增曰："漉沙构白，熬波出素。积雪中春，飞霜暑路。"○木华字玄虚，曾作《海赋》。中音仲。

南北朝王肃，于省中咏《悲平城》诗云："悲平城，驱马入云中。阴山常晦雪，荒松多朔风。"彭城王勰甚称其美，使肃更咏，乃失语"平城"为"彭城"，肃笑之，勰有惭色。时祖莹在坐，即云："悲彭城，王公自未见。"肃请诵之，莹即应声曰："悲彭城，楚歌四面起。尸积石梁亭，血流睢水里。"肃嗟赏之，勰亦大悦。

## 温公万卷　沈约四声

宋司马温公独乐园文史万余卷，晨夕披阅，虽数十年，皆新若未手触者。尝谓弟子曰："贾竖藏货贝，吾辈惟此耳，当极加宝惜。吾每岁必暴其脑。至启卷，先视几案洁净，藉以裀褥，然后敢启。每竟一板，即侧右手大指面衬其沿，而覆以次指面拈而挟过。每见汝辈轻以两指爪撮起，是爱书不如爱货贝，其人可知矣。"

南北朝沈约，左目重瞳子，聪明过人。聚书至二万卷，撰《四声韵谱》,以谓在昔词人累千载而不悟,而独穷其妙旨,自谓入神之作。武帝问周捨曰:"何谓四声?"捨曰:"天子圣哲是也。"○唐权德舆生三岁即知辨四声,四岁能赋诗。

## 许询胜具　谢客游情

晋许询,好游山水,而体便登陟。时人云:"许非徒有胜情,实有济胜之具。"○陟音职。询字玄度。刘尹云:"清风朗月,辄思玄度。"《晋中兴士人书》:"许询能清言,于时世人皆钦慕仰爱之。"

南北朝谢灵运,寻山陟岭,必造幽峻,岩嶂数十重,莫不备尽。登蹑常著木屐,上山则去前齿,下山去其后齿。尝自始宁南山伐木开径,直至临海,从者数百人。临海太守王琇惊骇,谓为山贼,徐知是灵运,乃安。又要琇更进,琇不肯从。其后以叛徙广州。○灵运小字客儿。唐王棨赋:"谢客吟多。"

## 不齐宰单　子推相荆

宓不齐字子贱,鲁人,孔子弟子。为鲁单父宰,邑有贤于不齐者五人,不齐师事而禀度焉,故身不下堂,鸣琴而治。既而巫马期亦宰是邑,以星出,以星入,日夜不处,以身亲之,而单父亦治。巫马期问于子贱,子贱曰:"吾任人,子任力。任人者佚,任力者劳,虽治,犹未至也。"○单音善。

介子推相荆,行年十五。孔子闻之,使人视之,还曰:"廊下有二十五俊士,堂上有二十五老人。"仲尼曰:"合二十五人之智,智于汤、武;并二十五人之力,力于彭祖。以治天下,其固免矣;以治其国,有不济乎?"○荆,楚之本号。子推名光,平阳临晋人。

## 仲淹复姓　潘阆藏名

宋范仲淹,吴人。生三岁而孤。随母适常山朱氏,冒姓朱。大中祥符间举进士,改本姓,其谢启曰:"志在投秦,入境遂称夫张禄;名非霸越,乘舟乃效于陶朱。"时人服其亲切。举进士,试《金在熔赋》云:"如令区别妍媸,愿为金鉴;若使削平祸乱,请就干将。"将相事业,于此可见。○张禄、陶朱系范雎、范蠡二人更名。

宋潘阆,自号逍遥子,工诗。其《苦吟诗》云:"发任茎茎白,诗须字字精。"又《贫居诗》:"长喜诗无病,不愁家更贫。"坐卢多逊党得罪,避潜山山谷寺为行者,题诗钟楼云:"顽童趁暖贪春睡,忘却登楼打晓钟。"孙仅见之曰:"此逍遥子也。"令寺僧呼之,已遁去。○初刻作"满"字,误。

## 烹茶秀实　漉酒渊明

五代陶穀,字秀实。幼有俊才,仕周为翰林学士。尝买得党太尉家故妓,命掬雪水烹团茶,谓曰:"党家有此风味乎?"妓曰:"彼粗人,安得有此?但知销金帐内,浅斟低唱,饮羊羔美酒耳。"陶有惭色。○党太尉名进。

陶渊明,性恬淡,嗜酒,公田半令种秫,客造辄设酒。若先醉,便语客曰:"我醉欲眠,君且去。"尝曰:"吾夏日虚闲,高卧北窗之下,清风飒至,自谓羲皇上人。"会邻家招饮,酒有滓,既脱巾漉之,漉毕,还著之。庐山僧惠远爱其清逸,招之入社,渊明曰:"许饮即往。"惠远佯许之。既至,无酒,攒眉而归。

## 善酿白堕　纵饮公荣

晋刘白堕,河东人,善酿酒。六月以罂贮酒曝于日中,一旬味不变,醉则经月不醒。朝贵相饷,每逾数千里。以其远至,号曰"鹤觞"。青州刺史毛鸿宾赍酒之番,路逢盗,饮之即醉,皆被擒。时人语曰:"不畏张弓拔刀,惟畏白堕春醪。"此见《洛阳伽蓝记》。

晋刘公荣,饮酒不论人,或讥之,答曰:"胜公荣者,不可不与饮;不如公荣者,亦不可不与饮;是公荣辈者,又不可不与饮。"一日,阮籍与王戎

175

饮,时公荣在坐,无预焉,而言语谈戏,则三人无异。或问之,阮曰:"胜公荣者,不得不与饮;不如公荣者,不得不与饮;惟公荣可不与饮。"

## 仪狄造酒　德裕调羹

昔帝女令仪狄作酒,进之禹。禹饮而甘之,曰:"后世必有以酒亡其国者。"遂疏仪狄,绝旨酒。又周有杜康,亦善造酒。以酉日死,故今造酒会客忌酉日。济南舜祠东庑下有杜康泉,康尝汲此酿酒。〇杜字仲宁。

唐李德裕,字文饶。在中书,不饮京城水,悉用惠山泉,时谓之"水递"。有僧进曰:"水递有损盛德。京师昊天观后一泉与惠山相通。"因取称量,与惠山等,乃罢水递。德裕每食一羹,其费约钱三万,杂珠宝、贝玉、雄黄、硃砂煎汁为之,三煎即去其渣。

## 印屏王氏　前席贾生

唐明皇所幸美人王氏,数梦人召饮,言于上。上曰:"此必术士所为。若再往,以物识之。"其夕,梦中又往,因就砚中濡手印于屏风。既寤,即告上。下令索之,果于东明观中得手纹,而道士遁。〇数,朔入声。

汉贾谊,年少多才,河南守吴公荐之。文帝召为博士,岁中超迁至太中大夫。绛、灌等毁之,出为长沙王太傅。帝忽思之,召见宣室,因问鬼神事,至夜半,帝不觉前席。寻叹曰:"吾久不见贾生,自谓过之,今殊不及也。"乃拜为梁太傅。上《治安策》。〇吴,姓;公,名。

# 九　青

## 经传御史　偈赠提刑

《三字经》,初疑宋、元人作,及得里中熊氏所藏大板《三字经》,明蜀人梁应井为之图,聊城傅光宅侍御为之序,较坊本多"胡元盛,灭辽金。承宋统,十四君。大明兴,逐元帝。统华夷,传万世"八句,又"十七史"为

"十九史",乃知出于明人,究未知谁氏也。明神宗居东宫时曾读此书。○《三字经》,相传宋儒王伯厚作,至后递增之。

宋舒州白云端禅师因郭功甫提刑到山,示众云:"夜来枕上作得个偈,谢功甫大儒,说与大众,请已后分明举似诸方。此偈非惟谢功甫大儒,直要与天下有鼻孔衲僧脱却著肉汗衫。乃云'上大人,丘乙己。化三千,七十士。尔小生,八九子。佳作仁,可知礼'也。"○功甫名祥正,当涂人。白云山海会寺在今太湖县。

## 士安正字　次仲谈经

唐刘晏,字士安,曹州人。玄宗封泰山,晏八岁,献颂。帝奇其幼,命张说试之,说曰:"国瑞也。"赐游宫。贵妃坐之膝上,亲为总髻,宫人遗花授果,即授太子正字。上问曰:"卿作正字,正得几字?"对曰:"天下字皆正,惟有朋字未正。"代宗朝拜相,领江淮常平使,理财有绩。后为杨炎所诬,死之日,家惟杂书两乘,米麦数斛,天下以为冤。

汉戴凭,字次仲,平舆人。习《京氏易》,举明经,征拜侍中。建武中,正旦朝贺,帝令群臣能说经者更相难诘,义有弗通,辄夺席以益通者。凭遂至坐五十余席。故京师语曰:"说经不穷戴侍中。"○京氏,京房也。

## 咸遵祖腊　宽识天星

汉陈咸,字子康。父万年。为郎,抗直数言事,元帝时官至尚书。王莽专政,诛何武、鲍宣,咸喟然叹曰:"吾可以逝矣!"即乞骸骨去。闭门不出,犹用汉家祖腊。或问之,答曰:"我祖宗岂知王氏腊乎?"○汉人蜡祭曰腊。蜡,岁终祭名。历家以运墓为腊。汉火运,墓于戌,故以大寒后戌日为腊。①

汉武帝祀甘泉,至渭桥,有女子浴于渭,乳长七尺。上怪而问之,女曰:"帝后七车侍中知我所来。"时张宽在第七车,对曰:"此天星主祭祀

---

① 按:字子康者为相人,遵祖腊者为浍人,此混为一人。

者,斋戒不严,则女人星见。"《西京杂记》云:"妇人乳长三尺者,北斗中第七星,惟东方朔知之。"

## 景焕垂戒　班固勒铭

宋景焕,有《野人闲语》一书,载后蜀孟昶立《戒石碑》廿四句,如"尔俸尔禄,民膏民脂。下民易虐,上苍难欺",即其书中语。○宋绍兴二年,以黄庭坚所书《戒石》十六字颁刻于州县。见《纲鉴》。《瓮牖闲评》记有人于《戒石》每句下续云:"尔俸尔禄,只是不足。民膏民脂,转吃转肥。下民易虐,来的便著。上天难欺,他又怎知。"○景焕,成都人,隐居玉垒山。

汉窦宪,永元初同耿秉将精骑万余,与北单于战于稽落山,大破之,出塞三千余里,登燕然山,命中护军班固刻石勒功,纪汉威德而还。《铭》曰:"铄王师兮征荒裔,剿凶虐兮截海外,夐其邈兮亘地界,封神丘兮建隆碣,熙帝载兮振万世。"○班字孟坚。

## 能诗杜甫　嗜酒刘伶

唐杜甫,字子美。仕籍襄阳。父闲居杜陵,而甫生,又称少陵。工部员外郎。博极群书,善为诗歌,涵浑汪洋,千态万状,忧时即事,世称"诗史"。客有病疟者,甫曰:"诵吾诗,可疗之。"即诵"子璋髑髅血模糊,手持掷还崔大夫"之句,疟果愈。○宋彭仲举与林谦之游天竺谈诗,至少陵好处,仲举曰:"少陵可杀。"

晋刘伶,字伯伦。放情肆志,性尤嗜酒。尝乘鹿车,携壶酒,使人荷锸随之,曰:"死即埋我。"妻谏,伶曰:"当誓神断之。"妻乃具酒肉。伶跪祝曰:"天生刘伶,以酒为名。一饮一斛,五斗解酲。妇人之言,慎不可听。"引酒御肉,陶然复醉。尝著《酒德颂》一篇。○酲音呈,酒未醒。"伶"亦作"灵"。

## 张绰剪蝶　车胤囊萤

唐咸通初，进士张绰有道术，尝养气绝粒，嗜酒耽棋。人或召饮，意合，即索纸剪蝴蝶二三十枚，以气吹之，成队而飞，俄而复在手中。人有求者，即不许。后因醉，剪纸鹤二只，以水噀之，翔翥而去。〇又宋庆历中，张九哥能以重罗剪蝶飞去，遮天蔽日，呼还，复为罗。

晋车胤风姿美劭，太守王胡之谓其父曰："此儿当成卿门户，宜资令学问。"胤每笃学，贫无膏烛，夏月乃作练囊盛萤火以继日，因常有大萤傍书窗，比常萤数倍，读讫即去，其来如风雨至。桓温引为博士，每张宴，胤必与。终吏部尚书。

## 鸜鹆学语　鹦鹉诵经

晋司空桓豁镇荆州，有参军于午日剪鸜鹆舌，令学人语。参军善弹琵琶，鸜鹆每倾耳移时。一日，司空大会宾客，使效四坐语，无不绝似。惟一人患鼻齆，语难学，因纳头于瓮中效之，遂绝肖。〇又宋天台黄岩寺鸜鹆能随人念佛，一旦立死笼中，埋之，舌端生紫莲花。

《法苑珠林》曰："东都有人养鹦鹉，以其慧甚，施于僧。僧教之，能诵经。往往架上不言不动，问其故，对曰：'身心俱不动，为求无上道。'及其死，焚之，有舍利。"〇又唐明皇宫中养一白鹦鹉，慧甚，上及贵妃呼为"雪衣娘"。上每与贵妃、诸王博戏，稍不胜，即飞入局中乱其行。后死，埋苑中，封之，号"鹦鹉冢"。

# 十　蒸

## 公远玩月　法喜观灯

唐罗公远有道术，中秋夜侍明皇玩月，取拄杖掷之，化为大桥，色如银。行数里，精光夺目，至大城阙。远曰："此月宫门。"榜曰"广寒清虚之府"，有素娥数十，皓衣白鸾，舞歌于大桂树下。远曰："此《霓裳羽衣曲》

也。"帝默记其调。及回却步,桥随灭。召梨园制其曲。○酖音玩。

唐开元十八年正月望日,帝问天师叶法喜曰:"今日何处最丽?"对曰:"广陵。"遂化虹桥起殿前,阁阗若画。帝步之,太真、高力士及乐官从行,顷至广陵寺,观陈设之盛。士女仰观,皆曰"仙人现云中"。帝敕乐官奏《霓裳》一曲。数日,广陵奏至,即是夕也。○"喜"或作"善"。

## 燕投张说　凤集徐陵

唐张说,字道济。永昌中敕贤良方正第一,累官至中书令,封燕国公。初,说母梦玉燕投怀,乃孕而生说。蚤失爱于父,常以奴畜之,杂于佣类。说尝夜收枯树,焚光读书,遂至成名。朝廷大述作多出其手,与苏颋同称大手笔。○说音悦。

南北朝徐陵,字孝穆。八岁能文,十三通老、庄,宝志公尝摩其顶曰:"此天上石麒麟也。"仕梁武帝,官至尚书,后卒于陈后主时。初,陵母张氏梦五色云化为凤集左肩,已而生陵。陵少子份性至孝,陵尝疾笃,份焚香跪泣,诵《孝经》日夜不息,三日,陵疾豁然而愈。○份音彬。

## 献之书练　夏竦题绫

晋羊欣,字敬元。年十二,父不疑为乌程令。时王献之为吴兴守,甚爱欣,尝夏月诣县,见欣著新练裙昼寝,遂书裙数幅而去。欣本工书,因之益进。沈约云:"敬元尤长隶书,子敬之后可以独步。"语云:"买王得羊,不失所望。"○《翰墨志》云:"羊欣书如婢学夫人,举止羞涩。"

宋夏竦,字子乔。幼学于姚铉,使为《水赋》,限万字,即成。仁宗朝举制科,有老宦者曰:"贤良,他日必大用。"以吴绫手巾乞诗,公题曰:"殿上衮衣明日月,砚中旗影动龙蛇。纵横礼乐三千字,独对丹墀日未斜。"杨徽之见而叹曰:"真宰相器也!"皇祐中拜枢密副使。○竦,息勇切。

## 安石执拗　味道摸棱

宋王安石,字介甫,临川人。性不好华腴,自奉至俭,衣垢不浣,面垢不洗,世多贤之。苏洵独曰:"此不近人情者。"作《辨奸论》以刺之,谓"王衍、卢杞合为一人"。性强愎,事无可否,自信所见,执意不回,当时称为"拗相公"。然议论高奇,能以辨博济其说,故神宗排众论而力倚任之。

唐苏味道,赵州人。九岁能辞赋,武后朝同平章事,前后在位者数岁,未尝有所发明,惟依阿取容。尝谓人曰:"决事不欲明白,误则有悔,但摸棱持两端可也。"时谓之"摸棱手"。○四方木,摸之可左可右,故谓"摸棱"。"摸"一作"模"。摸音模。棱,卢登切。

## 韩仇良复　汉纪备承

汉张良,五世相韩。秦灭韩,良往见仓海君,破产募力士,椎始皇于博浪沙中,误中副车。始皇大索十日,乃止。良遂以身属汉高,引兵入咸阳。秦灭,韩立成为王,良归相。及项羽杀成,良复归汉。画策灭羽,始终为韩报仇。

季汉刘先主备,中山靖王胜后也。尝奉密诏讨曹操,不克,曹丕篡汉,备乃正位武儋。紫阳作《纲目》,直以昭烈继献帝,示天下万世知正统也。陈寿《三国志》误以正统与魏,明新安谢陛改其《志》为《季汉书》,仍以正统归备,斯得之矣。○武儋,山名,属成都。

## 存鲁端木　救赵信陵

齐田常欲乱,惮高、国、鲍、晏,故移兵伐鲁。孔子曰:"鲁坟墓所处,国危矣!二三子何莫出?"端木赐请行。至齐,说田常伐吴。时兵已加鲁,赐因说吴救鲁伐齐。吴虑越,复说越以兵从。与齐战艾陵,破之,因举兵加晋。赐又说晋与吴战,因会黄池。越遂袭吴。孔子曰:"乱齐存鲁,吾之初愿;强晋以敝吴,吴亡而越霸,赐之说也。"

秦围赵,魏公子无忌用侯生之计,使如姬窃兵符于王之卧内,命力士朱亥锤杀晋鄙,夺其军以救赵。秦兵遽退,围解。无忌由是益重于赵。○信陵君名无忌。侯生名嬴。晋鄙,魏将也。如姬,王宠姬。

## 邵雍识乱　陵母知兴

宋邵雍，至和间至洛下，偶与客步天津桥，闻杜鹃声，愀然曰："天下将治，地气自北而南；将乱，地气自南而北。禽鸟得气之先，洛阳从无此鸟，今有之，是地气自南而北也，国家必将用南人作相，从此多事矣。"熙宁初，果相王安石，行新法而天下坏。○至和，仁宗年号。熙宁，神宗年号。

汉王陵，沛人。聚众属汉，项羽执陵母以招陵。陵使至，母泣曰："幸为语陵，善事汉王。汉王长者，终当得天下，无以老妾故持二心。"遂伏剑而死。

# 十一尤

## 琴高赤鲤　李耳青牛

《列仙传》：琴高，赵人也，以鼓琴为宋康王舍人。后辞，入涿水中取龙子，与弟子期，曰："可洁斋，候于水旁，设祠屋。"未几，果乘赤鲤来，观者万人。留月余，复入水去。○又福建仙游县有九鲤湖，何氏兄弟九人居湖侧，丹成，各乘赤鲤而去。

周李耳，楚苦县人。生李树下，因指树为姓，名之曰耳。相传母怀之八十一岁乃生，生即白首，故号老子，字伯阳，又曰聃。始为周守藏史，后迁柱下史。博通古今，孔子往问礼焉，叹为犹龙。周衰，乃乘青牛西出函谷关，关吏尹喜望紫气而知真人至，求其术，乃授以所著《道德经》五千余言，渡流沙而去。

## 明皇羯鼓　炀帝龙舟

唐明皇好羯鼓，不好听琴。时方奏琴，弄未毕，上叱去，曰："速召花奴取羯鼓来，为我解秽。"○花奴，宁王子汝阳王琎小字也。善羯鼓，时戴砑绢帽，上安葵花，曲终花不落。明皇又尝取羯鼓临轩纵击，曲名《春光好》，回顾杏花皆发，笑曰："此一事，不唤我作天公可乎?"〇琎音津。羯音结。

隋大业元年八月，炀帝御龙舟幸江都，以左武卫大将军郭衍为前军，右武卫大将军李景为后军，文武官五品以上给楼船，九品以上给黄篾，舳舻相接二百余里。嗣后不复回銮。〇黄篾，小舟也。舳音逐，船后持舵处。舻音卢，船头刺棹处。炀音漾。

## 羲叔正夏　宋玉悲秋

帝尧命羲、和二氏制历授时，分职考验。羲叔掌夏，故申命之，使居南方交趾之地。凡夏月，时物长盛，所当变化之事，则必平均而秩序之，以授于民。又于夏至之午，敬以致日，验其影之长短。又考夏至昼果六十刻为最长，初昏果大火为中星，在午位则仲夏可正，而民时可授矣。

宋玉，屈原弟子，为楚襄王大夫。悯屈原被放，作《九辩》以悲之，有曰："悲哉秋之为气也! 萧索兮草木摇落而变衰。""雁噰噰而南游，鹍鸡啁哳而悲鸣。独申旦而不寐，哀蟋蟀之宵征。"〇又作《神女》、《高唐》二赋，皆寓言托兴，有所讽也。

## 才压元白　气吞曹刘

唐杨嗣复具庆下，继放两榜。父於陵入觐，嗣复率门生往迎，遂大宴宾客于新昌里第。时元稹、白居易皆预坐，客俱即席赋诗，惟杨汝士后成，诗最佳。元、白览之失色。汝士醉归，语子弟曰："我今日压倒元、白。"其警句云："文章旧价留鸾掖，桃李新阴在鲤庭。"〇汝士小字沙哥。嗣复文宗朝入相。稹音轸。压音押。

曹植字子建，刘桢字公幹。元稹曰："杜子美诗，上薄《风》、《骚》，下该屈、宋，志夺苏、李，气吞曹、刘。掩颜、谢之孤标，杂徐、庾之纤丽。诗人以来，未有如子美者。"稹题杜诗，又有"目短曹刘墙"之句。

## 信擒梦泽　翻徙交州

　　楚王韩信,字君实。初之国,陈兵出入,人有告其反者。高帝用陈平计,伪游云、梦,信迎谒,就擒之,载后车而归。信叹曰:"人言:'狡兔死,走狗烹;高鸟尽,良弓藏;敌国破,谋臣亡。'天下已定,臣固当烹!"至洛阳,赦之,封淮阴侯。〇云、梦,二泽名,在湖广德安,方九百里。

　　季汉虞翻,字仲翔。余姚人。曹操辟,不就。吴孙权用为骑都尉。性疏直,触权怒,放置交州,上书曰:"自恨疏节,体骨不媚,犯上获罪,当长没海隅。生无可与语,死以青蝇为吊客,使天下有一人知己,足以无恨。"垂髫时,有客候其兄而不过翻,翻遗书曰:"琥珀不取腐草,磁石不受曲针。过而不存,宜矣!"客大奇之。

## 曹参辅汉　周勃安刘

　　汉曹参,沛人。以元功封平阳侯。惠帝时为齐相,用盖公黄、老清净之术,齐国以安。闻萧相薨,告舍人:"趣治行,吾且入相。"居无何,使者果召参。参代何为相,举事无所变更,一遵何约束。吏舍日夜饮酒,欲有言者,辄饮以醇酒,莫能开说。为相三年,薨。民歌曰:"萧何为法,讲若画一。曹参代之,守而勿失。载其清净,民以宁一。"〇盖,甘入声。趣音促。"讲"或作"较"。师古曰:"讲,和也。画一,言整齐也。"参音骖。

　　汉绛侯周勃,椎朴少文,可属大事。高帝与吕后论相曰:"曹参可代萧何,王陵戆,陈平可以佐之,然安刘者必勃也。"后吕氏之乱,勃果持节入北军,令曰:"为吕氏者右袒,为刘氏者左袒。"军中皆左袒,乃悉捕诸吕斩之,汉室以安。

## 太初日月　季野春秋

　　季汉夏侯玄,字太初。少知名,仕魏为散骑黄门侍郎,后徙太常。为人清净和温,时人或目之曰:"夏侯太初,朗朗如日月之入怀。"〇又尝倚柱作书,适狂雷破柱,衣服焦而神色不变,书亦如故。著《乐毅》、《张良》

及《本无肉刑论》，辞旨通老，咸传于世。

晋褚裒，字季野，阳翟人。少有盛名。桓彝目之曰："褚季野有皮里春秋。"言其外无臧否，内有褒贬也。谢安亦曰："裒虽不言，而四时之气已备。"仕终镇北将军，名冠中兴。○裒音抔。否音鄙。

## 公超成市　长孺为楼

汉张楷，字公超。通《严氏春秋》、《古文尚书》，门徒宾客慕之，自父党宿儒，皆造其门。车马填街，徒从无所止，黄门贵戚家皆起舍巷次，以候过客之利。楷辄徙避之，学者辄随之，所居成市。华阴山南遂有公超市。五府连辟，举贤良，皆不就。

宋孙长孺嗜学聚书，经史百家悉备，建楼藏之，人号"书楼孙氏"。祥符八年赐五经出身，知广西浔州。政尚仁恕，累官太子中允。○又曹曾积石为仓，以藏书，世名"曹氏书仓"。又唐李磎家世藏书，多至万卷，时号"李书楼"。张正亦称"书楼张家"。

## 楚丘始壮　田豫乞休

楚丘先生被裘带索见孟尝君。孟尝君曰："先生老矣，春秋高矣，多遗忘矣，何以教文？"先生曰："使我投石超距乎，追车赴马乎，吾则死矣；使我深计而远谋乎，设精神而决嫌疑乎，吾乃始壮耳，何老之有？"○文，孟尝君名。

季汉田豫，字国让。仕魏为卫尉，乞逊位，司马宣王以豫壮，未听。豫报书曰："年过七十而居位，犹钟鸣漏尽而夜行不休，是罪人也。"遂引疾去。拜太中大夫，食卿禄而终。○又南北朝虞玩之《请退表》云："四十进仕，七十悬车。壮即驰驱，老宜休息。知足不辱，臣知足矣。"

## 向长损益　韩愈斗牛

汉向长，字子平，朝歌人。隐居不仕，性尚中和。尝读《易》至《损》、

185

《益》卦，喟然叹曰："吾已知富不如贫，贵不如贱，但未知死何如生耳。"嫁娶毕，敕断家事，云："当如我已死。"与同好禽庆游五岳名山，不知所终。〇禽庆字子夏。

唐韩愈，修武人。作《三星行》云："我生之初，日宿南斗。牛奋其角，箕张其口。牛不见服箱，斗不挹酒浆。箕独有神灵，无时停簸扬。"东坡尝自谓生时与退之相似，盖退之身宫在斗牛，而坡公之命宫在焉，故赠术士谢正臣诗有"生时宿直斗牛箕"之句，所谓磨蝎宫也。两公生平遭遇相似以此。

## 琎除酿部　玄拜隐侯

唐李琎，宁王子，封汝阳王。尝取云梦石甃泛春渠以蓄酒，作金银龟鱼浮沉其中为酌酒具，自称"酿王兼曲部尚书"。少陵《饮中八仙歌》所云"汝阳三斗始朝天"，指琎也。〇甃音绉，砌也。琎音津。

汉王玄隐侯山，景帝再征，不屈，就其山封侯，因名侯山。宋之问诗："王玄拜隐侯。"荆公《草堂怀古》诗："周颙宅作阿兰若，娄约身归窣堵波。他日隐侯孙亦老，为寻陈迹到烟萝。"俱用此。〇窣堵波，言塔也。兰若之若音惹。

## 公孙东阁　庞统南州

汉公孙弘，字次卿。家贫，牧豕海上。年四十余，乃学《春秋》杂说。武帝初，举贤良，对策第一，拜博士，待诏金马门。元朔中为丞相，封平津侯。开东阁以延贤者，与参谋议，俸禄皆以佐宾客，无余资，饭止脱粟，尝为布被。汲黯指其为诈，而上益厚之。弘尝云："人主病不广大，人臣病不节俭。"

季汉庞统，字士元。德公从子。司马徽称为"南州士之冠冕"。昭烈使守耒阳，不治，免官。鲁肃遗书先主曰："庞士元非百里才。使处治中、别驾之任，始得展其骥足耳。"昭烈召为治中从事，从昭烈入蜀，为流矢所中,卒。○士元谓顾邵曰:"陶冶世务,与世浮沉,吾不如子;论王霸之余策,览倚伏之要害,吾似有一日之长。"邵亦安其言。

## 袁耽掷帽　仁杰携裘

晋袁耽,阳夏人。俊迈多能。桓宣武少游于博徒戏,大输,债主敦求甚切,莫知所出,欲求救于耽。耽时居艰,应声许诺,略无嫌吝。遂变服怀布帽随温与戏。耽有艺名,债主闻而不识,曰:"卿当不办作袁彦道也?"遂就局,十万一掷,直上百万。耽投马绝叫,探布帽掷地曰:"汝今识袁彦道否?"○彦道,耽字。温,宣武名。掷音直。

唐武后赐张昌宗集翠裘,后复令狄仁杰与昌宗赌此裘。狄因指所著紫绸袍曰:"臣以此相敌。"后曰:"为不若矣。"狄曰:"此大臣朝见奏对之服也。"昌宗累局逐北,梁公遂携裘拜恩而出。

## 子将月旦　安国阳秋

汉许劭,字子将。少峻名节,与从兄靖好核论乡党人物,每月辄更其品题,故汝南俗有"月旦评"。初,劭拔樊子昭于市肆,出虞承贤于客舍,召李叔才于无闻,擢郭子瑜于小吏。后为郡功曹,太守徐璆甚敬之。司空杨彪辟举方正,不就。○劭谓曹操曰:"君乱世之英雄。"

晋孙盛,字安国。自少至老,手不释卷。著《晋阳秋》,世称良史。桓温见其书枋头败衄之事,怒谓盛子曰:"枋头诚失利,何至如乃公所言?若此史行,自是关君家门户。"诸子泣请为百口计,盛大怒不从。诸子潜改之。○桓温伐燕至枋头,秦救燕,遂至败于襄邑。

## 德舆西掖　庾亮南楼

唐权德舆,字载之,天水人。德宗朝知制诰,在西掖凡八年,风流蕴藉,为缙绅羽仪。后结庐练湖上,蓬蒿满径,宴如也。每遇一胜境,得一佳句,怡然独笑,如获珍宝。元和中同平章事。凡贵人名士殁后,以铭记请者十有八九,为一世宗匠。○掞音亦。

晋庾亮,字元规。镇武昌。秋夜气佳景清,佐吏殷浩、王胡之之徒共登南楼理咏。音调始道,亮忽率左右十许人步来,诸贤欲起避,公徐云:"诸君少住,老子于此兴复不浅。"因复据胡床,与浩等谈咏竟夕。后王逸少下,与丞相言及此事,丞相曰:"元规尔时风范,不得不小颓。"右军答曰:"惟丘壑独存。"○庾音与。

## 梁吟傀儡　庄梦髑髅

唐梁锽为《傀儡吟》,云:"刻木牵丝作老翁,鸡皮鹤发与真同。须臾弄罢寂无事,还似人生一梦中。"傀儡始于陈平造木偶为汉高解白登之围,后翻为戏,其引歌舞者曰郭郎,秃发,善戏笑。故《风俗通》云:"诸郎皆讳秃,先世有郭姓病秃者,滑稽调戏,后人为其象,呼之曰'郭秃'。"○"傀儡"一作"窟磊",汉有寓龙寓车马,皆刻木为之。

庄子之楚,见空髑髅,撽以马捶,问曰:"夫子贪生失理而为此乎?将子有亡国之事、斧钺之诛而为此乎?"云云。语卒,援髑髅枕而卧。夜半,髑髅见梦,曰:"子所言皆生人之累也,死则无此。无君于上,无臣于下,亦无四时之事,从然以天地为春秋,虽南面王,乐不能过也。"○髑音读。

## 孟称清发　殷号风流

唐孟浩然学不为儒,务掇菁藻,文不按古,匠心独妙。闲过秘省,秋月新霁,诸英华赋诗,浩然咏曰:"微云淡河汉,疏雨滴梧桐。"举坐叹其清绝。文不为仕,故或迟;行不为饰,故似诞;游不为利,故常贫。士源笔赞曰:"导漾炳灵,实生楚英。浩然清发,亦其自名。"

晋殷浩,羡子,字渊源,西华人。识度清远,弱冠有盛名。好《老》、《易》,为风流谈论者所宗。屏居几十年,时人比之管、葛。王濛、谢尚伺其出处,以卜江左兴亡,曰:"渊源不起,当如苍生何?"○简文时假节钺,后为桓温所忌,竟废。

## 见讥子敬　犯忌杨修

晋王献之，字子敬。数岁时，观逸少门生摴蒲，曰："《南风》不竞。"门生曰："此郎亦管中窥豹，时见一斑。"献之怒，拂衣而去。〇摴音枢，从手。摴蒲，老子入胡作，今人掷之为戏。

季汉杨修，字德祖。为曹操主簿，从操至江南，读曹娥碑，背有八字云："黄绢幼妇，外孙齑臼。"操不解，问修曰："卿知否？"修曰："知之。"曰："且勿言，待吾思之。"行三十里乃得之，令修解，曰："黄绢，色丝，色丝绝字；幼妇，少女，少女妙字；外孙，女子，女子好字；齑臼，受辛，受辛辞字。乃'绝妙好辞'也。"操曰："正合孤意。"由是深忌修，后诬他事杀之。

## 荀息累卵　王基载舟

晋灵公造九层台，三年不成，人力困敝。息曰："臣能累十二棋子，加九卵于上。"公曰："危哉！"息曰："不危。公造九层台，三年不成，男不耕，女不织，危孰甚焉？"公悟，乃辍工谢之。〇累音雷。

季汉王基仕魏为征南将军，迁中书侍郎。魏主叡土木繁兴，基上疏谏曰："古人以水喻民，曰'水所以载舟，亦所以覆舟'。颜渊曰东野子之御，马力尽矣，而求进不已，殆将败矣。今事役劳苦，男女离旷，愿陛下深察东野之敝，留意水舟之喻。"

## 沙鸥可狎　蕉鹿难求

《列子》曰：海上之人有好沤鸟者，每旦之海上从沤鸟游，沤鸟之至者百住而不止。其父曰："吾闻沤鸟皆从汝游，汝取来吾玩之。"明日之海上，沤鸟舞而不下也。故曰：至言去言，至为无为。〇李商隐笺："海翁忘机，鸥故不飞；海翁易虑，鸥乃飞去。"〇"鸥""沤"同。

《列子》曰：郑人有薪于野者，遇骇鹿，毙之。恐人之见之也，藏诸隍中，覆之以蕉。俄而遗其所藏之处，遂以为梦焉，顺途咏其事。傍有闻者，用其言而取之，归告其室，人以为彼真梦者矣。薪者归，乃梦藏之之处,又梦得之之主。爽旦,讼而归之士师,二分之,以闻郑君。郑君曰:"嘻!士师将复梦分人鹿乎?"〇隍音皇,濠也。

## 黄联池上　杨咏楼头

宋黄镒,七岁不能言。其祖喜其风骨之美,遇物诲之。一日,携至池上,祖曰:"水马池中走。"忽对曰:"游鱼波上浮。"后任台阁。〇"镒"一作"鉴"。〇宋许应龙,五岁通经旨,客曰:"小儿气食牛。"应声对曰:"丈夫才吐凤。"四座嘉叹。

宋杨亿祖文逸,南唐玉山令。梦怀玉山人来,觉而亿生。数岁不能言。一日,家人抱之登楼,误触其首,即吟曰:"危楼高百尺,手可摘星辰。不敢高声语,恐惊天上人。"七岁善属文,从祖徽之常与语,叹曰:"兴吾门者,在汝矣!"后擢进士,两为翰林学士。〇《金玉诗话》载此诗为太白作。

## 曹兵迅速　李使迟留

曹操以江陵有军实,恐先主据之,乃将精骑三千急追之,一日一夜行三百余里,败先主于长坂。诸葛亮说孙权曰:"操众远来疲敝,所谓强弩之末,势不能穿鲁缟者也。故兵法忌之,曰'必蹶'。"权遂以水军三万,与先主并力拒曹兵于赤壁,纵火焚其军。〇缟音杲,缯也。

汉李郃,南郑人,为府吏。窦宪纳妻,天下皆通礼庆,守欲遣使往贺,郃曰:"窦将军恃宠骄纵,危可立待。幸勿与交。"守不听。郃乃请行,道次故为迟留,至扶风而宪已败,凡交通者悉免官,惟汉中守不与,郃之力也。后累官至司空。〇郃,李固之父。

## 孔明流马　田单火牛

季汉后主建兴九年,诸葛亮复出祁山,以木牛运,粮尽退军,与魏张郃战,射杀郃。十二年春,亮悉大众由斜谷出,以流马运,据武功五丈原,与司马懿对于渭南。恐粮尽,分兵屯田。〇作木牛流马法,见亮集。又葛由,成王时好刻木羊卖之。一日,忽骑羊上绥山,仙去。

周田单,齐人。初为临淄市掾。燕伐齐,尽降齐地,惟莒、即墨不下。即墨人以其智,立为将军。单乃收城中千余牛,衣以绛缯,画豹文,束刃于角,缚苇于尾,灌脂于苇。夜凿城数十穴,然苇端,以壮士五千人随其后,奔燕师,大败之,尽复齐七十余城,迎襄王于莒而立之。封平安君。

## 五侯奇膳　九婢珍羞

汉楼护,字君卿,元、成间人。时王氏五侯不相能,宾客不得往来,惟楼护丰辨,传食五侯间,各得其欢心,与谷永同为五侯上客。长安语曰:"谷子云笔札,楼君卿唇舌。"言其见信用也。每旦,五侯竞致奇膳,护乃合以为鲭,世称"五侯鲭",以为奇味焉。○子云,永字。鲭音征。

唐段文昌,字墨卿。封邹平公。精馔事,第中庖所榜曰"炼珍堂",在涂号"行珍馆"。家有老婢掌其法,指授女仆,凡阅百婢,独九婢可嗣法。文昌又自编《食经》五十卷,时称"邹平公食宪章"。

## 光安耕钓　方慕巢由

汉严光,一名遵,小字狂奴。少与光武同学。光武物色求之,光被裘钓泽中。使三反,后至。幸其馆,光卧不起,帝抚其腹曰:"咄咄子陵,不可相助为理耶?"寻共卧,又足加帝腹。太史奏客星犯帝座甚急,帝笑曰:"朕与故人严子陵共卧耳。"不屈,归耕富春山,前临桐江,上有钓台,清丽奇绝,号锦峰绣岭。○子陵,光字。

汉薛方,字子容。王莽时清节士也。莽以安车迎之,方谢曰:"尧、舜在上,下有巢、由。今明王方隆唐、虞之德,小臣欲守箕山之节。"莽悦,不复强。○许由字武仲,阳城槐里人。尧让以天下,不受,与友巢父遁耕于中岳颍水之阳,箕山之下。

## 适嵇命驾　访戴操舟

晋吕安与嵇康善,每一相思,千里命驾。尝造康,值康不在,康兄喜延之，不入，书"凤"字于门而去。喜以为善。康归，示之，曰："'凤'字，凡鸟也。"○王摩诘诗"到门不敢题凡鸟"用此。○李安义谒富人郑生，辞以他出，安义大书"午"字于门上，谓牛不出头也。

晋王徽之，字子猷。风流冠一时。为桓冲参军，冲曰："卿在府日久，比当相料理。"徽之初不酬答，但以手板拄颊云："西山朝来，致有爽气。"尝居山阴，夜雪初霁，月色清明。眠觉，开室命酌，四望皎然，因咏左思《招隐诗》，忽忆戴安道。戴时在剡溪，便乘小舟诣之，经宿方至。造门不前，曰："乘兴而来，兴尽而返，何必见戴？"

## 篆推史籀　隶善锺繇

《书断》云：古文者，黄帝史苍颉所造也；大篆者，周宣王太史籀所作也。或又云：籀秦时卜士，变鸟迹为大篆，李斯变为小篆。○李阳冰与李大夫书云：某意在古篆，于天地山川，得方圆流峙之状；于日月星辰，得经纬昭回之度；于云汉草木，得敷布滋曼之容；于文物衣冠，得揖逊周旋之礼。

季汉锺繇，字元常，长社人。善隶书。少随刘胜往抱犊山学书三年，比还，见蔡邕笔法于韦诞，苦求不与，及诞死，乃盗其墓得之。尝曰："用笔者，天也；流美者，地也。非凡庸所知。"临终探囊授子会曰："吾精思学书，学其用笔。若与人居，画地广数步，卧画被穿过表，如厕至于忘归，见万类皆画象之。"繇书若群鸿戏海，舞鹤游天。○繇当音遥，一音由。

## 邵瓜五色　李橘千头

秦邵平，广陵人。封东陵侯。今广陵有东陵亭，疑即平所封地。秦亡，为布衣，种瓜长安城东。瓜有五色，甚美，世谓之"东陵瓜"，又云"青门瓜"，青门即东门也。见阮籍《咏怀诗》。○按召平有三人：《史记》无种瓜事，《六国表》楚怀王十年"城广陵"；《项羽本纪》"广陵人召平于是为陈王徇广陵"。

季汉李衡，武陵人。为丹杨太守，每欲治家，妻习氏不许。衡密遣十人于龙阳氾洲作宅，种橘其上。临终，敕其子曰："汝母恶吾营家，故家贫如此。吾氾洲有千头木奴，不责汝衣食，岁可得千绢，亦足汝用矣。"氾洲在龙阳县，长二十里。○东坡诗"山中奴婢橘千头"用此。

## 芳留玉带　琳卜金瓯

东坡在金山留玉带镇山，佛印报以裙衲，千古韵事。明李春芳少读书句容崇明寺，世庙中，掇大魁，寄主僧诗云："年年山寺听鸣钟，匹马长安忆远公。异日定须留玉带，题诗未可著纱笼。"后大拜，留玉带寺中，架楼贮之，名"玉带楼"。工于袭取如此。又杨文襄留玉带镇焦山，方豪有诗。文襄名一清，云南人，卜筑京口。

唐崔琳，玄宗朝大拜，先书其名，覆以金瓯。会太子入，帝谓曰："此宰相名，若自意之谁乎？"太子曰："非崔琳、卢从愿乎？"帝曰："然。"两人有宰相名望，然开元贤相各有长，姚崇尚通，宋璟尚法，张嘉贞尚吏，张说尚文，李纮、杜暹尚俭，韩休、张九龄尚直，而两人不预。○瓯音讴。

## 孙阳识马　丙吉问牛

孙阳即伯乐，善相马，一顾而价增十倍。尝过虞坂，有骐骥伏于盐车之下，伯乐下车泣之。骥于是俛而喷，仰而鸣，声闻于天，以伯乐之能知己也。○伯乐本星名，阳以为字。又九方皋之相马，得之于牝牡骊黄之外。

汉丙吉，字少卿，又云字子阳。宣帝朝为相，尚宽大，好礼让。尝出逢群斗，死伤不问。闻道旁牛喘，使问："逐牛行几里矣？"或讥之，吉曰："民斗，京兆所当禁。方春未热，恐以暑致喘，则时气失节，三公燮理阴阳，职当忧也。"时人以为知体。

## 盖忘苏隙　聂报严仇

汉盖勋，字元固，燉煌人。家世二千石。梁鹄为州刺史，欲杀从事苏正和，访之于勋。勋素与正和有隙，或劝其乘此以报。勋曰："乘人之危，不仁。"乃谏鹄而止。正和造谢，勋不见，曰："吾为梁使君谋耳，非为苏郎也。"董卓废少帝，勋与言曰："贺者在门，吊者在庐，可不慎哉！"○按此"盖"字当作"盍"。

周聂政，轵人。时严仲子与韩相侠累有仇，欲报之。闻政勇，乃奉黄金百镒为政母寿。政以母在，不许。及母死，伏行独剑刺杀侠累，自披面抉目而死。暴尸购识者，其姊往哭之，曰："是轵深井里聂政也。妾敢畏诛而没贤弟之名！"遂死尸傍。

## 公艺百忍　孙昉四休

唐张公艺，寿张人。九世同居。高宗封泰山还，幸其宅，召见，问所以能睦族之道。公艺请纸笔以对，乃书"忍"字百余以进。帝善之，命赐缣帛百匹。○又南北朝博陵李几七世共居同财，家有二十二房，一百九十八口，长幼济济。太原郭世儁亦七世同居。南唐江州陈氏五代同居。明初浦江郑氏同居九世，称"天下第一家"。

宋孙昉，字景初。为太医，自号四休居士。山谷问其故，对曰："粗茶淡饭饱即休，补破遮寒暖即休，三平二满过即休，不贪不妒老即休。"山谷曰："此安乐法也。"○"三平二满"与"七上八下"同见《山堂肆考》。

## 钱塘驿邸　燕子楼头

宋代陶穀，字秀实，新平人。使江南，崖岸甚峻。寓钱塘驿，韩熙载命妓秦弱兰诈为驿吏女，进洒扫。穀悦之。弱兰求词，穀作《风光好》赠之，云："好姻缘，恶姻缘，奈何天，只得邮亭一夜眠。别神仙。琵琶拨尽相思调，知音少，再得鸾胶续断弦。是何年？"李后主煜宴穀，命妓歌之。穀大沮，即日北还。○穀幼有俊才，仕周为翰林学士。宋兴，历礼、刑、户三部尚书。本姓李。

唐张建封镇徐州，有舞妓盼盼居燕子楼。公殁，誓不他适，有《燕子楼诗》三首。白乐天序之,又作二绝云:"满窗明月满楼霜,被冷灯残拂卧床。燕子楼中霜月苦,秋宵只为一人长。""今春有客洛阳回,曾到尚书冢上来。见说白杨堪作柱,争教红粉不成灰。"盼盼见诗,坠楼而死。

# 十二侵

## 苏耽橘井　董奉杏林

南北朝苏耽,桂阳人。事母以孝闻。将仙去,留柜与母曰:"所需即有。"预知后二年,里当大疫,乃植橘凿井,曰:"食橘一叶,饮水一盏,自愈。"忽有白鹤数十降于门,遂仙去。后果疫,母用其言以疗疾,皆愈。后化鹤来止郡城,以爪攫楼板云:"城郭是,人民非。三百甲子一来归。吾是苏仙,弹我何为?"○耽一作聃,宋赐号冲素真人。母,潘氏。

晋董奉,字君异,侯官人。居庐山,有道术,为人治病不取钱,病重者令种杏五株,轻者一株,数年成林。子熟时,作一仓,令买者随器之大小易以谷。若置谷少取杏多,群虎辄吼逐之。所得谷悉以赈贫者,兼供给行旅。岁消三千斛,谷尚有余。○奉后仙去,其妻女犹守其宅,卖杏取给。有欺之者,虎逐如故。

## 汉宣读令　夏禹惜阴

汉宣帝时,魏相奏请明经通知阴阳者四人,各主一时之令,明言所识,以和阴阳,如高祖时。令谒者赵尧举春、李舜举夏、兒汤举秋、贡禹举冬之类。帝从之。○谒者,汉官名。

夏大禹尝言,人当惜寸阴。陶侃为荆州,语人曰:"大禹圣人,乃惜寸阴,至于吾等,尤当惜分阴。岂可逸游荒醉,生无益于时,死无闻于后,是自弃也。"○今桐城枞阳镇有惜阴亭,盖侃曾为枞阳令,后人立亭志思耳。又葛洪束发从师,老而不倦,贱尺宝而惜分阴。

## 蒙恬造笔　太昊制琴

秦蒙恬始作笔，以枯木为管，鹿尾为柱，羊毛为被，非若今之兔毫竹管也。昌黎《毛颖传》似误。又许慎《说文》云："楚谓之聿，吴谓之不律，燕谓之弗，秦谓之笔。"如此，则诸国皆有其制，始皇并吞，灭前代之美，而秦笔始独称，恬或稍为损益耳。《尔雅》云："不律谓之笔。"《博物志》又云："舜作笔。"是古已有笔矣。

太昊金天氏，伏羲也。断桐为琴，绹丝为弦。弦二十有七，以通神明之觊，以合天人之和，而音乐始兴。陈旸《乐书》则云："或谓伏羲作，或谓神农作，或谓帝俊使晏龙作，而其详言之制，则只属中古以后，非伏羲初制也。"○今琴七弦，则宫、商、角、徵、羽加少宫、少商。

## 敬微谢馈　明善辞金

南北朝宗测，字敬微。性静退，不乐人。闲居江陵，欲游名山，赍《老》《庄》自随。子孙拜送悲泣，测长啸不顾。遂往庐山，止祖少文旧宅。鱼复侯子响为江州，厚馈遗，测曰："少有狂疾，寻山采药，远来至此。量腹而进松术，度形而衣薜萝，淡然以足，岂容当此横施！"谢不受。

元元明善尝副一蒙古出使交趾，及还，国王赆以兼金。蒙古受之，明善不受。国王曰："彼使臣已受矣，公何固辞？"明善曰："彼所以受者，安小国之心；我所以不受者，全大国之体。"○明善有《权槎亭记》。○蒙古，北夷之仕元者。

## 睢阳嚼齿　金藏披心

唐安禄山反，张巡守雍丘，屡与贼战。安庆绪杀禄山。使贼将尹子奇攻睢阳。巡守睢阳，与许远拒却之。每战，大呼，嚼齿皆碎。后巡死，子奇视之，齿之存者不过三四耳。故东坡帖云："张睢阳生犹骂贼，嚼齿穿龈；颜平原死不忘君，握拳透爪。"○龈音银，齿根肉也。睢音虽。

武后时，有诬皇嗣反者，后命来俊臣鞫。安金藏时为太常工人，大呼曰："皇嗣不反！公若不信，吾请剖心明之。"即引佩刀自剖其腹，五脏皆出。太后令舁入宫，傅以药，经宿始苏。后叹曰："吾有子不能自明，使汝至此。"乃命停推。睿宗由是得免。○鞫音菊。舁音预。

## 固言柳汁　玄德桑阴

　　唐李固言，未第时行古柳树下，闻有弹指声。问之，答曰："吾柳神九烈君，已用柳汁染子衣矣。果得蓝袍，当以枣糕饲我。"未几，状元及第。文宗朝拜中书同平章事。见《三峰集》。

　　季汉刘备，字玄德，家涿县。少孤，与母贩履织席为业。舍东南角篱上有桑树生，高五丈余，遥望见童童如车盖，往来者皆怪此树非凡。邑人李定云："此家必出贵人。"玄德少时与宗中诸小儿常戏桑阴之下，曰："吾必当乘此羽葆盖车。"叔父子敬曰："汝勿妄语，灭吾门也！"后为徐州牧，与吴、魏争衡，卒都蜀。○楼桑村在今涿州。

## 姜桂敦复　松柏世林

　　宋晏敦复，字景初。初为左司谏，两月间，论驳凡二十四事，举朝惮之。秦桧使人致意，曰："公能委曲，要路且夕可致。"敦复曰："姜桂之性，老而愈辣。吾岂为身计误国耶？"高宗尝曰："卿骨鲠敢言，可谓无忝尔祖矣。"○敦复，晏殊曾孙。

　　季汉宗世林，与魏武同时，而甚薄其为人，不与之交。及魏武作司空，总朝政，从容问曰："可以交未？"答曰："松柏之志犹存。"世林既以忤旨见疏，位不配德。文帝兄弟每造其门，皆独拜于床下，其见重如此。○又诸葛亮每造庞德公，独拜床下，德公初不令止。

## 杜预传癖　刘峻书淫

　　晋杜预，字元凯，西安人。耽思经籍，为《春秋左氏经传集解》。又参考众家谱第，谓之释例，备成一家之学。比老乃成，人未知之，惟挚虞亟称其美。时王济解相马，又甚爱之，而和峤颇聚敛。预常称"济有马癖，峤有钱癖"。武帝闻之，谓预曰："卿有何癖？"对曰："臣有《左传》癖。"○预又称杜武库，以平吴功封当阳伯。

南北朝刘峻，字孝标。自课读书，常燃麻炬，从夕达旦。时或昏睡，爇其鬓发，及觉，复读。闻有异书，必往祈借。崔慰祖谓之"书淫"。梁末隐金华山，著《山栖志》。注《世说新语》，识者谓前无古人。○爇音雪。又窦氏子弟皆喜武，独窦威尚文，诸兄诋为"书痴"。

## 锺会窃剑　不疑盗金

晋锺会为荀勖从舅，二人情好不协。荀有宝剑，直百万，母锺夫人收藏。会善书，学荀手迹，作书与母取剑，遂窃去不还。荀知是锺而无由得，恒思报之。适锺兄弟以千万起一宅，甚精丽，未及移居。荀极善画，乃潜往画锺门堂，作太傅像，衣冠状貌如平生。二锺入门，便大感恸，宅遂空废。

汉直不疑，南阳人。文帝时为郎，同舍有告归者，误持同舍郎金去。金主意不疑，不疑谢有之，买金偿。后告归者来归金，而前郎之亡金者大惭，以此称为长者。景帝朝为御史大夫，以功封塞侯。○不疑系楚人直躬之后。

## 桓伊弄笛　子昂碎琴

晋桓伊，字叔夏，亳人。善音乐，为江左第一。得蔡邕柯亭笛，尝自吹之。王子猷泊舟青溪，知伊名而不相识。偶自岸上过，船中客呼伊小字曰："此桓野王也。"子猷令人语之曰："闻君善笛，试为我一奏。"时桓已贵显，闻王名，即便下车，踞胡床，为作三调。弄毕，遂上车去，主客不交一言。今其地名邀笛步。○步在金陵城东青溪桥之右。蔡邕于会稽柯亭见椽竹佳，取以为笛，得黄钟之音。

唐陈子昂，字伯玉，梓州射洪人。累迁右卫参军。初入京，未遇。有卖胡琴者，价百万，豪贵传示无辨者。子昂辇千缗市之，众惊问，曰："余善此乐，明旦可即宣阳里。"众如期至，饮毕，笑曰："蜀人陈子昂，有文百轴，碌碌尘土，不为人知。此乐贱工耳，岂足留心！"举琴碎之，以文轴遍赠诸人，一日名震京师。唐之文章至子昂始变雅正，王适称为"海内儒宗"。

## 琴张礼意　苏轼文心

周琴牢，字子张。与子桑户、孟之反三人为友，相视而笑，莫逆于心。子桑户死，孔子使子贡往待事焉。二人鼓琴而歌曰："嗟来桑户乎！嗟来桑户乎！而已反其真，而我犹为人！猗！"子贡趋进曰："敢问临丧而歌，礼乎？"二人相视而笑，曰："是恶知礼意！"子贡以告。孔子曰："彼游方之外者也，而某游方之内者也。"〇猗音伊，叹辞。

宋苏轼为文，浑涵光芒，雄视百世。尝谓刘景文曰："某生平无快意事，惟作文，意之所到，则笔力曲折，无不尽意。自谓世间乐事，无复逾此。"〇景文，刘季孙字。又杨大年作文，则与门人宾客饮博，投壶弈棋，语笑喧哗，而不妨缔思。

## 公权隐谏　蕴古详箴

唐穆宗见观察判官柳公权书迹，爱之，以公权为右拾遗侍书学士。上问："卿书何能如是之善？"对曰："用笔在心，心正则笔正，笔正乃可法矣！"时帝荒纵，故公权及之。上默然改容，悟其以笔谏矣。〇柳字诚悬，华原人。兄公绰寓书宰相李宗闵，言："家弟本志儒学，先朝以侍书见用，颇类工祝。愿徙散秩。"乃改右司郎中、弘文馆学士。

唐张蕴古，武德末为大理寺丞，上《大宝箴》，其略曰："圣人受命，拯溺亨屯，故以一人治天下，不以天下奉一人。壮九重于内，所居不过容膝，彼昏不知，瑶其台而琼其室；罗八珍于前，所养不过适口，惟狂罔念，邱其糟而池其酒。勿浑浑而浊，勿皎皎而清，勿汶汶而暗，勿察察而明。

虽冕旒蔽目，而视于未形；虽黈纩塞耳，而听于无声。"上嘉之，赐以束帛。
○黈音主。

## 广平作赋　何逊行吟

唐宋璟，字广平。皮日休序其集曰："广平为相，贞资劲质，刚态异状。疑其铁肠与石心，不解吐婉媚辞。睹其文有《梅花赋》，清便富艳，得南朝徐庾体，殊不类其为人。"○徐，徐陵。庾，庾信。宋李纲自云，广平《梅花赋》已缺，己尝补作之。

南北朝何逊，字仲言，郯人。官水利部郎，仕梁为扬州法曹。公廨有梅一株，逊常吟咏其下。后居洛阳，思梅花不得，因请再任扬州，从之。至日，花适盛开，逊于东阁延诸名士醉赏之，笑傲终日。杜诗"东阁官梅动诗兴，还如何逊在扬州"用此。○一云逊为梁建安王掌书记，乃建业之扬州。以广陵为扬州自隋始。

## 荆山泣玉　梦穴唾金

卞和，楚寿春人。得荆山璞玉，献之厉王，以为诈，刖左足。又献之武王，以为诈，刖右足。文王即位，和抱璞泣血而言曰："臣非悲刖。宝玉而题之以石，贞士而名之以诈，所以悲也。"王使玉人琢之，果得璧。封零陵侯，不就。今怀远县抱璞岩，相传和之遗迹。○刖音月。

南康武都县西，沿江有石室，名梦穴。尝有船入，遇一人通身黄衣，担黄纸二笼，求寄载。过崖下，其人唾船上，径下崖入石中。船人初甚忿，见其入石，始知神异。视船上唾，悉是黄金。见任昉《述异记》。○唾，拖去声。

## 孟嘉落帽　宋玉披襟

晋孟嘉，字万年，江夏鄂人。少知名，太尉庾亮领江州，辟为从事。亮尝正旦大会客，豫章太守褚裒问嘉安在，亮曰："在坐。卿当自觅。"裒历观嘉曰："此君小异。"亮由是益重嘉。后为桓温参军。温九日宴龙山，佐吏并著戎服，风吹嘉帽堕落，嘉不觉，良久如厕，温命孙盛为文嘲之。嘉还，即请笔作答，文辞超卓，四坐叹赏。后奉使京师，除尚书删定郎，不拜。

楚襄王游于兰台之宫，宋玉、景差侍。有风飒然而至，王乃披襟而当之曰："快哉此风，寡人所与庶人共之。"玉曰："此大王之风，士庶人安得共之？夫风入于深宫，经于洞房，清清泠泠，愈病析酲，发明耳目，宁体便人，此谓大王之雄风。塕然起于穷巷之间，动沙堁，吹死灰，憞溷郁邑，驱温致湿，此谓庶人之雌风也。"○塕，翁上声。

## 沫经三败　获被七擒

鲁人曹沫以勇力事庄公。桓公伐鲁，庄公请献隧邑以平。鲁与齐会盟于柯，沫以匕首劫桓公于坛上曰："反鲁之侵地。"桓公许之，遂归沫三败所亡之地于鲁。诸侯闻之，皆信齐而归附焉。○匕首，剑属。沫音昧。

雍闿杀永昌太守附吴，使郡人孟获诱诸夷叛。诸葛亮往讨之，马谡送之曰："用兵之道，攻心为上。愿公服其心。"亮至南中斩雍闿，收孟获。七擒七纵，亮犹遣获，获止不去，曰："公，天威也，南人不复反矣。"于是悉收获等以为汉之官属。○闿音恺。谡音速。

## 易牙调味　锺子聆音

易牙，雍人，名巫，牙其字也。善调味，能辨淄渑之水，有宠于齐桓公夫人卫共姬，乃因寺人貂荐羞于公。公曰："子善调味乎？吾盖尝天下之味矣，惟蒸婴儿之味未尝。"巫遂蒸其子以献。自是亦有宠于公。因说立共姬子武孟，许之。○淄音支，渑音成，二水名。易音亦。

锺子期，楚人锺仪之族。伯牙学于成连先生，善鼓琴，子期听之。意在高山，子期曰："巍巍乎若泰山。"志在流水，子期曰："荡荡乎若流水。"子期死，世无知音，伯牙遂绝弦，不复鼓琴。○《吕氏春秋》高诱注：伯氏牙名,或作"雅"。又云:锺子期夜闻击磬者而悲。○今汉阳北二里有琴台,相传锺子期遗迹。

## 令狐冰语　司马琴心

晋令狐策梦立冰上,与冰下人语。索纮曰:"冰上为阳,冰下为阴,为阳语阴,乃媒介事也。士如归妻,迨冰未泮。君其为人媒介乎?"会太守田豹因策求张公徵女为子妇,至仲春而成婚。又索充梦虏脱上衣,纮曰:"此男字,当生男。"张遨奉使诣州,梦狼啖脚,纮曰:"脚肉被啖,却字也。必不行。"占皆验。○令狐,复姓。《姓源》云:"晋令狐文子之后。"令音陵。

汉司马相如,小字犬子。宦游不遂,过临邛,素与令王吉善,吉重之。富人卓王孙为具召之,并召令。酒酣,吉请相如鼓琴自娱。是时,王孙有女新寡,好音,故相如谬与令相重而以琴心挑之。文君心悦而好之,遂夜亡奔相如。相如乃与驰归成都,当炉贳酒焉。

## 灭明毁璧　庞蕴投金

澹台灭明,字子羽,费人。赍千金之璧渡河,河伯欲其璧,波大起,两蛟挟舟。子羽曰:"吾可以义求,不可以威劫。"乃左操璧,右操剑斩蛟。蛟死波平,乃投璧于河,三投辄跃起,子羽乃毁之而去。○后子羽子溺死于江,弟子欲收葬之,子羽曰:"蝼蚁何亲? 鱼鳖何仇?"遂不收葬。

唐庞蕴,字道玄,衡阳人。在家修道,徙居襄阳,世号为庞居士。《金刚科仪》云:居士庞公将家财而悉沉沧海。注云:居士曾造铁船,将家财金帛载之沉于海。临终,招刺史于顿谓曰:"但愿空诸所有,慎勿实诸所无。"女灵照亦修行。

## 左思三赋　程颐四箴

晋左思,字太冲。欲赋蜀、吴、魏三都,因求为秘书郎,构思十年,门庭藩溷，皆著纸笔，偶得一句，即便疏入。赋成，张华见曰："君文未重于世，宜经高明之士。"乃就皇甫谧。谧作序，非之者乃转相传写，洛阳为之纸贵。初，陆士衡亦拟作，与弟书有曰："此间有一伧父，欲赋三都，须成以覆酒瓿。"及赋出，乃叹服辍笔。〇伧音枨。

宋程颐，世称伊川先生，谥曰正。作视、听、言、动四箴以自警，朱子备录于"颜子问仁"章注内，盖以其发明亲切，学者所宜深思玩索而服膺弗失也。〇《内则》云：纫箴请补缀。又医者以箴石刺病，故凡有所讽刺而救其失谓之箴。

## 陶母截发　姜后脱簪

晋陶侃母湛氏，新淦人。为陶丹妾而生侃。家酷贫，一日，范逵过访，会大雪，湛乃撤所卧荐，剉给其马，密剪其发，易酒核款之。逵闻而叹曰："非此母不生此子！"因荐侃孝廉。后侃平王敦、苏峻有功，拜太尉，封长沙郡公。〇剉，蹉去声。

周宣王尝晏起，姜后脱簪珥，待罪于永巷，使傅母通言于王曰："妾不才，至使君王乐色而忘德，失礼而晏起，祸乱之兴，自婢子始。敢请罪。"王曰："寡人不德，实自生过，非夫人罪也。"自是勤于政事，早朝晏罢，卒成中兴。〇永巷，内庭长巷，中有禁狱。

# 十三覃

## 达摩面壁　弥勒同龛

达摩大师，南天竺国香至王第三子。遇西天二十七祖，得法，泛重溟，三周寒暑，达于南海。梁武迎至金陵，机不相契，潜止于嵩山少林寺，面壁而坐，终日默然，人莫之测，谓之"壁观"。越九年，以法付慧可，于千圣寺涅槃，葬熊耳山。魏宋云奉使西域回，遇于葱岭，携只履独游。云问："师何往？"师曰："反西天。"门人因启其圹，惟只履存焉。

《淳化阁帖》唐褚遂良书内有云:"法师道体安居,深以为慰耳。复闻久弃尘滓,与弥勒同龛,一食清斋,六时禅诵,得果已来,将无退转也。"○东坡《自金山放船至焦山》诗云:"只有弥勒为同龛。"亦指老僧言。○《藏经》云:"弥勒佛元日生。"

## 龙逢极谏　王衍清谈

夏桀暴虐,瞿山地裂及泉,桀发徒凿之,谏者死。关龙逢曰:"人君节用爱人。今君用财若无穷,杀人若不胜,民心已去,天命不祐,盍少悛乎?"桀曰:"吾有天下,如天之有日,日亡,吾乃亡。"遂囚龙逢杀之。汤使人往哭,桀怒,囚汤夏台,久乃得释。○悛音迁。逢音旁。

晋王衍,字夷甫。惠帝朝为尚书令。善谈老、庄,世号"口中雌黄"。初为元城令,终日清谈,县事亦理。每捉玉柄麈尾,与手同色。少时山涛见之,嗟叹良久,曰:"何物老妪,生此宁馨儿! 然误天下苍生者,未必非此人也。"为石勒所害。○麈音主。群鹿所往,以麈尾所转为准,故谈者执之。○宁读去声。馨音亨,言恁地也。又刘禹锡有"几人雄猛得宁馨"句,宁作平声。

## 青威漠北　彬下江南

汉卫青,本姓郑,字仲卿。微时,一钳徒相之曰:"贵人也,官至封侯。"青笑曰:"人奴之生,得无笞罪足矣。"武帝朝拜大中大夫,七出击匈奴,果立大功,威镇漠北。待士卒有恩,遇士大夫以礼。封长平侯。○钳音黔。漠北,阴山之北。

宋曹彬,字国华。李煜据江南,宋太宗命彬往下之。彬缓师不迫,冀煜来归。城垂克,彬忽称疾。诸将问之,彬曰:"余疾非药所能愈,惟诸公诚心自誓,城下之日不妄杀一人,则自愈。"诸将许诺,焚香为誓。明日,城陷,煜诣军门降,待以宾礼。彬还朝,自云:"奉敕差往江南勾当公事回。"其有功不伐如此。谥武惠。

## 遐福郭令　上寿童参

唐郭子仪，华州人。从军沙漠间，以役回银州。七夕夜，见空中赤光
辇车，绣屋中坐美女，垂足于床，自天而下。子仪意是织女，乃拜祝。女
笑曰："大富贵，亦寿考。"言讫，冉冉而去。后仕至中书令，凡二十四考。
家人三千，麾下士多贵至王公，常颐指役使。八子七婿，皆朝廷显官。诸
孙数十人，每问安，不能尽辨，但额之而已。年九十余。〇辇音缠。

宋童参，瓯宁人。性淳朴，隐于耕。仁宗元年，参年百有三岁，赐敕
慰劳云："古者天子巡狩方岳，问百年者就见之。今汝黄发鲐背，以上寿
闻，其可使与编氓齿乎？往以忠孝教而子孙。"授承务郎。逾年卒。子
珏，登进士。〇老人气衰，皮肤消瘠，背若鲐鱼，故曰鲐背。


## 郗愔启箧　殷羡投函

晋郗超，字景兴，金乡人。与王珣俱为桓温掾。府中语云："髯参军，
短主簿，能令公喜，能令公怒。"温入朝，谢安、王坦之诣温，温令超卧帐中
听客语。风开帐，安笑曰："郗生可谓入幕之宾。"超将死，以箧授门生曰：
"父若哀悼，可呈此箧。"愔果损眠食，门生呈箧，皆与温往来密札。愔怒
曰："死晚矣！"遂不复哀。〇超多须，珣矮，故云。愔音阴。箧音怯。

晋殷羡，字洪乔，西华人。建元中为豫章太守，郡人多附书者。羡行
至石头城下，悉以百余函投水中，曰："沉者自沉，浮者自浮，殷洪乔不能
为人作致书邮。"〇金陵有投书渚。


## 禹偁敏赡　鲁直沉酣

宋王禹偁，字元之。九岁能文，甚敏赡。父以磨面为生。毕士安为
州倅，禹偁代父输面，士安方命诸子属对云："鹦鹉能言争似凤。"禹偁从
旁应声曰："蜘蛛虽巧不如蚕。"士安叹曰："子文章满腹，必当名世。"后举
进士，为右拾遗，献《端拱箴》及《御戎十策》，文章独步当时。迁翰林学
士。有《小畜集》。〇偁音称。

宋黄庭坚,字鲁直。沉酣经史,诗文与苏轼齐名。尝云:"士大夫三日不读书,则义礼不交于胸中,对镜觉面目可憎,向人则语言无味。"○又殷仲堪曰:"三日不读《道德经》,便觉舌本闲强。"○强,姜去声。

## 师徒布算　姑妇手谈

唐僧一行求访师资,至天台国清寺,见一院古松十数,门有流水。立于门屏之间,闻院僧布算,谓其徒曰:"今日当有弟子远来求吾算法,已合到门。"即除一算曰:"前门水当却西流,弟子亦到。"一行承其言而趋入,稽首请法,门前水果西流。

唐王积薪从明皇西幸,寓宿深溪。一家但有姑妇,止给水火,才暝阖户,积薪闻姑谓妇曰:"良宵无以为适,与子手谈,可乎?"堂内无烛,妇姑各在室对谈。已而,姑曰:"子已北矣。吾止胜九枰耳。"迟明,请问于姥,姥顾妇曰:"是子可教以常势耳。"妇乃指示攻守之法,积薪自是棋艺精妙。

## 十四盐

## 风仪李揆　骨相吕嵒

唐李揆,字端卿,陇西人。乾元中同平章事。美风仪,善奏对。帝曰:"卿门第、人物、文章当世第一,信朝廷羽仪。"故时有"头头第一"之说。德宗朝,卢杞恶之,使入吐蕃。及至,诸酋长曰:"闻唐有第一人李揆,公是否?"揆畏留,因绐之曰:"彼李揆安肯来!"还至凤翔卒。○酋音啾。

唐吕嵒,平阳蒲州人。生天宝十四年四月十四日巳时。喜顶华阳巾,衣黄白襕衫,系大皂绦,状类张子房。始在襁褓,马祖见之曰:"此儿骨相不凡,他时遇庐则居,见钟则叩,留心记取。"后以进士授德化县令。私行庐山,遇锺离真人,授天仙剑法,得九九数,号纯阳子,仙去。○嵒,古岩字。

## 魏牟尺缁　裴度千缣

魏牟见赵王，王方使冠工制冠，问治国于牟。对曰："大王诚能重国若此二尺缁，则国治。"王曰："社稷至重，比之尺缁，何也？"曰："大王制冠，不使亲近，而必求良工者，非谓其败缁而冠不成欤？今治国不求良士而任其私爱，非轻国于尺缁欤？"王无以应。○牟音谋。缁音徙。缁，黑缯也。

唐皇甫湜，字持正。与李翱、张籍齐名。裴度辟为判官。度修福先寺，求碑文于白居易。湜曰："近舍湜而远求居易，请辞。"度乃使作之，立就，酬以车马缯彩甚厚。湜大怒，曰："自吾为《顾况集序》，未尝许人。今碑文三千字，一字三缣，何遇我薄耶？"度笑曰："不羁才也！当应足数。"○湜音实。缣音兼。缣，丝绢也。或云"一字一绢"，未详孰是。

## 孺子磨镜　麟士织帘

汉徐稚，字孺子。尝事江夏黄琼。琼没，孺子往会葬，无资自致，赍磨镜具自随，所在取直，然后得前。稚前后为诸公所辟，虽不就，及其死，万里必以只鸡絮酒往奠，奠毕即返，不见丧主。○又负局先生，语似燕、代间人。常负磨镜局徇吴市中街磨镜，得一钱即磨之。见葛洪《神仙传》。

南北朝沈麟士，字云祯，武康人。居贫，织帘读书，口手不息，乡里号为"织帘先生"。麟士尝行路，邻人认其所著屐，麟士曰："是卿屐耶？"即跣而反。邻人得屐，送前者还之，麟士曰："非卿屐耶？"笑而受之。初应里选入都，仆射何尚之命子师之。后归余杭山中，从游者数百人。

## 华歆逃难　叔子避嫌

汉华歆，字子鱼，高唐人。与王朗俱乘船避难，有一丈夫欲依附，歆难之。朗曰："幸尚宽，何为不可？"后贼追至，朗欲舍所携人，歆曰："本所以疑，正为此耳！既已纳其自托，宁可以急相弃耶？"遂携拯如初。○难，乃旦切。

　　周颜叔子，鲁人。独处一室，夜大雨，比舍屋崩，一女子趋而投之。叔子使执烛于手，烛尽，焚燎以继之，至明不二。其避嫌之审如此。○又鲁男子独处，邻妇因风雨室坏，趋托之。男子不纳。妇人曰："何不学柳下惠？妪不逮门之女，国人不称其乱。"男子曰："柳下惠固可，吾固不可。吾将以吾之不可，学柳下惠之可。"

## 盗知李涉　虏惧仲淹

　　唐李涉，南康人。过皖口，遇盗。其豪首审知是涉，遂曰："既是李博士，不用剽夺。久闻诗名，愿赠一首足矣。"涉题绝句云："风雨潇潇江上村，绿林豪客夜知闻。相逢不用相回避，世上而今半是君。"盗喜曰："确言也。"一笑而去。○涉号清溪子，与弟渤隐居庐山白鹿洞中，屡辟不就。

　　宋范仲淹镇延安，夏人相戒曰："毋以延安为意。小范老子胸中有数万甲兵，不比大范老子可欺也。"公与韩魏公在军，名重当时，称为韩范。谣曰："军中有一韩，西贼闻之心胆寒；军中有一范，西贼闻之惊破胆。"○夏，元昊也。大范谓范雍，曾镇延安。

## 尾生岂信　仲子非廉

　　鲁尾生，名高。师古曰："即微生高也。"尝与女子期于梁下，女子不来。水暴至，生不去，欲以全信，遂抱桥柱而死。○东方朔书曰："信如尾生。"梁，一云即蓝桥，在今陕西蓝田县。后裴航得玉杵臼，娶云英，在此处。

　　王季木云："陈仲子与齐同姓，愤宗人之为乱，避兄离母，虽有所托而逃。赵威后问齐使，乃曰：'於陵仲子尚存乎？是其为人也，上不臣于王，下不治其家，中不索交诸侯，此率民而出于无用者，何为至今不杀乎？'"又桓温尝读《高士传》，至於陵仲子便掷去，曰："谁能作此溪刻自处！是诚不得为廉。"

## 由餐藜藿 鬲贩鱼盐

仲由少贫贱，食藜藿之食，百里负米以供二亲。亲殁后，游于楚，从车百乘，积粟万钟，累裀列鼎。叹曰："愿欲食藜藿，为亲负米，不可复得也。枯鱼衔索，几何不蠹；二亲之寿，忽若过隙。"夫子曰："由也事亲，可谓生事尽力，死事尽哀者矣。"

殷胶鬲遭殷乱，末流鬻贩鱼盐。文王知其贤，举之以贡于纣。后武王伐纣，纣使候师于鲔水，问："师将何之？"武王曰："将之殷。"鬲曰："以何日至之？"武王曰："将以甲子至殷郊，子以是日报矣。"会大雨日夜不休，武王疾行不辍，曰："吾以救胶鬲之死也。"〇鬲音格。鲔音委。武王入殷，问殷之所以亡，胶鬲曰中为期，明日不至。

## 五湖范蠡 三径陶潜

范蠡字少伯，三户人。越大夫，佐勾践灭吴。勾践欲与分国，辞曰："君行令，臣行意。"遂携西施泛舟五湖，浮海入齐，变姓名，自号鸱夷子皮。后散财，辞齐相，止于陶，自号陶朱公，复致资累巨万。越王求之不得，以良金写其状而朝礼之。〇五湖，滆、洮、射、贵俱入太湖，总称之也。《国语》曰："吴、越战于五湖。"实笠泽一湖耳。蠡音里。

陶潜《归去来辞》有"三径就荒"之语，盖以潜所居柴桑旧宅，蒿莱满径，仿佛张仲蔚之杜门养性，三径蓬蒿没人也。〇又蒋元卿还杜陵，荆棘塞门，舍前有三径，不出，惟羊仲、求仲从之游。二仲皆挫廉逃名之士。

## 徐邈通介 崔郾宽严

季汉徐邈，字景山。或问卢钦："徐公当武帝之时，人以为通；自凉州还京师，人以为介，何也？"钦答曰："往者毛孝先、崔季珪用事，贵清素之士，人皆变易车服以求名高，而徐公不改其常，故人以为通。比天下奢靡，转相仿效，徐公雅尚自若，不与俗同，故人以为介也。"〇孝先，毛玠字。季珪，崔琰字。武帝指曹操。邈音莫。

唐崔郾，字广略。初治虢以宽，月不笞一人。及莅鄂，则严法一无所贷。或问其故，曰："陕土瘠而民劳，吾抚之易服。鄂土沃民剽，杂以夷俗，非威莫能制。政贵知变也。"累官礼部尚书。家不藏资，周给亲旧。○郾音宴。虢音国。

## 易操守剑　归罪遗缣

汉王烈，字彦方。少师陈寔，以孝义闻乡里。有盗牛者，主得之，盗请罪曰："行戮是甘，但勿使王彦方知之。"烈闻，谢之，遗以布一端。后有老父遗剑于路，行道一人见而守之，求其人，乃先盗牛者。凡有争讼，往质于烈，或至途而返，或望庐而还。其德感人如此。

汉陈寔，字仲弓。平心率物，乡里有争讼，辄求判正，曰："宁为刑罚所加，不为陈君所短。"尝夜读书，有盗止梁上。寔呼子弟谓曰："不善之人，未必本恶。习以性成，遂至于此。梁上君子是已。"盗惊投地，稽首归罪。寔曰："当由贫困所致。"遗绢二匹，遣之。○遗音位。

# 十五咸

## 深情子野　神识阮咸

晋桓伊，字叔夏，小字野王，或称子野。善音乐，尽一时之妙。每闻清歌，辄唤"奈何"。谢公闻之曰："子野可谓一往有深情。"○伊又于孝武前命奴吹笛，自抚筝而歌曹子建《怨诗》曰："为君既不易，为臣良独难。忠信事不显，乃见有疑患。"时谢太傅为王国宝所构，感而泣下，越席就之，捋其须曰："使君于此不凡。"

晋荀勖，暗解律吕，因正雅乐。每公会作乐，阮咸必谓不调。勖忌之，遂出阮为始平太守。后有耕者得周时玉尺，荀以校己所制乐器，觉皆短一黍，于是服阮神识。○唐元澹得古冢铜器，似琵琶，声正圆，澹曰："此阮咸所作器也。"命以木弦之，其声亮雅，乐家遂谓之"阮咸"。

## 公孙白纻　司马青衫

公孙侨，郑大夫。吴使季札来聘鲁，通嗣君也，故遂聘于齐。旋聘于郑以及晋、卫。于郑见子产，如旧相识，与缟带，子产献纻衣焉。〇纻衣，白纻之衣也。〇《左传》郑注：吴地贵缟，郑地贵纻，故各献己所贵，示损己而不为彼货利。〇纻，除上声。

唐白居易谪江州司马，喜曰："匡庐在念久矣！今得青山绿水中为风月主人，幸甚！"一日送客由溢浦口，夜闻邻舟琵琶声，问之，乃长安老妓也。为作《琵琶引》，末云："凄凄不似向前声，满座重闻皆掩泣。座中泣下谁最多，江州司马青衫湿。"〇或谓浔阳妓即裴兴奴。

## 狄梁被谮　杨亿蒙谗

唐狄仁杰，以功追封梁国公。武后尝谓公曰："卿在汝南，有谮卿者，欲知之乎？"公谢曰："陛下以为过，臣当改之；以为无过，臣之幸也。彼谮臣者，臣不愿知。"谥文惠。〇又吕蒙正初入朝堂，有朝士指之曰："此子亦参政耶？"蒙正佯为不知。同列者不平，诘其姓名，蒙正遽曰："若一知其姓名，则终身不忘，不若不知之愈。"时服其量。

宋杨文忠公亿为执政者所忌，言事者攻之不已。公谢启有曰："已落沟壑，犹下石而未休；方因蒺藜，尚弯弓而不已。"〇亿谥文。

## 布重一诺　金慎三缄

汉季布为河东太守，诋曹丘生于窦长君。曹丘生请见，曰："楚人谚云：得黄金百斤，不如得季布一诺。足下何以得此声于梁、楚间哉？且仆楚人，足下亦楚人，仆游扬足下之名于天下，顾不重耶？何拒仆之深也。"布大悦，厚赠之。由是名益著。

孔子适周，入后稷庙，见金人，三缄其口，而铭其背曰："古之慎言人也。无多言，多言多败。无多事，多事多患。安乐必戒，无所行悔。勿谓何伤，其祸将长。勿谓何害，其祸将大。"云云。又："君子知天下之不可上也,故下之;知众人之不可先也,故后之。"云云。顾谓弟子曰:"小子识之,此言实而中情。"○《集语》云入太庙,铭亦小异。

## 彦升非少　仲举不凡

　　南北朝任昉,字彦升。八岁能属文。梁武时,历黄门侍郎,出为义兴、新安太守。为政清省,所著文章数十万言。褚彦回语其父遥曰:"卿有令子,相为喜之,所谓百不为多,一不为少。"昉由是名声籍甚。○又陆琼年八岁号"神童",从祖襄叹赏之,亦引此二语。○少,上声。

　　汉陈蕃,字仲举。汝南人。薛勤为郡功曹,蕃年十五,为父赍书诣勤,勤顾察之。明日造焉,蕃父出迓。勤曰:"足下有不凡之子,吾来候之,不从卿也。"时庭宇荒芜,勤曰:"孺子何不洒扫以待宾客?"蕃曰:"大丈夫当扫除天下,安事一室?"勤益奇之,言论终日。

## 古人万亿　不尽兹函

　　十千曰万,十万曰亿,言古人之多也。

　　函,书帙也。言学问无穷,人当博洽,非仅得此函可遂已也。二语总结。

# 跋

宋次道云："校书如扫尘，随扫随有。"余素有点勘之癖，历试之，乃知其确。辛巳馆于白门，偶取杨氏原刻，校雠讹字及删润小注，亦颇乐此不疲。甲申夏，为周棻陔中翰聘，往庐西。中翰适见此稿，谓简而明，详而核，不独扩童蒙之闻见，且便于句读师之讲授也。余未敢深信。中翰家园多乔木，清簟疏帘，绿阴如水。余复倾行縢所携之书，及中翰插架之所有，按条目一一疏证之。凡事涉新颖与辨驳忠佞及考据名物者，皆笔之于简端。久，又攟成一帙。拟续补之，而篇幅已溢，碍难搀入。今且纳诸簏中，特梓其先补注者，以饷朋好，徇中翰之怂恿也。噫！半生沉溺词章，毫无表见，村学究之伎俩，尽在是矣。考杨先生古度今《安徽通志》误作古渡。为皖桐遗老，博闻强记，此外有《禹贡笺》、《礼经会元》等著，今书皆未见，独借此编以传，足见《兔园册》之尚餍人心也。余系出龙眠公后，万历间始由舒迁润州，杨家于龙眠，乃得先后缔一重翰墨缘，或亦乡先生所默许乎？杨氏之误，余既僭订之；余之误，有能扫涤尘封以匡驽骀之所未逮者，吾将执鞭慕之。岁在乙酉孟夏，恩绶跋于肥西紫蓬山房之心太平盦。

# 龙 文 鞭 影

## 二 集

〔清〕李晖吉　徐瓒　纂辑

# 例 言

　　《前集》已见者悉不录，以免重复。

　　所隶典故，颇有删节，因原文冗长，而此书限于边幅，故未能悉录。

　　《左》、《国》、《家语》等书，虽人所习读，兹因童稚起见，间亦采入，识者谅焉。

　　集中"呆"、"蠔"等字，《诗韵》未载，遵《佩文韵府》增入。

　　采用各书不下百余种，内有彼此互异者，间亦注出，以备参考。

　　兹集开雕匆遽，恐有淮淫别列之讹，大雅幸为更正。

番禺 李子良<br>　　　徐兰畦 同识

# 龙文鞭影二集上卷

## 一　东

### 篇承古度　集续汉冲

《前集》为萧汉冲先生所著，杨古度先生所增订者，今承其集而续之。

### 搜罗子史　诱掖儿童

子史，《前集》已有注。

诱，引也。掖，扶也。

### 明锐韩愈　完粹李侗

唐韩愈，字退之。性明锐，不诡随。与人交，始终不少变。成就后进士，往往知名，经愈指受者，皆称"韩门弟子"。

宋李侗，字愿中。退居山中，谢绝世故，凡四十年。常教人曰："学问之道，不在多言，但默坐澄心，体认天理，自见。"朱晦庵从侗受学，每称其充养完粹，无复圭角。平居恂恂，无甚可否；及酬酢事变，断以义理，则有截然不可犯者。学者称延平先生。

### 清呼一叶　德颂二冯

明永乐间，叶宗行为钱塘令。按察使司周新尝过其室，潜入厨中，见惟鱼腊一裹，叹息而已。时呼为"钱塘一叶清"。

汉冯野王，字君卿。官陇西太守。立字圣卿，迁西河上郡。民歌之

219

曰:"大冯君,小冯君,兄弟继踵相因循。聪明贤知惠吏民,政如鲁卫德化钧,周公康叔犹二君。"

## 谅辅祷雨　陈茂呵风

后汉谅辅,为五官掾。大旱,太守自出祈祷山川,连日不雨。辅乃自暴庭中,慷慨咒曰:"辅为股肱,不能进谏纳忠,和调阴阳,至令天地否隔,万物焦枯,咎尽在辅。今敢自祈请,若至日中不雨,请以身塞无状。"遂积薪柴,聚茭茅,将自焚。未及日中,天云晦合,须臾澍雨。

汉陈茂,尝为交趾别驾。旧刺史行部不渡涨海,刺史周敞涉海遇风,船欲覆没,茂拔剑呵骂水神,风即止。

## 四如给事　三旨相公

宋给事李邺,使金还,云:"金人上马如龙,步行如虎,渡山如獭,登城如猿。"时人号为"四如给事"。

唐王珪为相,一无建白。上殿进呈,云取圣旨;上可否讫,云领圣旨;退谕禀事者,云已得圣旨也。时称为"三旨宰相"。

## 怀橘陆绩　辨李王戎

三国陆绩,字公纪。年六岁,于九江见袁术。术出橘,绩怀三枚,去,拜辞堕地。术谓曰:"陆郎作宾客而怀橘乎?"绩跪答曰:"欲归遗母。"术大奇之。

晋王戎,七岁,与诸小儿戏。道傍李树,子多枝折,诸小儿竞取,唯戎不动。人问之,答曰:"树在道边而子多,必苦李也。"取之信然。

## 盗琶黑黑　记曲红红

唐太宗时,西国进一胡人,善弹琵琶。上使罗黑黑隔帷听之,一遍而得,谓曰:"此曲吾宫人能之。"遂于帷下令黑黑弹之,不遗一字。胡人谓是宫女也，惊叹辞去。

　　大历初张红红，丐人女也。随父丐食，过将军韦青，青纳为姬。自负其艺，颖悟绝伦。有乐工取新更《长命女》歌于青第，红红以小豆记其拍数，在内给云："女弟子久歌此，非新声也。"隔屏奏之，一声不失。乐工大惊。青令与相见，复云："有一声不稳，今已正矣。"寻达上听，召入宜春院，宠泽隆异，号记曲娘子，拜为才人。

## 管辂画地　殷浩书空

　　三国管辂，年八岁，便喜仰观星辰，夜不肯寝。父母常禁之，不止。辂曰："我虽年小，然目中喜观天文。家鸡野鹄犹知时，况于人乎？"与比邻儿共戏土壤中，辄画地作天文及日月星辰。

　　晋殷浩被废，在信安，终日恒书空作字。扬州吏民寻义逐之，窃视拟议，唯作"咄咄怪事"四字而已。及得桓温召，大喜，作书启谢。虑有谬误，开封数四，竟达空函。温怒，遂绝。尝恨简文，顿足曰："上人著百尺楼上，儋梯将去。"悒悒而卒。

## 欧公白耳　窦子赤瞳

　　宋欧阳修尝曰："少时有僧相我耳白于面，名满天下；唇不著齿，无事得谤。今果然。"

　　唐窦轨，为益州行台仆射。袁天纲瞻之良久，曰："目色赤，脉贯童子，语浮面赤，为将必多杀人。愿深自识。"后果多行杀戮，坐事见召。天纲曰："公无忧。面上辅角右畔光泽，不久必还。"果授益州都督。

## 裂服张咏　挂帻易雄

　　宋张咏，太平兴国三年，试《不阵成功赋》。咏赋有"包戈卧鼓，岂烦师旅之威；雷动风行，举顺乾坤之德"，颇自负。有司以对偶韵失黜之，选胡旦为状元。咏愤然毁裂儒服，欲学道于陈希夷，趋豹林谷，以弟子事之。希夷善风鉴，谓其异日贵为公卿，不可学道。后二年及第。

晋易雄，少为县吏，念无由自达，乃脱帻挂县门而去。后举孝廉，迁春陵令。会王敦作逆，雄奋义兵讨之，为魏乂所虏，抗词不屈，遂被害。

## 良将五鸽　廉宦一骢

宋曲端，长于兵略，屡战有声。魏国公张浚尝按视端军，端执挺以军礼见，傍无一人。公异之，谓欲点视。端以所部五军籍进，公命点其一。则于庭开笼纵一鸽以往，而所点之军随至。张愕然。既而欲尽观，于是悉纵五鸽，则五军顷刻而集，戈甲焕灿，旗帜精明。魏公虽面奖，而心实忌之。

汉鲍昱，字文泉，永之子。仕至太尉，三世皆为司隶，而共乘一骢马。京师歌曰："鲍氏骢，三入司隶再入公。马虽瘦，行步工，奉法守正有父祖风。"拜三公。

## 浚沮武穆　敞短文忠

宋张浚谓岳飞曰："欲以淮西军付王德、吕祉或张俊、杨沂中，何如？"飞曰："德与郦琼不相下，恐必争。吕尚书不习军旅，恐不能服众。张宣抚暴而寡谋，沂中视德等耳，岂能御北军哉！"浚艴然曰："我固知非太尉不可也。"飞遂与浚忤，即日上表乞终丧，步归庐山。浚怒，奏飞以去要君，乃以张宗元监其军。

宋刘敞，字原父。博学通经。欧阳文忠公尝折简问："入阁起于何年？阁是何殿？开延英起何年？五日一起居，遂废正衙不坐起于何年？三者孤陋所不详，乞示本末。"原父方与客对食，遽索笔一一答之，详尽无遗。原父私谓所亲曰："好个欧九，极有文章，可惜不甚读书。"东坡后闻之，笑曰："轼辈将如之何？"

## 汉王颁露　魏帝逼虹

汉东方朔游吉云之地，谓武帝曰："其国以云占吉凶苦乐之事，吉则满室云起五色,照耀著于草木,皆成五色露,味甚甘。"帝曰:"可得否?"朔东走,至夕而还,得元精露,盛之琉璃器,以授帝。帝遍赐群臣,得尝者,衰老皆少,疾病皆愈。

后魏时,首阳山中有晚虹下饮于溪泉,樵人见之。良久,化为女子,年十五六。问之不言,乃告蒲津戍将,取之以闻。明帝召入宫,见其美,问之,曰:"我天女也。"帝欲逼幸,而色甚难。复令左右拥抱,声如钟磬,化为虹霓而上天。

## 啖饼刘晏　抵肉李充

唐刘晏,五鼓入朝,使人买饼,以袍袖包而啖之,语同列曰:"美不可言。"○啖音淡。

汉李充,字大逊。延平中,诏公卿各举隐士大儒,特征充为博士。大将军邓骘以充高节,每卑敬之。尝置酒请充,宾客满堂,酒酣,骘跪曰:"幸托椒房,位列上将。幕府初开,欲辟天下奇伟,以匡不逮。惟诸君博求其器。"充乃为陈海内隐居怀道之士,颇有不合。骘欲绝其说,以肉啖之。充抵肉于地曰:"说士犹甘于肉!"遂去。

## 饬儿还椹　促侄贩葱

隋赵轨,洛阳人。有行检,后周蔡王引为记室,隋初,转齐州别驾。以清苦闻。其东邻有桑椹落其家,轨遣诸子悉拾以还其主,而谓之曰:"吾非以此求名。意者非机杼物,不取于人。汝等宜以为戒。"○椹音甚。

梁吕僧珍,其兄子宏素以贩葱为业,见僧珍,欲求州官。僧珍曰:"吾荷国重恩,无以报。汝等有常分,岂可妄求叨越?但当速反葱肆耳。"

## 罴通异弩　混填神弓

南越王尉佗攻安阳。安阳王有神人罴通,为王治神弩一张,一发杀人三百。佗败乞和,遣太子始入赘。始姿容端美,安阳王女眉珠通之。

始与珠入库盗截神弩,亡归报佗。佗出其不意攻之,安阳王大败奔窜。〇见《水经注》。又曰:《南传》作杀人三万。

扶南之先,女人为主,名柳叶。有模跌国人字混填,好事神,神感至意,夜梦赐之神弓一张,教载贾人舶入海。混填入庙,神树下得弓,便乘贾舶入海。神回风送至扶南,柳叶欲劫取之,混填举神弓西射焉,贯船,遂渡。柳叶乃举众降。遂王扶南。〇见《南史》。

## 张湛诈善　机汜学恭

汉张湛,矜严好礼,动止有则。居处幽室,必自修整,虽遇妻子,若严君焉。人或谓为诈,湛闻而笑曰:"我诚诈。人皆诈恶,我独诈善,不亦可乎?"

鲁有恭士者曰机汜,行年七十,其恭益甚。冬日行阴,夏日行阳,市次不敢不行参,行必随,坐必危。鲁君问曰:"机子年甚长矣,不可释恭乎?"对曰:"君子好恭,小人学恭以除其刑。誉人者少,恶人者多。年七十,常恐斧质之加于汜者,何释恭为?"

## 狎客江总　弄臣邓通

陈后主起三阁,各高数十丈,连延数十间,皆以沉香为之,金玉珠翠为饰,珠帘宝帐,服玩瑰丽,近古未有。江总虽为宰辅,不亲政务,日随后主侍宴后庭,号为"狎客"。与妃嫔赋诗,采其尤艳丽者,被以新声。其曲有《玉树后庭花》、《临春乐》等,大略皆美妃嫔之容色。君臣酣饮,自夕达旦。

汉申屠嘉为丞相,邓通方爱幸入朝,居上旁,有怠慢之礼。嘉罢朝坐府,为檄召通。通至,责曰:"夫朝廷者,高皇帝之朝廷也。通小臣,戏殿上,大不敬,当斩。"通顿首出血,不解。上度丞相已困通,使使持节而谢丞相曰:"此吾弄臣,君释之。"

## 秀才胆大　府尹声雄

赵璧字宝仁,怀仁人。世祖为亲王,闻其名,召见,呼秀才而不名。

宪宗即位,问赵璧:"天下何如而治?"对曰:"请先诛近侍之尤不善者。"璧退,世祖曰:"秀才,汝浑身是胆耶?"官至枢密副使。

明陈谔,番禺人。顺天府尹。遇事刚果,弹劾不避权贵,奏事声响甚大,上每呼"大声秀才"。

## 女遗螺壳　生寄鹅笼

谢端年十七,未娶。于海中得大螺,贮之瓮中。每出游还,见饮食盈案,疑之。于帘外窥见一少女从瓮中出炊,便入问之,答曰:"妾天汉中白水素女也。天帝哀卿孤贫恭顺,使妾相为守舍,待卿娶妇还去。今无故相伺,不可复留。留此壳贮米谷,可不乏。"忽风雨而去。○出《搜神记》。

许彦相绥安,山行,遇一书生云:"足痛,求寄鹅笼中。"戏许之。书生便入笼与双鹅并坐,负之不觉重。至一树下,书生出笼,于口中吐一铜盘,盘中珍羞具备。及酒数行,又吐一美女,旋又吐一美男。日晚相别,将男女次第吞之而去。○出《续齐谐记》。

## 从难王达　捽恶杨忠

宋屯田郎中李昙,有仆,姓王名达。昙以子学妖,妄言事,父子皆流岭南。众家人曰:"我不能从君之死乡也。"遂皆辞去,惟达慨然曰:"我主人也,岂不得送之乎?"数日,昙感恚自缢死,旁无一人。达使母守昙尸,出为之治丧事,朝夕哭如亲父子,见者皆为流涕。

宋四明戴献可,雄于财。殁时,其子伯简年少,未历世故,里中恶少因得与交狎邪,仆杨忠哭谏不已。一日,伯简又与其徒会饮呼蒲,忠拔刀而前,执其尤者顿之地,数曰:"我事主人三十余年,尔辈诱之为不善,家产扫地,幸我保有此业,汝必荡之靡有孑遗耶?我断汝首,告官请死。"又大叱,令伏地受刃。其人哀号伏罪,遁去。以后无复至者。

## 不疑盗嫂　伯鱼挝翁

汉直不疑,南阳人。迁中大夫。或毁之,曰:"状貌甚美,然特无奈其善盗嫂何也?"不疑曰:"我乃无兄。"然终不自明也。

汉第五伦,字伯鱼。明帝戏问之曰:"闻君为吏挞妇翁,宁有诸乎?"对曰:"臣三娶皆无父。"《魏志》太祖令曰:"第五伯鱼,三娶孤女,谓之挞翁,以白为黑。"

## 丕曜佯哑　杜微诈聋

唐仲长子光,字丕曜。服药养性,隐居北渚,守令至者,不与交言,辞以暗疾。著《独游颂》以自喻。

三国杜微,字国辅。称聋不出。丞相亮与书曰:"君但以德辅时,不责君军事。"乃出,拜谏议大夫。

## 杨嘲四畏　刘慨三同

宋王文穆公夫人悍妒。贵为一品,欲置姬侍,竟不可得。尝于宅后作堂,名"三畏"。杨文公戏之曰:"可改作'四畏'"。公问其说,曰:"兼畏夫人。"

南北朝刘峻,字孝标。常自为序云:"余自比冯敬通有同之者三:敬通雄才冠世,余虽不及之,而节亮慷慨,一同也。敬通中兴逢明君,而终不试用,余逢命世英主,亦摈斥当年,此二同也。敬通有忌妻,至于身操井臼,余有悍室,亦家道坎坷,此三同也。"

## 覆镜郭璞　咒杯柳融

晋王文献令郭璞筮一年吉凶。璞曰:"有小不吉。可取二罂盛以水,置床二角,各覆镜以掩之,某时撤去,其灾可消。"因如其言。至某日,忘撤去,寻失镜所在。寻见镜在罂中,罂口数寸,镜大尺余。怪之,问璞,璞曰:"违期,故致此。妖邪所为,无他故也。"使烧车辖,而镜立出。

南极子者,姓柳名融。取杯咒之,即成龟,肠脏皆具,煮之可食。食讫剩壳,而壳还成杯矣。○事见《云笈七签》。

## 赌姬严续　斩妓石崇

南唐相严续有歌姬，给事唐镐有通天犀带，皆一代尤物。一日，二公呼卢，因出姬解带。唐采得胜，乃酌酒命美人调唱一曲奉别，严慨然与之，俱去。

晋石崇豪富，每宴客，常令美人行酒，客不尽欢，使黄门立斩美人。王导与敦尝共诣之。丞相素不能饮，辄勉强至醉。及到大将军前，固辞不饮，以观其变。已斩却三美人，颜色自若，不饮如故。丞相不忍，让之，敦曰："彼自杀伊家人，何预卿家事？"崇为气夺，令不复行。

## 试子夷简　弹婿敏中

宋吕夷简，字坦夫。生四子：公弼、公著、公奭、公孺，皆颖异。其少时，夷简与其夫人语："四子他日皆显重，但未知谁作宰相，吾将验之。"他日，四子居外，夫人使小鬟擎四宝器贮茶而往，教令至门，故跌而碎之。三子皆失声，或走归告夫人，独公著凝然不动。夷简谓夫人曰："此儿必作相。"元祐中，果大拜。

宋向敏中，字常之。其婿皇甫泌，少年纵逸，敏中忧之。一日，奏事毕，方欲开陈，真宗圣体不和，遽离宸坐。敏中迎前奏曰："臣有女婿皇甫泌。"语方至此，真宗连声曰："甚好！甚好！会得。"已还内矣。敏中词不及毕，莫知圣意如何。已而传诏中书，皇甫泌特转两官。

## 传诗辕固　通易吕蒙

汉辕固，齐人也。以治《诗》，孝景时为博士，作传以授夏侯始昌。始昌授后苍。苍兼通《诗》、《礼》，授翼奉、匡衡、师丹、伏理。由是《齐诗》有翼、匡、师、伏之学。又武帝时以贤良征固及公孙弘，弘侧目而视固，固曰："公孙子，务正学以言，毋曲学以阿世。"其人品如此。

三国吕蒙入吴，吴主劝其学业，蒙乃博览群业，以《易》为真。尝在孙权座上酣醉，忽卧，于梦中诵《周易》一部。俄而惊起，众人皆问之，蒙曰：

"向梦见周公、孔子、文王与我论世祚兴亡之事,日月贞明之道,莫不穷精极妙。"众座皆云:"吕蒙呓语通《周易》。"

## 黎丘奇鬼　枣阳怪童

黎丘有奇鬼焉,善效人之子弟之状。邑丈人有之市而醉归者,鬼效其子之状,扶而遭苦之。丈人醒而谯其子,其子泣曰:"无是事也。"父曰:"嘻!是必奇鬼也。明日遇而杀之。"明旦之市而醉,其子迎之,丈人疑其鬼也,拔剑刺之。○事见《吕览》。

元顺帝时,枣阳民张氏妇生男,甫及周岁,暴长四尺许,容貌异常,皤腹拥肿,见人嬉笑,如世俗所画布袋和尚。

## 王烹云母　柳遇雨工

明王敕,字竹泉。少得道术,后举鼎甲,官翰林,出督学某省。一日,集诸生,遥见白云一片起顶上,急驰两骑,使疾驱数十里,视云落处,掘得白石莹洁如雪,辇之以归。命饔人切细片烹为腐,遍食诸生,甘美,非常味。众问何物,曰:"此云母也。"

唐柳毅,中宗时游泾阳,遇妇人牧羊,自言洞庭龙小女。问:"牧羊何用?"女曰:"非羊也,雨工也。"问:"何谓雨工?"曰:"雷霆之类也。"复视之,则皆矫顾怒步,饮龁甚异,而大小毛角,则无别羊焉。

# 二　冬

## 爱信乐正　诲让德容

齐索谗鼎于鲁,以其伪往,齐曰:"使乐正子春来,将听。"鲁君谓乐正子,对曰:"君胡不以真往?"曰:"我爱之。"答曰:"臣亦爱臣之信。"

唐朱仁轨,字德容。诲子弟曰:"终身让路,不枉百步。终身让畔,不失一段。"

# 扣镮道辅　备椁刚峰

宋仁宗废郭后，孔道辅率范仲淹等入诣垂拱殿伏奏："皇后天下之母，不当轻废。愿赐对尽言。"殿门阖，不为通。道辅扣镮大呼曰："奈何不听台臣言？"寻有旨，令吕夷简谕郭后当废状。道辅语夷简曰："大臣之于帝后，犹子事父母也。奈何顺父出母乎？"夷简曰："废后有汉、唐故事。"道辅曰："人臣当道君以尧、舜，岂得以汉、唐失德为法耶？"夷简语塞。

明海瑞号刚峰，广东人。为户部主事，上疏言世宗妄求长生，不视朝政，法纪弛矣；数年捐纳，名器滥矣。二王不相见，则薄于父子；戮辱臣下，则薄于君臣；乐西苑而不返，则薄于夫妇。帝得疏大怒，抵之地，顾左右曰："趣执之，无使遁。"宦官黄锦曰："臣闻此人上疏时，诀妻子，市一棺，待罪于朝，是不遁也。"帝怒稍解，系之狱。

# 郭璞活马　思邈医龙

晋将军赵固良马死，惜之。郭璞请见，曰："吾能活马。"赵固因出见之。璞随令三十人持竿东行三十里，见北林社庙，以竹竿击树，得一物似猴，持归。见死马，嘘吸其鼻中。顷之，马果起，奋迅如故，不复见前物。

唐孙思邈，通百家，善言老子、庄周，居太白山。隋文帝辅政，以国子博士召，不拜。密语人曰："后五十年有圣人出，吾且助之。"于阴阳、推步、医药无不善。有虎伤人，被金钗插于喉，虎跪张口示之，思邈为出其钗。有龙病鳞，思邈为针之。

# 恢屈孙盛　云折充宗

晋刘恢，字真长，宿州人。少孤，织芒屝养母，荜门陋巷，晏如也。时孙盛善谈《易》，殷浩不能难。简文帝曰："须真长来。"乃迎恢至，盛辞遂屈，一坐抵掌。

汉朱云，为国子监博士。是时少府五鹿充宗贵幸，为梁丘《易》。元帝令充宗与诸《易》家论，充宗乘贵辩白，诸儒莫能与抗。有荐朱云者，召入，摄齐登堂，抗首而请，音动左右。既论难，连折五鹿君，故诸儒为之语曰："五鹿岳岳，朱云折其角。"

## 蔡占白鼠　丁卜黄蜂

刘宋蔡铁善卜。刘义宣射一白鼠，置函中，召铁使卜。兆成，笑曰："兑色之鼠背明户，弯弧射之绝左股。鼠孕三雄而两雌，剖腹而立知。"公乃使剖腹，皆如铁言，遂赐钱一万。

宋赵晋公在中书，闻丁文果善覆射，召至，函置一物，令文果射。文果书四句云："太岁当头坐，诸神列四旁。其中有一物，犹带洞庭香。"发而视之，乃用历日第一幅裹绿橘一枚。又太宗置一物器中，令文果射，亦书四句云："蘏蘏华华，山中采花，虽无官职，一日两衙。"启之，乃黄蜂也。

## 桓悲杨柳　石主芙蓉

晋桓温自江陵北行，见少在琅琊时所种柳，皆十围，慨然曰："柳犹如此，人何以堪？"攀枝折柳，泫然流涕。

宋石曼卿卒后，其故人有见之者，恍忽如梦，言："我为仙，主芙蓉城。"欲呼故人往游，不得。遂乘一素驴而去。

## 直言高适　善辩张松

唐高适，沧州人。玄宗时举有道科，官至谏议大夫，负气敢言，权近侧目，出为蜀彭州刺史。

三国张松，为人短小，精敏有才辩。刘璋遣诣曹操，杨修与语，深器之。以操所撰新书示松，松一览即朗然诵之，一字无遗。

## 荐羊致富　画虎卫凶

汉宣帝时，阴子方腊日晨炊，而灶神现，子方再拜受庆。家有黄羊，因以荐之。自是暴富，田有七百余顷，舆马仆隶比于邦君。子方尝言："吾子孙必将强大。"至识三世，而遂繁昌。故后常以腊日祀灶荐黄羊焉。

上古时，有神荼、郁垒昆弟二人，性能执鬼，度朔山上立桃树下，简阅百鬼，无道理妄为人祸害，神荼与郁垒缚以苇索，执以食虎。于是县官腊除夕，饰桃人，垂苇茭，画虎于门，皆追效于前事，冀以卫凶也。○见《风俗通》。

## 张霭拾齿　钱唐袒胸

宋张霭，字伯云。除侍御史。太祖弹雀后苑，霭请入奏事，及见，所奏乃常事，上怒，霭曰："窃谓急于弹雀。"上以斧柄撞其齿，齿落，徐拾之。上曰："欲讼朕耶？"霭曰："臣何敢讼陛下？但有史官在耳。"

明太祖尝读《孟子》，至"草芥寇仇"之说，大不然之，欲去其配享。诏：有谏者，以不敬论，且命金吾射之。刑部尚书钱唐舆榇入谏，袒胸受箭，曰："臣得为孟轲死，死有余荣。"帝见其诚恳，命太医疗其箭疮，孟子得不废享。

## 投河丐子　触石菜佣

明末弘光遁出，百官星散。百川桥下，一乞儿题诗于桥柱云："三百年来养士朝，如何文武尽皆逃？纲常留在卑田院，乞丐羞存命一条。"遂掷笔跃入秦淮河而死。

明末菜佣汤文琼，见怀宗梓宫过，恸哭触石而死。

## 梁嫕高行　阮女乏容

梁嫕者，寡妇也，为人荣于色而美于行。夫死早寡，不嫁。梁贵人争欲取之，不能。梁王闻之，使相聘焉。嫕乃援镜持刀割其鼻曰："今刑余之人，始可释矣。"于是王大其义，尊其号曰"高行"。

晋许允妇，阮卫尉之女，奇丑。交礼竟，许见妇即欲出，因谓曰："妇有四德，卿有几德？"答曰："新妇所乏者，容耳。士有百行，君有几行？"许曰："皆备。"妇曰："百行以德为首,君好色不好德,何谓皆备?"允有惭色,遂相敬重。

## 唾盘成鲤　喷饭为蜂

刘纲与其妻樊夫人俱有道术。一日,纲唾盘成鲤,其妻唾盘成獭而食之。又中庭有两桃树,夫妻各咒其一,桃便相斗,纲所咒桃走出篱外。〇出《神仙传》。

葛仙翁与客对食,客曰："当请先生作一奇戏。"食未竟,翁即吐口中饭,尽成飞蜂满屋,或集客身,莫不振肃,但皆不螫人耳。良久,翁乃张口,蜂还飞入口中,悉复成饭。〇见《葛仙别传》。

## 对水蠢吏　献日憨农

宋庆历中,河北大水,仁宗忧形于色。有走马承受使臣到殿,上问水势如何,对曰："怀山襄陵。"又问百姓如何,曰："如丧考妣。"上觉可笑,乃诏阁门,令后武臣上殿并须直说,不得文饰。

宋有田夫曝日于野,美之,不识广厦绵纩之属。谓其妻曰："吾负日之暄,以献吾君,必获重赏。"里之富室谓曰："昔人有美茎萍子者,对乡豪称之。乡豪取尝,蜇于口,惨于腹,哂而怨。子此类也。"〇出《列子》。

## 气相王锷　魂摄李邕

王锷为辛果裨将,尝向天呵气,高数丈,若匹练之冲云。果谓妻曰:"此极贵相。"以女妻之。〇见《合璧》。

唐叶法善隐松阳卯酉山中。有铁镜,人有病照之,尽见五脏所滞之物。常骑白鹤,明皇赠以诗云:"清溪道士人不识,上天下天鹤一只。洞门深锁白云间,滴露研珠点《周易》。"尝为其祖叶国重求刺史李邕碑文。已成,并求书,邕不许。法善乃夜具纸笔,摄其魂,使书毕,持以示邕,邕大骇。世谓之"追魂碑"。

# 读疏宣庙　埋帖太宗

唐宣宗得谏疏,必焚香盥手读之。

唐太宗有二王真迹三千六百纸,率以一丈二尺为轴,宝惜者《兰亭序》为最。尝附耳谓高宗曰:"吾千秋万岁后,与《兰亭》将去。"后因以玉匣贮藏昭陵。

# 师旷骏马　张华痴龙

晋平公出,见乳虎伏而不动。平公谓师旷曰:"闻之霸王君出,猛兽伏而不敢起。今寡人出,乳虎伏而不动。"师旷对曰:"鹊食猬,猬食骏敏,骏敏食豹,豹食驳,驳食虎。夫驳之状似骏马,吾君骖驳马以出。"平公曰:"然。"

晋张华,字茂先。洛下有田穴,妇欲杀夫,推而下之。久乃至底,得穴,行数十里,见人皆长三丈,披羽衣。如此九处。最晚行至,告饥,长人指中亭柏树下有一羊,令跪,挼羊须。三挼,得三珠。令食后所得珠,遂不饥。复寻穴行,出交州,还洛门。茂先云:九处地仙名九馆,羊为痴龙。初一珠,天地等寿,次者延年,又次疗饥而已。

# 三　江

# 柳清第一　任智无双

隋柳俭,字道约。帝谓尚书牛弘曰:"其中清名天下第一者为谁?"乃以俭对。赐帛二百匹。

汉任文公,阆中人。闻武担石折,曰:"西州智者死,吾其应之。"益部谣曰:"任文公,智无双。"

# 浩然遭放　藥崧避撞

唐孟浩然与王维友善。一日,随入内署,俄而玄宗驾幸维第,浩然不得已,急匿床下。帝觉之,问为谁,维以实告。上曰:"朕久闻其名,未识其面。"诏使出见,令诵平生得意诗,浩然诵至"不才明主弃,多病故人疏",上不悦,曰:"卿不求仕,朕未尝弃卿,奈何怨望乃尔? 曷不云'气蒸云梦泽,波撼岳阳城'之句耶?"乃放归不用。

汉明帝性褊察,好以耳目隐发为明,公卿大臣数被诋毁,近臣尚书以下至见提曳。尝以事怒郎药崧,以杖撞之。崧走入床下,帝怒甚,疾言曰:"郎出!"崧乃曰:"天子穆穆,诸侯皇皇。未闻人君,自起撞郎。"帝乃赦之。○提音底,掷也。曳音叶,拖也。

## 樊英嗽水　吴猛渡江

后汉樊英,隐于壶山。尝有暴风从西方起,英谓学者曰:"成都市火甚盛。"因含水西向嗽之,乃命记其日时。后有从蜀来者,云是日大火,有云从东起,须臾大雨,火灭。

晋吴猛,字世云。年四十,丁义授以神方。还豫章,江波甚急,不假舟楫,以白羽扇画水而渡。观者异之。

## 不忠徐勣　亏孝刘邦

唐高宗欲立武氏为后,褚遂良、韩瑗、长孙无忌、来济皆以为不可。他日,徐勣入见,上问之曰:"朕欲立武昭仪为后,遂良执以为不可,事当且已乎?"对曰:"此陛下家事,何必更问外人?"上意遂决。上尝谓侍臣曰:"朕虚心求谏,而竟无谏者,何也?"徐勣对曰:"陛下所为尽善,群臣无得而谏。"其谄谀如此。

汉高帝父太公为楚所获。项羽曰:"楚食少。"为高俎,置太公其上,告汉曰:"今不急下,吾烹太公。"王曰:"吾与若俱北面受命怀主,约为兄弟,吾翁即若翁。必欲烹若翁,幸分我一杯羹。"羽怒,欲杀之。项伯曰:"为天下不顾家,杀之无益,只益祸耳。"又帝既即位六年,始尊父为太上皇。帝之天性薄矣。

## 元振丝幔　山谷彩缸

唐郭元振，美丰姿。宰相张嘉贞欲纳为婿，语曰："吾女各有姿色，不知谁是匹偶。吾欲五女各持一丝于幔后，子牵之，得者为妇。"元振牵一红丝，得第三女。

宋黄山谷子求婚于东坡子迈之女，定亲以红彩缠其缸。

## 苏颋吹灶　无垢倚窗

唐苏颋少失父意，仆夫杂处，苦学不倦，常于马厩灶中吹火光以照书读。　后仕至相位。　○颋音挺。

宋张无垢，谪横浦，寓城西宝界寺。　其寝室有短窗，每日昧爽，辄抱书立窗下就明而读，如是者十四年。　泊北归，窗下石上双趺之迹隐然。　前辈为学，勤苦如此。

## 疎氏改束　严姓冒庞

汉太傅疎广之后，因避乱徙居，改"疎"为"束"，盖存其偏旁也。著作郎束皙即其后。

唐庞严及第，《登科录》讹本倒刻为"严庞"。有江淮举子严姓者，冒认为从侄，往京谒庞，延纳极喜。及问族人，都非庞氏，乃讶之，因询："君何姓？"其人怪曰："叔父姓严，侄自严姓，何更相诘？"庞大笑曰："予乃姓庞，君今谬矣。严为予名，何事相攀为族？"举子大惭，狼狈而退。

# 四　支

## 友谅献麦　孝标进芝

梁宋州节度使衡王友谅，献瑞麦，一茎三穗。梁太祖曰："丰年为上瑞。今宋州大水，安用此为？"诏除本县令名，遣使诘责友谅，以惠王友能代之。

宋茹孝标知无为军，献芝草。仁宗曰："朕以丰年为瑞，贤臣为宝。草木之异，何足道哉？"免孝标罪，而诏州郡勿复献。

## 拥炉修史　击钵催诗

宋宋子京修唐史，一日大雪，添帟幕，燃椽烛，左右炽炭两巨炉，诸姬环侍。方磨墨濡毫，以澄心堂纸草一传未成，顾诸姬曰："汝辈俱曾在人家，颇见主人如此否？"皆曰："无有。"其间一人在宗子家来，子京曰："汝太尉遇此天气，亦复如何？"对曰："只是拥炉，命歌舞以杂剧，引满大醉而已，如何比得内翰？"子京点头曰："也自不恶。"

南齐萧文琰、丘令楷、江洪并以才称。竟陵王萧子良夜集赋诗，约四韵，刻烛一寸。文琰曰："何难之有？"乃与江洪等击铜钵立韵，响绝而诗成。

## 秦桧十客　侂胄四姬

宋秦桧有十客：曹冠以教其孙为门客，王会以妇弟为亲客，郭知运以离婚为逐客，吴益以爱婿为娇客，施全以割刃为刺客，李季以设醮奏章为羽客，龚金以治产为庄客，丁禩以出入其家为狎客，曹泳以献计取林一飞还作子为说客。初止有此九客耳。秦既死，葬于建康，蜀人史叔夜者，怀鸡絮号恸墓前，其家人大喜，因厚遗之，遂为吊客，足十客之数。

宋韩侂胄有四妾，皆郡夫人。其三夫人号"满头花"，新进者号"四夫人"，尤宠幸，通籍宫中。慈明尝召入，赐座，四夫人即与慈明偶席。○侂音铎。○又孙亮有爱姬四人，皆振古绝色。一名朝珠，二名丽居，三名洛珍，四名洁华。

## 对策刘显　隶事王摛

南北朝沈约于座策刘显经史十事，显对其九。约曰："老夫昏忘，不可受策。虽然，聊试数事，不可至十。"显问其五，约对其二。陆倕闻之，喜曰："刘郎可人，虽吾家平原诣张壮武，王粲谒伯谐，必无此对。"

南北朝王俭，尝使宾客隶事，多者赏之。庐江何宪为胜，乃赏以五花簟、白团扇。王摛后至，俭以所隶示之，曰："卿能夺之乎？"摛操笔便成，文章既奥，词亦华美。摛乃命左右抽宪簟，手自擘取扇，登车而去。俭笑曰："所谓大力者负之而趋。"

## 蒙正非执　伯鱼有私

宋吕蒙正在中书，太宗欲遣人使朔方，蒙正以名上，帝不可。他日三问，三以其人对。帝怒曰："卿何执耶？"对曰："臣非执，盖陛下未谅耳。"卒用之，果称职。帝叹曰："蒙正器量，我不如也。"

汉第五伦，字伯鱼，京兆长陵人也。或问之曰："公有私乎？"对曰："昔人有与吾千里马者，吾虽不受，每三公有所选举，心不能忘，而亦终不用也。吾兄子尝病，一夜十往，退而安寝；吾子有疾，虽不省视，而竟夕不眠。若是者，岂可谓无私乎？"

## 佯仆留正　诈睡羲之

宋光宗有疾，适寿皇崩，未克主丧。尚书左选郎官叶适语留正曰："帝疾而不执丧，将何辞以谢天下？今嘉王长，若预建参决，则疑谤释矣。"正然之，入奏云："皇子仁孝肃成，宜早正储位，以安人心。"不报。越六日，又请，御札付丞相云："历事岁久，念欲退闲。"正得之，大惧，因朝佯仆于庭，即日上表，称老遁归。

晋王羲之十岁，大将军王敦甚爱之，恒置帐中卧。敦先出，羲之未起，须臾，钱凤入，与敦屏人论事，都忘右军在帐，便言逆谋。右军觉，因闻所议，知无活理，乃呕吐污秽，诈作熟睡。敦语甫半，方意及羲之，大惊曰："不得不除之。"急开帐，见其纵横狼藉，信为真睡，遂获免。

## 怀清巴妇　行义桓嫠

汉巴蜀寡妇清，其先得丹穴而擅其利数世，家亦不訾，清寡妇能守其业,用财自卫,人不敢犯。始皇以为贞妇而客之,为之筑怀清台。○不訾,赀财众多无限数也。

汉刘长卿妻者,同郡桓鸾之女也。生一男,五岁而长卿卒,妻防远嫌疑,不肯归宁。儿年十五,又夭。乃刑其耳以自誓。宗妇相与愍之,曰:"何贵义轻身之甚哉?"对曰:"昔我先君五更,学为儒宗,尊为帝师。五更以来,历代不替,男以忠孝显,女以贞顺称。是以预刑剪以明我志。"沛相王吉上奏高行,显其门闾,号曰"行义桓嫠"。

## 得得和尚　何何尊师

唐末僧贯休,俗姓姜氏,号禅月大师,字德隐,金华兰溪人。以诗得名。晚年入蜀,以诗投王建,有"一瓶一钵垂垂老,万水万山得得来"句,常呼为"得得和尚"。

唐何尊师,不知何许人,龙朔中尝往来封、康间,来无所慕,去无所敫。至百年,人见之,状貌不改,如四十者,行步如风。人问氏族,但云"何何",诘其乡里,亦云"何何",因号为"何何尊师"。

## 登山羊祜　临江曹丕

晋羊祜,乐山水,常造岘山,置酒言咏,终日不倦。尝顾谓从事中郎邹湛等曰:"自有宇宙,便有此山。由来贤达圣士,登此远望,如我与卿者多矣,皆湮灭无闻,使人悲伤。如百岁后有知,魂魄犹应登此山也。"湛曰:"公令德令望,必与此山俱传。但湛辈乃当如公言耳。"

魏曹丕临江观兵,有东渡之志,忽见波涛汹涌,且吴人严守甚固,乃叹曰:"长江天堑,固天之所以限南北也。"乃引还。

## 将军襄鬼　都护怖儿

刘宋檀道济,迁征南大将军。元嘉中,都督征讨诸军事,北略地,与魏三十余战,雄名大震。魏甚惮之,时人图之以禳鬼。

宋刘锜,高宗初为陇右都护,与夏人战,屡败夏人。夏人小儿啼,辄怖之曰:"刘都护来!"儿啼即止。尝在顺昌败金兀术十万众。金主南下,枚举南朝诸将,问其下孰敢当者,皆随姓名以对,独问至锜,则莫有应者。望见其旗,惊曰:"此顺昌旗帜也。"辄遁去。〇又杨大眼、郝玭俱怖啼儿。

## 贵妃剪发　莹娘修眉

唐杨贵妃,尝不逊忤上,送归铦第,上遂不食。至夜,高力士奏请迎妃归院,遂开禁门而入。后复以忤旨遣归。吉温因宦官言于上曰:"陛下何爱宫中一席之地,使之就死而辱之于外舍邪?"上亦悔之,遣中使赐以御膳。妃对使者涕泣,曰:"金玉珍玩,皆陛下所赐,惟发者父母所与。"乃剪发一缭而献之。上遽召还,宠待益深。〇铦,贵妃兄也。

莹娘,平康妓也。玉净花明,犹善梳掠,画眉日作一样。唐斯立戏之曰:"西蜀有十眉图,汝眉癖若是,可作百眉图。更假岁年,当率众同志为修眉史矣。"〇见《潜确类书》。

## 普惜国法　通定朝仪

宋郑州团练使侯莫陈利用,以幻术得幸,骄恣不法,居处服御,僭拟乘舆。赵普按其十罪,既命配商州,普复力请诛之。帝曰:"岂有万乘之主不能庇一人乎?"普曰:"陛下不诛,则乱天下法。法可惜,此一竖子,何足惜哉!"帝不得已,命诛之,已而,复遣使贷之。使至新安,马旋泞而踣。及出泞,易马至商州,已磔于市矣。闻者快之。〇侯莫陈,三字姓也。利用,名也。

汉高祖已并天下,群臣饮酒争功,醉或妄呼,拔剑击柱。上患之。叔孙通曰:"夫儒者,难与人进取,可与守成。臣愿征鲁诸生,与臣弟子共立朝仪。"于是征鲁诸生三十余人,习之月余。会长乐宫成,置酒,诸侍坐殿上皆伏抑首,以尊卑次起上寿。觞九行,无敢喧哗失礼者。帝曰:"吾乃今日知为皇帝之贵也。"

## 厍狄杖吏　东昏畏妃

南北朝厍狄伏连，性愚鲁，居室常患蝇，乃呼门吏杖之，曰："汝所司何事，乃故放其入来。"○厍狄，双姓也。

南齐东昏侯宠畏潘妃，动遭呵杖，略不敢忤。但敕虎贲不得进大荆子，私心自喜，以为得计。

## 众歌裴侠　民爱贾逵

南北朝裴侠除河北郡守，躬履俭素，爱民如子，其所食惟菽麦盐菜而已。罢旧制渔猎夫三十八人，曰："吾不以口腹累人。"侠又有丁三十人，供郡守役，侠亦不以入私，并收庸为市官马，去职之日，一无所取。人歌曰："肥鲜不食，丁庸不取。裴公贞惠，为世规矩。"

汉贾逵，襄陵人，为绛邑长。郭援攻河东，所经城邑皆下，逵坚守，不拔，乃召单于并军急攻之。城将溃，绛父老与援要，不害逵。既溃，逵不屈，援怒，将斩之。绛吏民皆乘城呼曰："负要杀我贤君，宁俱死耳！"左右义逵，多为请，乃免。

## 相分公媪　皇别父儿

宋徽宗时，丞相蔡京、太傅童贯共秉国政，宠幸无比，时人目京为公相，贯为媪相。

晋高祖事契丹甚谨，奉表称臣，谓契丹主为"父皇帝"。其后契丹主屡止晋主上表称臣，但令为书"儿皇帝"，如家人礼。

## 樊哙排闼　栖楚叩墀

汉高帝有疾，恶见人，诏户者无得入群臣。十余日，舞阳侯樊哙排闼直入，大臣随之。上独枕一宦者卧。哙等流涕曰："始陛下与臣等起丰、沛，定天下，何其壮也！今天下已定，又何惫也！且陛下独不见赵高之事乎？"帝笑而起。

唐敬宗视朝每晏，左拾遗刘栖楚进言曰："陛下嗣位之初，当宵衣求理，而嗜寝乐色，日晏方起。梓宫在殡，鼓吹日喧。令闻未彰，恶声遄布。臣恐福祚之不长，请碎首玉阶，以谢谏职之旷。"遂以额叩墀，见血不已。上命中使宣慰，令归。擢为起居舍人，不拜。

## 羲之书几　信本观碑

晋王右军尝诣一门生家，见有一新斐几滑净，因书之，草正相半。门生送王归郡，比还家，其父已刮去，惊懊累日。

唐欧阳询，字信本。官太子率更令，善书。尝行见古碑，是索靖所书，驻马观之，良久而去，数百步复还，下马伫立，疲倦则席地坐观，因宿其下。三日乃去。

## 主司头脑　学士肚皮

唐郑侍郎薰主文，疑颜标为鲁公之后，即以为状元。谢日，问及庙院，标曰："寒畯无此。"时举子嘲之曰："主司头脑太冬烘，错认颜标作鲁公。"

宋苏学士轼自云："谪居黄州时，有人传我与曾子固同日化去，又有人传吾乘小舟入海不返，京师皆云儿子书言之。要之，吾不死，谤亦不息，满肚皮不合时宜，正苦无处发泄耳。"

## 汉王尊鼎　宋后卜棋

汉武帝时，汾阴巫见地如钩状，掊视得鼎。鼎大异于众，鼎文镂无款识，吏以闻。公卿大夫皆议请尊宝鼎。

宋显仁后在北地，未知高宗即位。尝用象棋局子，裹以黄罗，书康王字贴于将上，焚香祷曰："今三十二子，俱掷于局，若康王字入九宫者，必得天位。"一掷，其将子果入九宫，他子皆不近。后喜甚，具奏，徽庙大喜。

## 安石授扇　长倩馈丝

晋袁宏警辨，出为东阳郡，公卿饯于冶亭。谢安石欲猝迫试之，就左右取扇授之曰："聊以赠行。"宏应声答曰："当奉扬仁风，慰彼黎庶。"合座称善。又尝倚马作征鲜于露布，手不停挥，俄成七纸。

汉公孙弘举贤良，故人邹长倩赠以素丝一襚，为书以遗之，曰："五丝为缀，倍缀为升，倍升为緎，倍緎为纪，倍纪为緵，倍緵为襚。此自少之多，自微之著也。士之立功勋，效名节，亦复如之，勿以小善为不足修而不为。"

## 食鬼尺郭　擘妖锺馗

东南方有人焉，身长七丈，朝吞恶鬼三千，暮吞三百，以鬼为饭，以露为浆。名曰尺郭，一名食邪。○事见《神异经》。

唐明皇昼寝，梦一小鬼，衣绛犊鼻，跣一足，履一足，腰悬一履，盗太真绣香囊。上叱问之，奏曰："臣乃虚耗也。"上怒，欲呼力士。俄见一大鬼顶破帽，衣蓝袍，系角带，靰朝鞋，径捉小鬼，先刳其目，然后擘而食之。上问："尔为谁？"对曰："臣终南进士锺馗也。"

## 问字载酒　借书还瓿

汉刘棻尝从扬雄学作奇字。雄素贫，嗜酒，好事者载酒肴以问之。

李匡义《资暇录》曰："借借书籍，俗曰借一痴，借与二痴，索三痴。又案《王府新书》杜元凯遗其子书曰：'书勿借人。古人云，古谚借书一嗤，后人更生其辞至三四，因讹为痴。'"《集韵》释瓿字，酒器也。古以借书为馈酒一瓿，还书馈酒一瓿，故山谷从人借书，有诗曰："勿辞借我千里，他日还君一瓿。"

## 王莽买婢　程松献姬

汉王莽伪为恭俭，匿情求名，振施宾客，家无所余，虚誉隆洽，倾其叔父。敢为激发之行,处之不惭恶。尝思买侍婢,昆弟怪之,莽因曰:"后将军朱子元无子,莽闻此儿种宜子,为买之。"即日以婢奉博。○朱子元名博。

宋宁宗时,韩侂胄为相,程松谄媚之。松自知钱塘县,不二年,为谏议大夫。满岁未迁,殊怏怏。乃市一妾献之,名曰松寿。侂胄曰:"奈何与大谏同名?"答曰:"欲使贱名常达钧听耳。"侂胄怜之,遂除同知枢密院事。

## 秉三不惑　洽五无欺

汉杨秉,字叔节,震之子也。官太尉。每朝廷有得失,辄进忠规谏,上多改容纳焉。性不饮酒。早丧夫人,不复娶。所在以廉著。常曰:"我有三不惑,酒、色、财也。"

明黄洽,侯官人。质直端亮,以大学士致仕。常言:"居家不欺亲,仕不欺君,仰不欺天,俯不欺人,幽不欺鬼神。无是五欺,何用求福为哉?"

## 登床常侍　避甓主司

唐贞观十八年,赐宴于玄武门。太宗作飞白书,群臣乘酒竞取。刘洎登御床引帝手,然后得之。帝笑曰:"昔闻婕妤辞辇,今见常侍登床。"

宋谢泌解送国学,举子黜落甚众。群言沸摇,怀甓以俟其出。泌知之,潜由他途入史馆,避宿数日。太宗闻之,笑曰:"泌职在考校,岂敢滥收。小人不自揣分,反怨主司。"因问:"何官职骖导严肃,都人畏避?"左右奏曰:"惟台省知杂,呵拥难近。"遂以是职除之。

## 守珪置酒　汝霖围棋

唐张守珪,慷慨尚气节,为瓜州刺史,督众完城,西戎掩至,众相顾失色。守珪置酒城上,会诸将作乐。虏疑有备,引去。守珪纵兵击败之。

宋宗泽,字汝霖,义乌人。时金兀术自郑抵白沙,去汴京密迩,都人震恐。僚属入问计,宗泽乃对客围棋,笑曰:"何事张皇? 刘衍等在外,必能御敌。"乃选精锐数千,使绕出敌后,伏其归路。金人方与衍战,伏兵起,前后夹击之,金人果败。

## 赞宁命薄　李广数奇

宋太宗时,僧赞宁充史馆编修,寿八十四。王处纳推其命孤薄,谓宁曰:"卿生时正得天贵星临门,必有列土侯王在户。"宁曰:"母尝谓某生时方卧草,钱文穆王元瓘往临安拜茔,至门雨作,避于茅檐,徘徊移时方去。"

汉李广,陇西成纪人也。善射,公孙昆邪尝谓"李广材气,天下无双"。才出广下以军功取侯数十人,而广与匈奴数十战,不得一侯。元狩四年,大将军击匈奴,广数请行,帝不许。广苦请,乃许之。上阴戒大将军曰:"李广数奇,毋令当匈奴,恐不得所欲。"

## 扬雄吐凤　刘赞吞龟

汉成帝时,有荐扬雄文似相如者。召雄待诏承明之庭。正月,从上幸甘泉,还,奏《甘泉赋》。赋成,梦口吐白凤。① ○"扬"字不从木旁。

五代刘赞,文思迟钝,乃祷乾象,乞文才。一旦,梦吞一小金龟,自此大有文思。后为学士。著《玉堂集》。一日,吐金龟投水中,不老而卒。

## 妻唾马邈　母杖尧咨

后汉李氏,蜀将马邈妻。邓艾以冬月入阴平,邈不为备,乃归己室,与妻拥炊。妻曰:"边告急,君豫然,何也?"邈曰:"主人听信黄皓,溺于酒色,祸不远矣。魏兵至,吾其降乎?"李唾面曰:"负国如此,吾何面目与君共立也?"已而闻邈出降,李即自缢。

---

① 按:"梦吐白凤"当为撰《太玄》时事。

宋陈尧咨,母冯氏。咨为荆南守,秩满归,母问曰:"尔典名藩,有何异政?"对曰:"州当孔道,过客以儿善射,莫不敬服。"母曰:"忠孝辅国,尔父之训也。尔不能以善化民,顾专卒伍一夫之技,岂父训哉?"因击以杖,堕其金鱼。

## 韩驱五鬼　柳骂三尸

唐韩愈以不遭于世,时命窭穷,乃作《送穷文》,一曰智穷,二曰学穷,三曰文穷,四曰命穷,五曰交穷。

唐柳宗元有《骂尸虫文》。盖人身中有三尸神,每逢庚申日,伺人睡熟,辄上诣天曹,言人过失。修养家每遇庚申日,达旦不寐,以禁三尸。

## 觞酒木妓　踏曲杖尼

唐殷文亮刻木为人,衣以缯帛,酌酒行觞,皆有次第。又作木妓女,唱歌吹笙,皆能应节。

唐张魏公在蜀时,有楚僧难陀得如来三昧。初入蜀,与三少尼俱行,戍将夜会客,与之剧饮。僧假裆巾帼市铅黛,饰其三尼。及坐,含睇调笑。酒将阑,僧谓尼曰:"可为押衙踏某曲也。"因徐起对舞,技又绝伦。良久,喝曰:"妇女风邪!"忽起,取戍将佩刀砍之,皆踣于地,血及数丈。戍将呼左右缚僧,僧笑曰:"毋草草。"徐举尼,三枝筇杖也,血乃酒耳。○魏公,延赏也。

## 陆云笑疾　李益妒痴

晋陆机诣张华,华问:"云何在?"机曰:"云有笑疾,未敢进见。"俄而云至。华为人多姿致,又好帛绳缠髯,云见而大笑,不能自已。云又尝著缞绖上船,于水中顾见其影,因大笑落水,人救获免。

唐李益多猜忌,防闲妻妾,过为苛酷,常散灰扃户。时人谓之"妒痴"。

## 书帖敬德　拜剑审知

隋末有书生家贫,所居近官库,穴而入,见有钱数万,遂欲携挈。一金甲神持戈曰:"汝要钱,可索取尉迟公帖来。"生访求至冶铁处,见尉迟敬德方袒露蓬首锻炼。拜之,乞钱五百贯。公怒,生曰:"但赐一帖。"尉迟不得已,与之。生接帖至库,复见金甲神,神令系梁上,遣生取钱。后敬德赐钱一库,欠五百贯,将罪主者,忽于梁上得帖子,乃打铁时所书也。

唐刘行全,众推其前锋将为将军,辞曰:"我不及王潮,请以为主。"潮苦让不克,乃除地刲剑,祝曰:"拜而剑三动者,我以为主。"至审知,剑跃于地。众以为神,皆拜之。审知让潮自为副。按审知,潮弟也。

## 鬻书戒子　质史斥儿

唐杜暹藏书万卷,每卷题云:"清俸买书手自校,汝曹读之知圣教,坠之鬻之为不孝。""坠之鬻之"四字,一本作"鬻及借人"。

南北朝谢侨素贫,一朝无食,其子启欲以班史质钱。侨曰:"宁饿死,岂可以此充食乎?"

## 五　微

## 上官马瘦　卜式羊肥

汉上官桀,始以力幸,得为未央厩令。上尝体不安,及愈,见马,马多瘦。上大怒曰:"令以我不复见马乎?"桀对曰:"臣闻圣体不安,日夜忧惧,意诚不在马。"言未卒,泣数行下。上以为爱己,由是亲近。

汉卜式,以田畜为事,不愿为郎。上曰:"吾有羊在上林中,欲令子牧之。"式既为郎,布衣草跻而牧羊。岁余,羊肥息,上过其羊所,善之。式曰:"非独羊也,治民亦犹是矣。以时起居,恶者辄去,毋令败群。"上奇其言,欲试使治民,拜缑氏令。

## 疾恶伯厚　奖善玄晖

汉朱震，字伯厚。初为州从事，奏济阴太守单匡赃罪，并连匡兄中常侍车骑将军超。桓帝收匡下廷尉，以谴超，超诣狱谢。三府谚曰："车如鸡栖马如狗，疾恶如风朱伯厚。"

谢朓，字玄晖。好奖人才。会稽孔颛有才华，未为时知，孔稚珪常令草让表以示朓。朓嗟咏良久，自折简写之，谓珪曰："士子声名未立，应共奖成，无惜齿牙余论。"

## 老姬泣乐　稚子饯韦

北齐乐预，建武中为永世令，民怀其德。卒时，有老妪行担斛蔽若将诣市，闻预死，弃担号泣。

唐韦景骏为肥乡令，后为赵州长史，路出肥乡，人吏惊喜，竞来犒饯。有童稚数十人，甫十余岁，亦在其中。景骏曰："吾去此时，汝辈未生，何殷勤之甚也？"对曰："比闻长宿传说，县中廨宇学堂馆舍，并是明公遗迹，将谓古人，不意亲得瞻睹。"

## 头闲触怒　手重贻讥

张逸密学知成都，僧文鉴求见，时华阳簿张唐辅同在客次。唐辅欲搔首，方脱乌巾，睥睨文鉴，置于其首。文鉴大怒，诉于张公。公问其故，唐辅曰："某方头痒，取下幞头，无处顿放，见大师头闲，遂权顿少时，不意其怒也。"○见《古今诗话》。

陆余庆善论事而短于判，时人讥之曰："陆公说事，喙长三尺，判事手重千斤。"○见《山堂肆考》。

## 麻面赵孟　缺唇雄飞

晋赵孟为尚书令，善谈，面有疵点，时人言："诸事不决问麻面。"号为"麻面尚书"。

唐方干，字雄飞，桐庐人。唇缺，工于诗。积书极多，四壁为阁以藏之，榜曰"富文"。应举不第，隐居鉴湖，任情渔钓，葛常之称其"野渡波摇月，空城雨翳钟"。及遇医者补唇，年已老矣。

## 纸驴张果　木马段晖

唐张果老，隐于终南山。常乘白驴，日行数万里，休则叠之如纸，置巾箱中；乘则以水喷之，复成驴焉。

后魏段晖，师事欧阳汤。有童子与晖同学，后二年，童子辞归，从晖请马，晖戏作木马与之。童子甚悦，曰："我泰山府君子，奉敕游学，今将归，蒙子厚赠，无以报德，此后位至常伯封侯，非报也，聊以为好耳。"言毕，乘木马腾空而去。

## 深源万拜　子显一挥

宋朱浚，字深源，晦庵之曾孙也。官浙漕。每有札子禀事，必称"万拜覆"，时人谓之"朱万拜"。迨元兵入闽，执朱浚，欲降之，曰："岂有朱晦庵后而失节者？"遂自杀。

梁萧子显为吏部尚书，负才气，见九流宾客，不与交言，但举扇一挥而已。由是衣冠切恨之。

## 玩之蹑屐　江湛浣衣

齐虞玩之蹑屐造席，太祖问曰："卿屐已著几载？"对曰："初释褐拜征北行佐买之，已著二十年矣。"

宋江湛为吏部尚书，家甚贫约，不营财利，无兼衣余食。尝为上所召，值浣衣，称疾经日，衣成后起。

## 道济掷帻　有功掩扉

刘宋檀道济立功前朝，威名甚重，诸子俱有才气。出镇浔阳，朝廷疑畏之。会文帝疾笃，召回，因执之。道济奋怒，目光如炬，脱帻投地曰："乃坏汝万里长城！"魏人闻之，曰："道济死，吴子辈不足惧。"

唐武后既杀窦德妃，妃父孝谌为润州刺史，有奴妄为妖异，以恐妃母庞氏，因请夜祠祷，而发其事。御史薛季昶按之，以为当斩。其子希瑊诣侍御史徐有功讼冤，有功论之，以为无罪。季昶奏有功阿党恶逆，罪当绞。令史以白有功，有功叹曰："岂我独死，诸人永不死耶？"既食，掩扉熟睡。太后诏有功，谓曰："卿比按狱，失出何多？"对曰："失出，人臣之小过；好生，圣人之大德。"由是妃母得减死，有功亦除名。

## 卧云师复　玩月知微

宋管师复，浙江人。性高尚，尤善诗。仁宗闻其名，召见曰："卿所得何如？"对曰："'满岛白云朝不卷，一川明月钓无痕'，臣所得也。"赐爵，不受。人称卧云子。

赵知微有道术，皇甫玄真等师事之。咸通庚寅，中秋淫雨不止，知微忽命寺童曰："可备酒果，登天柱峰玩月。"既出门，皓月如画，扪萝援篆，吟饮山岭。既归就榻，则风雨宛然。○见皇甫枚《三水小牍》。

## 钩书蝇字　寔卖牛衣

南齐衡阳王钩尝手自细书写《五经》，部为一卷，置巾箱中，以备遗忘。侍读贺玠问曰："殿下家自有《坟》《索》，复何须蝇头细书，别藏巾箱中？"答曰："巾箱中有《五经》，于简阅既易，且一经手写，则永不忘。"诸王闻而争效为巾箱《五经》。巾箱《五经》自此始也。

晋刘寔，少贫苦，卖牛衣以自给。然好学，手约绳，口诵书。博通古今，清身洁己，行无瑕玷。

## 景宗思猎　唐帝罢围

南北朝曹景宗，字子震。谓所亲曰："我昔在乡里，骑快马如龙，与年少辈数十骑拓弓弦作霹雳声,箭如饿鸱叫,驰平泽中逐獐,数肋射之,渴饮其血,饥食其肉,胃甜如甘露浆,耳后生风,鼻头出火,此乐使人忘死,不知老之将至。今来扬州作贵人,动转不得。路行开车幔,小人辄言不可,闭置车中如三日新妇,此邑邑使人气尽。"

唐太宗猎洛阳苑,有群豕突出,前及马镫。民部尚书唐俭投马搏之,上拔剑斩豕,顾笑曰:"天策长史,不见上将击贼耶?何惧之甚?"对曰:"陛下以神武定四方,岂复逞雄心于一兽?"上悦,为之罢猎。

# 六　鱼

## 青钱学士　白衣尚书

唐张鷟,早慧绝伦,为儿时梦紫文大鸟,五色成文,止其庭。大父曰:"吾闻紫文,鷟鷟也。若壮,殆以文章瑞朝廷乎?"遂以命名。调露初,登进士第。员外郎员半千称鷟文辞犹青铜钱,万选万中,时号"青钱学士"。

汉东平郑均,矜尚廉节,屡辟不就。章帝东巡,特幸其舍,赐尚书禄以终身,时号"白衣尚书"。

## 似道斗蟀　秦桧进鱼

宋贾似道,号秋壑。度宗时为相,不事朝政,于半闲堂日与诸妾据地斗蟋蟀。狎客廖莹中入见,笑曰:"此岂平章军国重事耶?"

宋秦桧妻尝入禁中,显仁太后曰:"近日子鱼大者绝少。"桧妻对曰:"妾家有之,当以百尾进。"归告桧,桧咎其失言。与其馆客谋,进青鱼百尾。显仁抚掌笑曰:"我道这婆子村,果然。"盖青鱼似子鱼而非,特差大尔。

## 推衣思革　裹饭子舆

思革子、尹文子、叔衔子三人相与为友,闻楚成王好士,三子相与往见之。于豪嶔岩之间，卒遇飘风暴雨，俱伏于空柳之下。衣寒粮乏，度不俱活，三人相视叹曰："与其俱死也，岂若并衣粮于一人哉？"二子以革为贤，推衣让之。〇出蔡邕《琴操》。

子舆与子桑友，而霖雨十日。子舆曰："子桑殆病矣。"裹饭而往食之。〇见《庄子》。

## 碎车道穆　行酒朱虚

魏高道穆为御史尉，庄帝姊寿阳公主行犯清路，执赤棒卒呵之不止，道穆令棒碎其车。公主深以为恨，泣以诉帝。帝谓主曰："高中尉清贞之人，彼所行者公义，岂可以私责之？"

汉高后时，吕氏专权。朱虚侯刘章年二十，有气力，忿刘不得职。尝入侍燕饮，太后令为酒吏。章自请曰："臣将种也，请得以军法行酒。"太后许之。酒酣，章为《耕田歌》曰："深耕概种，立苗欲疏。非其种者，锄而去之。"太后默然。顷之，诸吕有一人醉，亡酒，章追斩之，还报。左右皆大惊，业以许其军法，无以罪也。自是诸吕惮之。〇概音记，密也。

## 仲彧牧豕　世忠跨驴

汉孙期，字仲彧，成武人。习《京氏易》、《古文尚书》。家酷贫，牧豕泽中养母。从学者皆执经垄畔。黄巾起，相戒不犯孙先生舍。郡举方正，赍羊酒请期，期驱豕入草莽中不顾。

宋韩世忠深以和议为不然，及魏良臣使金，抗疏言秦桧误国之罪。桧讽言官论之，帝不听。而世忠连疏请罢，遂罢为醴泉观使，封福国公。世忠自是杜门谢客，绝口不言兵。时骑驴携酒，从二童奴，纵游西湖以自乐，淡然若未尝有权位者。平时将佐罕得见其面。

## 莱妻弃畚　鲍妇挽车

周老莱子，耕于蒙山之阳。楚王驾至其门，曰："守国之孤，愿见先生。"莱曰:"诺。"妻曰:"妾闻之,可食以酒肉者,可随以鞭筻;可授以官禄者,可随以斧钺。今先生食人酒肉,受人官禄,为人所制也。妾不能为人所制。"委畚而去。老莱子随而隐。

后汉鲍宣妻桓少君,装送资贿甚盛。宣曰:"少君生富骄,习美饰,而吾贫贱,不敢当礼。"少君乃悉归侍御服饰,更作小布裳,与宣共挽鹿车归乡里。拜姑礼毕,提瓮出汲,修行妇道。


## 獐头元载　熊背专诸

唐苗晋卿数荐元载,李揆轻载地寒,谓晋卿曰:"龙章凤姿士不见用,獐头鼠目子乃求官耶?"载闻,大衔之。

周专诸方与人斗,就敌,其怒有万人之气,甚不可当,其母一呼即还。伍子胥怪而问其状,专诸曰:"夫屈一人之下,必伸万人之上。"子胥因相其貌,碓颡而深目,虎膺而熊背,知其勇士,阴而结之,欲以为用。


## 关澥钓鳖　李章移鱼

宋关澥有俊才,而容止不扬。过南徐,见一绯鱼朝士倨坐,关揖而问之,谑关曰:"太子洗马高垂鱼。"良久,询关,关答:"某之官,乃是皇后骑牛低钓鳖。"朝士骇曰:"是何官职?"关笑曰:"且欲与君对偶精切。"○澥音蟹。

宋李章,姑苏人。赴邻人集,主人素鄙,既进馔,其主人鱼特大。章即谓主人曰:"每见人书'蘇'字不同,其'鱼'合在左边是,合在右边是?"主人曰:"古人作字,不拘一体,移易从便也。"章即手取鱼示众云:"领主人指执,今日左边之鱼,亦合从便移过右边。"一座辍饮大笑。


## 隋帝引镜　梁主焚书

隋炀帝性残暴,然性敏捷善悟,自知所为非保国之道。尝引镜自照,叹曰:"可惜好头颅,不知谁为人斫去!"

梁元帝好谈玄，闻魏兵至，尚谈玄于龙光殿，百官戎服以听。城破，乃聚古今图书四十万卷而焚之，叹曰："读书万卷，乃有今日，文武之道尽矣！"遂降。

## 先见献可　远识太初

宋吕诲，字献可，端之孙也。时王安石执政，士大夫皆以为得人，吕诲独言其不可大用。将入对，司马光问所言何事，诲曰："袖中弹文，乃新参也。"光愕然曰："众喜得人，奈何论之？"诲曰："君实亦为是言耶？安石好执偏见，听其言则美，施于政则疏，置之宰辅，天下必受其祸。"疏入，出知邓州。

宋李沆、王旦同相真宗。四方奏报祥瑞，沆故灭裂之，如有灾异，则再三疏陈，以为失德所招。退朝，旦谓沆曰："公何苦违戾如此，似非将顺之美。"沆曰："今上富于春秋，须以不如意事裁挫之，使心不骄，则可为持盈守成之主。沆老矣，公他日当见之。"旦犹不以为然。至晚年，东封西祀，礼无不讲，时沆已薨，旦叹曰："文靖真圣人也。"又丁谓与寇凖善，凖屡荐其才于沆，沆不用。凖问之，沆曰："谓其为人，可使之在人上乎？"凖曰："如谓者，相公终能抑之使在人下乎？"沆笑曰："他日当思吾言。"及谓为相，三黜寇凖。〇按，李沆字太初，谥文靖。

## 七　虞

## 陆家双璧　王氏三珠

陆晔与弟恭之并有时誉，洛阳令贾祯见之，曰："仆以老年更睹双璧也。"〇见《世说》。

唐王福畤子勔、勮、勃皆著才名，杜易简称为"三珠树"。其后劼、助又以文显，少子劝亦能文。福畤诧韩思彦，思彦戏曰："武子有马癖，君有誉儿癖，王家癖何多耶？"因使助出其文，思彦曰："有子若是，可夸也。"

## 何存信后　成匿固孤

汉淮阴侯韩信被戮后，有客匿其少子，投相国萧何。何曰："中国不可居矣。我当托之南粤赵佗。"佗重信义，育为己子，封以地，改其姓为韦。后广南有韦土官者，即其后也。

汉王成，为李固门人，遇之特厚。固难作，子燮年十三，姊文姬匿之，谓成曰："君执义先公，今以六尺孤委君，李氏存灭，其在君矣。"成将燮变姓名为酒家佣，而自卖卜于市，阴相往来。梁冀伏诛，燮已二十余，乃出。

## 梅香窦臭　滕屠郑酤

宋梅询，庆历中为翰林侍读。好洁，衣服裹以麝，每晨起视事，必焚香两炉，以公服罩之，撮其袖以出。坐定徐展，浓香郁然满室。又窦元宾者，有文行而不事修洁，衣服垢污，未尝沐浴，时人谓之"梅香窦臭"。

宋王荆公素不乐滕元发、郑毅夫，目为"滕屠、郑酤"，然二公豪迈，殊不病其言。毅夫为内相，一日送客出郊，过朱亥冢，俗谓之"屠儿原"者，作诗曰："高论唐虞儒者事，卖交负国岂胜言？凭君莫笑金椎陋，却为屠酤解报恩。"

## 楚野辩女　鲁国义姑

辩女者，楚国昭氏之妻也。郑大夫聘于荆，至于狭路，有一妇人毂击而折大夫车轴，大夫怒，欲鞭之。辩女曰："君子不迁怒，不贰过。今于狭路之中，妾已极矣，而子大夫之仆不肯少引，是以败子之车。而反执妾，岂非迁怒哉？既不怒仆，而反执妾，岂非贰过哉？《周书》曰：'不侮鳏寡，而畏高明。'今释仆执妾，轻其微弱，可谓不侮鳏寡乎？"大夫惭，释之。〇出《列女传》。

齐攻鲁，见一妇人携一儿、抱一儿而行。及军至，弃其所抱，抱其所携。齐将问之，对曰："抱者，妾兄之子；弃者，妾之子也。"齐将按兵而去，曰：“鲁未可伐也。妇人犹持节而行义，况朝中乎？”鲁君闻之，赐以束帛百端，号曰“义姑”。○出《列女传》。

## 救帝诚意　负主秀夫

明太祖方与陈友谅鏖战，诚意伯刘基大呼曰：“难星过，速更舟。”太祖急更之，则旧舟已为敌炮碎矣。

宋陆秀夫，字君实。二王立，进端明殿学士，金枢密院事。益王殂，群臣皆欲散去，秀夫曰：“度宗一子尚在，天若未绝宋，此岂不可为国耶？”乃立卫王于海上。及崖山破，乃先驱其妻子入海，谓帝曰：“国事至此，陛下当为国死。德祐辱巳甚，陛下不可再辱。”负帝溺死。

## 嵇康灭烛　元长掷符

晋嵇康弹琴，忽见一人，而初甚小，须臾转大，单衣葛带。嵇视之既熟，灭其烛，曰：“予耻与鬼魅争光。”

许元长善视鬼。一夕坐西轩下，巨人忽至，出一符飞之，中其臂有声，堕地，巨人即去。视其臂，乃一枯木枝。明日，堂隅有枯树，符在其上。○见《宣室志》。

## 仲涂烹仆　孝寿杖奴

宋柳开，字仲涂。夜宿驿中，闻妇人哭声，询之，乃临淮令之女。令贪墨，委仆主献纳，及还，仆迫其女为室，故哭。柳谒令，得其故，怒曰：“愿假此仆一日，为子除害！”仆至，俟夜阑，叱仆曰：“胁主人女为妇者，汝耶？”奋匕首，杀而烹之。翼日，召令同饮，云“共食卫肉”。饮毕，令问仆安在，柳曰：“适共食者，乃其肉也。”

宋李孝寿知开封府，有举子为仆所陵，忿甚，具牒欲送府，为同舍所劝，久乃释。自取其状，戏学孝寿押字，判“不用勘案，决臀杖二十”。仆翼日持诣府，告其主仿尹主判私决人。孝寿幡然谓仆曰：“秀才所判，正与我意同。"不用勘案,命吏就读其状,如数杖之。自是,凡仆畏戢,无敢肆者。

## 魏舒领袖　边让襜褕

晋魏舒堂堂,人之领袖。又裴秀有风标,八岁能文,时人语曰:"后进领袖有裴秀。"

后汉边让,字文礼,陈留浚仪人也。少辩博,能属文。孔融尝荐于曹公曰:"让为九州之被则不足,为单衣襜褕则有余。"

## 袁绍横揖　孙堪缓趋

汉末董卓欲废少帝,立陈留王。袁绍曰:"汉有天下四百余年,恩泽深渥,兆民戴之。今上富于春秋,未有不善宣于天下,公欲废嫡立庶,恐众不从。"卓曰:"天下之事,岂不在我?尔谓董卓刀为不利乎?"绍勃然曰:"天下健者,岂惟董公?"引佩刀横揖径出,悬节上东门外,逃奔冀州。

后汉孙堪,尝为县令,谒府,趋步迟缓,门亭长谴堪,便解印而去。

## 季龙沉璧　继善种珠

晋石季龙起河桥于灵昌津,石无大小,投下辄流去,用工五百余万而不成。季龙遣使致祭,沉璧于河,俄而所沉璧浮于渚上。

南唐陈继善,自江宁尹拜少傅致仕,富于资产,杜绝宾客,惟自荷锄,理小圃畦,取珠珍布上,间若种蔬状。既种俯拾,周而复始,以此为乐。

## 巩申放雀　胡广饲猪

宋光禄卿巩申,佞而好进,老为省判,趋附不已。王荆公为相,每生日,朝士献诗颂,僧道献功德疏以为寿。舆皂走卒,皆笼雀鸽就宅放之,谓之"放生"。申既不娴诗什,又不能诵经,于是以大笼笼雀诣客次,摺笏开笼,且祝曰:"愿公一百二十岁。"

明燕兵渡江,时解缙、胡广与周是修约同死于难。既而缙使人觇广动静,广方问家人饲猪否,缙闻而笑曰:"一猪尚不肯舍,况肯舍性命?"盖于初皆无意于死也。惟是修竟行其志。

## 隐之双鹤　萧放二乌

晋吴隐之事母孝。及执丧,家贫无鼓,哭临之时,恒有二鹤警叫。

北齐萧放,居丧以孝闻。庐室前有二白乌驯集,每俟放哭泣,亦为之悲鸣,乡人异之。

## 张咏守蜀　况锺治苏

宋张咏,字复之,鄄城人。两知益州,治行优异。真宗尝传谕咏曰:"得卿在蜀州,朕无西顾之忧矣。"

明况锺为苏州知府,初视事,阳为木讷,胥有弊蠹,辄默识之,通判玩肆谩侮,锺亦不校。及期月,一旦,宣敕召府中胥悉前,大声言曰:"某日某事某窃贿若干,某日某事亦如之。"群胥骇服,不敢辨。立杀六人,肆诸市。复出属官贪暴者五人,庸懦者十余人。由是吏民震悚,苏人称之"况青天"。后任满当代,军民士夫诣阙乞留者数万计。诏升禄俸三品,仍令复任。杨士奇赠诗有云:"十年不愧赵清献,七邑重逢张益州。"

## 驯鸡纪渻　刻凤公输

纪渻子为王养斗鸡。十日而问:"鸡已乎?"曰:"未也。方虚悁而恃气。"十日又问,曰:"未也。犹应响景。"十日又问,曰:"未也。犹疾视而盛气。"十日又问,曰:"几矣。鸡虽有鸣者,已无变矣。望之似木鸡矣。异鸡无敢应者。"○出《庄子》。渻音省。

公输之刻凤也,冠距未成,翠羽未树,见其身者,谓之龙鸡;见其首者,名曰鹦鹉,皆訾其丑而笑其拙。及凤之成,翠冠云耸,朱距电摇,锦身霞散,绮翮焱发,翙然一翥,三日而不集。○见刘勰《新论》。

## 何称学海　朱号书橱

后汉何休,木讷多智,三坟五典,阴阳算术,河洛谶纬,及远年古谚、历代图籍,莫不成诵。门徒有问者,则为注记,而不能说。作《左氏膏肓》、《公羊墨守》、《穀梁废疾》,谓之"三关"。时人目为学海。

朱遵度避耶法先之召,挈妻子,携书,杂商贾奔走,楚王待之甚薄,杜门却扫。诸学士每为文,必问古今首末于遵度,时号为"幕府书橱"。○事见刘恕《十国纪年》。○南齐陆澄亦号"书橱"。

## 尘甑范冉　蜡屐阮孚

汉范冉,字史云。桓帝时以冉为莱芜长,遭母忧,不到官。议者欲以为侍御史,因遁身于梁沛之间。所止单陋,有时绝粒,穷居自甘,言貌无改。闾里歌之曰:"甑中生尘范史云,釜中生鱼范莱芜。"○《后汉书》注"冉"一作"丹"。

晋阮孚,字遥集。明帝时官侍中,从平王敦,赐爵南安县侯,除都督交广宁三州军事、镇南将军。性好屐,有诣孚者,见其自理蜡屐,叹曰:"未知一生当作几纳屐?"神色闲畅。

## 三言苏轼　卅字郇模

宋神宗召苏轼,问方今政令得失,对曰:"陛下天纵文武,不患不明,不患不勤,不患不断,但患求治太急,听言太广,进人太锐。"帝悚然曰:"卿三言,朕当熟思之。"

唐大历八年,晋州男子郇模以麻辫发,持竹筐苇席,哭于东市。人问其故,曰:"愿献三十字,一字为一事。若言无所取,请以席裹尸贮筐中,弃于野。"京兆以闻。上召见,赐新衣,馆于客省。其言"团"者,请罢诸州团练使也;"监"者,请罢诸州监军也。

## 白马张湛　苍鹰郅都

后汉张湛,拜光禄勋。光武临朝,或有惰容,湛辄陈谏其失。常乘白马,帝每见湛,辄言曰:"白马生且复谏矣。"

汉郅都,河东大阳人也。景帝时为中郎将,后迁为中尉。敢直谏,面折大臣于朝。执法严酷,不避贵戚,列侯宗室见都,侧目而视,号曰"苍鹰"。

## 秦王击缶　齐君投壶

赵惠文王与秦昭王会于渑池。秦王曰:"窃闻赵王好音,请鼓瑟。"赵王鼓瑟。秦御史前曰:"某日秦王与赵王会饮,令赵王鼓瑟。"蔺相如曰:"窃闻大王善秦声,请鼓缶以相乐。"秦王不许。相如曰:"五步之内,请得以颈血溅大王矣。"左右欲刃相如,张目叱之,皆披靡。秦王不怿,为一鼓缶。相如顾御史曰:"秦王为赵王鼓缶。"○缶音否。

晋侯与齐侯宴,中行穆子相,投壶,晋侯先,穆子曰:"有酒如淮,有肉如坻。寡君中此,为诸侯师。"中之。齐侯举矢曰:"有酒如渑,有肉如陵。寡人中此,与君代兴。"亦中之。伯瑕谓穆子曰:"子失辞。吾固师诸侯矣,壶何为焉?其以中俊也。"

## 沥觞仁轨　覆舟尧夫

唐刘仁轨与李义府不睦。仁轨尝浮海运粮,遭风失船,义府命袁异式往鞫之,谓曰:"君能办事,勿忧无官。"异式至,谓仁轨曰:"君宜早自为计。"仁轨曰:"仁轨当官失职,国有常刑,公以法毙之,无所逃罪。若使遽自引决以快仇人,窃所未甘。"乃具狱以闻。上命除名,以白衣从军自效。及为大司宪,异式惧,不自安。仁轨沥觞告之曰:"仁轨若念畴昔之事,有如此觞。"

宋范纯仁,字尧夫。谪永州,夫人不如意,辄骂章惇。舟过橘洲,大风雨,船破,仅得及岸。公次子正平持盖,公自负夫人以登。燎衣民舍,公顾夫人曰:"岂亦章惇所为耶?"

## 文渊薏苡　长房茱萸

汉马援，字文渊。征交趾，以薏苡能胜瘴气，载一车归。梁松上书谮之，以为所载皆明珠文犀，帝大怒。会援卒，妻子惶恐，不敢以丧还葬，乃藁葬城西。

汉桓景随费长房学，长房谓曰："九月九日，汝家当有灾厄。急宜去，令家人各采茱萸，以彩囊盛之，系于臂上，登高饮菊花酒，此祸可免。"景如言。夕还，见鸡犬牛羊，一时暴死。

## 束皙辨简　蒋乂诵图

晋束皙博学多闻。时有人于嵩高山下得竹简一枚，上两行蝌蚪书，莫有知者。司空张华以问皙，皙曰："此汉明帝显节陵中策文也。"检验果然，人服其博识。

唐蒋乂博学多闻。一日，帝登凌烟阁，视左壁颓剥，题文漫缺，行才数字，命录以问宰相，无能知者。召乂至，曰："此圣历中侍臣图赞。"为帝诵之，一字不失。帝曰："虽虞世南默写《列女传》，不为过。"

# 八　齐

## 截耳胡女　剔目房妻

明胡广、解缙同直文渊阁。上曰："广、缙少同业，仕同官，缙有子，广宜妻之以女。"广曰："臣妻有妊，未卜男女。"上曰："必女。"后果生女。既而缙遭谗，合家徙边。广欲使女改适，女以刀截去其耳，曰："薄命之婚，皇上主之，父面承之。一语之盟，终身不改。"越数年，解氏蒙宥归，女卒归解氏。

唐房玄龄微时，病将死，谓妻卢曰："吾病革，尔年少，不可寡居，善事后人。"卢泣，入帷，剔一目以示信房曰："无他。"会房病愈，礼之终身。

## 敦洽忤楚　郤克聘齐

陈有丑人名敦洽，庞眉权颡，广眼垂肩，唇薄鼻昂，皮肤皴黑。陈侯说之，外使治国。后为楚兵所围，发言拙僻，楚大怒，伐陈。人有言曰："敦洽貌陋，足以骇人；语拙，足以丧国。"陈侯可谓爱忘其丑。○出《吕氏春秋》。

晋郤克眇，鲁季孙行父秃，卫孙良夫跛，曹公子手偻，同聘于齐。齐使秃者御秃者，眇者御眇者，跛者御跛者，偻者御偻者。萧同叔子处台而笑之。克怒，遂有鞌之师。○郤音隙，与却异。

## 任请防水　尊欲填堤

后汉任文公为治中从事。时天旱，白刺史曰："五月一日当有大水。其变已至，不可防救，宜令吏人豫为备。"刺史不听。文公独备大船，百姓或闻，颇有为防者。到其日，旱烈，文公急命促载，使白刺史，刺史笑之。日将中，天北云起，须臾大雨，至晡时，湔水涌起十余丈，突坏屋舍，所害数千人。

汉王尊为徐州刺史，迁东郡太守。久之，河水甚溢，泛浸瓠子金堤，老弱奔走，恐水大决为害。尊躬率吏民，投沉白马，祀水神河伯。尊亲执圭璧，使巫策祝，请以身填金堤。因止宿庐居堤上。吏民数千万人，争叩首救止尊，尊终不肯去。及水盛堤坏，吏民皆奔走，惟一主簿泣在尊旁，立不动，而水波稍却回还。

## 三爵刘表　一簏轩𫐉

汉末刘表有三爵，大曰伯雅，次仲雅，小曰季雅。伯雅容七升，仲雅六升，季雅五升。又设大缸于杖端，客有酒，辄以剿之，验醉醒也。

明轩𫐉，字惟行，鹿邑人。劲节精操，皎皎不挠。仕至刑部尚书，以太监曹吉祥等怙势侵官，力请致仕。帝召问曰："昔浙江廉使考满归，行李仅一簏，乃卿耶？"○按𫐉任浙江按察使司，一青袍补缀殆遍，居常蔬食。○簏音禄,竹箧也。

## 达道赋犬　龙友颂鸡

宋滕达道未遇时,读书僧舍,盗其犬烹之。僧闻于郡守。守素闻其能赋,因谕之曰:"汝能作《盗犬赋》,则释之。"即口占曰:"僧既无状,犬诚可偷。辍梵宫之夜吠,充绛帐之晨羞。杝饭引来,喜掉续貂之尾;索绹牵去,惊回顾兔之头。"守大笑,即置不问。○一本作冯京事。

宋甄龙友尝游僧舍,具馔延款。僧有雌鸡久畜,请烹为供。僧曰:"公能作《鸡颂》,当不靳也。"甄援笔立成,中警句云:"头上无冠,不报四时之晓;脚跟欠距,难全五德之名。不解雄飞,但能雌伏。汝生卵,卵复生子,种种无穷;人食畜,畜又食人,冤冤何已?若要解除业障,必须先去本根。"即烹以侑酒。

## 阴妻怀刃　代妃摩笄

阴瑜妻荀氏,名采,爽女也。年十九,而瑜卒。同郡郭奕丧妻,爽以采许之,因诈称病笃,召采。采怀刃自誓,爽令婢执夺其刃,抱载之。女既至,伪为欢悦之色,命建四灯,盛装饰,请奕入见,共谈,言辞不辍。奕敬惮之,遂不敢逼,至曙而出。采令左右办浴。既入室,掩户,以粉书扉上曰:"尸还阴。""阴"字未成,惧有人至,遂以衣带自缢。○见《列女传》。

代妃者,赵襄子之姊也。襄子诱代王,使厨人持斗以食代王及从者。行斟,阴令宰人各以一斗击弑代王及从者,因举兵平代地而迎其姊赵夫人。夫人曰:"吾受先君之命,事代之王,今十有余年矣。代无大故,而主君残之。今代已亡,吾将奚归?"遂摩笄自杀。○见《列女传》及《史记》。

## 子野买妾　明复娶妻

宋张子野年八十五尚买妾。东坡作诗曰:"锦里先生自笑狂,莫欺九尺鬓毛苍。诗人老去莺莺在,公子归来燕燕忙。柱下相君终有齿,江东刺史已无肠。平生谬作安昌客，略遣彭宣列后堂。"

宋孙复，字明复。居泰山之阳。枯槁憔悴，须鬓皓白，家贫不娶。故相李迪见之，叹曰："先生年五十，一室独居，谁侍左右？不幸风雨，饮食生疾，奈何？吾弟之女甚贤，可以奉先生箕帚。"复固辞。迪曰："吾女不妻先生，不过一官人妻。先生幸婿李氏。"复于是曰："宰相女不妻公侯贵戚，而以嫁山谷衰老藜藿不充之人，相国之贤，古无有也。予不敢不成相国之贤名。"遂允娶之。

## 起宗削柳　文正断齑

元秦起宗，生长兵间，学书无从得纸。父顺削柳为简，写以授之。成诵，削去更书。

宋范文正公仲淹读书长白山，日煮粟米二升作粥，待其凝，画为四块，断齑数茎，旦暮啖之。尝作《齑赋》，其警句云："陶家瓮内，淹成碧绿青黄；措大口中，嚼出宫商角徵。"

## 崔剖瘤雀　褚医腹鸡

李言吉目上生瘤，渐大如鸭卵，其根如弦，常压其目。母舅崔尧封饮之酒，令大醉，遂剖去之，中有一黄雀鸣噪飞去。○见《异苑》。

齐褚澄为吴郡太守，民有李道念者，有冷疾，澄诊之，曰："由食白瀹鸡子过多致此。"取苏子一升煎服之，乃吐一物，状如升，剖看，是一鸡雏，羽爪目口俱全，即能行走。病方瘥。

## 夸父追日　文子击霓

夸父逐日，渴，饮河、渭，不足，北饮大泽，未至，道渴而死。○出《山海经》。

周朱文子学仙于王子乔，化为白霓，以药与之。文子惊怪，以戈击之，因堕其药。

## 悲感徐广　叹咤薛奎

宋主刘裕篡晋,秘书监徐广流涕哀恸。裕为坛于南郊,即位,广又悲感流涕。侍中谢晦谓之曰:"徐公得无太过。"广曰:"君为宋朝佐命,身是晋室遗老。悲欢之事,固不可同。"

宋薛奎谋议正直,或志不伸,归辄叹咤不食。家人笑曰:"何必如是?"奎曰:"吾仰惭古人,俯愧后世尔!"尤能知人,范仲淹、庞籍、明镐,自为吏部选人,皆以公辅许之,卒如其言。○咤,茶去声。

## 文忠奏事　武穆降乩

宋徽宗幸宝箓宫,醮筵,其主醮道流伏地,久之方起。上诘之,答曰:"值奎宿奏事。"上问何神,曰:"本朝臣苏轼也。"上大惊。

《挥麈新谈》:有请仙者,乩书一诗,云:"百战间关铁马雄,尚余壮气凛秋风。有时醉倚箕山望,肠断中原一梦中。"后书一"鄂"字,始知为武穆岳公也。

# 九　佳

## 翳丑王莽　用短李谐

汉王莽时,有用方技待诏黄门者。或问以莽形貌,待诏曰:"莽所谓鸱目虎吻,豺狼之声,故能食人,亦当为人所食。"问者乃告之,莽诛灭待诏而封告者。后常翳云母屏面,非亲近莫得目也。○注:屏面即便面,扇之类也。

后魏李谐,形貌短小,兼是六指,因瘿而举颐,因跛而缓行,因塞而徐言。人谓李谐善用其短。

## 钱镠铁券　袁珙金牌

唐钱镠,字具美,杭州临安人。封吴越王,谥武肃。昭宗赐铁券如瓦,高尺余,阔二尺许,券词用黄金镶嵌,一角有斧痕。

明袁珙,号柳庄。精通相术,尝于酒肆一见文皇,即拜趋于前,曰:"异日太平天子也。"文皇登极,欲官之,珙曰:"相陋福薄,不堪仕禄,但求杖头不缺,到处酣饮足矣。"上乃赐以金牌一面,御书诏云:"赐汝金牌,任汝行走。遇库支钱,遇坊饮酒。有人问汝,道是永乐皇帝好友。"〇珙音拱。

## 戮卒公弼　斩吏乖崖

宋吕公弼治成都,政令尚宽,人嫌其少威。有营卒犯法,当杖,扞不受,曰:"宁以剑死。"公弼曰:"杖者,国法;剑者,自请。"既杖而后斩之,军府肃然。

宋张咏,字复之,号乖崖。知益州时,有小吏忤乖崖,乖崖械其颈。吏恚曰:"枷即易,脱即难。"乖崖曰:"脱亦何难?"即就枷斩之,吏俱悚惧。

## 仲玄拾叶　侯瑾爇柴

董谒,字仲玄,武都郁邑人也。少好学,尝游山泽,负挟图书,患其繁重,拾树叶以代书简,取其易卷怀也。编荆为床,聚鸟兽毛以寝其上。〇出郭宪《洞冥记》。

后汉侯瑾,字子瑜,敦煌人也。少孤贫,依宗人居。性笃学,恒佣作为资,暮爇柴读书。尝以礼自牧,独处一房,如对尊宾。〇爇,古然字。

## 屈到嗜芰　元渊梦槐

楚屈到嗜芰。有疾,召其宗老而属之曰:"祭我必以芰。"及祥,宗老将荐芰,屈建命去之。宗老曰:"夫子属之。"屈建曰:"夫子不以其私欲干国之典。"〇芰音妓。

广陵王元渊梦著衮衣倚槐树立,问于元慎。元慎曰:"三公之祥也。"退而语人曰:"广陵死矣。'槐'字木旁鬼,死后当得三公。"〇出《伽蓝记》。

## 四友题署　三畏名斋

明仁庙简廷臣为郡守,李骥以监察御史受玺书出知河南府。署后植松、竹、梅,退食盘桓其中,因曰:"三友而益我一老夫,得非四友乎?"遂号署堂曰"四友"。

宋尹焞,号和靖。金人陷洛,焞阖门被害。焞死复苏,门人舁至山谷中而免。刘豫聘之,不从,以兵恐之。焞自商州奔蜀,至阆,得程颐《易传》,拜受之,因止于涪州,辟三畏斋以居。州人不识其面。后范冲荐于高宗以自代。

## 甄后蛇髻　潘妃鸾钗

魏甄后既入宫,宫中有一绿蛇,每日后梳妆,则蛇盘髻于前,后因效而为之,巧夺天工。故后髻每日不同,号"灵蛇髻",拟者十不得一。

唐咸通中,同昌公主有九玉钗,刻九鸾,皆五色,上有字曰"玉儿",巧妙非人工所及。公主一日昼寝,梦绛衣奴云:"潘淑妃取九鸾钗。"钗遂亡。或云"玉儿",潘妃小字也。

## 祖珽偷爵　仁凯窃鞋

北齐祖珽,有文无行。为神武功曹,一日陪宴,尚食收酒器,失去金叵罗。于祖珽髻上检得之,了无怍容。神武爱其才,不责。

郑仁凯性贪,为州刺密史,家奴告鞋敝,即呼公署吏鞋新者上树采果,令其奴窃鞋以去。吏诉之,仁凯曰:"刺史不是守鞋者。"○见《朝野佥载》。

# 十　灰

## 味道贺雪　冕仲吟雷

唐武后时,三月雨雪,苏味道以为瑞节,帅官入贺。王求礼止之,曰:

"三月雪为瑞雪,腊雷为瑞雷乎？今阳和布气,草木为荣,寒雪为灾,岂得诬以为瑞？贺者皆谄谀之臣也。"太后为之罢朝。

宋黄冕仲未第时,尝有魁天下之志。元丰四年,南剑州一柱忽为雷所击,冕仲口占四句云："风雷昨夜破枯株,借问天公有意无？莫是卧龙踪迹困,放开头角入云衢。"次年,对策为天下第一。

## 染髭天泽　剃眉渊材

元中书丞相史忠武王天泽髭髯已白,一朝忽尽黑。世皇见之,惊曰："史拔都,汝之髯何乃更黑耶？"对曰："臣用药染之故也。"上曰："染之欲何如？"曰："臣览镜,见髭髯白,窃伤年且暮,尽忠于陛下之日短矣。因染之使玄,而报效之心不异于畴昔耳。"上大喜。人皆以王捷于奏对。○汉人赐称"拔都"者,惟王及张弘范、张兴祖耳。

宋彭渊材,初见范文正公画像,惊喜再拜,曰："有奇德者,必有奇形。"乃引镜自照,曰："大略似之,只无耳毫数茎耳。"又至庐山太平观,见狄梁公像,眉目入鬓,又前再拜,熟视久之,呼刀镊者剃其眉尾,令作卓枝入鬓之状。家人笑之,怒曰："何笑？吾前见范文正公,恨无耳毫；今见狄梁公,不敢不剃眉,何笑之乎？耳毫未至,天也；剃眉,人也。修人事以应天,奈何儿女子以为笑乎？"

## 文德啮被　景让擎杯

唐乐颐,字文德,邓人。少时父亡郓中,即号泣徒步而往,负归营葬。尝得疾,忍而不言,啮被至碎,恐母闻之也。

唐大中间,丞郎宴席,蒋伸在坐,忽酌一杯言曰："坐上有孝于家、忠于国者,饮此爵。"众皆肃然,无敢举者,独李公景让引此爵。蒋曰："固宜。"按让母郑氏早寡,居贫,子幼,自教之。宅后墙陷,得钱盈船,母祝之曰："愿诸孤有成,此不敢取。"命筑而掩之。盖其得于母教者深也。

## 孙山答友　苗振绷孩

宋孙山应举,缀名榜末。有乡人问其子得失,答曰:"解名尽处是孙山,贤郎更在孙山外。"览者大笑。

宋苗振以第四人及第,既而召试馆职。晏殊曰:"君久从吏事,必疏笔砚,宜稍温习。"振曰:"岂有三十年为老娘而倒绷孩儿者乎?"既而试《泽宫选士赋》,韵叶有"王"字,曰"率土之滨莫非王",遂不中选。晏殊曰:"苗君竟倒绷孩儿矣。"

## 万卷杜镐　千轴柳开

宋杜学士镐,博闻强记,凡有检阅,先戒小吏某事见某书第几行,取视无差。士大夫有所著撰,多以古事询之,无不知者。虽末学卑品,应对不倦,时号为"杜万卷"。性和易,有懿行,士论推之。○镐音皓。

宋柳开,少好任气,大言凌物。应举时,以文章投主司于帘前,多至千轴,载以独轮车。引试日,衣襕,自拥车入,欲以此骇众取名。时张景能文有名,惟袖一书,帘前献之主司,大称赏,擢景优等。时人为之语曰:"柳开千轴,不如张景一书。"

## 衣颁魏击　裯示彦回

魏文侯封太子击于中山,舍人赵仓唐奉使,文侯问:"子之君长大,孰与寡人?"仓唐曰:"君赐之外府之衣,则能胜之。"文侯遣仓唐赐太子衣一箧,令鸡鸣时至。太子拜赐,发箧,衣尽颠倒。太子趣具驾曰:"赐之衣,非以为寒也,欲召击也。《诗》曰:'东方未明,颠倒衣裳。颠之倒之,自公召之。'"

宋明帝疾,召褚彦回入,帝坐帐中流涕曰:"吾近病笃,故召卿,欲使卿著黄罗裯耳。"指床头大函曰:"文书函内,吾此函不复开矣。"彦回亦悲不自胜。○注:黄罗裯,乳母服也。盖命其辅翼少子。

## 致一发解　无言抡魁

宋黄致一,初进场,方十三岁,出《腐草为萤赋》,未审有何事迹。同场皆以其童年忽之,漫告之曰:"萤则有若所谓聚萤读书,草则若所谓'青青河畔草',有若所谓君子之德风、小人之德草,皆可用也。"致一乃举此为一隔句曰:"昔年河畔,曾叨君子之风;今日囊中,复照圣人之典。"遂发解。

宋刘无言,十七岁在太学,时称俊才。先季试读《司马穰苴传》曰:"将在外,君命有所不受。"乃谓同舍曰:"某明日策中,必用此句。"明日策问《神宗实录》,所用乃与昨日事殊,无言乃对曰:"秉笔权犹将也,虽君命有所不受。"遂作魁。

## 鸟名希有　虫号怪哉

昆仑铜柱下有鸟,名希有。南向张左翼,覆康王;张右翼,覆王母。其喙赤黄,目黄如金,其肉苦咸,仙人甘之。○出《神异经》。

汉武帝幸甘泉,长平坂道中有虫,赤如肝,耳目口鼻齿牙悉具,人莫之识。时朔在属车中,令往视焉。朔曰:"此虫名怪哉。此地必秦狱处也。"上使按地图,果秦狱地。朔曰:"夫积忧者,得酒而解。"乃取虫置酒中,须臾而烂。后上出,车中必载酒,为此也。

## 亚夫讨箸　齐丘画灰

汉景帝召条侯周亚夫,赐食大胾,不置箸。条侯不平,顾谓尚席取箸。帝笑曰:"此非不足君所乎?"条侯免冠谢上。上目送之,曰:"此鞅鞅非少主臣也!"居无何,亚夫子为父买工官尚方甲楯可葬者,为人所告,事连汙亚夫。召诣廷尉,不食五日,吐血而死。○注:尚席,官名。"鞅"同"快"。工官,即尚方之工。

五代宋齐丘,吴以徐知诰为行军副使,以代徐温。知诰进用齐丘,用其捐丁之谋,于是国以强富,而徐温妒嫉不已。知诰乃夜引齐丘于水亭屏语,常至夜分。或居高堂,悉去屏障,独置大炉,以铁箸画灰为字,随以匙灭去之。故其所谋,人莫得而知也。

## 魏主求智　吴人卖呆

魏主珪问博士李先曰:"天下何物可以益神智?"对曰:"莫若书籍。"珪曰:"书籍有几? 如何可集?"对曰:"自书契以来,世有滋益,至今不可胜计。苟人主所好,何忧不集?"珪遂命郡县大索书籍,悉送平城。

吴俗:民间于除夕令小儿绕街呼叫,云:"卖汝痴! 卖汝呆!"世传吴人多呆,故儿讳之,欲卖其余。○事出《吴中风俗》。又范成大诗云:"除夕更阑人不睡,厌禳钝滞迎新岁。小儿呼叫走长街,云有痴呆召人买。二物于人谁独无? 就中吴侬仍有余。巷南巷北买不得,相逢大笑相揶揄。"

## 四乳都督　三耳秀才

南齐王敬则母为女巫,常谓人云:"敬则生时,胞衣紫色,应得鸣鼓角。"人笑之曰:"汝子得为人吹鼓角可矣。"及年长,而腋下生乳,各长数寸。后封寻阳郡公加都督。

张审通梦太山府君召为录事,令一鬼为一耳,安于额上。既寤数日,额角痒,遂涌出一耳。尤聪俊。时人笑曰:"天有九头鸟,地有三耳秀才。"○见《幽怪录》。

## 武帝探策　太祖祝杯

晋武帝登祚,探策得"一"。凡王者世数,视此多少。帝不悦,群臣皆失色。侍中裴楷进曰:"天得一以清,地得一以宁,帝王得一以为天下贞。"帝大喜。

宋王审琦微时,与太祖相善。后以佐命功,尤为亲近。性不能饮,太祖每燕近臣,尝尽欢,而审琦但持空杯,太祖意不惬。一日酒酣,举杯祝曰："审琦布衣之旧,方共享富贵。酒者天之美禄,惜不令饮之。"祝毕,顾审琦曰："天必赐汝酒量,可试饮。"审琦受诏,不得已,辄连引满尽醲无苦。自是每侍燕辄饮,可与众辈。退还私第,则如故。

## 融无第宅　準乏楼台

南北朝张融为中书郎,假出,武帝问融住在何处,答曰："臣陆处无屋,舟居无水。"后问其从兄绪,绪曰："融近东出,未有居止,权牵小船于岸上住。"上大笑。

宋寇莱公準居官四十年,无田园邸舍。魏野献诗曰："有官居鼎鼐,无地起楼台。"辽使至,问公曰："莫是'无地起楼台'相公否?"

# 十一真

## 诚正元晦　忠信居仁

宋朱熹,字元晦,又字晦庵。周必大荐为江西提刑。入奏,或要于路曰："正心诚意之论,上所厌听,慎勿复言。"熹曰："吾平生学,惟此四字,岂可隐默以欺吾君乎?"

明胡居仁,余干人。受业吴与弼。其学以忠信为本,以求放心为要。以圣学成始成终在于敬,因以"敬"名斋。所著有《居业录》、《胡文敬公集》,而于佛老尤详辩之,惟恐其陷溺人心。

## 范缜辟佛　吕琦讼神

齐竟陵王萧子良好佛,范缜盛称无佛。子良曰："君不信因果,何有贵贱?"缜曰："人生如树花同发,随风而散,或拂帘幌,在茵席上;或落篱墙,在粪溷中。在茵席者,殿下也;在溷中者,下官也。贵贱虽别,因果何在?"缜又著《神灭论》,子良使人谓之曰："卿才美,何患不至中书郎,乃乖剌如此! 甚可惜也。"缜曰："使缜卖论取官,已至令仆矣!"

宋仁宗时,光禄寺卿吕璹少为漳州漳浦令。时有邑媪之子,戏于陈将军庙,盗其所供之果。出门,扑阶下而死,媪哭之甚哀。公闻之恻然,因以文讼于庙,引盗宗庙酒食律,罪当黥,而将军人臣,宜处以等杀,则盗食供果益不当死,且蠢愚者法所赦,宜不废公直也。文既焚,而媪子复苏。○璹音受。

## 状元崇嘏　学士若莘

蜀女黄崇嘏,伪作男子,以诗谒蜀相周庠,庠荐为状元,屡摄府掾,吏事明敏,胥徒畏服。庠爱其才,欲妻以女,宗嘏以诗献云:"一辞拾翠碧江湄,贫守蓬茅但赋诗。自服蓝衫居掾吏,永抛鸾镜画蛾眉。立身卓尔青松操,挺志坚然白璧姿。幕府若容为坦腹,愿天速变作男儿。"庠览诗大惊,乃知黄使君女也。见《玉溪编事》。

唐宋廷芬五女,长若莘,次若昭,俱善属文。若莘训诸妹如严师,帝尝召入禁中,问经史大义,呼"女学士"。

## 箸锡宋璟　袍赐全斌

唐宋璟为宰相,朝野归美。时春日御宴,帝以所用金箸令内侍赐璟。璟受赐,莫知其由。帝曰:"非赐汝金,盖赐卿以箸,以表卿之直也。"

宋遣王全斌伐蜀。时汴梁大雪,太祖曰:"我被服至此,尚觉寒,念西征将士,何可堪此?"即解所著紫貂裘帽,遣中使驰赐斌,复谕诸将,云不能遍及也。斌拜受感泣,故所向有功。

## 诙谐郑綮　质讷刘昆

唐郑綮好诙谐,常作歇后诗。帝以为能,遂除同平章事。制下,自言曰:"笑杀天下人。"既视事,谓宗戚曰:"歇后郑五作宰相,时事可知矣。"才三月,即以疾告乞骸致仕。

汉刘昆为弘农太守,三年,仁风大行,虎皆负子渡河。帝闻而异之,诏问昆曰："尝在江陵，返风灭火；行守弘农，虎北渡河。行何德政而致是乎？"昆对曰："偶然。"左右皆笑其质讷。帝叹曰："此乃长者之言也。"顾命书诸策。

## 撰书皇后　争矢贵嫔

唐长孙皇后好读史书，务崇节俭。太宗尝与之议赏罚，后曰："牝鸡无晨。牝鸡之晨，惟家之索。妾妇人，安敢预闻。"后尝采自古妇人得失事，著为《女则》十卷，及崩，宫司奏闻。上览之悲恸，以示群臣曰："皇后此书，足以垂百世。朕非不知天命而为无益之悲，但入宫不复闻规谏之言，失一良佐，故不能忘怀耳。"

晋武帝胡贵嫔名芳，镇军胡奋女也。帝多简良家子女以充内职，芳下殿号泣。左右止之曰："陛下闻声。"芳曰："死且不畏，何畏陛下！"帝每有顾问，不修言辞，率尔而答。帝尝与奋樗蒲争矢，并伤上指。帝怒曰："此固将种也。"芳曰："北伐公孙，西拒诸葛，非将种而何？"帝惭。

## 三语为掾　一字拔人

晋王衍为司徒，与世浮沉，委事寮采，无所匡救。阮咸之从子修尝见衍，衍问曰："圣人贵名教，老庄明自然，其旨异同？"修曰："将毋同？"衍咨嗟良久，遂辟之。时人目为"三语掾"。〇掾音缘，去声。

晋蔡谟父充，未仕时，河内山简尝与琅琊王衍书曰："蔡子尼今之正人。"衍以书示众人曰："山简欲以一字拔人。"〇充字子尼。

## 袖绐掩鼻　段乐沉身

楚郑袖谓美人曰："王爱子甚矣，然恶子之鼻。子见王必掩其鼻。"美人从之。王谓郑袖曰："美人见寡人，必掩其鼻，何也？"对曰："似恶闻王之臭。"王令劓之。

刘伯玉妻段氏，性妒忌。伯玉尝诵《洛神赋》，语其妻曰："娶妇如此，

273

无憾矣。"段曰:"君何得以水神美而轻我? 我死何患不为水神?"其夜,自沉而死。后七日,梦见语伯玉曰:"君本愿神,吾今神矣。"伯玉遂不敢渡水。后妇人渡此水者,皆坏衣素妆毁容以济,遂相传为妒妇津去。○见《酉阳杂俎》。

## 老媪投牒　小吏污茵

唐高宗时,戴至德为右仆射,刘仁轨为左仆射,更日受牒诉。仁轨常以美言许之,至德必据理难诘。有老媪欲诣仁轨,陈牒误诣至德,至德览之未终,媪曰:"本谓解事仆射,乃不解事仆射耶? 归我牒。"至德笑而授之。

汉丙吉,宣帝时为丞相。驭吏醉吐丞相车上,西曹主吏白欲斥之。吉曰:"以醉饱之失去士,此人将何所容? 西曹第忍之,此不过污丞相茵耳。"

## 霍光无术　赵普不纯

汉大将军霍光,班固《赞》谓其不学无术,盖昌邑王无道,延年劝之废立,光曰:"于古尝有此否?"延年以伊尹相殷废太甲事对,光遂与张安世图计。王出游,夏侯胜谏曰:"天久阴而不雨,臣下必有谋上者。"光让安世泄语,安世实不言。乃问胜,对言在《洪范》传。光大惊,以此益重经术士。又其妻欲女为后,鸩杀许后,光秘而不言。此皆不学无术类也。

宋赵普,字则平。两京起第,门皆柴荆,不设正寝。始入门,小厅三间,椅子十只,式样古朴;后苑亭榭,制作雄丽。太祖幸洛,初见柴荆,既而至堂筵以及后苑,哂之曰:"此老子终是不纯。"

## 荐侄蒙正　举子曹彬

宋真宗封岱祀汾,两过洛阳,皆幸吕蒙正第。问曰:"卿之子,孰可用?"对曰:"臣诸子皆不足用。侄夷简,宰相才也。"夷简由是进用,累擢知开封府,严辨有声。真宗识其姓名于屏风,将大用之。

宋曹彬疾,帝临问,因询以后事,对曰:"臣无事可言。臣子璨、玮,材器皆堪为将。"帝问其优劣,对曰:"璨不如玮。"及卒,帝哭之恸,赠中书令,追封济阳王。谥武惠。

## 书诵骂鬼　记撰搜神

王延寿《梦赋序》云:"臣弱冠,尝梦鬼与臣战,遂得东方朔与臣作骂鬼之书。臣遂作赋一篇以叙梦。"后人梦者诵读以却鬼,数数有验。

晋干宝,字令升。兄尝病气绝,积日不冷。后悟醒,云天地间鬼神如梦觉,不自知死。宝因撰古今神祇灵异、人物变化,名为《搜神记》。以示刘惔,惔曰:"卿可谓鬼之董狐。"

## 简当祖禹　精博景珍

宋范祖禹,字淳夫,镇从孙。镇每器之,曰:"天下士也。"苏轼荐曰:"淳夫为今讲官第一。言简而当,无一冗字长语。"官学士,因纂《神宗实录》,直书王安石过举。

南北朝李琰之,字景珍,狄道人。少称神童,于书无所不读,朝廷大典多谘访焉。每自云:"崔博而不精,刘精而不博。我既精且博,可兼二子。"官大司徒。○崔、刘,谓崔光、刘芳也。

## 裹巾辱吏　赐绢羞臣

唐李封为延陵令,吏人有罪,不加杖责,但令裹碧头巾以辱之,随所犯轻重,以日数为等级,日满乃释。著此冠出入者,以为大耻,皆相劝励,无敢再犯。税赋尝先诸县,竟去官,未尝笞一人。

唐将军长孙顺德受人馈绢,事觉,于殿庭赐绢数十匹。大理少卿胡演以为不可,上曰:"彼有人性,得绢之辱,甚于受刑。如不知愧,一禽兽耳,杀之何益?"

## 澹泉进履　子敬赠囷

明李远庵,性廉介,一毫不取。郑澹泉乃其得意门生,一日,侍坐最久,有布鞋在袖,逡巡不敢进。公问何物,对曰:"晓妻手制一履,欲送老师。"公见其诚,取而着之。生平所受止此。

吴鲁肃,字子敬。周瑜尝过候之,并求资粮。肃家有两囷米,各三千斛,肃乃指一囷与瑜。瑜益知其奇也,遂相亲结,定侨、札之分。○囷,阃平声。

## 颜竣建第　杨玢让邻

宋颜延之为金紫光禄大夫,布衣茅屋,萧然如故。及子竣贵,凡所资供,一无所受。每乘羸车笨牛,逢竣卤簿,即避道左,曰:"吾生平不喜见要人,今不幸见汝。"及竣起第,复曰:"善为之,毋令后人笑汝拙也。"

宋杨玢,官尚书,以老致仕。反长安,旧居多为邻里侵占。子弟欲诣府诉,玢自批状尾云:"四邻侵我我犹伊,毕竟须思未有时。试上含元殿基望,秋风茨草正离离。"子弟不敢复言。○玢音瑸。

## 刺称触触　图唤真真

南北朝熊安生,字植之。专以《三礼》教授,弟子自远方来者千余人。尝投刺见徐之才、和士开,以徐之才讳"雄",和士开讳"安",乃称"触触生"。

唐赵颜得一软障,图一妇人甚丽。颜曰:"如能生,愿纳为妻。"工曰:"余神画也,此亦有名,曰'真真'。呼其名百日,必应,应即以百家彩灰酒灌之,必活。"颜如其言,遂下,终岁生一子。友曰:"此妖也。必为患。"真真知而泣曰:"妾南岳地仙也。君疑妾,妾不可住。"遂携子上软障,吐出所饮百家彩灰酒。睹其障,惟添一小儿。

## 思称巧丙　性笑迂辛

宋僧怀丙,巧思出天性,构木为浮图,人称为"巧丙"。

唐白居易诗："笑劝迁辛酒,闲吟短李诗。"自注："辛大丘度,性迁嗜酒。"

## 蕃王举手　县尉回身

汉景帝时,诸王来朝,有诏更前称寿歌舞。长沙定王发但将袖小举手,左右笑其拙。上怪问之,刘曰："臣国小地狭,不足以回旋。"帝乃以武陵、零陵、桂阳益焉。

商则任廪丘尉,性廉洁。县令、丞皆贪,因宴会,令、丞皆舞动手,尉则回身而已。令问其故,曰："长官动手,赞府亦动手,尉更动手,百姓何容活耶?"人皆大笑,曰："令丞皆动手,县尉但回身。"○见《语林》。

## 鼓棹张禹　投杯李纶

汉张禹,字伯达。尝行部入境,众谓江有子胥神,不易涉。禹厉声曰："子胥若灵,岂不知吾志在察冤理枉,岂危我哉?"遂鼓棹而过。

宋李纶,字世美。提举广东,适伯兄维守恩平,酌别江上。兄弟相砺以清白,纶曰："倘负君民,有如此水!"遂投杯于江,杯停不没者久之,观者惊叹。

## 唾图妃子　饮鸩夫人

刘宋刘绘妹为鄱阳王妃,伉俪甚笃。王为明帝所诛,妃追伤成疾。绘乃令殷倩画王与宠姬共照镜状,密令人示妃。妃见,乃唾之,骂曰："固宜早死。"于是悲愤遂歇,病亦瘥。

唐兵部尚书任环,敕赐二宫女,皆国色。妻刘氏妒,烂二女,其发秃尽。太宗闻之,赐以金瓶酒,云："饮之立死,不妒即不须饮。"刘氏拜敕曰："妾与环俱出微贱,更相辅翼,遂致荣宦。今多内嬖,诚不如死。"乃一饮而尽,然非鸩也。既醒,帝曰："人不畏死,卿其奈何?"诏二女别宅安置。

## 赐绢胡质　却布黎淳

晋胡质为荆州刺史,其子威自京师来省之,质赐绢一匹,威跪曰:"大人清高,不审安得此?"质曰:"是吾奉禄之余,以为汝粮耳。"威始受之。武帝问威曰:"卿与父孰清?"威曰:"不如也。臣父清恐人知,臣清恐人不知。"

明黎淳,字太朴。天顺元年丁丑状元。性耿介,门生尹华亭以云布寄,淳责之曰:"古之为令,拔葵补桑。今之为令,织布添花。吾不用妖服。"后官至礼部尚书。谥文僖。

## 民争杜衍　盗降耿纯

宋杜衍,字世昌。知乾州,未期,安抚使察其治行,以衍权凤翔府。二邦之民争于界上,一曰:"此我公也,汝何夺之?"一曰:"今我公也,汝何与焉?"后年高,以太师致仕。

汉耿纯为东郡太守,后坐免,以列侯奉朝请。从击董宪,道过东郡,百姓老小随车驾涕泣曰:"愿复得耿君。"帝曰:"纯年少被甲胄为军吏耳,治郡乃能见思若是乎?"建武八年,东郡、济阴盗贼群起,遣大司空李通、横野大将军王常击之。帝以纯威信著于卫地,遣使拜太中大夫,与大兵会东郡。闻纯入界,盗贼九千余人皆诣纯降,大兵不战而还。复以为东郡太守,吏民悦服。

# 十二文

## 龙褒趁韵　良孙盗文

唐权龙褒,景龙中为左武卫将军,夏日侍皇太子宴,献诗云:"严霜白皓皓,明月赤团团。"或曰:"岂是夏景?"答曰:"趁韵而已。"太子援笔讥之曰:"龙褒才子,秦州人氏。明月昼耀,严霜夏起。如此诗章,趁韵而已。"

宋欧阳修知制诰,旧尝著文十篇,丘良孙盗为己作,人言之,欧笑而已,因得召拜官。又以令狐挺所著兵法上之,欧复为奏陈。

## 象林桂父　金陵茅君

桂父者,象林人也。色时黑时白,时黄时赤,南海人见而尊师之。常服桂及葵,以鱼脑和之,今荆州之南尚有桂丸焉。○出《列仙传》。

周末茅濛,字初成。不仕,师鬼谷子,授长生术,入华山修道合药,乘龙驾云,白日升天。先是,邑人谣曰:"神仙可得者茅初成。驾龙上升入太清,时下元洲戏赤城,继世而往在我盈。帝若学之腊嘉平。"其孙盈得道于金陵勾曲山,受金匮九锡之命,为司命真君。邦人改勾曲山为茅君山。

## 纯仁忠恕　傅翙清勤

宋范纯仁,字尧夫。性夷易宽简,不以声色加人,义之所在,则挺然不少屈。尝曰:"吾平生所学,得之'忠'、'恕'二字,一生用之不尽。以至立朝事君,接待僚友,亲睦兄弟,未尝须臾离也。"

南北朝傅翙,琰子,有能名。为吴令,有问:"丈人发奸摘伏,惠化如神,何以至此?"答曰:"无他也,惟勤而清。清则宪纲自行,勤则事无不理。宪纲行则吏不能欺,事理则物无凝滞。欲不理,得乎?"

## 钱镠骨法　陶侃手纹

《吴越世家》:有术者善望气,于临安见钱镠,谓曰:"子骨法非常,侯王之贵,愿自爱。"

晋陶侃,左手有纹,直达中指上横节便止。有相者师圭谓曰:"君左手中有竖理,若彻于上,位在无极。"侃以针挑之令彻,血流弹壁作"公"字。后果如其兆。

## 四铁御史　百纸参军

明御史冯恩疏劾汪鋐。上怒,命鋐会大臣鞫之。鋐高坐,令校士持其膝而跪之。恩遽起立，铉曰："汝上书欲死我，今不在我手中乎？"恩曰："汝杀我乎？我为厉鬼以杀汝。"铉益怒，谓："何故敢叱大臣？"恩曰："大臣而无君，人人得而诛之，何但叱为！"铉起，欲拳恩，恩应之愈厉。王廷相正色谓铉曰："有法在，以法论御史则可，以怒论御史则不可。"汪始气沮而止。观者叹曰："是真御史也。始以其膝铁也，听其口辨亦铁，今觉其胆与骨皆铁。"遂号为"四铁御史"。

唐杜暹为婺州参军，秩满将归，吏以纸万张赠暹，暹惟受百幅。人叹之曰："昔清吏受大钱，何异也？"号"百纸参军"。

## 惟吉不肖　殷羡无勋

宋薛惟吉，居正假子也，素无行。居正卒，帝亲临其丧，为之流涕，因曰："不肖子安在？颇改节否？不克负荷先业，奈何？"惟吉伏丧侧，惧，叔不敢起。自是尽革故态，读书亲贤士，修节为善。其后帝数委以大藩，所到皆治。

晋元帝子生，普赐群臣。殷羡谢曰："臣无勋，猥蒙颁赍。"帝大笑曰："此事岂可使卿有勋？"○南唐时，宫中尝赐洗儿果，有近臣谢表云："猥蒙宠数，深愧无功。"李主曰："此事卿安得有功？"

## 袁韶佛子　孔奂神君

宋袁韶，嘉定中为临安太守，理讼清简，平反冤狱，道不拾遗，时人呼为"佛子"。○又余崇龟守九江，自夏涉秋不雨，公到郡，举家蔬食，为民祷祈，既而雨霁，遂有秋。民举手加额，呼余为"佛"。

南北朝孔奂，字休文。为晋陵太守，清白自持，俸秩分赡孤寡，号曰"神君"。○奂音涣。

## 智永瘗笔　刘蜕埋文

晋智永禅师，逸少七代孙，克嗣家法。居吴兴永欣寺阁上，学三十年。所退笔头置大竹簏，簏受一石余，五簏皆满。人来觅书并请题额者如市，所居户限为穿，乃用铁叶裹之，谓为"铁门限"。后取笔头瘗之，号为"退笔冢"。

唐刘蜕，荆南人。聚生平所作文，不忍弃草，掘土埋之，且封焉，号为"文冢"，因作《文冢铭》。○蜕音税。

## 扼吭立信　啮指霁云

宋汪立信在高邮，闻似道师溃，叹息曰："吾今日犹得死于汉土！"乃挥拳抚膺者三，遂仰天扼吭而卒。后伯颜入建康，闻立信二策，曰："宋果用之，吾安得至此？"求其家，厚恤之，曰："忠臣之家也。"○吭音航。

唐安禄山反，贼将尹子奇攻睢阳，睢阳守张巡使南霁云求救于贺兰进明。进明无出师意，爱霁云壮勇，欲留之，为大飨。乐作，霁云泣曰："昨出睢阳，时军士不粒食弥月矣！霁云虽欲独食，不能下咽。大丈夫虽坐拥强兵，曾无分灾救患之意，岂忠臣义士所为哉！"因啮落一指以示进明，曰："霁云既不能达主将之意，请留一指以示信。"卒不食，驰去。将出城，抽矢射佛寺浮图，矢著其上，曰："吾破贼还，必灭贺兰，此矢所以志也。"

## 陶縠易眼　吴雷割筋

宋陶縠梦数吏奉符换眼，吏附耳曰："求钱十万，安第一眼。"縠不应。又云："钱五万，安第二眼。"复不答。吏曰："止安第三眼。"即以弹丸纳眼中。既觉，眼色深碧。后善相道士陈子扬曰："贵人骨气，奈一双鬼眼，必不致显位。"

吴雷一足被创，屈不伸，曰："今天下扰乱，我屈蹩在闾巷间，存亡无以异。"乃自割其筋，遂引伸其足。后至左将军。

## 赵妃广袖　马后练裙

汉赵后飞燕妹合德，肤滑，出浴不濡。为卷发，号"新兴髻"；为薄眉，号"远山黛";施小朱,号"慵来妆"。尝与飞燕并坐,误唾其袖。合德曰:"姊唾染人绀袖,正是石上花。假令上方为之,未必能若此。"乃号"石华广袖"。

汉马后,常衣大练裙。朔望诸姬主朝请,以为绮縠,就视,乃笑。后曰:"此缯特宜染色,故用之。"六宫莫不叹美。

## 殷怖闻蚁　沈怒驱蚊

晋殷师,仲堪之父也。病虚悸,闻床下蚁动,云是牛斗。

宋沈伦,好释氏。盛夏恣蚊噆其肤,仆秉箑至,辄为之驱,大声叱之,冀以邀福。

## 轼折辽使　婴辱楚君

宋元祐间,有一辽使来聘,欲难宋介,谓曰:"吾有一对,三光日月星。"介莫能对举。问苏轼,轼曰:"我能而君不能,亦非全大国之体。'四诗风雅颂',天生对也,盍先以此言复之。"翼日,介如言以对。方共叹愕,轼徐曰:"某亦有一对:四德元亨利。"使睢盱欲起辩,轼曰:"而谓我忘其一耶?谨闭而口,'两朝兄弟邦'。卿为外臣,此固仁宗之庙讳也。"使臣出意外,大骇服。

齐晏婴使楚,楚人因其矮短,乃作小门于门侧而延之。婴曰:"使狗国者从窦而入。臣今使楚,恐不当由此门。"傧者无词,更请大门而入。及见,王曰:"齐无人耶?何为使子?"对曰:"齐命使,各因其主:贤者使贤主,不肖者使不肖主。婴最不肖,故使楚耳。"王大惭。尝缚一人过王前。王曰:"何人?"对曰:"齐人。"王曰:"何坐?"对曰:"坐盗。"王顾晏子而笑曰:"齐人固善盗乎?"婴曰:"江南有橘,取树江北则为枳。何以故?其地气使然。今齐人居齐不盗,来之荆而盗,荆地固若是乎?"王语左右曰:"彼未可与戏也,寡人徒取辱焉。"厚礼而遣之。

## 伶人谑史　参军诮殷

宋史弥远权势煊赫,引布恰壬,李知孝、梁成大等为之鹰犬,搏击善类，士流无耻者多以钻刺进秩。宫宴时，有伶人执拳石以大钻钻之，久而不入，叹曰："钻之弥坚！"一伶人扑其首曰："汝不去钻弥远，却来钻弥坚，可知钻不入也。"举座弁咲。翼日，杖伶而出之境。

晋桓南郡与殷仲堪、顾恺之作危语。桓曰："矛头淅米剑头炊。"殷曰："百岁老翁攀枯枝。"顾曰："井上辘轳卧婴儿。"殷有一参军在坐，曰："盲人骑瞎马，夜半临深池。"殷曰："咄咄逼人！"仲堪目眇故也。

## 镇恶将种　马璘祖勋

刘宋王镇恶，猛之孙也。喜论军国大事。或荐于刘裕，裕与语，悦之，曰："吾闻将门有种，信然。"

唐马璘，伏波将军援之后也。尝读援传，至"大丈夫死于边，以马革裹尸"，慨然曰："令吾祖勋业坠地下乎？"遂发奋而为名将。

## 武借碧玉　杜索紫云

唐武后时，补阙乔知之有妾曰碧玉，善歌舞。武承嗣借教歌舞，不还。知之作《绿珠诗》寄之，碧玉饮泣而卒。○一本"承嗣"作"延嗣"，"碧玉"作"窈娘"。

唐杜牧自御史分司洛阳，时李愿罢镇闲居，声妓豪华，为当时第一。尝宴客，女妓百余人，皆殊色，牧瞪目注视，问李曰："闻有紫云者，孰是？"李指视之。牧复凝睇良久，曰："名不虚传。宜以见惠。"李俯而笑，诸妓亦皆回首破颜。牧自饮三爵，朗吟而起曰："华堂今日绮筵开，谁遣分司御史来？忽发狂言惊满座，两行红粉一时回。"

# 十三元

## 虏重司马　敌畏长孙

宋元祐元年，以司马光为左仆射兼门下侍郎。时光已得疾，而青苗、免役、将官之法犹在，西伐之议未决。光叹曰："四害未除，吾死不瞑目矣！"遂力疾视事。辽人闻之，敕其边吏曰："中国相司马矣！毋轻生事，开边隙。"

南北朝长孙晟，为秦川行军总管，取晋王广节度出讨。王引晟同饮，有突厥达官来降，言突厥畏长孙总管，闻其弓声，谓为"霹雳"；见其走马，称为"闪电"。王笑曰："将军震怒，威行域外，遂与雷霆为比，一何壮哉！"

## 独孤侧帽　茂德露裤

南北朝独孤信，美风度。在秦州，尝因猎，日暮驰马入城，其帽微侧。诘旦，而戴帽者咸慕信而侧帽焉。

宋宗室茂德，性极庸呆，为郓州刺史，暑月露裤上厅事。〇裤音昆。

## 伴食宰相　渴睡状元

唐卢怀慎与姚崇同居相位，俭素不营资产，俸赐辄散亲旧，妻子不免饥寒，所居不蔽风雨。惟短于才，所有政事，委决姚崇，时人谓之"伴食宰相"。

宋吕蒙正，字圣功。未第，薄游一县，时胡大监旦随其父宰是邑，遇吕甚薄。客曰："吕公能诗，宜少加礼。"胡问警句，客举曰："挑尽寒灯不成梦。"胡笑曰："是一渴睡汉耳。"吕甚恨之。明年，首中甲科，寄声于胡曰："渴睡汉已中状元矣。"胡曰："待我明年及第，逊君一等耳。"明年，果中首选。

## 扪膝汝砺　叹足昌言

宋喻汝砺，字迪儒。气节独高，以不附和议致仕。尝扪膝曰："我不屈汝。"号扪膝先生。

宋梅询，字昌言。博学富词，历官侍读。晚以足疾，出知许州。尝抚足叹曰："是中有鬼耶？令我不登二府者，汝也。"

## 崔琦忤冀　周颉詈敦

汉崔琦，字子玮。游学京师，以文章著名。梁冀慕其才，折节引纳。琦作《外戚箴》进，冀不省。复成《白鹄赋》以寓讽。冀怒曰："君何激刺之过也？"因遣琦归。寻令刺客阴求杀之。客见琦于垄上且耕且咏，不忍害，乃以实告曰："将军索子疷，可自逃，吾亦从子逝矣。"

晋王敦作乱，周颉与戴渊俱被执。路经太庙，颉大言曰："天地先帝之灵：贼臣王敦，倾覆社稷，枉杀忠臣，陵虐天下，神祇有灵，当速杀敦，毋令纵毒以倾王室。"语未终，以戟伤其口，不得复言，血流至踵，颜色不变。观者皆为流涕。〇颉，语岂切，音螘。

## 之亨放鲤　韦丹赎鼋

梁南郡太守刘之亨，梦二人姓李，诣之乞命。明日，适有遗生鲤二头，放之。其后又梦来谢，曰："当令君延寿。"

唐韦丹未第时，于洛阳桥见渔者得大鼋，系桥柱，引头四顾，有求救之意。丹以乘驴赠之，投鼋于水中，徒步而归。数日，诣葫芦生问命，生与俱往元长史家。有老人元浚之尽礼款待，出文字一通，曰："此公一生官禄行止，聊报活命之恩。"即此鼋也。

## 乳母守义　庶女衔冤

魏节乳母者，魏公子之乳母也。秦破魏，杀魏王瑕，诛众公子。一公子不得，令曰："得公子者，赐金千镒，匿者夷族。"乳母与公子俱逃。魏之故臣教乳母献之，乳母呼而言曰："夫见利而反上者，逆也；畏死而弃义者，乱也。今持逆乱而以求利，吾不为也。且为人养子者，务生之，非为杀之也。"遂抱公子逃于山泽之中。故臣以告。秦军追至，争射之。乳母以身为公子蔽矢，著数十，与公子俱死。〇出《列女传》。

庶女者，齐之寡妇也。养姑，姑女利母财而杀母，以告寡妇。妇不能自白，以冤诉天，而大风袭于齐殿。〇出《说苑》。

## 匿表钦若　说易朝恩

宋马知节,素恶王钦若之为人,论议未尝少屈。钦若每奏事,必怀数奏,但出一二,匿其余,退则以己意称上旨行之。知节尝于帝前顾钦若曰:"怀中奏何不尽出之?"钦若不悦。会泸州都巡检王怀信等上平蛮功,钦若久不决,既而擅超擢之。知节因面诋其短,争于帝前。帝召王旦质之,旦至,钦若犹哗不已,于是俱罢。

唐鱼朝恩判国子监。中书舍人常衮言成均之任,当用名儒,不宜用宦者为之。不听,令宰相百官送上。朝恩执《易》升高座,讲"鼎折足"以讥宰相。王缙怒,元载怡然。朝恩曰:"怒者常情,喜者不可测也。"

## 红线盗盒　石醋求旛

唐薛嵩镇潞,魏博节度使田承嗣欲并之,嵩忧焉。青衣红线曰:"某能解主君之忧。请先到魏境,观其形势,五更可复命。"遂衣紫绣短袍,著青丝履,胸前挂龙文匕首,额上书太乙神名,再拜而行,倏忽不见。嵩乃秉烛掩扉而待。移时,晓角吟风,一叶堕落,惊而起问:"红线回矣?"红线曰:"幸不辱命。夜漏三时,往还七百里,已携得金盒为信矣。"嵩遂发使入魏,遗以书曰:"昨夜有客从魏中来,云从元帅床头得一金盒,不敢留,谨以奉还。"田惊怛绝倒,乃捐妄念。

唐天宝中,崔元徽春日遇数美人,一李氏,一杨氏,一陶氏,又一绯衣少女,姓石名醋,随有封家十八姨来。诸人命酒,十八姨性颇轻佻,酒污醋衣。醋作色,拂衣而起,谓元徽曰:"诸女伴为恶风所挠,求处士作朱旛,图日月五星其上,树苑中,则免矣。"崔许之。其日立旛,风大作,苑中花不动。乃悟十八姨风神也。石醋,石榴也。一本作"石醋醋"。

## 赚帖萧翼　窃画桓玄

唐太宗锐意学二王书,知《兰亭序》在逸少孙辨才处,诏屡索之,辨才坚称无有,乃遣萧翼赚取。翼访至辨才庵,佯与款洽。一日,谈至书法,翼出囊中古帖,互相评驳。辨才曰:"此未尽善。贫僧有《兰亭》真迹。"乃于梁槛出以示翼,翼故指陈疵颣,纷竞不已。自是更不复藏。未几,辨才赴严迁家斋,翼私往窃取,径告永安驿使曰:"我萧御史,奉命来此,可报都督。"时都督齐善行闻之,驰往拜谒,走价召辨才,才不知所措。见御史,乃庵中书生也,至是始悟,恶然久之。①

晋顾恺之,字长康。丹青妙绝于时。尝以一厨画寄桓玄,皆其绝妙者,深所珍惜,糊题其前。桓乃发厨后窃之,而缄闭如故以还之。恺之不疑被窃,直云:"妙画通灵,变化飞去,犹人之登仙。"

## 同甫斩马 齐贤啖豚

宋陈同甫闻辛稼轩名,访之。将至,过小桥,三跃而马三却。同甫怒,拔剑斩马首,推马仆地,徒步而进。稼轩遥倚楼望之,大惊,遣人询之,则已及门,遂订交。

宋张齐贤为布衣时,偶傥落拓。有群盗攻劫,聚饮逆旅,居人遑恐窜逃。齐贤独径前揖之,曰:"贱人贫困,欲就一饱。"盗曰:"秀才自屈耶?"齐贤曰:"盗者,非龌龊儿所为,乃世之英雄耳。"乃取大杯,满酌而饮。取豚肩瓜分为数段,啖之势若狼虎。群盗相视,叹曰:"真宰相也。"

## 清言卫玠 俚语柳浑

晋卫玠,字叔宝。丰姿秀异。王平子负才傲世,少所推服,每闻卫玠清言,辄叹息绝倒。时人为之语曰:"卫玠谈道,平子绝倒。"

唐柳浑与张延赏数议事异同,延赏使人谢曰:"相公节言,则重位可久矣。"浑曰:"为我谢张公,浑头可断,舌不可禁。"上好文雅蕴藉,而浑质直无威仪,时发俚语,上不悦,罢为左散骑常侍。

---

① 按:辨才当为逸少七世孙智永之弟子。

## 管通鹊语　王察蚁言

三国管辂至安德令刘长仁家，有鸣鹊来阁屋上，其声甚急。辂曰："鹊言东北有妇昨杀夫，牵引西家人夫离娄，候不过日在虞渊之际，告者至矣。"到时，果有东北同伍民来告；邻妇昨杀夫，诈言西家人杀我婿。

台州民王姓，常祭厕神。一日，见一黄衣女子曰："我厕神也。"怀中取小盒子，以指点小膏涂王左耳，戒之曰："见蚁，侧耳听之，必有所得。"王明日见础下群蚁，听之，果闻语曰："移穴去暖处。其下有宝，甚寒，住不安。"王俟蚁出，寻之，果获白金十锭。○出傅亮《灵应录》。

## 饷车刘翊　沉刀郭翻

汉刘翊，字子相。张季礼远赴师丧，遇寒冰车毁，委顿道路。翊即下车与之，不告姓名。季礼意其为子相也，后造谢，还所借车，杜门不纳。

晋郭翻，字长翔。经河，堕一刀于水。路人有为取者，翻与路人，不受，至于三四。翻曰："尔尚不取，我岂可复得？"遂沉刀于向所堕处。

## 弼使强虏　愈挫逆藩

宋仁宗时，契丹使来求地，帝惟许增币或和婚，吕夷简不悦。富弼荐以报聘，弼曰："国忧臣辱，臣不爱其死。"遂行。契丹主坚欲得地，弼曰："本朝皇帝尝言为祖宗守国，岂得以尺土与人？但不欲多杀尔国赤子，故屈己增币。且北朝以得地为荣，南朝以失地为辱，兄弟二国，岂可以一荣一辱哉？"契丹主允增币。议"献"、"纳"二字，富弼反覆辩论，声色俱厉，契丹为之气沮，而帝竟书"纳"字与之。

唐王廷凑叛，遣韩愈宣慰其军，诏勿遽入。愈曰："止，君之仁；死，臣之义。"遂往。廷凑列甲士迎之，曰："先太师为国击走朱滔，何负朝廷，乃以为贼乎？"愈曰："汝曹尚能记先太师，则善矣。夫逆顺之为祸福，岂远耶？自禄山、思明以来，至元济、师道，其子孙有今尚存者乎？田令公以魏、博归朝廷，子孙孩提皆为美官；王承元以北军归朝廷，弱冠建节；刘悟、李祐皆为节度使,汝曹亦闻之乎?"廷凑恐众心动,麾之使出,因与宴礼而归之。

## 及之由窦　孝绪凿垣

宋韩侂胄生辰,群公毕集。吏部尚书许及之后至,阍人掩关拒之,及之大窘,门闸未闭,遂俯偻而入。当时目为"由窦尚书"。

南北朝阮孝绪,字士宗,尉氏人。屏居一室,非定省未尝出户。大中丞任昉望而叹曰:"其室虽迩,其人则远。"鄱阳王妃,孝绪姊也。王尝命驾造访,凿垣而遁。

## 痴人破瓮　拙妇凿裤

有贫人,止能办只瓮之资,夜宿瓮中,心计曰:"此瓮卖之若干,其息已倍,可赈二瓮。自二化而为四,其利无穷。"遂喜而舞,不觉瓮破。○事见《合璧事类》。

郑县人卜子,使妻为裤。妻问曰:"今裤何如?"夫曰:"象我旧裤。"妻因凿新裤为孔。○出《韩子》。

## 忠义刘氏　孝悌李门

明末闯贼入城,左中允刘理顺题于壁曰:"成仁取义,孔、孟所传。文信践之,吾何不然?"酌酒自尽。其妻万氏、妾李氏及子孝廉并婢仆十八人,阖门缢死。贼多河南人,至其居,曰:"此吾乡杞县刘状元也,居乡厚德,吾军奉李将军令护卫,公何遽死也?"数百人下拜,泣涕而去。时谓"臣死君,妻死夫,子死父,仆死主。一家忠义,以刘氏为最"。

唐李光弼,十年间三入朝,与弟光进在京师,虽与光弼异母,性亦孝悌,双旌在门,鼎钟奉养,甲第并开,往来追欢,极一时之荣。

## 笔涂赵普　火炙陈暄

宋卢多逊素与赵普不睦。一日，偶同奏事，上初改元乾德，因言此号从古未有。普从旁称美，卢曰："此伪蜀时号也。"帝大惊，遽令检史视之，信然。遂怒以笔涂普面，经宿普不敢洗。翼日奉对，帝方命涤去。

南北朝陈暄傲弄日甚，后主不能容。抟艾为帽，加其首，火以炙之。燃及发，柳庄拨之，拜谢曰："陈暄无罪，恐陛下有玩人之失。"

## 曳履危素　抚枕桓温

元翰林学士危素降于明，太祖以为翰林学士。素居弘文馆。一日，上御东阁，闻履声橐橐。上问为谁，对曰："老臣危素。"上曰："是尔耶？朕将谓文天祥耳。"素惶惧顿首。上曰："素元朝老臣，何不赴和州看守余阙庙去？"遂谪和州。〇元至正十八年，余阙守安庆，城陷，自刎死。

晋桓温阴蓄不臣之心，常夜卧抚枕叹曰："作此寂寞，将为文、景所笑。"既而屈起坐曰："大丈夫不能留芳百世，亦当遗臭万年！"

## 姊拒广孝　母逐怀恩

明僧道衍，以靖难功擢太子少师，至是复姓名姚广孝。尝奉命赈济苏湖，往见其姊，姊拒之，曰："贵人何用至贫家为？"不纳。广孝乃易僧服往，姊坚不出，家人劝之，姊不得已，出立堂中。广孝即连下拜，姊曰："我安用尔许多拜？几曾见做和尚不了底是个好人？"遂还户内，不复见。

唐仆固怀恩叛，仆固场为其下焦晖、白玉所杀。怀恩闻之，入告其母。母曰："吾语汝勿反，国家待汝不薄，今众心既变，祸必及我，将如之何？"怀恩不对而出。母提刀逐之，曰："为国杀此贼，取其心以谢三军。"怀恩疾走得免。

## 煮石鲍靓　呼钱葛玄

晋鲍靓，陈留人。年五岁，与父母言曰："本是李家儿，因堕井中死。"

父母访之，果然。后为南海太守。尝遇异人，得长生术，一日行部至海，阻风饥甚，煮白石食之。○靓音净。

晋葛玄以数十钱，使人散投井中，徐以器置井上，呼钱出，其钱乃一一从井中出，飞入器中。

## 陆贾新语　杜牧罪言

汉陆贾常称说《诗》、《书》，帝骂之曰："乃公居马上得之，安事《诗》、《书》？"贾曰："居马上得之，宁可以马上治之乎？汤、武逆取而以顺守之，文武并用，长久之术也。乡使秦已并天下，行仁义，法先圣，陛下安得而有之？"帝有惭色，曰："试为我著秦所以失天下，吾所以得之者，及古成败之因。"贾乃粗述存亡之征，凡著十二篇，每奏一篇，帝未尝不称善，号其书曰《新语》。

唐杜牧愤河朔三镇之桀骜，而朝廷议者专事姑息，乃作《罪言》曰："上策莫如先自治，中策莫如取魏，最下策为浪战，不计地势，不审攻守是也。"

# 十四寒

## 孙权斫案　刘槃拍栏

汉曹操平荆州，进逼东吴。张昭等皆欲迎之，惟周瑜、鲁肃谏拒之。孙权拔剑斫前奏案，曰："诸将复有言迎北军者，与此案同！"○斫音灼。

宋刘槃，性情慷慨，举进士及第。为幕僚，一任不得志，弃官归青之南。富郑公镇青，为筑原上居之。每游山，独携饭一罂，穷探幽险，无所不至，夜则宿于岩石之下。或屡日乃返。往往凭栏静立，慨想世事，吁唏独语。或以手拍栏杆，自咏诗曰："读书误我四十年，几回醉把栏杆拍。"

## 王晞辞职　徐勣就官

齐主演以王晞为侍郎，固辞不受。或劝之，曰："我少年以来，阅要人多矣。得志少时，鲜不颠覆。且我性疏缓，不堪时务。人主私恩，何由可保？万一颠蹶，欲退无地。非不好作要官，但思之烂熟耳。"时目为"方外司马"。

唐太宗有疾，谓太子曰："徐勣才智有余，然与汝无恩。我今黜之，若其即行，用为仆射；如徘徊顾望，当杀之矣。"乃以为叠州都督。徐勣预知其意，甫受命，不至家而去。

## 亡羊王育　驱雀顾欢

晋王育，字伯春。少孤贫，为人佣牧羊，每过小学，必欷歔流涕。时有暇，即折蒲学书，忘而失羊，为羊主所责。育将鬻己偿之。同郡许子章，敏达士也，闻而嘉之，代育偿羊，给其衣食，使与子同学，遂博通经史。

齐顾欢，祖、父并为农夫，欢独好学。年六七岁，书甲子三篇，欢析计，遂知六甲。家贫，父使驱田中雀。欢作《黄雀赋》而归，雀食稻过半。父怒，欲挞之，见赋乃止。

## 麒骥杜广　鹳雀裴宽

南北朝杜广，初为刘景厩卒，以马肥良，引为直士，侍立通夜，未尝休倦。景执其手曰："吾久负贤者。"谓妻曰："吾为女求夫三年，不觉厩中有麒骥。"乃妻之。○"麒骥"一作"麒麟"。

唐裴宽为润州参军。刺史韦诜有女求配，登楼见有人在后圃瘗藏，访之，吏曰："此参军裴宽居也。"召宽问故。宽答云："人饷以鹿，不敢自欺，故瘗之。"诜叹异，引为按察判官，许妻以女。归语妻曰："尝求佳婿，今得矣。"明日，集其族，使观之。时宽衣碧衣，形瘠而长，既入，族人皆笑呼为"碧鹳雀"。诜曰："爱其女，必以为贤公侯妻也，何以貌求人？"卒妻宽。

## 射子羊侃　斩叔曲端

南北朝羊侃，字祖忻，汉南阳太守续之裔也。侯景攻陷历阳，侃副宣城王都督城内诸军事，亲自抗拒。侃长子鹭为景所获，执来城下招降。侃曰："我倾宗报主，犹恨不足，岂复计此一子乎？"数日，复持来，因引弓矢射之。贼感其忠义，亦不加害。

宋曲端统兵日，有叔父为偏将，战败诛之。乃为之成服，其祭文曰："斩副将者，泾原都统制也。祭叔者，侄曲端也。"由是军士皆畏。

## 刘夸茉莉　陈诩牡丹

南汉主刘铱夸岭海之强，北使至馆，遗以茉莉，文其名曰"小南强"。及刘铱面缚到阙，见牡丹，大骇，有缙绅谓之曰："此名'大北胜'。"

宋真宗东封，命枢密使陈尧叟为东京留守，太尉马知节为大内都巡检使。驾未行，宣入后苑亭中，赐宴，出宫人为侍。真宗与二公皆戴牡丹而行。续有旨，令陈尽去戴者，召近御座，上亲取头上一朵为陈簪之。陈跪受拜谢。宴罢，二公出，风吹陈花一叶坠地，陈即唤从者："拾来！此乃官家所赐，不可弃。"置怀袖中。马乃戏曰："今日之宴本为大内都巡检使。"陈云："君为大内都巡检使，上何不为太尉戴花耶？"二公各大笑。○诩，诩上声。

## 周新冷面　钱颢铁肝

明周新，南海人。举乡荐为御史，弹劾不避权贵，京师称为"冷面寒铁"。出为浙江按察。时锦衣卫指挥纪纲有宠，使千户往浙辑事，作威受赂，新推得之。千户脱走，诉于纲，纲奏新专权。上命逮新至京，新曰："臣奉诏擒奸恶耳，奈何罪臣？臣死且不憾！"上怒，命杀之。已而悟其冤，问侍臣新何处人，叹曰："广东。"上叹曰："广东有此好人，枉杀之矣。"悼惜者久之。

宋钱颢，无锡人，官侍御。上疏忤王安石，坐贬。将出台，大骂御史孙昌龄，谓其奴事安石，遂拂衣上马去。苏轼赠诗有"乌府先生铁作肝"

之句,号"铁肝御史"。

## 与可画竹　思肖题兰

宋文同,字与可。善画竹,喜于素屏高壁状枯槎老卉。苏轼《文与可筼筜谷偃竹记》云:"画竹者必先得成竹于胸中,执笔熟视,乃见其所欲画者。急起从之,振笔直达,以追其所见,如兔起鹘落,少纵则逝矣。"

宋郑思肖,字所南。工画墨兰,疏花简叶,不求甚工。画成,即毁之,不妄与人。其所自赋诗以题兰,皆险异诡特,盖以摅其愤懑云。贵要者求其兰,尤靳不与;庸人孺子颇契其意者,则反与勿计。邑宰求不可得,知其有田,因胁以赋役取。思肖怒曰:"头可断,兰不可画!"

## 李传晶斧　姚涞玉丸

宋李传,通州人,元丰进士。钦宗居东宫时,与耿南仲俱为侍读,比即位,赐水晶斧以旌其德。后知汉州。

明姚涞,字维东。苦读,忽有一美女子授以玉髓丸,曰:"助君掇高科。"嘉靖二年癸未廷试,果状元。○涞音来。

## 表圣坠笏　清虚挂冠

唐司空图,字表圣。居虞乡王官谷,昭宗屡征之不起。柳璨以诏书征之,图惧入见,佯为衰老,坠笏失仪。璨复下诏曰:"养高钓名,匪夷匪惠,难居公正之朝。可放还山。"

南北朝廖冲,字清虚。明经修行。梁武帝好儒学,招徕天下名士,冲与焉。比上耄荒,诸子皆罢汰,冲叹曰:"根本拔矣,天下能久治乎? 不去,王将以赭衣衣我。"遂挂冠而去。

## 李邕六绝　袁崧五难

唐李邕,才艺出众,览秘书,了辩如响。四方请文,擅名天下,号"翰林六绝"，谓文章、书翰等六事过人。卢藏用尝语之曰："君如干将、莫邪，难与争锋，然终虞缺折耳。"

东晋袁崧云："书之难也有五：烦而不整，一难也；俗而不典，二难也；书不实录，三难也；赏罚不中，四难也；文不胜质，五难也。"

## 袁粲啸咏　弘景盘桓

南北朝袁粲，独步园林，诗酒自适。家居负郭，每策杖逍遥，当其意得，悠然忘返。郡南一家，颇有竹石，粲率尔步往，不通主人，直造其所，啸吟自得。

南北朝陶弘景，字通明。性爱山水，每经涧谷，必坐卧其间，吟咏盘桓，不能自已。谓人曰："吾见朱门广厦，虽识其华乐，而无欲往之心；望高岩，瞰大泽，知此难立止，恒自欲就之。"

## 钧弹常侍　铭捽内官

汉张钧，灵帝时为郎中。张让等专恣，张角作乱，钧上书言："斩十常侍以谢百姓，可不须师旅，大寇自消。"帝以钧表示让等，皆免冠徒跣顿首，诏视事如初。钧复上前章，不报。御史承让旨，遂诬奏钧学黄巾道，收掠死狱中。

明宣宗间，巡使者多贪纵为民害，以太监刘宁清谨，命同御史驰往各郡，尽收所差内官资橐，并其人解京师。既还，道经故城，县丞陈铭闻有内官至，不问从来，辄奋前捽宁手击之。御史奏丞无状，逮至，上曰："丞固可罪，朕以其一时偏于所恶，姑宥之。"○捽，存入声。

## 李巽席帽　穆之金盘

国初犹袭唐，士子皆曳袍重戴，出则席帽自随。李巽屡举不第，人曰："李秀才不知甚时席帽离身？"及第后，乃遗乡人诗曰："当年踪迹困泥尘，不意乘时亦化鳞。为报乡闾亲戚道，如今席帽已离身。"○出吴处厚

《青箱杂记》。

南北朝刘穆之，少贫，常往妻兄江氏乞食，多见辱。后江氏有庆会，属令勿来，穆之犹往。食毕，求槟榔，江氏兄弟戏之曰："槟榔消食，君饥，何须此?"后穆之为丹阳尹，乃令厨人以金盘贮槟榔一斛遗之。

## 大言桃豹　异志郭丹

晋桃豹尝大言曰："不封万户侯位上将者，非丈夫。"时人笑之。豹言："鼠子辈安知君子豹变之志?"

汉郭丹，字少卿，南阳穰人也。七岁而孤，小心孝顺，后母哀怜之，为鬻衣装，买产业。后从师长安，买符入函谷关，乃慨然叹曰："丹不乘使者车，终不出关。"既至京师，常为都讲，诸儒咸敬重之。更始二年，三公举丹贤能，征为谏议大夫，持节使归南阳，安集受降。丹自去家十有二年，果乘高车出关，如其志焉。

## 斩蛟赵昱　剪马高欢

隋赵昱为嘉州刺史，时有老蛟为害，昱率千人临江鼓噪，自持刀没水，有顷，水尽赤，昱左执蛟头，右手持刃，奋波而出。一日弃官去。后嘉陵水涨，蜀人见昱云雾中骑白马而下。

南北朝高欢仕东魏，封渤海王。微时倾资结客，刘贵奇之，荐于尔朱荣，荣命剪悍马，欢不加羁绁而剪之，曰："御恶人亦犹是也。"自是参军谋，机变若神；驭军旅，法令严肃。断明察周，不可欺犯。

# 十五删

## 秦王水殿　隋主火山

隋秦王俊盛修宫室，穷极俊丽。为水殿，香粉涂壁，玉砌金阶，梁柱栋榱之间，周以明镜，间以宝珠，极莹饰之美。每与宾客、妓女弦歌于上。

　　唐太宗与萧后观灯,问孰与隋主。曰:"彼亡国之君,陛下开基之主,奢俭不同耳。"帝曰:"隋主何如?"后曰:"每除夜,殿前诸位设火山数十,每一山焚沉香数车,沃以甲煎,焰起数丈,香闻数十里。一夜用沉香二百余车,甲煎二百余石。房中不燃膏火,悬宝珠百二十照之。"太宗口刺其奢,心服其盛。○萧后,炀帝后也。

## 廉公号孟　谢子称颜

　　元廉希宪雅嗜书。一日,方读《孟子》,闻太弟忽必烈召,因怀之以进。问何书,曰:"《孟子》。"问其说谓何,曰:"即爱牛之心充之,足以保四海。"太弟善之,因呼为廉孟子。又元主尝令受帝师僧八思巴戒,廉曰:"臣已受孔子戒矣。"元主曰:"孔子何戒?"廉曰:"为臣当忠,为子当孝。孔子之戒,如是而已。"

　　晋谢尚,字仁祖。少时,父鲲尝携之送客,或曰:"此儿一座颜子也。"尚曰:"坐无尼父,焉别颜回?"客皆叹异。累功进大都督。

## 王衍三窟　逢吉八关

　　晋王衍为司徒,说太傅越曰:"朝廷危乱,当赖方伯,宜得文武兼资以任之。"乃以弟澄为荆州都督,族弟敦为青州刺史,语之曰:"荆州有江、汉之固,青州有负海之险,卿二人在外而吾居中,足以为三窟矣。"

　　唐平章事李逢吉,性忌刻,险谲多端。郑注得幸于王守澄,逢吉遣从子训赂注,结守澄为奥援。其党有张又新、李续之、张权舆、刘栖楚、李虞、程昔范、姜洽及训八人,皆任要剧,而傅会者又八人,故号"八关十六子"。有所求,先赂八关子,达于逢吉,无不得所欲。

## 范宣受绢　周访投环

　　晋范宣子,陈留人,丹之后也。廉洁自守。韩豫章遗绢百匹而不受,减至一匹,终不受。后韩与范同车,裂二丈与之,云:"宁可使妇无裈耶？"乃笑受之。

晋周访，字士达，荆州刺史。 或说王敦曰："荆州乃用武之地，宜自领。"改访梁州。 访大怒，敦以手书慰解，遗以玉环。 访投之地曰："吾岂贾竖，可以宝悦乎？"敦故终访之世不敢为非，惮其威望也。

## 陶公限饮　陆生分餐

晋陶侃，每饮酒有定限，常欢有余而限已竭。殷深源劝更少进，侃凄怀良久，曰："年少曾有酒失，亡亲见约，故不敢逾。"

陆时雍补郡学生，念母兄时不给，诏掌膳曰："吾日饭不尽餐，愿撤一膳以遗母。"自以一膳分为晨、午。○事见《孝苑》。

## 周启师圣　罗学龟山

宋侯仲良，字师圣。学于程颐，未悟，访周敦颐，对榻夜谈，三日还。颐惊曰："非从周茂叔来耶？"其善开发如此。○茂叔，敦颐字。

宋罗从彦，初为博罗主簿，闻杨时得程氏之学，慨然慕之。及为萧山令，从彦徒步往学，见时三日，即惊汗浃背，曰："不至是，几虚过一生矣。"○龟山，杨时号。

## 肉啖来贼　尸暴侯奸

唐来俊臣弃市时，人无不快，仇家争啖其肉，斯须而尽。○啖音淡，与"啗"同。

梁羊鹍为侯景都督，侃之子也。杀景送尸建康，传首江陵，截其手送于齐，暴景尸于市，士民争食之，并皆尽，溧阳公主亦预食焉。景五子在北齐，皆杀之。○溧阳公主，简文帝女，景之妻也。

## 傅霖别咏　若水钱班

宋傅霖，青州人。少与张咏善，咏显，求霖者三十年而不得。及咏知陈州，乃造访。门吏曰："霖请见。"咏责之曰："傅先生天下士，汝何人，敢名？"咏问："昔何隐？今何出？"霖曰："子将去，来别尔。"后一月，咏卒。

唐时例，人每轻外任，重内官。班景倩忽被召入为大理卿，倪若水饯之。临别，望其车尘，叹羡不已，顾同列曰："班生此行，何异登仙？吾辈恨不得骖御。"

## 冀妻妖态　宣后强颜

后汉梁冀妻孙寿，色美，善为妖态，作愁眉啼妆，堕马髻，折腰步，龋齿笑，以为媚惑。〇注：《风俗通》曰："龋齿笑者，若齿痛不忻忻也。"

齐锺离春，无盐邑之女也。凹头深目，长指大节，卬鼻结喉，肥项少发，折腰出胸，皮肤漆黑。行年四十，无所容。乃自谒宣王，左右大笑曰："此天下强颜女子也。"王召见，拜为后。

## 园名独乐　亭号半闲

宋司马光罢相居洛，为别业，自作记云："迁叟家洛，五年为园，其中为堂，聚书五千卷，命之曰'读书堂'。倦则投竿采取鱼，执衽药，决渠灌花，操斧斫竹，濯热盥水，临高纵目。不知天壤之间，复有何乐可以代此也。因名之曰'独乐园'。"

宋贾似道作半闲亭以停云水，似道每治事毕，则入亭中打坐。有佞人上《唐多令》词，大称其意。词曰："天上谪星班，辨真时往还。驾青牛、早度函关。幻出蓬莱新院宇，花外竹，竹边山。　轩冕倘来间，人生闲最难。算真闲、不到人寰。一半神仙先占取，留一半，与公闲。"

# 龙文鞭影二集下卷

## 一　先

### 武帝好学　理宗思贤

魏武帝好学，虽在军旅，手不释卷，常言："人少好学则意专，长则善忘。长大而能勤学者，惟吾与袁伯业耳。余是以少诵《诗》、《论》，及长而备《五经》四部，《史》、《汉》、诸子百家之言，靡不披览。"

宋理宗赠朱元晦太师，封信国公。元晦子工部侍郎在入对，言人主学问之要，帝曰："先卿《中庸序》言之甚详，朕读之不释手，恨不与之同时也。"

### 窃书逸少　悟字九渊

晋王羲之，字逸少。年十二，其父有前人《笔说》一书，藏于枕中，窃而读之，不旬日，书便大进。又学卫夫人书，夫人见书流涕，曰："此子必蔽吾名。"

宋陆九渊，生而颖异，年三岁，问其父曰："天地何所穷际？"父笑而不言。遂深思，至忘寝食。他日读书，至"宇宙"二字，解者曰："上下四方曰宇，往古来今曰宙。"忽大省悟曰："宇宙内事乃己分内事，己分内事乃宇宙内事。"后为理学儒宗，称象山先生。

### 张巡赚箭　狄青钉钱

唐张巡守雍丘，令狐潮围之日久，城中矢尽。巡乃缚蒿为人，披以黑衣,夜缒城下。潮疑劫营,令争射之。候其矢满,引之而上,得矢数十万。后夜复缒,贼笑,不设备。乃以死士夜缒而出,斫入潮寨,焚其垒幕,贼大溃乱,追杀数里。

宋狄青征邕州,以桂陵路险,将士惶惧。一日,乃集军卒,祀神请卜,以钱十枚祝曰:"此行克敌,掷得全色。"投之地,果然。遂命以钉钉定,复加封识,俟班师日起。随设宴犒军,即日就行。后奏捷凯旋,乃谢神起钱,众咸争看,发之,乃两面钱也。○一本作"百钱"。

## 五经扫地　一疏回天

唐中宗宴近臣,国子祭酒祝钦明自请作《八风舞》,摇头转目,备诸丑态。钦明素以儒学著名,卢藏用谓诸生曰:"祝公《五经》扫地尽矣。"

唐张玄素迁给事中,太宗诏发卒修洛阳宫,玄素上书切谏,乃罢。魏徵闻之,叹曰:"张公论事,有回天之力。仁人之言,其利溥哉!"

## 詈贼惜惜　谢客怜怜

宋高邮妓毛惜惜,端平二年,荣全据高邮城叛,召之佐酒。惜惜骂曰:"汝本健儿,官家何负于汝而反?吾有死耳,不能为反贼行酒。"荣全怒,以刀裂其口,立命脔之,骂至死不绝。后阃臣以闻,特赐英烈夫人,且赐庙。潘紫岩有诗曰:"淮海艳姬毛惜惜,蛾眉有此万人英。恨无匕首击秦政,向使褰头真呆卿。玉骨花颜城下土,冰魂雪魄史闻名。古今无限要金者,歌舞筵中过一生。"

汪怜怜,湖州角妓也。涅古伯经历尝属意焉。汪曰:"君若不弃寒微,当以侧室处,妾决不为此态。"涅乃遣媒妁,备财礼娶之。经三载死,汪髡发尼寺,时公卿大夫有往访之者,汪故毁其容声,以绝妄念。卒老于尼。

## 击蛇刘裕　藏龟苻坚

南北朝刘裕,字德舆,小字寄奴。少贫贱,尝伐荻新州,遇大蛇,击伤之。明日,复至州,闻有杵臼声,觇之,有数青衣捣药。问其故,答曰:"吾主为刘寄奴击伤,捣药傅之耳。"裕曰:"何不杀之?"答曰:"寄奴王者,不可杀。"裕叱之,散去不见。裕自此益负。后仕晋为太尉,封宋王,寻篡晋自立。〇击伤一作"射伤"。

符坚末,高陆人穿井得龟,大三尺,背文象八卦。坚命太卜畜之池,食以粟。及死,藏于太庙。是夜,庙丞高房梦龟谓曰:"我出将归江南,遭时不遇,陨命秦庭。"房于梦中自解曰:"龟三千六百岁终,终必妖兴,亡国之征也。"未几坚败。

## 刽子贡父　屠伯延年

宋吕惠卿之谪,词头始下,刘贡父当草制,东坡呼曰:"贡父平生作刽子,今日才杀人也。"

汉严延年,字次卿。为人短小精悍,敏捷于事,然疾恶太甚,中伤者多。尤巧为狱文,善史书,所欲诛杀,奏成于手中,主簿亲近吏不得闻知。奏可论死,奄忽如神。冬月,传属县囚会论府上,流血数里,河南号曰"屠伯"。其母从东海来,欲从延年腊,适见报囚,不肯入,叹曰:"我不意当老见壮子被刑戮也。"〇传属县囚会论府上,谓总集郡府而论杀也。腊谓建丑之月腊祭,因相会饮,若今之腊节也。

## 枯骨袁术　强项董宣

汉末,徐州牧陶谦卒,嘱糜竺以州付刘备,备推袁术。孔融曰:"公路岂忧国忘家者耶? 冢中枯骨,何足介意。"〇公路,术字也。

后汉董宣为洛阳令。时湖阳公主苍头白日杀人,因匿主家,吏不能得。及主出行,而以奴骖乘。宣于夏门亭候之,乃驻车叩马,以刀画地,大言数主之失,叱奴下车,因格杀之。主即还宫诉帝,帝大怒,欲箠杀之。宣叩头曰:"愿乞一言而死。"帝曰:"欲何言?"宣曰:"陛下圣德中兴,而纵奴杀人,将何以理天下乎? 臣不须箠,请得自杀。"即以头击楹,流血被面。帝令小黄门持之,使宣叩头谢主,宣不从,强使顿之,终不肯俯。主曰:"文叔为白衣时,藏亡匿死,吏不敢至门。今为天子,威不能行一令乎?"帝笑曰:"天子不与白衣同。"因敕强项令出。○又杨奇亦号"强项"。

## 水浇醉吏　火煅颠仙

吴孙权于武昌,临钓台,饮酒大醉,令人以水洒群臣曰:"今日酣饮,醉坠台中,乃当止耳。"张昭正色不言,出外车中坐。权遣人召昭还,谓曰:"为共作乐耳,公亦何为怒乎?"昭对曰:"昔纣为糟丘酒池长夜之饮,当时亦不以为恶也。"权默然,有愧色。

明太祖时,有周颠仙,年十四,得颠疾,行乞南昌。至金陵,遇上出,必前遮拜,时有所言,必以"告太平"为首辞。上厌之,命沃以烧酒。颠仙饮多不醉。命覆以瓮,积薪煅之。火息,起视之,正坐晏然。

## 苏蕙织锦　蔡琰辨弦

晋窦滔妻苏氏,名蕙,字若兰。善属文。苻坚时,滔为秦州刺史,被徙流沙。苏蕙思之,织锦为回文《璇玑图》以寄滔,宛转循环读之,词甚凄惋。

汉蔡邕女名琰,六岁,邕夜弹琴,忽绝一弦。琰闻之,曰:"得毋第二弦乎?"邕曰:"然。"又故绝一弦以问之,琰曰:"第四弦。"邕曰:"汝特偶中耳。"琰曰:"季札观风,识四方兴衰;师旷闻律,知《南风》不竞。由是言之,何言偶中?"邕乃叹服。

## 畏风满奋　斗雷孤延

晋满奋,字武秋。为司隶校尉,畏风。侍武帝,北窗下琉璃屏风,实密而似疏,奋有寒色,帝笑之。奋曰:"臣犹吴牛,见月而喘也。"

北齐薛孤延,豪迈果决。神武尝阅马于北牧,道逢暴雨,大雷震地,火烧浮屠。神武令延视之。延按稍直前,大呼,绕浮屠而走,火遂灭。延还，须眉及马鬃尾皆焦。神武叹曰："延乃敢与霹雳斗。"○神武，高欢也。

## 程主讲席　孙侍经筵

宋元祐初，程正叔为崇政殿说书。正叔以师道自居，每侍讲，色甚庄，继以讽谏，上畏之。同平章事潞公文彦博对上甚恭，进士唱名，侍立终日。上屡曰："太师少休。"潞公顿首谢，立不去，时年九十矣。或谓正叔曰："君之倨，视潞公之恭，议者以为未尽。"正叔曰："潞公三朝大臣，事幼主不得不恭；吾以布衣为上师傅，其敢不自重？吾与潞公所以不同也。"识者服其言。

宋仁宗初即位，召侍讲学士孙奭讲《论语》。帝在经筵，或左右瞻视，及容体不正，奭即拱立不讲，帝为竦然改听。

## 士瞻百袴　阮孚一钱

齐吉士瞻，少在南蛮，掷博无袴，为侪辈所侮。及平鲁休烈，得绢三万匹，作百袴，尽赐军士，不以入室。○袴音库，胫衣也。

晋阮孚持一皂囊，游于会稽。人问囊中何物，曰："但有一钱看囊，恐其羞涩。"

## 钱起神句　马铎仙联

唐钱起，字仲文，吴兴人。工于诗，与郎士元齐名，人曰："前有沈、宋，后有钱、郎。"大历十才子，起其一也。尝赴举，寓宿驿舍，夜闻空中歌曰："曲终人不见，江上数峰青。"起识之。及殿试《湘灵鼓瑟诗》，末句久不属，遂以此二句足之。主司叹曰："若有神助。"官考功郎。

明马铎，字彦声，号梅崖，福建长乐人。永乐十年壬辰状元。幼时梦中有人语之曰："雨打无声鼓子花。"不知何谓。及廷试，上出对曰："风吹不响铃儿草。"铎即以"雨打无声鼓子花"对之。

## 林宗和靖　闵祖子骞

宋林可山，称和靖七世孙，不知和靖不娶，已见梅圣俞序中。姜石帚嘲之曰："和靖当年不娶妻，因何七世有孙儿？若非鹤种并龙种，定是瓜皮搭李皮。"○和靖，林逋谥。○一本"姜石帚"作"陈嗣初"，"七世"作"十世"，末联作"想君自系闲花草，不是孤山梅树枝"。

齐何昌寓为吏部尚书，有一客闵姓，求官。问曰："君是谁后？"答曰："子骞后。"何掩口笑曰："遥遥华胄。"

## 索诗苏轼　诵易薛瑄

宋苏轼坐诗案赴狱，妻子送，出门皆哭。顾谓其妻曰："独不能如杨处士妻作诗送我乎？"其妻不觉大笑而止。盖真宗召杨璞处士至，上问其临行有人作诗送君否，璞曰："独臣妻有诗一首云：'更休落魄贪杯酒，亦莫猖狂爱咏诗。今日捉将官里去，这回断送老头皮。'"上大笑，放还，此杨处士妻诗也。

明大理寺卿薛瑄不附王振，振衔之。会有武吏病死，其妾有色，振侄山欲夺之，妻持不可。妾因诬告妻毒其夫，都御史王文究问，已诬服。瑄辨其冤，屡驳还之。文谄事振，嗾御史劾瑄受贿，故出人罪。廷鞫，竟坐以死下狱。瑄怡然曰："辨冤获罪，死何愧焉？"在狱读《易》以自娱。后以兵部侍郎王伟申救，乃免。

## 元昊缄鸽　守约捕蝉

西夏元昊寇渭州，韩琦遣任福将兵御之。福违琦节制，陷其伏中。于道旁得数银盒，封缄甚密，中有动跃声。发之，哨鸽百余突起，于是夏兵四合，福等皆没。

宋神宗时，宋守约为殿帅，自入夏月，轮军校十数辈捕蝉，不使得闻声。有鸣于前者，皆重笞之。人颇不堪。神宗一日以问，守约曰："然。"上以为过。守约曰："臣岂不知此非理，但军中以号令为先，臣幸遭承平，总兵殿陛，无所信其号令，故寓之捕蝉耳。蝉鸣固难禁，而臣能使必去。或陛下误令守一障，庶可使人。"上以为然。

## 煮龟元逊　烹狐茂先

吴孙权时，有永康人入山，遇一大龟，束之归。龟便言曰："游不良，为时君所得。"人甚怪之，载出，欲上吴王。夜泊舟于大桑树下，宵中，树呼龟曰："劳乎元绪，奚事尔耶？"龟曰："我被拘絷，方见烹臛，虽尽南山之樵，不能溃我。"树曰："诸葛元逊博识，必致苦我，计将安出？"龟曰："子无多言，祸将及尔。"树寂而止。既至，权命煮之。焚柴万车，语犹如故。诸葛恪曰："燃以老桑，乃熟。"献人因说龟树共言之事。权登使伐取煮龟，立烂。今烹龟犹多用桑薪。野人故呼龟为"元绪"。○元逊，恪字。

晋张华，字茂先。燕昭王墓有狐，经千余岁，化为一书生，乘马而出。华表神谓曰："子欲何之？"狐曰："吾朝张司空博学多才，今欲诣门与之谈。"木精曰："张司空之才，难可比也。若去，非但丧尔躯，我亦遭累。"不答而去。乃谒华，引入谈论，三日不屈。疑为狐，呼猎犬试之，无惧色。华怒曰："百年之精，见犬则变；千年之妖，以千年神木照之则变。"世说燕昭王冢前有华表木已千年，发隶取之。使将至木所，有一青衣小儿曰："老狸不听吾言，今祸及我，岂可逃乎？"乃泣，倏然不见。乃伐木，木中流血。取归照之，精乃变，华烹之。

## 扪赘佛印　摩顶守坚

宋蒋颖叔既贵，项上大赘，每忌人视之。为六路大漕，至金山寺，僧佛印与蒋相善。一日见蒋，即手扪其赘，蒋心恶之。佛印徐曰："冲卿在前，颖叔在后。"蒋大喜。○慈圣皇后梦神语云："太平丞相项安节。"神宗遍视群臣，无之。后吴冲卿为相，瘰疬生项间，大如拳。后见之，谓上曰："此真项安疖也。"

宋娄道者，字守坚，安东人。生有异相，掌中一目，中指七节。长为承天寺僧。尝召入大内，适仁宗生，啼哭不止，摩其顶曰："莫叫，莫叫，何似当初莫笑。"啼遂止。

# 二　萧

## 受蒜闵贡　弃蔬鲍焦

后汉闵贡，字仲叔。世称节士。周党见其含菽饮水，遗以生蒜。仲叔曰："我欲省烦耳，今更作烦邪？"受而不食。

周鲍焦，饰行非世，廉洁自奉，荷担采樵，种蔬充食。子贡曰："子恶其君，处其土，食其蔬，何志行之相违乎？"遂弃蔬，饥死。

## 杵臼似鼠　义府称猫

齐景公名杵臼。臧武仲谓之曰："多则多矣，抑君似鼠，昼伏夜动，不穴于寝庙，畏人故也。"

唐李义府，容貌温恭，与人语，必嬉怡微笑，而狡险刻忌，故时人谓其"笑中刀"。又以其柔而害物，谓之"李猫"。

## 行雨忠政　唤雷迁韶

开成中，泗州王忠政死，十二日复活。始见一人，碧衣丹帻，引臂登云，曰："天召汝行雨，隶于左落队。"其左右落队，各有五方甲马簇于云头。俯向下，重楼深室，囊柜之内，纤细毕见。更异者，见米粒长数尺，凡两队，而一队于小颈瓶子贮人间水，一队所贮如马牙硝末，谓之"干雨"。雨皆在前，风车为殿。

叶迁韶避雨，救雷公于夹树间。翌日，雷公以墨篆一卷与之，曰："依此可致雷雨。我兄弟五人，要闻雷声，但唤雷二，雷五性刚躁，无危急事，不可唤之。"自是行符致雨，咸有殊功。尝醉于吉州，为太守所辱，乃大呼"雷五"。时郡中亢旱，忽霹雳暴作，太守下阶礼接，请为致雨，下阶沾足。

○见《神仙感遇传》。

## 丁谓符谶　陶安应谣

宋刘遁与丁谓相善。一日，作诗赠谓，有"他时驾鹤游沧海，同看蓬莱岛上春"之句，谓莫晓其意。及南迁，遁往候于儋耳，谓方悟其诗意，知遁乃异人也。与之泛舟海上而饮，曰："成子诗谶。"

汉陶安公，时谚曰："安公，安公，冶与天通。七月七日，迎女以赤龙。"至期，安公果骑赤龙而去。

## 嗣宗毁庙　君谟修桥

王嗣宗知汾州。城东灵应公庙旁有山穴，群狐处之，妖巫挟之为人祸福。嗣宗毁其庙，火其穴，得狐数十，杀之，淫祀乃止。

宋蔡襄，字君谟。守泉州，造洛阳桥，一名万安桥，长三百六十丈，广丈有五尺。先是，海渡岁时死者无算，襄欲垒石为梁，虑潮漫，不可以人力胜。乃遗檄海神，遣一吏往。吏酣饮，睡于海厓，半日潮落而醒，则文书已易封矣。归呈襄，启之，惟一"醋"字。襄悟曰："神其令我廿一日酉刻兴工乎？"至期，潮果退舍，凡八日夕而工成，费金钱一千四百万。

## 叔隗季隗　大乔小乔

晋公子重耳被骊姬之潛，遂奔狄。狄人伐廧咎如，获其二女叔隗、季隗，纳诸公子。公子取季隗，生伯儵、叔刘。以叔隗妻赵衰，生盾。○隗，五贿切，音颛。

汉季乔玄，字公祖。有二女，皆国色。周瑜为中护军，从孙策攻皖，得之。策自纳大乔，瑜纳小乔。策从容谓瑜曰："乔公二女虽然流离，得吾二人作婿，亦足为欢。"

## 三狗魏室　五彪明朝

魏明帝时,谤书谓"台中有三狗,二狗崖柴不可当,一狗凭默作疽囊"。"三狗"谓何晏、邓飏、丁谧也。"默"者,曹爽小字也。

明天启间,武臣田尔耕、许显纯、孙云鹤、杨寰、崔应元各恣贪婪,好罗织诸臣,榜掠惨毒。怀宗即位,员外郎王守谦劾之,目为"五彪",上命籍尔耕家。又文臣崔呈秀、田吉、吴淳夫、李夔龙、倪文焕为"五虎"。

## 出妻大逊　逐妇班超

汉李充,字大逊。家贫,兄弟六人同食递衣。妻窃谓充曰:"今贫居如此,难以久安。妾有私财,愿思分异。"充伪酬之曰:"如欲别居,当酝酒具会,请呼乡里内外,共议其事。"妇从。充置酒宴客,充于坐中前跪白母曰:"此妇甚无状,而教充离间母兄,罪合遣斥。"便呵叱其妇,逐令出门,其妇衔涕而去。坐中惊肃,因遂罢散。

汉章帝拜班超为将兵长史,别遣卫候李邑护送乌孙使者。邑到于寘,不敢前,因上书陈西域之功不可成,又盛毁超拥爱妻,抱爱子,安乐外国,无内顾心。超闻之,叹曰:"身为曾参而有三至之谗,恐见疑于当时矣。"遂去其妻。帝知超忠,乃召邑,切责之。

## 陆绩载石　廖凝挈瓢

吴陆绩为郁林太守。归日舟轻,不可渡海,载石压之。人称其廉,号"郁林石"。

五代廖凝,字熙绩。有学行,隐居南岳三年。后仕南唐,为都昌令。以廉自守,秩满但携诗卷酒瓢而去。其《解印诗》云:"五斗徒劳更折腰,三年两鬓为民焦。今朝解印吟归去,还挈来时旧酒瓢。"

## 窝名安乐　馆号逍遥

宋邵雍,字尧夫。居洛四十年,安贫乐道,自云未尝皱眉。所居寝息处号为安乐窝,自称安乐先生。有诗云:"莫道山翁拙于用,也能康济自家身。"

唐开元时,高太素隐商山,起六逍遥馆,曰晴夏晚云、中秋午月、冬日方生、春雪未融、暑簟清风,夜阶急雨。各制一铭。

## 当咏孤雁　骈贯双雕

宋鲍当为河南法掾,忤知府薛映,映怒之,乃献《孤雁诗》云:"天寒稻梁少,万里孤雁进。不惜充君庖,为带边城信。"薛大称赏,时号为"鲍孤雁"。

唐高骈,字千里。见双雕并飞,曰:"我贵,当中之。"一发贯双雕。果贵为侍御,人号为"双雕侍御"。后加平章。

## 弘霸指染　敬容背焦

唐郭弘霸,为御史。时大夫魏元忠病,僚属省候。弘霸视便溺,即染指尝验曰:"甘者病不瘳。今味苦,当愈。"元忠恶其佞。

梁吏部尚书何敬容善伺主意。武帝虽衣浣衣,而左右衣必须鲜洁,尝有侍臣衣带卷折,帝怒曰:"卿衣带如绳,欲何所缚?"敬容希旨,常以胶清刷鬓,衣裳不整,伏床熨之,或暑月,背为之焦。

## 道士画鹤　丈人承蜩

晋辛酒保,卖酒江夏,有道士就饮,辛不索钱,如是三年。一日,道士饮毕,以橘皮画一鹤于壁,以箸招之,即下舞。嗣是贵客皆就饮,辛遂致富,乃建黄鹤楼。后道士骑鹤而去。

仲尼适楚,出于林中。见痀偻者承蜩,犹掇之也。仲尼曰:"子巧乎?有道耶?"曰:"我有道也。五六月,累丸二而不坠,则失者锱铢;累三而不坠,则失者十一;累五而不坠,犹掇之也。吾处身也,若橛株拘;吾执臂也,若槁木之枝。虽天地之大,万物之多,而唯蜩翼之知。吾不反不侧,不以万物易蜩之翼,何为而不得?"孔子谓弟子曰:"用志不分,乃凝于神,其痀偻丈人之谓乎?"○痀偻,曲背人也。以竿粘翼曰承。五六月,先时而习也。橛株,断树也,身若橛株之拘也。○见《庄子》。

## 投书丁谓　碎牒王韶

宋丁谓贬海外。有一商人,辄与数百缗,任其货易,岁久不问。商人疑其意,且欲报之,曰:"相公欲使之,虽死不避。"谓乃预计南京春宴,必有中使在坐,因作表乞还。封为书投府坐,约商人曰:"汝必于是日到,仍须宴使投之。"商人欣跃而去,至则如其言。府坐得书,惧不敢发,欲匿之,又中使已见,遂因中使回,附奏。自是得移光州。

宋郭逵为西帅,王韶初以措置西事至边,逵知其必生边患,因备边财赋连及商贾,移牒取问。韶读之,怒形颜色,掷牒于地者久之,乃徐取纳怀中,入而复出,对使者碎之。逵奏其事,上以问韶,韶以元牒进,无一字损坏也。上不悟韶计,不直逵言。自是,凡逵论韶皆不报,而韶遂得志矣。

## 孝卿退水　钱镠射潮

庾子舆,字孝卿。父卒官巴西,奉丧归。至巴东,秋水犹壮。子舆抚心长叫,其夜水忽减退,安流而下。既渡,水壮如旧。时人为语之曰:"淫预如幞本不通,瞿塘水退为庾公。"○见《南史》。淫预,滩名,今作滟滪。

吴越钱镠始筑捍海塘,在候潮、通江门之外,潮水昼夜冲激,版筑不就。因命强弩数百以射潮头,又致祷于胥山祠。既而潮水避钱塘东激西陵,遂成堤岸。

## 徽宗封马　武后怯猫

宋徽宗有所爱马,名小乌。一日宣诏其马,至御前,马足不肯进。鞭之,益鸣跳。围人进曰:"此愿封官耳。"上曰:"猴子且封供奉,况使小乌白身耶?"敕赐龙骧将军,然后帖然就彀。

　　唐武后断王皇后、萧淑妃手足,置酒瓮中,曰:"令二媪骨醉。"妃临死,誓云:"愿武后为鼠,吾为猫,生生世世扼其喉,食其肉。"武后闻之,令宫中无畜猫。

## 治河三策　颁国六条

　　汉哀帝初,贾让奏言治河有上中下三策。徙冀州民当水冲者,放河使北入海,以治河之费赏所徙之民,此功一立,河定民安,千载无患,谓之上策。若多穿渠漕,使民得以溉田,虽非圣人法,然亦救时术也,谓之中策。若缮完故堤,增卑培薄,劳费无已,数逢其害,最下策也。

　　《后汉书》:外十有二州,每州刺史一人。注:诏书旧典,刺史班宣,周行郡国,省察治政。以六条问事:一条,强宗豪右,田宅逾制,凌弱暴寡;二条,二千石聚敛为奸;三条,二千石不恤疑狱,剥戮黎元;四条,二千石选署不平;五条,二千石子弟怙恃荣势;六条,二千石通行货赂,割损政令。

# 三　肴

## 痴翁廷直　狂士仲交

　　明史忠,字廷直。性豪侠高抗,不事权贵。自号痴翁,署所居楼曰"卧痴"。善画山水树木,纵笔挥洒,不拘家数。尝访沈石田于吴门,沈出,堂中有素绢,泼墨成山水巨幅,不通姓名而去。石田曰:"必史痴翁也。"要之归,留三月而别。

　　明盛时泰,字仲交。肮脏历落,不问家人生产。遇名胜,策杖跨驴,欢然独往,家人莫能迹也。尝过御史台,乘醉挝县鼓于戟门,御史张肖甫曰:"安得此狂士? 必盛仲交也。"邀入,痛饮达旦而别。携所著《两都赋》谒王元美,元美赠之诗曰:"遂令陆平原,不敢赋《三都》。"又和元美《拟古》七十章，三日而毕，元美殊为气夺。

## 苍体若瓠　沆口如匏

汉张苍，秦时为御史，有罪亡归。及沛公略地过阳武，苍以客从攻南阳。苍当斩，解衣伏质，身长大，肥白如瓠。王陵乃言沛公赦勿斩，以为常山相。苍德陵，及贵，父事陵。陵死，苍为丞相，洗沐常先朝陵夫人，然后敢归家。〇质，锧也。

宋李文靖公沆为相，其同年马亮责之曰："外议以兄为无口匏。"公笑曰："吾居政府，必无所长，但中外建议务更张喜激昂者，一切告罢，聊以此报国耳。今国家防制纤悉，密若凝脂，苟徇所陈，一一行之，则所伤实多。"

## 篆吞一卷　易饮三爻

唐韩文公愈，梦人与丹篆一卷，吞之。旁一人拊掌而笑。后见孟郊，乃梦中旁笑者。

吴虞翻初立《易》注，奏上曰："臣郡吏陈桃梦臣与道士相遇，放发披鹿裘，布《易》六爻，挠其三以饮臣，臣乞尽吞之。道士言《易》道在天，三爻足矣。岂臣受命，应当知经。"

## 崔家共宅　刘氏一庖

唐博陵崔倕，缌麻亲三世同爨。生六子，一登辅相，五任大僚。太常卿邠、大府卿酆、外台尚书郎郾、廷尉卿郁、执金吾郓、左仆射平章事郸，同居光德里一宅。

唐刘君良，四世同居，族兄弟犹同产也。隋大业末，荒馑，妻劝其异居，因易置庭树鸟雏，令斗且鸣，家人怪之。妻曰："天下乱，禽鸟不相容，而况人耶？"君良即与兄弟别处。月余，密知其计，因斥去其妻，曰："尔破吾家。"召兄弟，流涕以告，更复同居。世乱，众共筑堡，因号"义成堡"。

武德中,杨弘业至其居,凡六院共一庖,子弟皆有礼节,叹挹而去。贞观六年,表异门闾。

## 毕称颇牧　刘比吕包

唐宣宗时,党项扰河西,毕諴援古今条破羌状甚悉。上悦曰:"吾方择帅,不意颇、牧近在禁廷。"即除邠宁节度使。

宋刘挚,字莘老,东光人。儿时,父居正课以书,朝夕不少间。或谓:"君止一子,独不加恤耶?"居正曰:"正以一子,不可纵也。"后官御史,正色弹劾,中外肃然,时比包拯、吕诲。

## 一婆致诮　三公解嘲

宋李居仁与郑辉为友。居仁年逾耳顺,发尽白,辉少年轻侮,每见,呼为李公。于是居仁尽摘其须去之。辉一见,佯为惊曰:"不见数日,光彩顿异。"居仁整容喜曰:"今日何如?"辉曰:"昔则皤然一公,今则居然一婆矣。"

南北朝颜延之尝与何偃从上南郊。偃于路中遥呼延之曰:"颜公!"延之以其轻脱怪之,答曰:"身非三公之公,又非田舍之公,又非君家阿公,何以见呼为公?"偃羞而退。

## 楚王吞蛭　李子射蛟

楚惠王食寒菹,得水蛭,恐庖宰监食者法当死,遂吞之。腹病,不能食。令尹入问疾,王告之故。令尹贺曰:"王有阴德,天所奉也,疾不为伤。"是夕,王如厕,蛭出,其久病心腹之疾皆愈。

承阳人李增,行经大溪,见两蛟,引弓射之,中其一,即死。后入市,见一女子素服衔涕,捉所射箭,增怪之,问焉。答曰:"何用问为? 若是君箭,便以相还。"授矢而灭。增心恶之,返,未达家,暴死。○出《异苑》。

## 冶鸟咄咄　黠鼠聱聱

越地深山，有鸟如鸠，青色，名冶鸟。穿大树作窠。尝鸣曰"咄咄去"，明日便宜飞上树。○见《博物志》。又干宝《搜神记》作"冶鸟"。又《禽言》有咄咄怪，谢翱《晞发集》有《咄咄复咄咄》篇名。○咄，敦入声。

宋苏轼《黠鼠赋》云：苏子夜坐，有鼠方啮，拊床而止之。既止，复作。使童子烛之，有橐中空，嘐嘐聱聱，声在橐中。曰："嘻！此鼠之见闭而不得出者也。"发而视之，举烛而索，中有死鼠。童子惊曰："是方啮也，而遽死耶？向为何声？岂其鬼耶？"覆而出之，堕地乃走。○聱，五交切。

# 四　豪

## 刘器吕范　张貌韦皋

三国吕范，少为县吏。有姿貌。邑人刘氏，家富女美，范求之。女母嫌，欲勿与。刘氏曰："观吕子衡岂当久贫者耶？"遂与之婚。

唐张延赏选婿，无可意者。妻苗氏知人，特选进士韦皋，许之。皋性疏旷，延赏窃悔，由是婢仆轻慢之，惟苗氏待之益厚。皋辞东游，后五年，皋持节西川代延赏，改姓名作韩翱，人莫敢言。至大回驿，人告曰："代相公者韦皋，非韩翱。"苗氏曰："必韦郎也。"延赏曰："韦生必填沟壑，岂能乘吾位乎？"次日，果韦皋也。延赏惭惧潜遁。○韦音帏，读上声者误。

## 狂词王直　壮歌袁绹

宋苏子美居馆职兼进奏院，赛神燕饮，邀馆阁诸名宿而分别流品，非其侣皆不得与会。李定愿与而苏不肯，于是尽招两军女妓作乐烂饮，共为狂歌。王直有句云："欲倒太极遣帝扶，周公、孔子驱为奴。"诸不与者专伺败缺，方闻此句，王拱辰即以白上。上怒，命官捕诸馆阁，先已逃匿，韩魏公为之营解，于是馆阁一空。

宋宣、政间，歌者袁绹供奉九重。尝言东坡公昔与客游金山，适中秋夜,天宇四垂,一碧无际,江流涧涌,月色如昼。遂与登金山顶之妙高台,命绹歌其《水调歌头》曰:"明月几时有?把酒问青天。"歌罢,公为之起舞。

## 褚渊励节　宋弘秉操

宋褚渊,字彦回。风仪与日月齐明,光徽与春云比润。为吏部郎。帝召之,宿于西阁,山阴公主私就之,公不为移志。主曰:"公鬒如载,何无丈夫气?"彦回曰:"渊虽不肖,不敢首为乱阶。"

后汉宋弘为太尉,形容品行俱过人。光武姊湖阳公主新寡,帝与共论廷臣,以观其意。主曰:"宋弘威容,群臣罕及。"上曰:"试图之。"一日,召弘问曰:"贵易交,富易妻,人情乎?"答曰:"贫贱之交不可忘,糟糠之妻不下堂。"上顾谓主曰:"事不谐矣。"

## 刘沔双烛　王濬三刀

唐刘沔为小校,从李光颜讨淮西,前后遇贼力战,锋刃所伤,几死者数。尝伤重卧草中,月黑不知归路,昏然而睡。梦人授之双烛,曰:"子方大贵,此行无患,可持此而还。"既行,炯然有双光在前。〇沔音缅。

晋王濬夜梦悬三刀于卧屋梁上,须臾又益一刀。觉,甚恶之。主簿李毅贺曰:"三刀为'州'字,又益一者,明府其临益州乎?"未几,益州刺史为贼所杀,果迁濬益州。

## 子才觅虱　子瞻嗜蠔

北齐邢子才位中书监,脱略简易,不修威仪,常对客解衣觅虱,且与剧谈。

宋苏轼谪居岭南,岭南产蠔,轼甚嗜之。尝与叔党言蠔之美味,令他勿为宣传,恐北方君子求谪海南以分其味。

## 赵祖斫笠　楚子投醪

后唐齐王景达将兵济江,攻六合,赵太祖奋击,大破之,杀获近五千人,溺死甚众,于是唐之精卒尽矣。是战也,将士有不致力者,太祖阳为督战,以剑斫其皮笠。明日,遍阅其皮笠,有剑迹者数十人,皆斩之。由是部兵莫敢不尽死。○斫音灼。

楚师伐宋,人多寒。楚子拊而勉之,曰:"寡人不能为众分之也。"三军心感,皆如挟纩。楚人有馈箪醪者,庄王乃投之于河,令军士迎流而饮,且谕曰:"恐不能遍犒也。"三军皆为心醉。

## 长康翳柳　禄山咏桃

晋顾恺之,字长康。初为散骑常侍,与谢瞻连省,于月夜长咏,瞻每遥赞之,恺之弥自力忘倦。瞻将眠,令人代己,恺之不觉有异,遂中旦而止。尤信小术。桓玄尝以一柳叶绐之曰:"此蝉所翳叶也。取以自翳,人不见己。"恺之喜,遂引柳叶自翳,玄就溺焉,恺之信其不见己也,甚珍之。○翳音殪。

唐安禄山叛后,好作诗。以樱桃与子庆绪,作诗云:"樱桃一篮子,半红复半黄。一半与怀王,一半与周贽。"群臣曰:"圣作诚妙,但以末句与三句倒转,于韵更为稳叶。"禄山怒曰:"我儿岂可居周贽下!"

## 焚券收债　书扇偿逋

齐冯煖为孟尝君收债于薛,矫命以债赐诸民,焚其券,长驱到齐。孟尝君曰:"债收毕乎? 来何疾也?"曰:"收毕矣。""以何市而返?"煖曰:"君云市我家所寡有者,臣窃计君宫中珍宝满内府,狗马入外厩,美人充后宫,所乏者义耳,窃为君市义。"

宋苏轼知杭州,民有逋税者,呼至询之,云:"家以制扇为业,遇天寒不售,非故负之也。"轼曰:"姑取扇来。"遂据案作草书及枯木竹石,须臾就二十余柄。才出府门,每柄争以千钱购之,因尽偿宿逋。

## 神酬玉枕　鬼赠珠袍

沈纵家贫,与父同入山,见一人,左右导从卤簿如二千石。遥见纵父子,便唤住,就纵手燃火。纵因问:"是何贵人?"答曰:"斗山王。"纵叩头愿佑助,后得一玉枕,从此如意。○见刘义庆《幽明录》。

谈生四十无妇。夜半,有一女就生为妇,言:"我与人不同,勿以火照我也。三年之后乃可。"生一儿,已二岁,生不能忍,俟其寝,照视之,腰已上生肉如人,腰下但枯骨。妇觉,曰:"君负我,我垂生矣,何不能忍一岁也?与君大义永离,然顾儿贫不能活。"以一珠袍与之,曰:"可以自给。"裂取生衣裾留之而去。后生持袍诣市。睢阳王家买之,得钱十万。王识之,曰:"是我女袍。"生具以实对。发视之,果棺盖下得生衣裾。○见《列异传》。

## 君谟啮镞　吕锜伏弢

隋末督君谟善射,闭目而射,志其目则中目,志其口则中口。有王灵智者,学射于君谟,以为曲尽其妙,欲射死君谟,独擅其美。时君谟手无弓矢,惟执一短刀,矢来辄截之,末后一矢,张口承之,遂啮其镞。笑曰:"汝学射三年,未教汝啮镞法。"

鄢陵之战,晋将吕锜射楚共王,中目。王召养由基,与之两矢,使射吕锜。中项,伏弢,以一矢复命。○锜音技。弢音叨。

## 铢建珠殿　琛作银槽

南汉主刘铢据岭南,置兵八千人,专以采珠为事,目曰媚川都。每以石硾其足入海,一行至六百人,其溺而死者相属也。所居殿宇,栋梁帘箔,尽饰以珠,其穷极奢丽如此。

河间王琛遣使向西域求名马,远至波斯国,得千里马曰"追风",其次七百里马十余匹。以银为槽,以金为锁,诸王服其富豪。○出杨衒之《洛阳伽蓝记》。又吐谷浑长白承福亦饲马以银槽。

## 除毒异剑　警恶奇刀

晋刘曜自以形质异人，恐不容于俗，隐迹管涔山，以琴书为事。尝夜闲居，有二童子入跪曰："管涔王使小臣奉谒赵皇帝，献剑一口。"置前，以烛视之，剑长二尺，光泽非常，背有铭曰"神剑御，除众毒"。服之，随四时变五色，毒果不侵。

唐杨元琰，少时尝有一刀，每出入道涂间，多佩之。或前有恶兽盗贼，则所佩刀铿然有声，似警于人也。故名"警恶刀"。

## 焚车阮裕　饷砚蒯鳌

晋阮裕，字思旷。曾有好车，借无不给。有人葬母，意欲借而不敢言。后裕闻之，叹曰："吾有车而使人不敢借，何以车为？"遂命焚之。

宋蒯鳌，宣城人。廉直重信义，虽贫窭，未尝谒人。登进士，历殿中侍御史，寻乞归庐山。鳌有龙尾砚，友人欲之而不言，鳌亦心许之。友人不告而去，鳌随步追而送之。

## 版镌苕玉　印渍桂膏

夏桀伐岷山，岷山庄王献二女曰琬曰琰。桀刻其名于苕华之玉，苕是琬，华是琰。

唐宫人被幸者，以桂红膏涂印钤臂，印文曰"风月常新"。

## 傅梅植菜　邢峙谏蒿

明傅梅，字元鼎。知登封县。万历戊申，岁大旱，麦俱枯死。梅思惟荞麦尚可种，劝民收其种以待。祈祷毕，信步行数里，忽遇一隐士揖曰："今君勤苦，然雨关天行，非旦夕可得。"梅曰："种荞可乎？"隐士太息曰："可惜！可惜！"向一树下指曰："君欲活民，必须此。"视之则菜。梅乃令民广收菜子，与荞并种。未几，霪雨不止，荞无一生者，而菜勃然发，逾常年数倍，民赖以充饥。

北齐邢峙官博士。会厨宰进太子食,有邪蒿菜,峙谏曰:"此菜有不正之名,非殿下所宜食。"显祖深嘉其言,命去之。

## 封绫秀实　悬丝山涛

唐段秀实自泾州被召,戒家人曰:"汝过岐,毋纳朱泚馈。"泚果致大绫三百匹,家人拒之,不遂。秀实大怒,既曰:"终不以污吾。"乃置绫于司农治事堂梁间。后朱泚反,因取视所馈绫,其封犹新。

晋鬲令袁毅,在政贪浊,馈遗朝士,以营虚誉。尝馈山涛丝百斤,涛不欲为异,受之,命悬之梁。后毅事露,案验百官,吏于涛梁上得丝,已数年尘埃,封印如故。

## 孟宗吐饭　姚馥啜糟

三国孟宗为光禄勋。大会,宗少饮,有强之者,一杯便吐。传诏有司察之,宗吐麦饭。察者以闻,上叹曰:"至德清纯如此!"

晋有羌人姚馥,年九十八,好读书,嗜酒。每醉时,好言帝王兴亡之事。善戏笑滑稽,常叹云:"九河之水不足以渍曲蘖,八薮之木不足以供薪蒸,七泽之麇不足以充庖俎。凡人禀天地精灵不知饮酒者,动肉含气耳,何必木偶于心识乎?"好啜浊糟,常言渴于醇酒。群辈常弄狎之,呼为"渴羌"。及晋武践位,擢为朝歌邑宰,曰:"朝歌,纣之故都地,有美酒,故使老羌不复呼渴。"馥辞,更擢酒泉太守。

# 五　歌

## 鬼怖螃蟹　民拜骆驼

关中无螃蟹。元丰中,秦州人偶收得一干蟹,土人怖其形状,以为怪物。每人家有病疟者,借去挂门户上,往往遂瘥。不但人不识,鬼亦不识也。○出《梦溪笔谈》。

宋建隆初，王师下湖南。澧民素不识骆驼，村落妇女见而惊异，竞来观之。有拜而祝之者曰："山王灵圣，愿赐福祐。"及见屈膝而促，又走避之曰："卑下小人，不劳山王下拜。"军士见者，无不大噱。又拾其所遗之粪，以线穿联，戴于男女颈项之下，用禳兵疫之气。南中相传以为笑。

## 子龙息鼓　遇春挺戈

魏主曹操与先主争汉中。蜀将赵云见操兵追至，大开营门，偃旗息鼓。曹军疑云有伏，引去。云擂鼓震天，弩射曹军。曹军惊骇，自相蹂践，坠汉水死者甚多。蜀主明日行来，至云营，围视昨战处，曰："子龙一身都是胆也。"号云为虎威将军。

明常遇春，刚毅多智，勇力绝人。年廿三，为群雄刘聚所得。遇春察其多钞掠，无远图，弃之来归，假寐田间。梦神人呼之曰："起！起！主君来。"适太祖骑从至，即乞归附，请为先锋。太祖率诸将渡江，乘风举帆，顷刻达牛渚。太祖先抵采石矶，元兵阵于矶上，舟距岸三丈许，未能卒登。常遇春飞舸至，太祖麾之，应声挺戈跃而上，守者披靡。诸军从之，遂拔采石。

## 辞璧崔挺　委珠子阿

北魏崔挺为光州刺史，雅著清节。有老人言："使林邑得美璧，藏之海岛垂六十年。今遇明府，愿献之。"挺不纳。

后汉锺离意，字子阿。为尚书。时交趾太守坐赃千金，征还伏法，以资物颁赐群臣。子阿得珠玑，悉委于地而不拜赐。怪问其故，对曰："臣闻孔子忍渴于盗泉之水，曾参回车于胜母之间，恶其名也。此赃秽之宝，诚不敢拜。"帝嗟叹曰："清乎尚书之言！"乃更以库钱三十万赐子阿。

## 乞师荀灌　托佣小娥

晋荀崧守襄城，为杜曾所围，其女灌，年十三，率勇士数十人逾城突围，求救于平南将军石览。兵至城而敌却退。

谢小娥,幼有志操。曾许字段居贞,父与居贞为贾,为盗申春、申兰所杀。小娥诡服为男,托佣申家,斩兰首,大呼捕贼,乡人擒春。小娥为尼。○见《广舆记》。

## 邵谒遭扑　李广被呵

唐邵谒,翁源人。少贫贱,屈为县吏。令有客至,目使撺床者三,谒不应。令怒,慢骂之。谒瞋视曰:"咄!吏岂汝撺床者耶?"令益怒,令左右扑之,谒掉臂而去。乃截其髻着县门,矢之曰:"苟学不成,有如发!"奋志读书,卒以诗文名世。

汉李广家居数岁,尝夜从一骑出,从人田间饮。还至霸陵,尉醉,呵止广。广骑曰:"故李将军。"尉曰:"今将军尚不得夜行,何故也!"止广宿亭下。

## 东桑跨鹤　少君乘骡

东桑生,不知何许人也。少遇异人,授修炼之术,能辟谷。父母欲为之娶,曰:"吾不欲为凡世度子孙。"乃闲居一室,生养数十年。一日,谓家人曰:"吾道成矣。"遂手画一鹤于地,跨飞而去,时年七十六岁。○事见《列仙传》。

汉李少君死后百余日,人见其在河东蒲板乘青骡。帝闻之,发棺,无所有。

## 方叔下第　毅夫登科

宋元祐间,苏轼知贡举。李方叔就试,将锁院,苏轼缄封一简,令送方叔。值方叔出,其仆受简,置几上。有倾,章持、章援造访,取简窃观,乃《扬雄优于刘向论》一篇。二章惊喜,携之以去。已而果出此题,二章皆模仿轼作。及拆号,轼意魁必方叔也,乃章援;第十名文意与魁相似,乃章持。轼失色。二十名间一卷颇奇,轼谓同列曰:"此必方叔。"视之,乃葛敏修。时山谷亦与校文,曰:"可贺内翰得人。此乃仆宰太和时一学子相从者也。"而方叔竟不第。轼出院,作诗送其归,曰:"平生漫说古战场,过眼终迷日五色。"

宋郑獬,字毅夫。自负时名,国子监以第五人送,意甚不平。谢主司启有:"李广事业,自谓无双;杜牧文章,止得第五。"又云:"骐骥已老,甘驽马以先之;巨鳌不灵,因顽石之在上。"主司深衔之。及廷试,主司复为考官,必欲黜落,以报不逊。有试业似獬者,枉遭斥逐。而开封,则毅夫居第一。

## 断轙郭宪　碎衣陈禾

汉郭宪,字子横。建武中,帝欲自征陇西,宪为谏阻。及驾出,宪乃拔佩刀斩断车轙,跪道当车苦谏。帝卒不从。及颍川盗起,帝曰:"悔不用郭子横之言。"

宋陈禾,字秀实,鄞县人。官御史。尝劾童贯、黄经臣之罪,论奏未终,帝拂衣起。禾引帝衣,请毕其奏,衣裾落。帝曰:"正言碎朕衣矣。"禾曰:"陛下不惜碎衣,臣岂惜碎首?"帝曰:"卿能如是,朕复何忧?"

## 晋将茗瘕　唐相酒魔

晋桓温有一督将病后虚热,饮复茗必一斗二升乃饱。后有人造之,更进五升,乃吐出一物,如升大,有口,形质缩绉,状如牛肚。客令置盆中,以斛二升复茗浇之,此物噏之都尽,而止觉小胀。又增五升,使悉混然从口中涌出。既吐此物,病遂瘥。或问:"此何病?"答曰:"此病名茗瘕。"○瘕作病解,音家;作腹中虫解,音驾。

唐相元载一日不饮,方闻气已醉。人以针挑其鼻尖,出一小虫,曰:"此酒魔也。"是日饮一斗。[1]

## 指盗鹳鹆　证杀鹦鹉

晋有参军畜一鹳鹆,主典人盗物,鹳鹆密白之,参军衔之而未发。后

---

[1]　按:据冯贽《云仙杂记》,"元载"当为"常元载",非唐相。

盗牛肉,鹦鹆复白,参军曰:"盗肉应有验。"鹦鹆曰:"以新荷裹,著屏风后。"验之果然,痛加之法。

唐开元间,长安民杨崇义妻刘氏与邻人李弇私通,谋杀崇义,埋之井中。刘故控于官,官检所居,并无踪迹。忽架上鹦鹉曰:"杀我主者,东邻李弇也。"因以上闻。明皇封为绿衣使者。

## 景公治海　顺帝挑河

齐景公游海上而乐之,六月不归,告左右曰:"敢有先言归者死。"颜阖进曰:"君乐治海,不乐治国,彼若有治国者,君安得乐有此海乎?"遂归,中道闻国人谋欲不内之。

元顺帝以贾鲁为总治河防使,诏开黄河故道,发河南北兵民十七万,自黄陵冈达南白茅,放于黄固、哈只等口。又自黄陵西至杨青村凡二百八十里有奇,兴功凡五阅月。先是,河南北童谣云:"石人一只眼,挑动黄河天下反。"及贾鲁治河,果于黄陵冈得石人一只眼,而汝、颍之兵起。

## 边名菩萨　包号阎罗

南唐边镐,初生时,父母梦谢灵运来谒,遂生镐,故少名康乐。仕南唐,从查文徽克建州,凡所俘获皆全之,建人谓之"边佛子"。及克潭州,市不易肆,潭人又谓之"边菩萨"。为节度,盛修佛事,又号"边和尚"。

宋包拯,峻直刚毅。及知开封府,贵戚宦官为之敛手。童稚妇女皆知其名,呼为"包待制"。京师语曰:"关节不到,有阎罗包老。"人以其笑比黄河清焉。

# 六　麻

## 李藩批敕　阳城裂麻

唐李藩迁给事中,制敕有不可,遂于黄敕后批之。吏曰:"宜别连白纸。"藩曰："别以白纸是文状,岂曰批敕耶?"裴垍言于帝,以为有宰相器,遂拜相。

唐阳城,自处士征为谏议大夫,与客日夜痛饮,人莫能窥其际,皆以为虚得名耳。前进士韩愈作《争臣论》以讥之,城亦不以为意。及陆贽等坐贬,上怒未解,城即帅拾遗王仲舒、补阙熊执易、崔邠等守延英门,上疏论裴延龄奸佞,贽等无罪。上大怒,欲罪之,太子为营救,乃解。时朝夕相延龄,城曰:"脱以延龄为相,当取白麻坏之。"恸哭于廷。○朝廷纶命曰麻,唐中书用黄白二麻,后翰林掌白,中书用黄。

## 安期食枣　徐光乞瓜

汉李少君以却老方见上,曰:"臣游海上,见安期生,食巨枣,大如瓜。"

吴时,有徐光,常行幻术于市里,从人乞瓜。其主弗与,因索瓣种之。俄而瓜生蔓延,成花实,乃取食之,因遍给观者。鬻者反视所卖,皆亡耗矣。○见《还冤记》。

## 三后梁氏　八相萧家

后汉梁冀,一门三皇后,六贵人,二大将军,夫人、女食邑称君七人,尚公主三人,其余卿、将、尹、校五十七人。

唐萧瑀及孙遇凡八叶皆宰相,名德相望,与唐盛衰。

## 汉姬人彘　辽主帝羓

汉吕后令永巷囚戚夫人,令使召赵王如意,三反。相周昌曰:"高帝属臣相赵王,闻太后欲诛之,臣不敢遣;王亦病,不能奉诏。"太后怒,召昌至,复召赵王来。帝自迎入宫,挟与起居饮食,太后欲杀之,不得间。帝晨出射,赵王少,不能蚤起,太后使人持鸩饮之。遂断戚夫人手足,去眼煇耳,饮暗药,使居厕中,命曰"人彘"。召帝观,帝惊,大哭,因病,岁余不能起。

契丹耶律德光至临城得病,至杀狐林而卒。国人剖其腹,实盐数斗,载之北去。晋人谓之"帝羓"。契丹主丧至国,述律太后不哭,曰:"待诸部宁一如故,则葬汝矣。"○辽,契丹国号。羓音巴。

## 吴祐返责　缪肜自挝

汉吴祐迁胶东侯相,政惟仁简,以身率物。民有争讼者,辄自闭阁,返躬自责,然后听其讼,吏人怀而不欺。

后汉缪肜,字豫公,汝南召陵人也。少孤,兄弟四人,皆同财业。及各娶妻,诸妇遂求分异,又数有斗争之言。肜深怀愤叹,乃掩户自挝曰:"缪肜,汝修身谨行,学圣人之法,将以齐整风俗,奈何不能正其家乎?"弟及诸妇闻之,悉叩头谢罪,遂更为敦睦之行。○挝,张瓜切。

## 画狮光宝　绘马子华

顾光宝能画。有陆溉患疟经年,光宝乃以墨图一狮子,令于户外榜之,谓曰:"此出手便灵异,可虔诚致祷,明日当有验。"溉令家人焚香拜之。是夕中夜,户外有窸窣声。明日,新画狮子口中臆前有血淋漓,溉病乃愈。○见《八朝穷怪录》。

杨子华画马于壁,每夕必闻踶齧长嘶,如索水草。图龙于素壁,舒卷辄云气萦集。世祖使居禁中,天下号为"画圣"。○见《名画记》。

## 方朔献草　单父种花

种火之山有梦草,似蒲色红,昼缩入地,夜则出。亦名怀梦,怀其叶则梦之,吉凶立验也。帝思李夫人之容,不可得,东方朔乃献一枝,帝怀之,夜果梦夫人,因改曰怀梦草。○见《洞冥记》。

唐宋单父有种艺术,凡牡丹变易千种。明皇召至郦山,种花万本,色样各殊。内人呼为"花师"。

## 令孜称父　怀贞号奢

唐僖宗即位，时年十四，专事游戏，政事皆委田令孜，呼为"阿父"，除官不复关白。

唐中宗岁除谓窦怀贞曰："闻卿丧妻，今欲继室乎？"怀贞唯唯。俄而殿中宝扇障卫有衣翟衣出者，乃韦后乳母，所谓莒国夫人者，故蛮婢也。世谓媪婿为阿奢，怀贞每奏事，自称"阿奢"，或谓"国奢"。○奢音遮。

## 张果蝙蝠　杨戬虾蟆

唐明皇时，有张果老先生，不知岁数，问无不知。帝问道士叶法善曰："果老何人？"曰："此混沌初分白蝙蝠精也。"

宋杨戬于所居堂后凿一大池，环以廊庑，扃锸周密。每至浴时，悉屏人去，跃入水中游泳，率移刻而出，人莫能窥。一日，戬独寝，有盗入其室，忽见床上一大虾蟆，大几充床，两目如金，光彩注射。盗不觉惊蹐于地，而虾蟆已复变为人，乃戬也，起坐按剑问曰："汝何为到此？"盗以实对。戬掷一银香球与之，曰："念汝实贫，以此赐汝。勿为人言所见也。"盗不敢受，再拜而出。○蟆音麻。

## 面壁王述　堕榻裴遘

晋《王述传》：谢奕性粗，尝忿述，极言骂之。述无所应，面壁而已。半日，奕去，始复坐。人以此称之。

唐裴遘，赋性恬和。尝在周馥坐，与人围棋，馥司马行酒，遘未即饮，司马醉怒，因推堕床下，拂衣还坐，毫无愠色。

## 字询杕杜　帖误枇杷

唐李林甫为相，不识"杕"字，谓韦陟曰："《诗》云'有杕之杜'，何说？"陟既鄙其误，又畏其威，不敢答，但俯首微笑而已。

明莫廷韩过袁太冲家，见桌上有礼帖，上写"琵琶一盒"，相与大笑。

适屠赤水至，问知其故，亦大笑，曰："枇杷不是此琵琶。"袁曰："只为当年识字差。"莫曰："若使琵琶能结果，定教箫管尽开花。"屠大称赏，遂广为延誉，一时知名。

## 狄青天使　王德夜叉

宋狄青为延州指挥使，会元昊叛，屡将兵出战，四年间大小二十五阵，西戎及岩下以及京师之人，皆呼为"狄天使"，威声大振。

宋张浚遣统制王德复宿州，金守将马秦降，宿州平。德乘胜趋亳州，与浚会于城父。时郦琼与葛王乌绿在亳，闻德至，曰："夜叉未易当也。"即遁去。德入亳州，请于浚曰："今兵威已振，请乘胜进取。"浚不从而还寿春。初，德以十六骑径入隆德府，缚金守臣姚太师献于朝。钦宗问状，姚对曰："臣就缚时，止见夜叉耳。"由是人呼为"王夜叉"。

## 商论桥梓　敷辨梨楂

伯禽与康叔朝于成王，见周公，三见而三笞。康叔与伯禽见贤者商子而告之，商子曰："南山之阳有木焉，名曰桥，北山之阴有木焉，名曰梓。盍往观焉？"二子往观，见桥木耸焉，高而仰；梓木勃焉，卑而俯。反告商子。商子曰："桥者，父道也；梓者，子道也。"明日见周公，入门而趋，登堂而跪，周公拂其首，劳而食之。〇见《说苑》。

刘宋张敷，小名楂；父邵，小名梨。文帝戏之曰："楂何如梨？"敷对曰："梨是百果之宗，楂何敢比也？"

## 仙童取露　真妃餐霞

邓绍入华山采药，见一童子执五采囊承柏叶上露，如珠满囊。问之，曰："赤松先生取以明目。"言终，失所在。〇见《续齐谐记》。

九华真妃曰："日者霞之实，露者日之精。人惟闻服日实之法，未知飡霞之精也。夫飡霞之经甚秘，致霞之道甚易，此谓体生玉光，霞映上清之法。"〇见《十洲记》。

## 龟蒙斗鸭　渊材禁蛇

唐陆龟蒙居震泽,有斗鸭一栏。有一使过,挟弹毙其一。龟蒙曰:"此鸭能作人语,待附苏州上进。"使者酬以囊中金,问其语,曰:"能自呼其名。"使者愤然且笑,上马,复召之,还其金,曰:"吾戏耳。"

宋彭渊材,尝从郭太尉游园,咤曰:"吾比传禁蛇方甚妙,但咒语耳,而蛇听约束,如使稚子。"俄有蛇甚猛,太尉呼曰:"渊材可施其术。"蛇举首来奔,渊材无施其术,反走汗流,脱其冠巾,曰:"此太尉宅神,不可禁也。"太尉为之大笑。

## 李崇俭约　王济豪奢

李崇为尚书令,食无肉,并有韭茹、韭菹。客李元祐谓人曰:"李令公一食十八种。"人问之,曰:"二韭十八。"闻者大笑。

晋王济,字武子,司徒浑子也。武帝尝至其家,供馔并用琉璃器。婢子百余,皆绫锦绮罗,以手擎饮。献蒸肫,肥美异于常味。帝怪问之,对曰:"从幼以人乳饮之,故耳。"帝心甚不平,食未毕,便去,叹曰:"奢侈在此,恐王恺、石崇所未知作。"又每节饲马以明沙豆、蔷薇草,买地试马,编钱于地,时人谓之"金埒"。

## 投枣报栗　除棘还瓜

梁萧琛预御筵,醉而俯伏,武帝戏以枣投之。琛惊起,乃取栗还掷上,顿首谢曰:"陛下投臣以赤心,臣敢不报以战栗。"

晋桑虞有园在宅北,瓜果将熟,有人逾垣盗之。虞以园垣多棘刺,使奴为之开道。偷瓜者将出,见路通利,知虞使除之,乃送所盗瓜,叩头谢过。

## 祐辨鲮鲤　朔识駃牙

魏高祐为中书令侍郎。文成末，兖州东郡获一异兽，人莫知者。诏问祐，祐曰："此三吴所出，厥名鲮鲤，今我获之，吴、楚地其有归国者乎？"又有人于零丘得一玉印以献。问祐，祐曰："印有籀书二字，文曰'宋寿'。寿者命也，我获其命，亦是归我之征。"献文初，义阳王昶来奔，薛安都等以五州来降，时谓祐言有验也。〇鲮音陵。

汉建章宫后阁重栎中有物出焉，其象似麋，群臣莫知。诏问东方朔，朔曰："所谓駃牙者也。远方当来归义，而駃牙先见，其齿前后若一，齐等无牙，故谓之駃牙。"后匈奴浑邪王果将众降汉。

## 羊琇酿酒　德裕试茶

晋羊琇，字稚舒，泰山人。通济有才干。冬月酿酒，常令人抱瓮，须臾复易一人，日数更换，酒速成而味特美。

唐人有授苏州牧，李德裕谓之曰："到彼郡日，天柱峰茶可惠三数角。"其人献之数十斤，李不受，退还。明年，罢郡，用意精求，获数角投之。德裕阅之而受曰："此茶可以消酒肉毒。"乃命煮一瓯，沃于肉食内，以银合闭之。诘旦开视，其肉已化为水矣。

# 七　阳

## 牢不友帝　斗耻趋王

后汉牛牢，字君直。世祖为布衣时，与牢交游，尝夜讲说谶言云："刘秀当为天子。"世祖曰："安知非我？万一果然，各言尔志。"牢独默然。世祖问之，牢曰："丈夫立义，不与帝友。"众大笑。世祖即位，征牢，称疾不往。诏曰："朕幼交牛君，真清高士也。"

王斗者，齐人也。修道不仕。尝造宣王门，欲见宣王。宣王使谒者延斗入，斗曰："斗趋见王为好势，王趋见斗为好士，于王何如？"谒者还报，王曰："先生徐之，寡人请从。"王遂趋迎。后斗荐五人于王，齐赖以治。

## 慈母公义　神父叔阳

隋辛公义，开皇中为岷州刺史。岷俗畏死，一人病疫，即合家避之，父子夫妻不相看养，由是病者多死。公义欲变其俗，因分遣官人巡检部内，凡有疾病者，皆以床舆来，安置厅事，公义亲置一榻，独坐其间，市药延医疗之，躬劝饮食。病瘥，乃召其亲戚论之。诸病家惭谢，合境呼为"慈母"。

宋登，字叔阳。为汝阴令，政教明能，号称"神父"。○又明姜洪，广德州人。知夏县，政治严明，土素骄悍，导之以礼，民当甲者，不费一钱。夏人称之为"严父"。

## 高辛嫁犬　单于配狼

高辛氏宫中老妇，耳疾，挑之，有物如茧，以瓠盛之，以槃覆之，须臾化为犬，因名槃瓠。后有犬戎之寇，募得犬戎吴将军首者，赐金万镒，邑万家，妻以少女。槃瓠俄衔一首至，乃吴将军首也。帝大喜，第谓槃瓠畜类，不可妻以少女。女以为信不可失，帝不得已，从之。槃瓠负入南山，生六男六女，今长沙武陵蛮是也。○见《南蛮传》。

匈奴单于生二女，姿容甚美。单于曰："此女安可配人？将以与天。"乃于国北无人之地筑高台，置二女于其上，曰："请自天迎之。"乃有一老狼昼夜守台嗥呼，因穿台下为穴，经时不去。其小女曰："吾父以我与天，而今狼来，或是天处我。"乃下，为狼妻而生子，后遂滋盛为高车国。○见杜氏《通典》。单音蝉。

## 和尚竖指　佛图涤肠

俱胝和尚，不知姓名。尝有尼戴笠执锡，绕师三匝，云："道得即拈笠子。"三问皆无对。尼便去。旬日天龙和尚至,师具陈前事,天龙竖一指示之,师当下大悟。或问其徒曰:"和尚说何法要?"童子亦竖起一指,归而举似于师,师乃以刀断其指。童叫号走出,师召一声,童子回头,师复竖起指头,童子豁然领悟。一日语众曰:"吾得天龙一指头禅,一生受用不尽。"言讫示寂。○出《寂光镜》。

晋佛图澄,天竺人。妙通玄术,役使鬼神。其左胁乳旁有一孔,约大四寸,通彻腹内,恒以絮塞之,拔去,则一室洞明。斋罢则至水边,引肠涤之。

## 疗足元晦　医臂云长

宋朱元晦有足疾,有道人为施针术,旋觉轻安。公大喜,厚谢之,且赠以诗云:"几载相扶借瘦筇,一针还觉有奇功。出门放杖儿童笑,不是从前勃窣翁。"道人得诗竟去。未数日,足疾大作,甚于未针时。亟令寻道人,已不知所往矣。公叹息曰:"某无意罪之,但欲追索其诗,恐复持此误他人耳。"是夜梦神曰:"公一念动天矣。"足疾旋瘳。

蜀关云长尝为流矢所中,贯其左臂。后创虽愈,每至阴雨,骨常疼痛。医曰:"矢镞有毒,毒入于骨,当破臂作创,刮骨去毒。"乃伸臂令医劈之。时适请诸将饮食,臂血流离,言笑自若。

## 弼给弱马　宇拣瘦羊

魏世祖田于河西,诏以肥马给猎骑。尚书古弼留守,悉以弱马给之。魏主大怒,欲还台斩之。弼官属惶怖,恐并坐诛。弼曰:"吾为人臣,不使人主盘于游田,其罪小;不备不虞,乏军国之用,其罪大。今蠕蠕方强,南寇未灭,吾为国远虑,虽死何伤。且吾自为之,非诸君之过。"魏主闻之,叹曰:"有臣如此,国之宝也。"赐衣一袭。○蠕蠕,国名。

汉甄宇为博士。建武中,每腊,诏赐博士人一羊。羊有大小肥瘦,时议欲杀羊分肉。宇曰:"不可。"又欲投钩,宇复耻之。因先自取其最瘦者，自是不复争。后召会，诏问"瘦羊博士"所在，京师因以为号。

## 武襄面涅　汾阳额光

宋狄青起行伍，十余年而显贵，面涅犹存。帝尝敕青傅药除之，青指其面曰："陛下以功擢臣，不问门第，臣所以有今日，由此涅耳。臣愿留此以劝军中，不敢奉诏。"帝益重之。后卒，谥武襄。〇涅，谓面刺字，以青涅之。

唐汾阳王郭子仪，每有升迁，则面长二寸许，额有光气，久之乃复。

## 崇圣太祖　尊师明皇

后周太祖谒孔子祠，将拜，左右曰："孔子陪臣也，不当以天子拜之。"太祖曰："孔子，百世帝王之师，敢不敬乎？"遂拜。又拜孔子墓，禁樵采。访孔子、颜渊之后，以为曲阜令及主簿。

唐明皇命马怀素、褚无量更日侍读，每至阁门，令乘肩舆以进。或在馆道远，听于宫中乘马。亲迎送之，待以师傅之礼。

## 代赎端第　荣赐达坊

宋相吕端卒，诸子多不同处，旧第已质于人。帝闻之，出内库钱赎还之，令其聚居。端长子藩言负人息钱甚多，帝别赐内库金帛，俾偿之。藩弟荀与西京差遣，仍令内侍省置簿，为掌偢课给其家。王旦曰："陛下推恩旧臣，始终委曲，至矣。"

明徐达，字天德，濠州人。太祖时累官右丞相。平定河南，遣诸裨将分道渡河，徇河北地，遂克元都。还师下山西，定陕西，复将兵破扩廓帖木耳，振旅还京师。封魏国公。命有司治甲第，表其坊曰"大功"。卒加赠中山王。

## 光逢玉尺　季长绣囊

五代赵光逢，字延吉。以文行知名，时人称其方直温润，谓之"玉界尺"。〇又唐元逢之行文如玉界尺。

后汉马融，字季长，扶风茂陵人。勤学。梦见一林，花如绣锦，梦中折此花食之。由是天下文词，无所不知，时人号为"绣囊"。

## 工佞思止　巧诈子扬

唐侯思止，素诡谲无赖。恒州刺史裴贞杖一判司，判司使思止告贞与舒王元名谋反。元名废徙和州，贞亦灭族。思止求为御史，武后曰："卿不识字。"对曰："獬豸何尝识字，但能触邪耳。"武后悦，从之。〇獬音蟹。豸，柴上声。舒王元名，高祖子也。

魏曹丕欲伐蜀，杨暨谏阻。丕曰："卿书生，焉知兵事？"暨曰："臣言诚不足采，刘晔乃先帝谋臣，尝曰蜀不可伐。"丕曰："晔与吾言蜀可伐。"暨曰："晔可召质也。"遂召晔至，问晔，终不言。后晔见丕，曰："伐国，大谋也，臣得与闻，常恐漏泄以益臣罪，安敢向人言之？夫兵，诡道也，军事未发，不厌其密也。臣恐敌国已闻之矣。"帝谢之。出，责暨曰："夫钓中大鱼，则纵而随之，惟制而后牵，则无不得也。子诚直臣，然计不足采，不可不精思也。"暨谢之。晔能应变如此。或恶晔于丕曰："晔不尽忠，善伺上意，巧于趋合。"丕试之，果然。〇子扬，晔字也。

## 郭亮营葬　庞淯临丧

汉汝南郭亮，李固弟子也。固忤梁冀被诛，弃固尸于四衢。亮年始成童，左提章钺，右秉铁锧，诣阙上书，乞收固尸。不许，遂临哭，守尸不去。夏门亭长呵之曰："卿曹何等腐生，公犯诏书，干试有司乎？"亮曰："亮含阴阳以生，戴乾履坤，义之所动，岂知性命？"太后闻之，乃听其收葬。

三国庞淯，字子冀。初以凉州从事守破羌长，会武威太守张猛反，杀刺史邯郸商，猛令曰："敢有临商丧，死不赦。"淯闻之，弃官奔走，号哭丧所，袖匕首，诣猛门，欲因见以杀猛。猛知其义士，敕遗不杀，由是以忠烈闻。太守徐揖请为主簿。后郡人黄昂反，城陷，揖死，淯乃收敛揖丧，送还本郡，行服三年。文帝践祚，历官西海太守。〇淯音育。

## 太祖岸帻　高帝踞床

宋太祖召窦仪草制，至苑门，仪见太祖岸帻，跣足而坐，却立不肯进。太祖遽索冠带，而后召入。仪曰："陛下创业垂统，宜以礼示天下，恐豪杰闻而解体。"太祖敛容谢之。自是，对近臣未尝不冠带。〇帻音责。

汉高帝至传舍，使人召郦食其。食其入见，高帝方踞床而坐，食其不拜，曰："足下欲诛无道秦，不宜倨见长者。"高帝乃起，延之上坐，问计。

## 高却献妇　杜辞选倡

唐刘闢叛，高崇文督师克之。闢有二妾，皆殊色，监军请献之，崇文曰："天子命我讨平凶竖，当以抚百姓为先。遽献妇人以求媚，岂天子之意耶？崇文义不为此。"乃以配将吏之无妻者。

唐武宗闻扬州倡女善为酒令，敕监军选之。监军邀节度使杜悰同选，悰不从。监军怒，表其状。上曰："敕藩选倡入宫，岂圣天子所为？杜悰得大臣体，朕甚愧之。"遽敕勿选。

## 唾砚仁熟　索帖元章

宋米芾，字元章。有洁癖。周仁熟性巧诈，与之交。一日，芾言得一古砚，非世所有，殆天地秘藏。周借观之。芾发笥检取，周随取水涤手，以巾拭者再，若敬观状。及出视，称赏不已，且云："诚为尤物，但未知发墨如何？"命取水试之。急未至，周即唾涎磨之。芾变色曰："砚已污矣，永不可用。"遂弃之。他日，周再往，袖之而归。

米元章在真州，谒蔡攸于舟中。攸出王右军帖示之，元章惊叹，求以他画易之。攸意以为难。元章曰："公若不见从，某不复生，即投此江死矣。"因据船舷欲坠。攸遽与之。

## 击瓮君实　斩丝高洋

宋司马光,字君实。童稚时,与群儿戏,一儿坠水瓮中,群儿惊走,光以石击瓮,瓮破水出,儿得不死。京洛间遂为《小儿击瓮图》。

北齐主高洋,内明外晦,众莫知之。其父高欢独异之,曰:"此儿智虑过人,他日必成吾志。"一日,欢欲试诸子志,使各理乱丝。众方经治,洋乃引刀斩之,曰:"乱者必斩。"欢益奇之。

## 侍中口臭　太尉足香

汉侍中刁存,年老口臭,上出鸡舌香使含之。

彭孙尝为李宪濯足,曰:"太尉足何香也?"宪以足踏其头,曰:"奴谄不太甚乎?"○见《仇池笔记》。

## 刃婢张后　杀妾齐姜

晋宣帝为辞魏武之命,托以风痹。尝曝书,遇雨,不觉自起收之。家惟一婢见之,张后惧事泄,乃杀之以灭口,而亲自执爨。

晋公子重耳被骊姬之谮,遂出奔。及齐,齐桓公妻之,有马二十乘,公子安之。从者以为不可,将行,谋于桑下。蚕妾在其上,以告姜氏,姜氏杀之,谓公子曰:"子有四方之志,其闻之者,吾杀之矣。"公子曰:"无之。"姜曰:"行矣,怀与安实败名。"公子不可,姜与子犯谋,醉而遣之。

## 写经应用　题榜仲将

应用善书,并善写细字。尝于一钱上写《心经》,又于粒麻上写"国泰民安"四字。○出《江南野史》。

魏韦诞,字仲将。善书,题署尤精。明帝凌云台成,误先钉榜,未题署,以笼盛诞,辘轳长绠引上,使就榜题。去地二十五丈,诞危惧,头鬓皆白,诚子孙绝此楷法。袁昂评其书云:"如龙拏虎踞,剑拔弩张。"诞尝曰:

"用张芝笔、左伯纸及臣墨，兼此三者，又得臣手，然后可以逞径丈之势，方寸千言。"

## 晓人张猛　真相王商

汉张猛，骞之孙也。为光禄大夫。上祭宗庙，出便门，欲御楼船。薛广德当乘舆车，免冠顿首曰："宜从桥。"诏曰："大夫冠。"广德曰："陛下不听臣，臣自刎，以血污车轮，陛下不得入庙矣。"上不说，先驱。张猛进曰："臣闻：主圣臣直。乘船危，就桥安，圣主不乘危。御史大夫言可听。"上曰："晓人不当如是耶？"乃从桥。○先驱，导乘舆也。"驱"与"驱"同。便门，长安城南面西头第一门也。不得入庙，言不以理终不得立庙也。

汉丞相王商多质，有威重，容貌绝人。单于来朝，拜谒商，仰视，大畏之，迁延却退。上闻而叹曰："真汉相矣！"

## 充隐皇甫　诈忠张汤

晋桓玄篡立，耻无隐士，乃令皇甫希之给以资用，使居山林，征为著作郎，又使固辞，然后下诏旌里，号曰"高士"。时人谓之"充隐"。

汉张汤，杜陵人。武帝时为御史大夫。会匈奴求和亲，天子下其议。博士狄山以为和亲便，汤曰："此愚儒，无知。"山曰："臣固愚，愚忠；若汤，乃诈忠。汤之治淮南、江都，以深文痛诋诸侯，别疏骨肉，使藩臣不自安。臣固知汤之为诈忠也。"于是上作色曰："吾使生居一郡，能无使虏入盗乎？"曰："不能。"曰："居一县？"对曰："不能。"复曰："居一障间？"山自度辩穷，且下吏，曰："能。"于是上遣山乘障，至月余，匈奴斩山头而去。自是群臣震詟，无复忤汤者。○障，塞上要害处筑一小城也。

## 豪慨矮屋　群夸美庄

唐张豪登第，为华阴主簿，而为守令所抑，叹曰："大丈夫有凌云盖世之志，而拘于下位，若立身矮屋之下，使人抬头不得。"乃弃官而去。

　　唐崔群知贡举归,其妻劝树庄田,群曰:"予有美庄三十所,前岁春榜所放三十人是也。"妻曰:"君非陆贽门生乎?君握文柄,约其子简礼,不令就试。如以君为良田,则陆氏一庄荒矣。"群无以答。

## 武帝碎枕　　太祖毁床

　　宋武帝清简寡欲。宁州尝献琥珀枕,光色甚丽。时将北征,以琥珀治金创,命捣碎分付诸将。

　　明太祖灭陈友谅,有以友谅镂金床进者。太祖观之,曰:"此与孟昶七宝溺器何异?陈氏穷奢极侈,安得不亡?"即命毁之。

## 贺诗投溷　　萧字陷墙

　　唐李藩尝缀李贺歌诗为之集,序未成,知贺有表兄与贺为笔砚之旧,召之,托以搜访所遗。其人敬谢,且请得所茸者,当为改正。李公喜,并付之。弥年绝迹。李公召诘之,其人曰:"某恨其傲,尝思报之,所得兼旧有者,一时投于溷中矣。"李公大怒,叱出之。○溷,胡困切。

　　梁萧子云,字景乔。武帝造萧寺,令子云飞白大书"萧"字,后人宝之。李约自江南载归东洛,建一小亭,陷列于墙以玩,号曰"萧斋"。

## 弹棉宰相　　缩葱侍郎

　　明刘吉,孝宗时相也。性情奸狯,屡被弹章仍进秩,人呼为"刘棉花",谓其愈弹愈起也。后上欲封张皇后弟伯爵,吉言必尽封周、王二太后家乃可,上恶之,使中官至其家,勒令致仕。

　　唐侯思止食笼饼,必令缩葱加肉,时号"缩葱侍郎"。

## 泽奇武穆　　白救汾阳

　　宋岳武穆飞犯法将刑,宗泽一见奇之,曰:"将材也。"会金人攻汜水,以五百骑授飞,使立功赎罪。飞大败金人而还,升飞为统制,而谓之曰："尔智勇材艺,古良将不能过,然好野战,非万全计。"因授飞阵图。飞曰："阵而后战,兵法之常。运用之妙,在乎一心。"泽是其言。飞由此知名。

唐李白游并州,见郭子仪,奇之。子仪犯法,白为救免。后白为江州永王璘辟为府僚,佐璘起兵,白坐罪,子仪请解官以赎。

## 百口保滉　十族诛方

唐韩滉,人有谮其聚兵修城,阴蓄异志。上以问李泌,泌曰："滉修城为迎扈之备耳。此人臣忠笃之虑,奈何更以为罪乎?滉性刚严,不附权贵,故多谪毁。其子皋为郎,不敢归省,正以谤语沸腾故也。"退遂上章,请以百口保滉。上乃令皋归觐,面谕之曰："卿比有谤言,朕不复言。关中之粮,宜速致之。"滉闻命,即日发米百万斛,冒风涛而遣之。

明成祖即位,令方孝孺草即位诏。孝孺斩衰入见,悲恸彻殿陛。上曰："我法周公辅成王耳。"孝孺曰："成王安在?"上曰："伊自焚死。"孝孺曰："何不立成王之子?"上曰："国赖长君。"孝孺曰："何不立成王之弟?"上降榻劳曰："此朕家事耳,先生毋过劳苦。"左右授笔札,孝孺大批数字,掷笔于地,且哭且骂,曰："死即死耳,诏不可草!"上叱曰："汝独不顾九族乎?"孝孺曰："便十族,奈我何!"声愈厉。上大怒,收其朋友门生,尽磔于聚宝门外,死者八百七十三人。

## 伯宗药箭　彦章铁枪

后汉耿恭,字伯宗。匈奴攻金蒲城,耿恭以毒药傅矢,传语匈奴曰："汉家神箭,其中疮者必有异。"因发强弩射之。虏中矢者视疮皆沸,遂大惊,相谓曰："汉兵神箭,真可畏也!"遂散去。

五代王彦章,字子明。骁勇有力,能跣足履棘竹行百步。持一铁枪,而驰突奋迅,军中号为"王铁枪"。○"枪"俗作"鎗",非。鎗,三足釜也。

## 明皇放蝶　武帝驾羊

唐明皇宴宫中，使嫔妃各插艳花，帝亲捉粉蝶放之，随蝶所止幸之，谓之"蝶幸"。后杨贵妃专宠，不复作此戏。

晋武帝平吴后，怠于政事，喜乘羊车游宴，恣其所之，即便淫乐。宫中欲致其来，多以竹叶插户，盐汁洒地，以引帝车。

## 王澄逃杖　陈平食穄

晋王澄，字平子，衍季弟也。衍妻郭氏性贪鄙，欲令婢路上担粪。澄年十四，谏郭以为不可。郭大怒，语澄曰："昔太夫人临终，以小郎属新妇，不以新妇属小郎。"因捉其衣裾，欲杖之，澄逾窗乃免。

汉陈平与兄伯居。伯尝纵平游学，人或语平："何食而肥若是？"其嫂嫉平之不视家生产，曰："亦食穄覈耳。有叔如此，不如无有。"伯闻之，逐其妇而弃之。○"穄"俗作"糠"。

## 庾轻乂浩　高重杜房

晋杜乂、殷浩，并才名冠世，而庾翼独不重之，每语人曰："此辈宜束之高阁，候天下太平，然后议其任耳。"

隋高孝基，素知人。见房玄龄，叹曰："仆阅人多矣，未见如此郎者，异日必为伟器。恨不见其大成耳。"见杜杲兄之孙如晦，谓曰："君有应变之才，必任栋梁之重。"俱以子孙托之。后杜、房为贞观名相，卒如其言。

## 白嫌负贺　谧耻饯梁

唐白敏中，字用晦，居易从弟。正起典文衡，欲擢敏中第一，嫌其与贺拔甚为友，密令所知喻意，令绝之。既而拔甚造门，左右诳以他适，敏中跃出见贺，曰："吾可以一第负素交耶？"遂不得首举。宣宗朝拜相。

晋皇甫谧，字士安。修身笃学，举孝廉，不就，诏为玄晏先生。博综典籍，以著述为务，人号为"书淫"。有从姑子梁柳将之郡，或劝谧饯之。

谧曰:"柳微时过我,送迎不出门,食不过盐菜。今饯之,是重二千石而轻梁柳,非心所安。"○谧音蜜。

## 荆妃孕铁　王女产囊

楚王夫人于夏纳凉,抱铁柱,心有所感,遂怀孕,产一铁。王命莫耶铸为双剑。

吴五凤元年,王素有室女,年十四。有少年自称江郎,请婚,许之。经年有孕,产下一物,如绢囊,剖之,皆白鱼子。母素疑江郎非人,候其就寝,收其衣视之,悉有鳞甲之状,大骇,以巨石镇之。及晓,江郎求衣不得,异常诟骂,有物踣声。寻开户视之,床下有白鱼,长七八尺,在地拨刺。○出《三吴记》。

## 读勃明帝　改陂唐王

明神宗在经讲筵读《论语》"色勃如也",误读作"背"字。大学士张居正从旁厉声曰:"当作'勃'字。"上悚然而听,同列皆失色。上由是惮之。及居正卒后蒙祸,人比之霍氏之骖乘。

唐明皇读《洪范》至"无偏无颇",而声不和韵,因改"颇"为"陂",下诏曰:"典谟既作,虽曰不刊,文字或讹,岂必相袭?每读《洪范》至'无偏无陂,遵王之义',三复斯文,并皆协韵,惟'颇'一字,实则不谐。又《周易》《泰卦》中'无平不陂',《释文》云:'陂字亦有颇音。''陂'之与'颇',训诂为别,为'陂'则文亦会意,为'颇'则声不成文,应是煨烬之余,差谬相沿,原始要终,须有刊革。朕虽先觉,兼访诸儒,佥以为然,终非独断,庶使先儒之义,去彼膏肓;后学之徒,正其鱼鲁。"

## 散豆赚婢　掷巾渡郎

晋郭璞,有异术。偶至庐江太守胡孟康家,酷爱其婢,无由而得。乃取赤豆三斗,咒之,蔽绕其宅。主人晨起,忽见赤人数千围其家,甚恶之,请璞为卜。璞曰:"君家不宜畜此婢。可于东南二十里外卖之,此妖自绝。"胡从之。璞私令人在彼候买,遂复为符投井中,赤衣人皆反缚自投于井。

崔生入山,遇仙女为妻。久之还家,得隐形符。游宫禁,为术士所知,追捕甚急,逃还山中。追者在后,隔洞见其妻,告之故。妻乃掷五色巾为桥渡崔。○见《列仙传》。

# 八　庚

## 卖卜季主　行乞董京

汉司马季主,楚贤大夫。游学长安,博闻远见,隐于市肆以卖卜。宋忠、贾谊遇之,瞿然曰:"窃观于世久矣,未有如先生者,何居之卑而行之污耶?"季主大笑曰:"骐骥不与罢驴为驷,凤凰不与燕雀为群,而贤亦不与不肖者同列,故宁处卑以避众。公等喁喁者也,何知长者之道乎?"二子爽然自失。

晋董京,字威辇。初与陇西计吏俱至洛阳,被发而行,逍遥吟咏,尝宿白社里中。时乞于市,得残碎缯絮,结以自覆。孙楚数常遇之,大异,遂载与俱归。后数年遁去。

## 汉如敌国　勋若长城

后汉吴汉,字子颜,南阳宛人也。性强力,每从征伐,帝未安,恒侧足而立。诸将见战陈不利,或多惶惧,失其常度。汉意气自若,方整厉器械,激扬士吏。帝时遣人观大司马何为,还言方修战攻之具,乃叹曰:"吴公差强人意,隐若一敌国矣!"○隐,威重之貌,言其威重若敌国。

唐徐勣在并州十六年,令行禁止,民夷怀服。上曰:"隋炀帝劳百姓筑长城以备突厥,卒无所益。朕惟置勣于晋阳,而边尘不惊。其为长城,岂不壮哉!"因以为兵部尚书。

## 卖散文子　负局先生

文子姓崔，太山人也。好黄老事，居潜山下，常作黄散赤丸卖于都中，自言三百岁。后有疫气，民死者万数，长史之文子所请救。文子拥朱旛系黄散以徇人门，饮散者即愈，活人无数。○见《列仙传》。

负局先生者，不知何许人也，语似燕、代间人。常负磨镜局，徇吴市中衒磨镜，一钱因磨之，辄问主人得无有疾苦者，辄出紫丸与之，得者莫不愈。如此数十年。后大疫，人乞药辄与之，不取一钱，活者万计，吴人乃知其真人也。○见《列仙传》。

## 牛弘爱弟　刘琎恭兄

隋牛弘弟弻好酒，尝醉射杀弘驾车牛。弘还，其妻迎，谓弘曰："叔射杀牛。"答曰："作脯。"坐定，其妻又曰："叔射杀牛，大是异事。"弘曰："已知。"颜色自若，读书不辍。

南北朝刘琎，字子璥，瓛之弟也。瓛尝隔壁夜呼之，琎下床着衣立，然后应。兄讶其久，曰："顷束带未竟。"其立操如此。○琎音津，又音晋。

## 高允矫矫　徐宣铮铮

魏高允好切谏，事有不便，辄求屏去侍人，极论。游雅常曰："高子内文明而外柔顺，其言讷讷，不能出口。昔崔浩讥其乏矫矫风节，予以为然。及浩得罪，诏旨临责，声嘶股栗，殆不能言。允独敷陈事理，辞义清辨，人主为之动容，此非矫矫者乎？宗爱用事，威振四海，王公以下，趋庭望拜，高子独升阶长揖，此非风节者乎？"

汉徐宣，初从刘盆子，后降光武。帝询之曰："得无悔降乎？"宣叩首曰："今日得降，犹如去虎口归慈母，诚欢诚喜，无所恨也。"帝曰："卿所谓铁中铮铮，佣中佼佼者也。"○铮音争。

## 刘非求媚　范岊徇名

明刘斯洁，字莪山。嘉靖进士，历祠祭郎中。有藩府奏请优伶，抗议不允。夜遗千金,叱却之。万历时巡抚江西,张居正憾尚书朱衡,属斯洁伺其事。斯洁笑曰:"吾岂能杀人以求媚耶?"

宋范镇,字景仁。累官翰林学士。论新法,与王安石不合,遂致仕。苏轼往贺曰:"公虽退,而名益重矣。"镇慨然曰:"使天下受其害而吾享其名,吾何心哉!"卒谥忠文。

## 浩叹羊祜　狂笑晏婴

晋羊祜请伐吴,贾充以为不可。祜叹曰:"天下不如意事常八九。天与不取,岂非更事者恨于后时哉!"

齐景公置酒泰山,西望泣曰:"寡人将去堂堂国者而死耶?"左右泣者三人。晏子搏髀仰天大笑。公怒曰:"子笑,何也?"对曰:"臣见怯君一,谀臣三,是以笑。"公大惭。

## 孔觊辞米　王琏埋羹

南北朝孔觊,时东土大旱,都邑米贵,一斗将百钱。觊弟道存虑觊甚乏,遣吏载米五百斛饷之。觊呼吏,谓之曰:"我在彼三载,去官之日,不办有路钱。郎至彼未几,那能得有此米耶?可载米还彼。"吏曰:"自古以来,无有载米上水者。都下米贵,乞于此贷之。"不听,吏乃载米而去。

明王琏,字器之。为宁波知府,自奉俭约。一日,馔用鱼羹,琏怒骂其妻曰:"不忆啖草根时乎?"命撤而埋之。人号"埋羹太守"。

## 相尉联榜　王校同庚

宋王钦若以故相守杭州。钱塘一老尉苍颜华发,钦若初甚不乐之。诘其履历,乃同年生。恻然哀之,遂封章于朝,诏特改京职。尉以诗谢之云:"当年同试大明宫,文字虽同命不同。我作尉曹君作相,东风元没两头风。"

宋有军校与韩王普同年同月同日同时生。若韩王大有迁除,军校则有大责罚；王小小升转，则军校微有谴责。

## 三史安道　六经九成

宋张安道，年十三，家贫无书。尝就人借三史，旬日辄归之，曰："得其详矣。"

宋张九成，八岁默诵《六经》，通大旨。父积书座旁，命客就试，公答如响，且置卷敛衽曰："精粗本末无二致，勿谓纸上语不足多，下学上达，某敢以圣言为法。"诸老惊叹，目为奇童。

## 裴侠独立　樊哙横行

后周裴侠，字嵩和。守河北，入朝，太祖命独立，曰："裴侠清慎奉公，为天下最。有如侠者，与之俱立。"众默然，朝野叹服，号"独立使君"。

汉吕后时，单于以书遗之，辞极亵慢，后怒，欲击之。樊哙曰："愿得十万众，横行匈奴中。"

## 遘勤扶掖　皞略送迎

唐萧遘与王铎并居相位。铎年老，升阶，足跌踣勾陈中，遘掖起之。帝目之，喜曰："大臣和，予之幸也。"谓遘曰："适见卿扶铎，可谓善事长矣。"遘对曰："臣扶铎，不独善长。臣应举时，铎为主司，臣乃中选门生也。"上笑曰："王铎选进士，朕选宰相。卿无负我。"遘谢而退。

五代桑维翰，裴皞为礼部时所放进士也。及维翰作相，尝谒皞，不迎不送。或问之，答曰："皞见翰于中书，则庶僚也；翰见皞于私馆，则门生也。何迎送之有？"

## 社因王罢　县为颜更

三国王修，字叔治。年七岁丧母。母于社日亡，来岁邻人举社，修感念母，哀甚。邻人闻之，为罢社。

颜乌事亲至孝。父亡，负土为坟，群乌衔土助之，其吻皆伤。因以更县。〇见《异苑》。

## 范滂投版　安期推枰

后汉范滂，为光禄勋主事。时陈蕃为光禄勋，滂执公仪见蕃，蕃不止之，滂怀恨，弃官投版而去。郭宗林闻而让蕃。

宋李安期，邵武人。博洽经史，雅以诗名。岳飞死，作《表忠志》百二十首吊之。一日，谒使者王淮，奇其才，将以贤良荐。偶因弈争道，安期推枰曰："公平章天下，亦可如是反覆耶？"遂拂衣而去。王后深悔以末艺失天下士。

## 读卷王沔　改韵冯京

宋王沔，字楚望。端拱初，参大政。上每试举人，多令沔读试卷。沔素善读，纵文格下者，能抑扬高下，迎其辞而读之，听者忘厌。凡经读者，每在高选。举子凡纳卷者，必祝之曰："得王楚望读之，幸也。"〇沔音缅。

宋张舜民初赴春试，时冯京主文柄，以"公生明"为赋题。舜民误叠押"明"字，试罢，自分黜矣。及榜出，乃居第四。舜民方谓场中卤莽乃尔。后舜民以秘书监使契丹，冯京留守北门，经由，始修门生之礼，置酒甚欢。酒半，京曰："顷知举时，秘监赋中重叠用韵，以论策佳，因为改去，拔置优等，尚记忆否？"舜民方饮，不觉杯覆怀中，再三愧谢而去。

## 示儿康节　责子渊明

宋邵康节《示儿》曰："我今行年四十五，生汝乃始为人父。鞠育教诲诚在我，寿夭贤愚系于汝。我若寿年七十岁，眼前见汝二十五。我欲愿汝成大贤，未知天意肯从否？"

晋陶渊明《责子》曰："白发被两鬓，肌肤不复实。虽有五男儿，总不好纸笔。阿舒已二八，懒惰故无匹。阿宣行志学，而不爱文术。雍端年十三,不识六与七。通子垂九龄,但见梨与栗。天运苟如此,且进杯中物。"

## 射奸沈鍊　刺仇景清

明沈鍊劾严嵩,既编保安,即子身至。里长老问知鍊状,咸大喜,遣其子弟从学。鍊稍与语忠义大节,乃争为鍊骂嵩以快鍊,鍊亦大喜。尝束刍为偶人三,目为李林甫、秦桧及嵩而射之。嵩父子知而衔之,因诬以叛,遂杀鍊。

明燕师入,方孝孺等皆殉节,景清犹委蛇侍朝,人疑之。八月望日早朝,清绯衣入。先是,灵台奏文曲犯帝座急,色赤。及是见清独衣绯,疑之。朝毕,出御门,清奋跃而前,将犯驾,上急命左右收之,得所佩剑。清知志不得遂,乃起,植立嫚骂,抉其齿,且抉且骂,含血直喷御袍。乃命剥其皮,悬之长安门。是夕精英迭见。后驾过长安门,索忽断,所械皮趋前数步,为犯驾状。上大惊,乃命烧之。已而上昼寝,梦清仗剑追绕御座。觉,曰:"清犹为厉耶?"命赤其族,籍其乡。

## 临濑木魅　武都山精

临濑西北有寺,寺僧智通。忽夜有人长六七尺,皂衣青面,张目巨口。智通曰:"尔寒乎? 就是向火。"物亦就坐向火。至五更,物为火所醉,闭目张口,据炉而鼾。智通乃以灰火置其口中。物大叫起走,至阖若蹶声。及明,得木一片。登山寻之,见大青桐树,梢已童矣,其下凹处若新缺然。以木片附之,合无踪隙,其半有薪者,创成一蹬,深六寸,盖魅之口,灰火满其中。○出《酉阳杂俎》。○濑音赖。

武都有丈夫化为女子,美而艳,盖山精也。蜀王纳为妃,不习水土,欲去,王留之,乃为东土之歌以乐之。无几,物故,王哀之,乃遣五丁之武都担土,为妃作冢,今成都武担山是也。○出《华阳国志》。

## 赵效犬吠　王好驴鸣

宋工部侍郎赵师罴谄事韩侂胄,尝与客饮南园,师罴与焉。过山庄竹篱茅舍间,侂胄曰:"此真田舍景,但欠鸡鸣犬吠耳。"少焉有犬嗥丛薄间。视之,乃师罴也。侂胄大悦,益亲幸之。太学诸生有诗曰:"堪笑明廷鹓鹭,甘作村庄犬鸡。一日冰山失势,汤烹镬煮刀刲。"〇罴,古择字。

三国王粲好驴鸣。及死,魏文帝临其丧,顾语同游曰:"粲好驴鸣,可作一声以送之。"于是吊客皆作驴鸣。

## 十策师亮　三事国桢

宋张齐贤,字师亮。太祖幸西都,进呈十策,内四事称旨,齐贤坚执其余皆善。太祖怒,令武士拽出之。还,语晋王曰:"西都止得一齐贤,可用为相。"后太宗取进士,齐贤下第。帝不悦,诏一榜尽赐及第。

明闯贼舁怀宗梓宫,于东华门外设厂,百官过者,莫敢进视。李国桢泥首去帻,跄踉奔赴,跪梓宫前大哭。贼执之,诱令使降。国桢曰:"有三事,尔从我即降。一,祖宗陵寝不可发;一,须葬先帝以天子礼;一,太子二王不可害。"贼即诺之,扶出。贼以天子礼槁葬先帝于田贵妃墓,惟国桢一人斩衰,徒步往葬。至陵襄事毕,恸哭,作诗数章,遂于帝后寝前自缢而死。

## 周处改行　孙忭更名

晋周鲂之子处,膂力绝人,细行不修,乡人患之。处问父老曰:"时和岁丰,而人不乐,何也?"曰:"三患不除,何乐之有?"曰:"何谓也?"曰:"南山白额虎,长桥下恶蛟,并子为三矣。"曰:"君所患止此,吾能除之。"乃杀虎、射蛟,从机、云受学,期年而州府交辟,卒以节义著。

孙忭初名贯,尝语人曰:"某举进士,过长安,梦登塔上,见有持文卷者,问之,云:'来年春榜。'索而视之,不可。问其有孙贯否,曰:'惟第三名是孙忭。'既寤,遂更名忭。明年果然。"〇出《东齐纪事》。

## 昭帝蛟鲊　章庙龙羹

汉昭帝于淋池南起桂台，以季秋之月，钓于台下。以香金为钩，碧丝为纶，丹鲤为饵，钓得白蛟长三尺，若大蛇，无鳞甲。帝命大官为鲊，肉紫骨青，味甚香美。帝更求之，不得。○鲊，侧下切。

汉章帝元年，大雨，有一青龙堕宫中，帝命烹之，赐群臣龙羹各一杯。李尤《七命》文曰"味兼龙羹"，盖本此。

## 国忠香阁　武肃锦城

唐杨国忠用沉香木为阁，檀香为栏，麝香、乳香和土为泥泥阁壁，谓"四香阁"。春时，木芍药盛开，聚宾于此赏焉。禁中沉香之阁，殆不能侔其壮丽也。

吴越王钱镠，谥武肃。其所居之城，标以锦彩，名"衣锦城"。其山皆覆以锦，号"锦林"。号其幼时所戏大树曰"衣锦将军"。

# 九　青

## 子寿秀整　文靖端凝

唐张九龄，曲江人。风仪秀整，异于流众。帝于朝班望见之，谓左右曰："朕每见九龄，使我精神顿生。"罢相后，宰职每荐公卿，上必问曰："风度得如九龄否？"○子寿，九龄字。

宋李文靖公沆尝侍宴，太宗目送之，曰："风度端凝，真贵人也。"

## 韩心王室　张志朝廷

宋韩琦安抚陕西时，上疏切言青苗法不便。帝袖其疏以示执政，曰："琦真忠臣，虽在外，不忘王室。"

宋张知白累迁京东转运使，时群臣贺瑞星，知白以为人君当修德应天，因陈治道之要。帝谓宰臣曰："知白可谓心乃朝廷矣。"仁宗时官至工部尚书,同中书门下平章事。

## 长房骑杖　冷谦隐瓶

汉费长房学道于壶公,遣之归,以一杖与之,曰:"骑此当还家。"长房骑杖,忽然如眠,到家,以投葛陂,乃青龙也。

明洪武初,有人贫,求济于冷谦。谦于壁间画一门,一鹤守之,令人敲,门自开,入其室,金宝充牣,尽内帑也。其人恣取,出遗其引。他日内库失金,吏执引以闻,执其人,讯之,并逮谦。谦谓逮者曰:"安得少水以救渴。"逮者以瓶汲水与之,谦以足插入瓶中,其身渐隐。逮者以瓶置御前,上问之,谦于瓶中应声。上怒,击碎之,片片皆应。

## 道宗被殴　黥布就刑

唐贞观间,上如庆善宫,大宴。会同州刺史尉迟敬德与坐者争长,殴任城王道宗,目几眇。上不怿而罢,谓敬德曰:"朕欲与卿等共保富贵,然卿居官数犯法,乃知韩、彭菹醢非高祖之罪也。"敬德由是始惧而自戢。

汉黥布,姓英氏。少年,有客相之曰:"当刑而王。"及壮,坐法,黥布欣然就之曰:"人相我当刑而王,几是乎?"后封九江王。○黥音擎。

## 张名三箧　朱号五经

汉张安世,字子孺,杜陵人。博学。武帝幸河东,亡书三箧,诏问群臣,俱莫能知,惟安世悉识之,具述其事。后得书相较,一无所遗,因号"张三箧"。擢尚书令、富平侯。

唐朱诚秉操励行,以《五经》教授乡里,遂号为"朱五经"。后其子温为节度使,谓其母曰:"朱五经平生读书不发一第,有子为节度使,无忝先人矣。"母恻然曰:"汝能如此,可谓英特,然行义恐未如前人也。"

## 尊君尧舜　拟帝桓灵

宋王黼为相，事徽庙极亵。宫中使内人为市，黼为市令，若东昏之戏。一日，上故责市令，挞之取乐。黼窘呼曰："望尧、舜免一次。"上笑曰："吾非唐、虞，汝非稷、契也。"

晋武帝问刘毅曰："朕可方汉何帝？"对曰："桓、灵帝。"曰："何至于此？"毅曰："桓、灵卖官，钱入宫府；陛下卖官，钱入私门。以此观之，殆不如也。"帝笑曰："桓、灵不闻是言，今朕有是臣，固为胜之。"

## 福请抑霍　咏乞斩丁

汉宣帝时，霍氏骄横，徐福上书请抑制之，词甚恳切。凡三上书，不报。后霍败，告者皆封，独福不与。或为上言曰："客有见主人之灶直突，旁有积薪，客请更曲其突而徙其薪，不然，将至火患，不听。俄而失火，邻里共救得息，有致焦头烂额者。乃杀牛置酒以酬救火之人，而不录言曲突者。客谓主人曰：'曲突徙薪无恩泽，焦头烂额为上客。'"帝悟，乃厚赏福。○突，通入声，灶囱也。

宋张咏临卒，上疏言：不当造宫观，竭天下之财，伤生民之命，此皆贼臣丁谓诳惑陛下。乞斩谓头，置国门以谢天下；后斩咏头，置丁氏之门以谢谓。帝叹其忠。谥忠定。

## 景山甘雨　子骏福星

汉百里嵩，字景山。为徐州刺史。境旱，嵩行部传车所经，甘雨辄注。东海金乡、祝其两县不往，独不雨。父老请入界，雨随车而下。时谓"刺史雨"，百姓庙祀之。

宋鲜于侁，字子骏。熙宁末，尝为京东转运使。元丰末，复用之。司马光语人曰："今复以子骏为转运使，诚非所宜。然朝廷欲救东土之弊，非子骏不可，此一路福星也。安得百子骏布在天下乎？"侁既至，奏罢莱芜、利国两铁冶，又奏海盐依河北通，商民大悦。

## 韩亿索杖　陈咸触屏

宋韩忠献公亿，教子严肃。知亳州，第二子舍人自西京倅谒告省觐，康公与右相及侄柱史宗彦皆中甲科归，公喜，置酒，召僚属之亲厚，俾诸子坐于席隅。独维知有义方之训，托疾不赴。坐中忽云："二郎，吾闻西京有疑狱奏谳者，其详云何？"舍人思之未得已，诃之，再问，未能对，遂推案索杖，大诟曰："汝食朝廷厚禄，倅贰一府，事无巨细，皆当究心。大辟奏案，尚不能记，则细务不举可知。吾在千里，无所干预，犹能知之！"必欲挞之，众宾力解方已。诸子股栗。家法之严如此。忠献八子：纲、综、绛、绎、纬、缜、维、缅。绛、缜皆宰相，维门下侍郎。

汉陈万年子咸，有异材，抗直数言事。万年尝病，召咸教戒，语至半夜，咸睡，头触屏风。万年大怒，欲杖之，曰："乃公教戒汝，汝反睡不听吾言，何也？"咸叩头谢曰："具晓所言，大要教咸谄也。"万年乃不复言。

## 彦彬座语　翼道困铭

宋赵彦彬，贵溪令。廉以律己，严以御吏，宽以恤民。尝书座右曰："奉薄俭常足，官卑清自尊。"乃名言也。

宋王鸿，字翼道，零都人。右军之后，博学工草书。一试不第，归隐山中。尝作困铭曰："窃人之食，骚然而不宁者，鼠也。暴人之物，肆然而不足者，虎也。吾暴而不忍为虎，窃而不忍为鼠，宁守斯廪，以安吾处。"尝注《太玄》，从游者甚众。

## 平公墨墨　仁宗惺惺

晋平公闲坐，师旷侍。公曰："子生无目眹，甚矣子之墨墨也。"师旷曰："天下有五墨墨，而臣不与一焉。"公曰："何谓也？"师旷曰："群臣行赂以采名誉，百姓侵冤无所告诉，而君不悟，此一墨墨也。忠臣不用，用臣不忠，下才处高，不肖临贤，而君不悟，此二墨墨也。奸臣欺诈，空虚府库，以其少才覆塞其恶，贤臣逐，奸邪贵，而君不悟，此三墨墨也。国贫民疲,上下不和,而好财用兵,嗜欲无厌,谄谀之人,容容在旁,而君不悟,此四墨墨也。至道不明,法令不行,吏民不正,百姓不安,而君不悟,此五墨墨也。国有五墨墨而不危者,未之有也。臣之墨墨,小墨墨耳,何害乎国家哉?"

宋嘉祐初,仁宗寝疾,药未验,间召草泽,始用针自后脑刺入。针方出,开眼曰:"好惺惺!"翌日,圣体良已。自尔以其穴曰为"惺惺穴"。针经初无此名,或曰即风府也。


# 十　蒸

## 魏侯冒雨　汉帝渡冰

魏文侯天雨命驾适野,左右曰:"天雨,君安之?"文侯曰:"吾与虞人期猎,可无一往乎?"乃冒雨而往。

汉光武帝名秀。蓟中反,应王郎,城内扰乱。秀趣驾出城,晨夜南驰,至芜蒌亭,时天寒,冯异上豆粥。至下曲阳,传闻王郎兵在后。至滹沱河,候吏还白河水流澌,无船,不可济。秀使王霸往视之。霸恐众惊,还,诡言曰:"冰坚可渡。"遂前。至河,河冰亦合,乃渡。未毕数骑而冰解。


## 弭盗公亮　纵囚元膺

宋曾公亮,仁宗时以端明殿大学士知郑州,盗窜他境,至夜户不闭。尝有使客亡囊中物,移书诘盗,公亮报曰:"吾境不藏盗,殆从者之废耳。"索之果然。

吕元膺为蕲州刺史,颇著恩信。尝岁终阅狱囚,囚曰:"某有母在,明日元旦,不得相见。"因泣下。元膺悯焉,尽脱其械纵之。及期,无后至者。○见《册府元龟》。

## 撤关胡砺　闭门氾腾

金胡砺同知深州军事,例置弓手百余,岁取民钱为雇直。其人以迹盗为名,所至多扰,砺悉罢之。继飞语曰:"某日贼发杀守。"或请为备,砺曰:"盗思财耳。吾贫如此,何备为?"令公署撤关。竟无事。

晋氾腾,字无忌。举孝廉,除郎中。属天下兵乱之际,去官还家,散家财五十万以施宗族。柴门灌园,琴书自适。张轨征为府司马,腾曰:"门一杜,其可开乎?"固辞。疾卒。○氾音泛。

## 分痛灼艾　疗疾觅藤

宋太祖友爱光义,数幸其第,恩礼甚厚。光义尝有疾,亲为灼艾。光义觉痛,太祖亦取艾自灼以分痛。○光义,太宗名。

晋解叔谦,字达梁,雁门人。夜于庭中祈愈母疾,闻空中云:"得丁公藤为酒便瘥。"访医,皆无识者。乃访至宜都,见山中一老公伐木,曰:"此丁公藤。"叔谦拜伏,具言来意。丁公以四段与之,并示渍酒法。忽不见。依法治,病即瘥。

## 碎碑陈敏　夺剑张陵

宋陈敏知台州,朝廷命立《元祐党籍碑》,敏不肯立,监司促之急。敏曰:"诬司马公,是诬天也。"倅立之,敏碎其石。或咎敏,敏曰:"我死且不辞,何劾之畏?"遂挂冠而去。

汉张陵,桓帝朝为尚书。元嘉正月朔,群臣朝贺,梁冀尝带剑入省。陵叱出,敕羽林、虎贲夺冀剑。冀跪谢,陵不应,即劾奏请廷尉论罪。有诏以一年俸赎罪,百僚肃然。

## 翁巧掷剑　囚工蹑绳

唐黎幹为京兆尹,时曲江祈雨,黎至,有老人植杖不避,幹怒杖之,如击鞭革,掉臂而去。幹疑非常人,寻至兰陵里,入小门,黎拜伏谢过。老人乃具酒设席,夜深,语及养生之术,言约理辨,因曰:"老夫有一技,请为尹设。"遂入。良久,拥长剑七口出,舞于庭中,横若掣帛,旋若燃火。有短剑二尺余,时时及黎之须。黎叩首股栗。食顷,掷剑植地,如北斗状,曰:"向试君胆气。"黎归,色如病,临镜方觉须落寸余。复往,室已空矣。

唐开元中,嘉兴县以百戏与司监竞胜精技,监官属意尤切。有一囚曰:"某解绳技。"官曰:"解绳,常技耳。"囚曰:"某所为与人稍殊。"官悦。明日,吏领至戏场,唤此人,令效绳技。遂置绳百余尺于地,将一头手掷于空中,初抛二三丈,次四五丈,仰直如人牵之。众大惊。后乃抛绳虚空,余十丈,仰空不见端绪。此人随绳手寻,身足离地,高二十余丈,势如鸟飞,遂飏,望空而失。遂脱身狴犴。

## 安石须虱　平叔鼻蝇

宋王安石,衣秽不勤洗涤。一日,与王禹玉同侍朝,适一虱缘安石襦领而上,直至其须。上顾而笑,安石不知也。及退朝,禹玉指以告,将去之。禹玉曰:"未也,愿献一言。"安石曰:"云何?"禹玉曰:"是虱也,屡游相须,曾经御览,论其遭际之奇,何可杀也?权其处置之法,或曰放焉。"众称妙。

三国何晏,字平叔。梦青蝇数十来集鼻,以问管辂。辂曰:"鼻者天中,青蝇臭恶而聚之,位峻者颠,不可不思。"明年,晏诛。

## 大器苏轼　伟度王曾

宋苏轼试中制科,英宗即欲授知制诰。韩琦曰:"苏轼之才,远大之器也。他日自当为天下用,要在朝廷培养之耳。"

宋王曾不受会灵观使,上意不怿,王钦若数谮之。会曾市贺皇后家旧第,其家未徙,而曾令人舁土置其门,贺氏诉于朝,遂罢曾政事。王旦在告,闻之,曰:"王君介然,他日德望勋业甚大,顾予不得见耳。"或请其故,曰:"王君昨让观使,虽忤上旨,而辞直气和,了无所憎,且始被进用,已能若是。我自任政事二十年，每进对稍忤，即蹴踖不能自容。以是知其伟度矣。"○在告，休假也。

## 改姓陶穀　讳名田登

宋陶尚书穀，本姓唐，避石晋讳而改焉。小字铁牛。李相涛出典河中，尝有书与陶曰："每过中流，潜思令德。"陶初不为意，细思方悟，盖河中有张燕公铸系桥铁牛也。

宋田登知汴州，自讳其名，触者必怒，吏卒多被笞。于是举州皆谓"灯"为"火"。上元放灯，吏人书榜揭于市曰："本州依例放火。"

## 宋陷仁肇　汉间范增

南唐林仁肇官南都留守，有威名，宋深忌之。赂其侍者，窃取仁肇画像悬室，引江南使者观之，问："何人？"使者曰："林仁肇也。"曰："仁肇将来降，先持此为信。"又指空馆曰："将以此赐仁肇。"使者归白江南主，江南主不知其间，酖杀仁肇。

楚项王与范增急围荥阳，汉王患之，乃用陈平计间项王。项王使者来，为太牢具，举欲进之，见使者，佯惊曰："吾以为亚父使者。"更持去，以恶食食项王使者。使者语项王，项王疑范增与汉有私，乃疏之。范增遂去。

## 献章主静　良佐去矜

明陈献章，新会人。闻江西吴与弼讲学临川，遂弃其学而学焉。教人不立言语文字，以主静为先，日用随处，认天理紧要，在勿遗勿忘。又曰："学以自然为宗，以忘己为大，以无欲为至。"学者称为白沙先生。时章枫山称之曰："学者做诚未至，不能动人，惟白沙诚能动人。"朝廷尝以白玉圭聘之，不仕。

宋谢良佐学问淹博，事有未彻，则頬有泚。尝与程颐别一年，复来

见,颐问所进,对曰:"但知去得一'矜'字尔。"颐喜曰:"是所谓博学切问
而近思者欤?"

## 指口谢朓　掐鼻王澄

齐谢朓为吴兴太守,与弟瀹于征虏渚别。指瀹口曰:"此中惟宜
饮酒。"朓既至郡,致瀹数斛酒,遗书曰:"力饮此物,勿预人事。"○朓
音斐。

晋荆州刺史王澄,终日酣饮,别驾郭舒切谏。荆土士人宗厥尝因酒
忤澄,澄敕左右棒厥。舒厉声曰:"使君过醉,汝辈何敢妄动?"澄曰:"别
驾狂耶? 诳言我醉!"因遣,掐其鼻,炙其眉头,舒跪而受之。澄意稍解,
而厥得免。○掐音恰。

## 虞拟裴度　晟慕魏徵

宋虞允文,字彬甫。佐枢臣叶义问督江淮军,犒师采石。适新帅李
显忠未至,敌骑充斥,官军三五星散。允文立召诸将,勉以忠义,敌疑援
兵至,始遁。允文策敌必复来,夜半部分诸将,因其来,夹击之。捷闻,上
嘉叹曰:"虞允文公忠出天性,朕之裴度也。"

唐李晟罢太尉,出镇凤翔。尝谓僚佐曰:"魏徵好直谏,余窃慕之。"
行军司马李叔度曰:"此儒者事,非勋德所宜也。"晟敛容曰:"司马失言
矣。晟任兼将相,知朝廷得失而不言,何以为臣哉!"叔度惭而退。及在
朝廷,上有所顾问,极言无隐,而性沉密,未尝泄于人。

# 十一尤

## 让韩独步　放苏出头

宋苏轼谓唐无文章,惟韩退之《送李愿归盘谷序》而已。生平欲效此
作,拈笔辄罢。因笑曰:"不若且让退之独步。"

宋苏轼以书见欧阳修,修谓梅尧臣曰:"老夫当避此人,放出一头地。"

## 对铭希镜　释碑延休

宋孝武时,青州人尝发古冢,有铭云:"青州世子,东海女郎。"帝问学士鲍照、徐爰、苏宝生,并不能悉。贾希镜对曰:"此是司马越女嫁荀晞儿。"检验果然。

唐开元中,义兴许氏重刻后汉太尉许馘碑,碑阴有"谈马砺毕王田数七"八字,人不能晓。徐延休一见,解之曰:"谈马言午也,许字;砺毕石卑也,碑字;王田千里也,千里,重字;数七六一也,六一,立字。"此即杨修辨"黄绢幼妇外孙齑臼"之意也。

## 宋人投马　张氏祝鸠

宋人有取道者,其马不进,刭而投之鸂水。又复取道,其马不进,又刭而投之。如此者三。虽造父所以威马,不过此矣。不得造父之道而徒得其威,无益于御。人主之不肖者,不得其道而徒多其威,威愈多,民愈不用。○见《吕氏春秋》。

长安有张氏,独处一室,有鸠自外入,止于床。张氏患之,祝曰:"鸠来为我祸耶,飞上承尘;为我福耶,入我怀中。"鸠飞入怀。以手探之,则不知鸠之所在,得一金带钩焉。其后子孙昌盛。○见《搜神记》。

## 晏幽飏躁　谷食难收

三国管辂相邓飏、何晏二子曰:"邓飏之行步,筋不束骨,脉不制肉,起立倾倚,若无手足,是谓鬼躁。何晏之视候,魂不守舍,血不华色,精爽烟浮,容若槁木,是谓鬼幽。是非遐福之象。"

鲁文公元年春,王使内史叔服来会葬。公孙敖闻其能相人也,见其二子焉。叔服曰:"谷也食子,难也收子。谷也丰下,必有后于鲁国。"

## 仁贵虓将　仲康虎侯

唐太宗攻安市城,高丽莫离支遣将拒战,太宗命诸将分击之。薛仁贵恃骁悍,欲立奇功,乃著白衣自标显,所向披靡,军乘之,贼遂奔溃。帝谓曰:"朕不喜得辽东,喜得虓将也。"迁右领军中郎将。○虓音哮。

三国许褚,字仲康。容貌雄毅,勇力绝人。归曹操,操壮之,曰:"此吾樊哙也。"拜都尉。从讨韩遂、马超于潼关,操与超单马会语,惟褚从。超欲突操,素闻其勇,疑从骑是褚,乃问操曰:"公有虎侯者安在?"操顾褚,褚瞋目视超,超不敢动。军中以褚力如虎而痴,号曰"虎痴"。

## 张守挞虎　顾令判牛

张侍郎守郓州,有虎害物,公令吏执符追虎。虎熟视,衔符随吏至,望公闭目自蹲伏。公数其罪,挞之,约三日出境,不然尽杀。虎去,死,化为石。今呼"虎石"也。○见刘斧《青琐高议》。

宋顾宪之为建康令。有盗牛者与本主争牛,各称己物,二家辞证相等,前后令莫能决。宪之至,覆状,乃令解牛,任其所去,径还本宅,盗者伏罪。○又后魏于仲文迁安固太守。有任、杜两家各失牛,后得牛,两家俱认,州郡久不能决。仲文令二家各驱牛群至,乃放所认者,遂向任氏群中。又阴使人微伤其牛,任氏嗟惋,杜家自若。仲文于是诃诘杜氏,杜氏服罪。

## 反赠熙载　辞饷穆修

五代韩熙载,字叔言。官中书令。严续尝请熙载撰其父神道碑,以珍货丽姬为润笔。文成,但叙谱裔品秩,略不道续事业。三乞韩改窜,韩以向所赠及姬悉还之。

宋张知白守亳,时有豪士作佛庙,庙成,知白使人召穆修作记。记成,不书士名。士以白金五百遗修为寿,且求载名于记。修投金庭下,趣装去郡。士谢之,终不受,且曰:"吾宁糊口为旅,终不以匪人污吾文也。"

## 媚臣誉树　奸相斫榴

唐宇文士及从太宗止树下，太宗甚喜，士及从而誉之不已。上正色曰："魏徵常劝我远佞人，我不知佞人是谁，意疑是汝，今果不谬。"士及拜谢。

宋秦桧为相日，都堂左庑前有石榴一株，每著实，乃默记其数。一日偶亡其二，佯为不知。将排马，忽顾左右取斧伐去之。有亲吏在旁，仓卒告曰："其实佳甚，斫之可惜。"桧笑曰："盗食吾榴，乃是汝耶?"吏大惊服罪。自此下人罔敢作弊。

## 高祖蛛庙　武王蜂舟

汉高祖为雍齿所追，走荥阳。有厄井，投匿井中。有蜘蛛结网，蔽其井口，遂得脱。汲黯为荥阳守，立神蛛庙祀之。

周武王东伐纣，夜济河，月明如昼。有大蜂，状如丹鸟，飞集王舟，因以鸟画其旗。翌日，枭纣，名其船为"蜂舟"。鲁哀公二年，郑人击赵简子，得其蜂旗，即此类也。

## 明皇还带　武帝焚裘

唐明皇尝以紫金带赐岐王。带为昔高宗破高丽时所得。开元中，高丽遣使来朝，宴内殿，因从容言于内臣曰："紫金带，本国亡是，岁荒民散，干戈屡起。幸在内帑，一见足矣。"上闻之，命封付其使。

晋武帝时，太医司马程据献雉头裘。帝以奇技异服，典礼所禁，焚之于殿前，敕内外敢有犯者罪之。

## 李祐胆落　赵岘汗流

唐夏州节度使李祐进马百五十匹，侍御史温造弹祐违敕进奉，请论如法。诏释之。祐谓人曰："吾夜半入蔡州城取吴元济，未尝心动，今日胆落于温御史矣。"

　　宋丰稷，字相之，鄞人。知谷城，廉而且直，民歌之曰："丰谷城，清如水，平如衡。"徽宗召拜御史中丞，遂正色论蔡京罪状。后为左司谏，时扬王颢、荆王頵命成都造锦衣，稷即劾奏，监察御史赵帆同时进对，退谓稷曰："闻君之言，使帆汗流浃背。"

## 痛妃筚篥　悼夫箜篌

　　唐明皇幸蜀，初入斜谷，栈中闻铃声，帝方痛念贵妃，因采其声为《雨霖铃》曲以寄情，觅善能筚篥者使吹之。遂传于世。〇筚篥，筛管也。筚音毕，篥音栗。

　　有一狂夫，披发提壶，狂呼"渡河"，其妻追止之不及，堕河而死。妻乃号天嘘唏，鼓箜篌而歌曰："公无渡河，公竟渡河！公堕河死，当奈公何？"曲终，亦投河死。〇见《中华古今注》。箜篌，音空侯，乐器，其制二十四弦。

## 子厚僦舍　邦昌登楼

　　宋章惇，字子厚。恶苏辙，谪为雷州司户，不许其占官舍，遂赁屋以居。后复以强夺民产诬之，遣使究治，以僦券甚明，乃得免。后二年，子厚亦谪雷州，问舍于民，曰："前苏公来，为章丞相所陷，几至累我破家，今不可也。"惇大悔曰："昔以毙人，今即自毙。天理报应，何速如之！"

　　宋张邦昌僭立，国号大楚。坐罪贬昭化军节度副使，潭州安置，寓居于郡之天宁寺。寺有平楚楼，盖取唐沈传师诗"目伤平楚虞帝魂"之句也。朝廷遣殿中侍御史马伸赐死，读诏毕，犹徘徊顾望，不能引决。执事者促之登楼，及仰首，忽睹三字，长叹就缢。

## 引经断狱　弈棋判囚

　　汉昭帝时有男子乘黄犊车诣北阙，自称卫太子，廷臣并莫敢发言。京兆尹隽不疑至，叱吏收缚曰："昔蒯聩违命出奔，辄拒而不纳，《春秋》是之。卫太子得罪先帝,亡不即死,今来自诣,此罪人也。"遂送诏狱。上与大将军霍光闻而喜之,曰:"公卿大夫当用有经术明于大谊者。"由是不疑名重朝廷。

宋毛经,富川人。任开封户曹。一日,与客相弈,尹以疑狱就问,令罢局。经曰:"决事弈棋,两不相碍。"呼二吏读款,甫毕,弈胜而事剖。尹叹异,荐之。

## 说梦鹦鹉　雪愤猕猴

晋张华有白鹦鹉,华每出行还,辄说童仆善恶。后寂无言,华问其故。鸟曰:"见藏瓮中,何由得知?"华后出外,令唤鹦鹉,鹦鹉曰:"昨夜梦恶,不宜出户。"华强之。至庭,为鹞所搏,教其啄鹞脚,仅而获免。

昔有人畜子母猕猴者,一日,鸢杀其子,猴哀鸣不食,径往厨中,取一片肉戴顶上,顶于庭中。鸢果来搏肉,猴两手搋撃其翅,遂啗其脑,食其髓。○见《合璧》。猕音弥。

## 崔比王谢　昱拟巢由

唐崔湜与弟液、澄、从兄淮,并以文翰居要官。每宴私,自比东晋王、谢。尝谓:"吾一门入仕,历官未尝不为第一。丈夫当先据要路以制人,岂能受制于人哉!"

宋郭昱狭中诡僻,登显德进士,耻赴常选,献书宰相赵普,自比巢、由。朝议恶其矫激,久不调。后复谒普,望尘自乞。普笑谓人曰:"今日甚荣,得巢、由拜于马前。"

## 筑扑秦帝　琴撞魏侯

燕高渐离与荆轲为友。荆轲刺秦始皇不中而死,渐离变姓名,为人佣保,匿于宋子。久之,闻于始皇。始皇惜其善击筑,重赦之。乃曛其目,使击筑,未尝不称善,稍益近之。渐离乃以铅置筑中,复得近,举筑扑始皇,不中,遂诛渐离。○曒音郝,以马矢熏,令失明也。○筑音竹。

魏师经鼓琴,文侯起舞曰:"使我言而无见违。"师经援琴而撞之,文侯怒。经曰:"臣撞桀、纣之主,不撞尧、舜之君。"文侯挂琴于室以为戒。

## 沆读论语　青诵春秋

宋李沆,真宗相也。尝读《论语》,或问之,沆曰:"沆为宰相,如'节用而爱人,使民以时',尚未能行圣人之言,终身诵之可也。"

宋狄青与尹洙谈兵,洙善之,荐于韩琦。范仲淹曰:"此良将材也。"二公待之甚厚。仲淹授以《左氏春秋》曰:"将不知古今,匹夫勇耳。"青由是折节读书,悉通秦、汉以来将帅兵法。

## 筹赈戴浩　均赋韩休

明戴浩,鄞人。正统中,知巩昌府。岁大祲,即发边储三万七千石赈贷,上疏待罪曰:"愿以臣一人之命易千万人之命。"诏原浩而令民偿所贷,上官檄浩趣之。浩曰:"疮痍未复而速征,不如无赈。"约三岁递偿。又关山孔道,寇时劫掠商旅,浩设方略歼之,道路无虞。民为之歌曰:"君侯守边,惠政无前。我行我道,荡荡便便。"

唐韩休,长安人。明皇时虢州刺史。虢于东西京为近州,乘舆所至,常税刍。休请均赋他郡,中书令张说曰:"免虢而与他州,此私惠耳。"不许。休复执论,吏曰:"恐忤宰相意。"休曰:"刺史知民之弊而不救,岂为政哉!虽得罪,所甘心焉。"卒如休请。

## 骆驼诮昼　蛱蝶讥收

北齐刘昼尝作赋一首,以"六合"为名,自谓绝伦。曾以赋呈魏收而不拜,收忿之,谓曰:"赋名'六合',已是大愚,文又过于六合。"昼以示邢子才,子才曰:"君此赋正似疥骆驼,伏而无姒媚。"

北朝魏收,字伯起。官仆射,与温子升、邢邵称北朝"三才"。少随父赴边，欲以武奋，郑伯调之曰："魏郎弄戟多少？"收惭，遂折节向学。夏月坐板床，随树阴诵读，积年，床板为之脱减。上《南狩赋》见褒，典起居注。伯谓曰："卿不遇老夫，犹应走兔。"京洛号收曰"惊蛱蝶"，盖讥其轻薄也。

## 敬德夺稍　阿余得矛

唐尉迟敬德，马邑人。有勇力，尝稍戈赴敌，更能夺取贼稍以击贼。帝尝问避稍与夺稍孰难，对曰："夺稍难。"试使与齐王战，王三失稍，乃服。累功封鄂国公。〇"稍"同"槊"。

齐晋战于平，阿余子亡戟得矛，谓路人曰："可以归乎？"路人曰："矛亦兵也，何不归？"遇高唐之孤叔无孙，问曰："亡戟得矛，可归乎？"孤叔无孙曰："矛非戟，亡戟得矛，岂无责乎？"阿余子还，反战，死之。〇见《吕氏春秋》。

## 杜佑驾驷　刘涣乘牛

唐杜佑为司徒，尝思致仕之后，必买小驷，饱食跨之，著粗布襴衫入市，看盘铃傀儡即足矣。后致仕，果行其志。谏官上疏言"三公不合入市"，公曰："在吾计中矣。"

宋刘涣为颍上令，以刚直，不能事上官，挂冠隐庐山。尝作《骑牛歌》曰："我骑牛，君莫笑，万事从吾好。"时陈舜俞以屯田员外郎知山阴县，以不奉新法责监南康，亦乘黄犊相与往来。欧阳修慕其风节，赋《庐山高》赠之。

## 卢三改注　范一笔勾

唐司刑太常伯卢承庆，尝考内外官。有一官督运遭风失米，承庆考之曰："监运损粮，考中下。"其人容色自若，无言而退。承庆重其雅量，改注曰："非力所及，考中中。"其人既无喜容，亦无愧词。又改曰："宠辱不惊，考中上。"

宋范仲淹之选监司也,取班簿,视不才者一笔勾之。富弼曰:"一笔勾之甚易焉,知一家哭矣!"仲淹曰:"一家哭何如一路哭耶?"于是悉罢之。

## 观察鹘眼　参政鱼头

宋张威,字德远。累官扬州观察使。为将每战辄克,临阵战酣,则精彩愈奋,两眼皆赤,时号"张鹘眼"。

宋仁宗时,刘太后临朝,政不己出。太后尝问鲁宗道曰:"唐武后何如主?"对曰:"唐之罪人也,几危社稷。"后默然。又欲立刘氏七庙,辅臣皆不敢对。宗道独进曰:"若立刘氏七庙,如嗣君何?"乃止。后尝与帝同幸慈恩寺,欲乘辇先行。宗道以"夫死从子"之义争之,后遽命辇后乘舆。刚正嫉恶,遇事敢言,贵戚用事者目为"鱼头参政",因其姓,且言骨鲠也。

# 十二侵

## 刘鋹疑酒　蔡邕骇琴

南汉主刘鋹,多置酖毒饮臣下。后降宋。一日,从太祖幸讲武池,从官未集,鋹先至,赐以卮酒。鋹疑有毒,泣曰:"臣承祖父基业,违拒朝廷,劳王师致讨,罪固当诛。陛下既待臣以不死,愿为大梁布衣,观太平之盛,未敢饮此酒。"太祖笑曰:"朕推赤心于人腹中,安有此事?"命取鋹酒自饮,而别酌以赐鋹。鋹大惭谢。〇鋹音敞。

汉蔡邕,邻人以酒食召,比往,客有弹琴者,邕潜听之,曰:"嘻!以乐召我而有杀心,何也?"遂反。主人追问其故,具以告。弹者曰:"我向鼓弦,见螳螂方向鸣蝉者,一前一却,吾心耸然,惟恐螳螂之失蝉也。此岂为杀心而形于声者乎?"邕叹曰:"此足以当之。"

## 愚人怖玉　贪夫攫金

魏田父于野得玉径尺,不知其玉也,以告邻人。邻人诈之曰:"此怪石也，畜之弗利。"田父归，置于庑下。其夜光明照一室，其家大怖，遽而弃于野。邻人取献魏王，魏王召玉工相之。玉工望玉，再拜却立，曰："敢贺大王得天下之宝，臣所未尝见。"王问价，工曰："此无价以当之。五城之都，仅可一观。"王立赐千金，食上大夫禄。〇见《尹文子》。

齐人有欲金者，诘旦，衣冠而之市，适鬻金者之所，因攫其金而去。吏捕得之，问曰："人皆在焉，子攫人之金何？"对曰："取金之时，不见人，徒见金。"〇见《列子》。

## 云奇折臂　濮英剖心

明丞相胡惟庸谋逆，诈言所居第井涌醴泉，邀太祖往观。乘舆将出，内史云奇知其谋，走冲跸道，勒马言状，气方勃，舌骙不能达意。上怒其不敬，左右捶挞乱下。奇垂毙，右臂将折，犹指贼第，弗为痛缩，上方悟。登城眺察，见甲兵伏屏帷间数匝。亟反，遣兵围其宅。乃召奇，已死矣。上深悼惜，厚赐葬焉。〇跸音必。天子出则称警，示戒肃也；入则言跸，止行人也。

明都督佥事濮英征高丽，被执。高丽王爱其骁勇，欲降之，不从。王怒，欲杀之。英曰："丈夫有赤心，肯汝屈耶？"抽刀剖心示之而死。王大惧，遣使入朝谢罪。上嘉英忠节，追封乐浪公，谥忠襄。

## 昼责邹浩　辅折余深

宋哲宗废孟后，立刘氏为后。邹浩之友田昼谓人曰："志完不言，可以绝交矣。"浩上疏，窜新州。昼迎之途，浩出涕。昼正色责曰："使志完隐默，官京师，遇寒疾不汗，五日死矣。岂独岭南之外能死人哉！欲君勿以自满，士所当为，未止此也。"〇志完，邹浩字。

宋徽宗数微行，秘书正曹辅上疏切谏，帝令赴都堂审问。余深责之曰："汝乃小官，何敢遽论大事？"辅曰："大官不言，故小官言之。官有大小，其爱君之心一也。"深不能答，卒编管于郴州。

## 王子辞李　谢生拜柑

南北朝王僧孺，年五岁，有馈其父冬李，先以一枚与之，孺不受，曰："大人未见，不敢先尝。"

宋淳熙时，江州民谢生母老病，夏月思柑，不得。谢家有小园种此果，乃夜拜树下，膝为之穿裂。诘旦，已累累结丹实数颗。食之，病乃瘳。

## 彭城两到　江东三岑

梁到溉，字茂灌。弟洽，字茂㳂。彭城武原人。皆有才名，兼善玄理，时人比之二陆。世祖赠诗曰："魏世重双丁，晋朝称二陆。何如今两到，复似凌寒竹。"

唐岑羲，字伯华。为金坛令。弟仲翔，为长洲令；仲休，为溧水令。并著奇勋。宰相宗楚客谓御史曰："毋遗江东三岑。"

## 仁贵免胄　马燧披襟

唐永淳元年十月，突厥骨笃禄寇并州。时薛仁贵为代州都督，督兵击之。虏问唐大将为谁，应之曰："薛仁贵。"虏曰："吾闻仁贵流象州死矣，何绐我也？"仁贵免胄示之面，虏相顾失色，下马列拜，稍稍引去。仁贵因奋击，大破之。

唐马燧征李怀光，与诸将谋曰："长春宫不下，则怀光不可得。然其守备甚严，攻之旷日持久。我当亲往谕之。"遂径造城下，呼其守将徐廷光曰："汝曹徇国立功四十余年，何忽为灭族之计？从吾言，非止免祸，富贵可图也。"众不对。燧披襟曰："不信吾言，何不射吾？"将士皆伏泣。燧曰："此皆怀光所为，汝曹无罪，第坚守勿出！"皆曰："诺。"廷光遂举众降。其众大呼曰："吾辈复为王人矣。"怀光遂缢死。

## 无己拥被　柳恽捶琴

宋陈无己出行，觉有诗思，急归，拥被卧而思之，呻吟如病者，或累日而起。秦少游诗鲜巧敏捷,故人谓"闭门索句陈无己,对客挥毫秦少游"。

南北朝柳恽赋诗未就,以笔捶琴,坐客以箸和之。恽惊其哀韵,乃制为雅音。后传击琴自此始。

## 丈人抱瓮　老媪磨针

周子贡入楚,过汉阴,见丈人抱瓮灌圃畦。子贡曰:"有机于此,后重前轻,挈水若抽,用力少而见功多,其名为桔槔。"丈人曰:"有机事者,必有机心。机心存于胸中,则纯白不备。吾非不知,羞而不为也。"子贡惭,俯而不对。

唐李白,少读书未成,弃去。道逢老媪磨杵,白问其故。曰:"欲作针。"白感其言,遂发愤读书。

## 劝课龚遂　署考唐临

汉龚遂,字少卿。宣帝时,渤海郡岁饥盗起,丞相御史举遂能治。时遂年七十余,又形貌短小,帝心轻之。问何以息盗,对曰:"臣闻治乱民犹治乱绳,不可急也。愿无拘臣以文法,得一切便宜从事。"上许焉。遂至境,移书敕属县悉罢逐捕盗贼史,诸持锄钩田器者皆为良民,持兵者乃为盗贼。盗贼于是解散。遂见齐俗奢侈,好末技,不田作,乃躬率以俭约,劝民务农桑,令口种一树榆、百本薤、五十本葱、一畦韭,家二母彘、五鸡。民有持刀剑者,使卖剑买牛,卖刀买犊。春夏不得不趋田亩,秋冬课收敛,益畜果实菱芡。劳来循行,郡中皆有畜积。○薤音械,菜名,俗作"薤"。

唐唐临,字本德,京兆人。累迁大理卿,断囚不枉。尝持节按交州狱,出冤狱三千人。自署其考曰:"形如死灰,心如铁石。"高宗曰:"为狱固当如是。"

## 元章石癖　佟之水淫

宋米元章守涟水,畜石甚富,一一品目,加以美名。时杨次公为观察使,知米好石废事,因往廉焉。至郡,正色曰:"朝廷以千里郡邑付公,汲汲公务,犹惧有阙,那得终日弄石?"米径前,以手于左袖中取一石,其状嵌空玲珑,峰峦洞穴皆具,色极清润,宛转翻覆以示杨,曰:"如此石,安得不爱?"杨殊不顾,乃纳之左袖。又出一石,叠嶂层峦,奇巧又胜,又纳之左袖。最后出一石,尽天划神镂之巧,又顾杨曰:"如此石,安得不爱?"杨忽曰:"非独公爱,我亦爱也。"即就米手攫得之,径登车去。又知无为州,时有巨石,状奇丑,米见大喜,曰:"足以当吾拜。"具衣冠拜之,呼之为兄。○《石林燕语》作"呼为丈夫"。

梁何佟之素有洁癖,一日洗涤十余遍,犹以为不足,时人谓之"水淫"。

## 珙相道衍　彻说淮阴

明僧道衍尝游嵩山佛寺,遇鄞人袁珙。珙相之曰:"宁馨胖和尚乃尔耶? 目三角影白,形如病虎,性必嗜杀,他日刘秉忠之流也。"道衍大笑,因此自负。○刘秉忠,元初氏宁寺僧也。世祖忽必烈凡有征伐,与之谋议。○珙音拱。

汉蒯彻以相人之术说韩信曰:"相君之面,不过封侯。相君之背,贵不可言。"信曰:"何谓也?"彻曰:"楚、汉分争,智勇俱困,两主之命悬于足下。莫若两利而俱存之,三分天下,鼎足而居,其势莫敢先动。足下据强齐,从燕、赵,因民之利,西向为百姓请命,则天下风走而响应矣。"信曰:"汉王遇我甚厚,岂可以向利而背义乎!"彻异日又说之,信不听。○按信初封齐王,更封楚王,后黜为淮阴侯。

## 盗书杨玠　摸碑子钦

杨玠娶博陵崔季让女。崔富图籍,殆将万卷。成婚之后,游于书斋,既而告人曰:"崔氏书被人盗尽,曾不知觉。"崔遽令检之。玠扪腹曰:"已藏之经笥矣。"○见《谈薮》。

宋谭惟寅，字子钦，高要人。读书一览不忘，官宪长。尝夜入祥符寺，索烛视碑，不遂，以手摸之毕。黎明对校，不差一字。

## 韩陈四事　李献六箴

宋韩忠彦，字师朴，琦之子也。举进士。徽宗时拜门下侍郎，陈四事：一曰广仁恩，二曰开言路，三曰去疑似，四曰戒用兵。逾月进尚书左仆射。历观文殿大学士。

唐李德裕，敬宗时为浙西观察使。身居廉镇，心乃王室。时上游幸无常，昵比群小，大臣罕得进见。德裕遣使献《丹扆六箴》：一曰《宵衣》，以讽视朝稀晚；二曰《正服》，以讽服御乖异；三曰《罢献》，以讽征求玩好；四曰《纳诲》，以讽侮弃谠言；五曰《辨邪》，以讽信任群小；六曰《防微》，以讽轻出游幸。上优诏答之。

## 婢呼如愿　妓号称心

欧明过青草湖，湖神邀归，问所须。旁有人私语曰："但当如愿，不必余物。"明依其言。湖君许之。及出，乃呼"如愿"，是一少婢也。数年遂大富。后岁旦，如愿晏起，明鞭之，钻入粪帚中，明家遂贫。故今岁旦粪帚不出户。〇见《搜神记》。

宋贾似道，涉之子，贵妃弟也。少落魄，为游博，不事操行。以荫补嘉兴司仓，累擢籍田令。恃宠不检，日纵游诸妓家。至夜，即燕游湖上不返。帝尝夜凭高，望西湖中灯火异常，时语左右曰："此必似道也。"明日问之，果然。有一妓名潘称心，是其最宠者。〇落魄，魄音托。

## 宇文哭绰　司马拜林

魏苏绰，性忠俭，以丧乱未平为己任，荐贤拔能，纲纪庶政。尝言："为国之道，当爱人如慈父，训人如严师。"及卒，宇文泰痛惜之，酹酒言曰："尔知我心，吾知尔志。方欲共定天下，遽舍我去。呜呼！奈何！"因举声恸哭，不觉匜落于手。

三国常林，字伯槐，河内温人。好学，带经耕锄。妻自饷之，相敬如宾。累官刺史。司马懿以先辈视林，每见必拜。或曰："司马公贵重，公宜止之。"林曰："贵非吾所知，拜非吾所强也。"言者惭退。

## 王省伐鼓　邝露抱琴

明靖难兵入德州，教谕王省坐堂上，伐鼓集诸生，曰："此堂名明伦，今君臣之义何在？"遂相向大哭，以头触柱而死。

明末邝露，字湛若，南海人。少工书。督学使者以"恭、宽、信、敏、惠"题授士，湛若五比为文，以真、行、篆、隶、八分书之，被黜五等，大笑弃去。庚寅，福州城破，抱琴而死。著有《赤雅》等集。子鸿，字剧孟，亦死节。

## 妖畏仁杰　鬼迓韩擒

武后时，武三思置一妾绝色，士大夫皆访观之，狄梁公亦往焉。妾逃遁不见，三思搜之，在壁隙中，语曰："我乃花月之妖，天遣我奉君谈笑。梁公时之正人，我不可以见。"○见唐陆勋《集异志》，朱希济《妖妄传》所载较详。

隋韩擒寝疾，其邻母见擒门下仪卫甚盛，颇同王者。母异而问之，中一人曰："来迎上。"忽不见。又有一人疾笃，忽走至擒家，曰："我欲谒王。"左右问曰："何王？"答曰："阎罗王擒。"子弟欲挞之。擒止之曰："生为上柱国，死作阎罗王，斯亦足矣。"未几卒。○唐魏徵作《隋书》，韩擒虎作韩擒，避国讳也。

## 扑河金铉　哭庙刘谌

明末员外郎金铉，贼攻城日，跪母章氏前，曰："儿世受国恩，职任车驾，城破，义在必死。得一僻地，可以藏母，幸速去。"母曰："尔受国恩，我独不受国恩邪？事急，庑下井是死所。"铉恸哭，即辞母，往视事。归至御河桥，闻城陷，铉望阙再拜，即投入御河。从人拯救，铉啮其臂，急赴深处。时河浅，俯首泥泞死之。家人报至，母章氏亦投井死，姜王氏亦随死。其弟诸生镒哭曰："母死，我必从死，未归土，未敢死也。"遂棺殓其母。既葬三日，复投井而死。〇铉，户畎切，音泫。

魏邓艾入蜀，谯周劝降，后主遂遣使奉玺绥诣艾降。北地王谌怒曰："若理穷力屈，祸败将及，便当父子君臣背城一战，同死社稷，以见先帝可也。奈何降乎！"帝不听。谌哭于昭烈之庙，先杀妻子，而后自杀。

## 胡广柔媚　童伯贪婪

汉胡广周流四方三十余年，历事六帝，练达故事，而温柔谨悫，取媚于时，无忠直之风，天下以此薄之。京师谚曰："万事不理问伯始，天下中庸有胡公。"〇伯始，广字。

蜀简州刺史安童伯，性贪婪。州民有邓姓者，家资巨万，以善弈名。伯因召与对局，却令侍立，每落一子，俾即退立牖下，俟已算定，乃使之进。终日如此，复不与饮食。邓倦甚，连日被召，殊以为苦。或曰："彼意不在棋，何不献赂以求免？"邓从之，馈以千金，乃止。

## 十三覃

### 颛帝三子　女渍六男

颛帝有三子而亡去，一居江水为疫鬼，一居弱水为罔两，一居人宫室枢隅，善惊人儿。〇见《续博物志》。

楚之先出自帝颛顼，其裔孙曰陆终，娶于鬼方氏，是谓女渍。孕三年不育，启其左胁，三人出焉；启其右胁，三人又出焉。其六曰季连，是为芈。其后有鬻熊子为文王师，成王举文武勤劳，而封熊绎于楚，食子男之采。其十世称王。〇见《风俗通》。

## 卫母抚雉　蜀女化蚕

扬雄《琴清英》：《雉朝飞操》者，卫女傅母之所作也。卫侯女嫁于齐太子，中道闻太子死，问傅母曰："何如？"傅母曰："且往当丧。"丧毕，不肯归，终之以死。傅母悔之，取女所操琴，于冢上鼓之。忽二雉出墓中，母抚雉曰："女果为雉耶？"言未毕，俱飞而起，不见。傅母悲痛，援琴作操，故曰《雉朝飞》。

蜀有蚕女，父为人掠去，惟所乘马在。母曰："有得父还者，以女嫁焉。"马闻言，绝绊而去。数日，父乘马归。母告之故，父不可。马咆哮，父杀之，曝皮于庭。皮忽卷女去，栖于桑，化为蚕。一日，女乘云驾马，谓父母曰："太上以我不忘义，授以九宫仙嫔。"○见《搜神记》。

## 罗威饲犊　卓茂解骖

汉罗威，有邻家牛数食其禾，乃为刈刍，置牛家门，以饲其犊，不令人知。数数如此，牛主惊怪。后知之，相约检犊，不复侵威禾。○又晋朱冲，有牛犯其禾，屡持刍送牛，无恨色。牛主愧之，不复为暴。

汉卓茂，初为丞相吏，事孔光，孔光称为长者。尝出行，有人认其马。茂问曰："子亡马几何时？"对曰："月余日矣。"茂有马数年，心知其谬，嘿解与之，顾曰："若非公马，幸至丞相府归我。"他日，马主别得亡者，乃诣府送马，叩谢之。茂性不好争如此。

## 王梦罗汉　帝谒伽蓝

净慈禅寺，周显德元年钱王俶建，迎道潜禅师居之。潜常欲从王求金铸十八罗汉，未白也。王忽夜梦十八巨人随行，翌日，道潜以请。王异而许之，始作罗汉堂。○见《西湖志》。

明太祖生时，赤光烛天，里中人竞呼朱家火，及至无有。三日洗儿，父出汲，有红罗浮至，遂取衣之。及年十七，九月入皇觉寺为僧。逾月，乏食，太祖乃游江、淮，三载仍还皇觉寺。时汝颍兵起骚动，濠州定远人郭子兴据濠州,元将彻里不花惮,不敢进,日掠良民邀赏。太祖诣伽蓝卜问,避乱,不吉;即守故,亦不吉。因祝曰:"欲予倡义耶?"大吉。意遂决,遂诣郭。子兴奇其状貌,与语,大悦之,取为亲兵。

## 寅三可惜　嵇七不堪

明夏寅,字正夫,华亭人。累官山东右布政使。尝语人曰:"君子有三可惜:此生不学,一可惜;此日闲过,二可惜;此身一败,三可惜。"世传以为名言。

晋山涛为选曹郎,举嵇康自代。康因自说七不堪以绝之。大将军闻而恶焉。

## 劾嵩继盛　弹桧澹庵

明员外郎杨继盛,劾严嵩十大罪、五大奸。一坏祖宗之成法,二窃君上之大权,三掩君上之治功,四冒朝廷之军功,五纵奸子之僭窃,六引悖逆之奸巨,七坏国家之军机,八乱黜陟之大柄,九失天下之人心,十坏天下之风俗:此十罪也。一左右嵩之间谋,二纳言嵩之鹰犬,三爪牙嵩之瓜葛,四耳目嵩之奴仆,五臣工嵩之心腹:此五奸也。疏上,上怒,系狱坐绞。

宋胡铨,字澹庵。上书乞先斩秦桧,后羁縻金使,以为兴复之计。否则,臣赴海死,无面目立于小朝廷矣。金人闻之,以千金求其书,三日得之,君臣失色,曰:"南朝有人。"盖足以破其阴遣桧归之谋也。乾道初,金使来,犹问胡铨安在,张魏公曰:"秦太师专柄十九年,只成就得一个胡邦衡。"

## 奏琶令则　鼓琴桓谭

隋李纲,字文纪。仕太子洗马。一日,太子勇宴客,左庶子唐令则奏琵琶。纲曰:"令则官调护,乃自比倡优,以惑视听,岂不为殿下累乎?请正其罪。"后勇废,文帝切让,官僚莫敢对,纲独曰:"陛下不素教,故太子至此。太子资中人耳,奈何歌舞鹰犬纤儿使日侍侧?"帝曰:"吾过矣。"

汉宋弘荐桓谭才学,闻其能几及扬雄、刘向,于是召为给事中。上每宴,辄令鼓琴,好其繁声。弘闻之,悔于荐举。正朝服,坐府上,遣吏招之。谭至,不与席而让之曰:"吾所荐子者,欲令辅国家以道德,而今数进郑声以乱雅,故非忠臣。"

## 解厄严四　为祟宗三

晋州刺史萧至忠欲猎,有樵者于霍山见一长人,俄虎兕鹿豕狐兔集至。长人曰:"余九冥使者,奉北帝令,萧君畋,汝辈若干合鹰死,若干合箭死。"众兽求救,长人曰:"深谷严四善谋,试为求救。"群兽从行,至深岩,有黄冠一人,众兽请救。黄冠曰:"若令滕六降雪,巽二起风,则萧君不出矣。"翼日风雪大作,至忠果不出。○见《幽怪录》。

明徐孟凌适岭南,道鄱阳湖。方举帆,舟子急请祀宗三爷爷。孟凌问宗三是何神,舟子摇手戒勿言。既渡,后数月归,问舟子宗三是何神,答曰:"昔明太祖与陈友谅战于此湖,夺所乘巨舰,棕缆大如斗,继之投湖中。其二已化为蛟龙,随风雨所去,不知所之。其一在湖为祟,弗祀即有渡波涛覆溺之患。"○祟音粹。

## 明皇貌瘦　忠臣肉甘

唐韩休为相,守正不阿。上或宴乐游猎,辄谓左右曰:"韩休知否?"言终,谏疏已至,左右曰:"韩休为相,陛下殊瘦于旧,何不逐之?"上叹曰:"吾貌虽瘦,天下必肥。"

明燕王入京师,铁铉被执,背立庭中,割其耳鼻,竟不肯顾。爇其肉,纳铉口中,令啖之,问曰:"甘否?"铉厉声曰:"忠臣孝子肉,有何不甘!"遂寸磔之,至死犹喃喃骂不绝。乃令舁大镬熬之,使朝上展转向外,终不可得。上大怒,令内侍用铁棒十余夹持之,使北面,笑曰:"尔今亦朝我耶?"

语未毕,油沸鼍溅起丈余,诸内侍手糜烂,弃棒走,尸仍反背如故。

## 两马相骂　二犬对谈

广汉阳翁伟能听鸟兽之音。乘蹇马之野,田中有放马者。相去数里,鸣声相应。翁伟曰:"彼放马目眇。"其御曰:"何以知之?"曰:"骂此辕中马曰蹇马,蹇马亦骂之曰眇马。"御者不信,使往视之,马目果眇。○见王充《论衡》。

宋岳武穆在襄州与金战,大胜于朱仙镇。忽梦二犬对谈,殊以为疑,白于一僧。僧曰:"二犬加言,乃是狱字。避之则吉。不然,恐有缧绁之视。"未几,果为秦桧所陷。

## 毛仲嫁女　张德生男

唐王毛仲以严察有宠,百官附之。毛仲嫁女,上问何须,仲顿首曰:"臣万事已备,但未得客。"上曰:"知卿所不能致者一人耳,必宋璟也。朕为汝召客。"明日,召宰相与诸达官诣之。日中,璟乃先至,执酒西向拜谢,饮不尽卮,遽称腹痛而归。

唐武后时,江淮旱饥,禁民不得取鱼虾。拾遗张德生男,私杀羊,会同僚。补阙杜肃怀一饧,上表奏之。明日,太后对仗,谓德曰:"闻卿生男甚喜。"德拜谢。太后曰:"何从得肉?"德叩头伏罪。太后曰:"朕禁屠宰,吉凶不预。卿自今请客,亦须择人。"出肃表示之。肃大惭,举朝欲唾其面。○饧音淡。一饧,犹云一脔也。

# 十四盐

## 颜嗔谢笑　丙宽魏严

南北朝颜竣为吏部尚书,任遇既隆,奏无不可。后谢庄代竣,意多不行。竣容貌严毅,庄风姿甚美,宾客喧诉,常欢笑答之。时人语曰:"颜竣嗔而与人官，谢庄笑而不与人官。"

汉魏相、丙吉同辅朝政，上皆重之。相尚严毅，吉尚宽和。

## 垂诚泐石　警睡投签

宋太祖御笔："用南人为相，杀谏官，非吾子孙。"刻石于东京内中。其后王安石变法，吕惠卿为谋主，章惇、蔡京、蔡卞继之，皆南人，卒致大乱。一云太祖亲写"南人不得坐吾此堂"，刻石政事堂上。自王文穆大拜后，吏辈故坏壁，因移石他处，后寖不知所在。既而王安石、章惇相继用事，为人窃去云。

陈主蒨起自艰难，知民疾苦，性明察俭约，每夜刺闺取外事分判者，前后相续。敕传更签于殿中者，必投签于阶石之上，令铿然有声，曰："吾虽眠，亦令惊觉。"○刺闺，官名。以锥鬎物曰刺。闺，宫中小门也。就闺中刺取外事，故曰"刺闺"。

## 八州陶侃　六阙杨炎

晋陶侃，少时梦八翼飞翔冲天，天门九重，已入其八，余一门不得进。以翼搏天，一翅至折，惊而坠下。及寤，左腋肿痛。其后都督八州，据上流，握强兵，潜有窥觎之志。每思折翅之祥，自抑而止。

唐杨炎，尝梦陟高山，见瑞日在咫尺，因举手捧之。寤视其手，尚沥然而汗。后登相位，果协封爵之祥。三世以孝义旌显。门树六阙，自古未有。

## 卖诗万顷　吞纸朱詹

仇万顷未达时，挈牌卖诗，每首三十文。停笔磨墨，罚钱十五文。○见《渔隐丛话》。

义阳朱詹，家贫无资，累日不爨，时吞纸充腹。寒无毡被，抱犬而卧。○见《颜氏家训》。

## 恚贺公曾　辞吊思谦

晋荀勖,字公曾。自中书监为尚书令,人或贺之,发恚曰:"夺我凤凰池,何贺之有?"〇按中书地在枢近,人谓之凤凰池。〇恚,胡桂切。

唐韦思谦,名仁约。为监察御史。中书令褚遂良尝市地,偿不如直,思谦劾罢之。褚后复为相,出思谦为清水令。人或吊之,答曰:"丈夫当敢言,须明目张胆以报天子,焉能碌碌保妻子耶?"

## 顾飏赠褶　刘晏携帘

晋郭文,隐居余杭山中。余杭令顾飏与葛洪共造之,而携与俱归。飏以文山行,或须皮衣,赠以韦袴褶一具。文不纳,辞归。飏追遣使者置衣室中而去,文亦无言。袴褶乃至烂于户内,竟不服。〇袴褶,骑服也。〇褶音习。

唐丞相李廙,有清节。其妹为刘晏妻。晏见廙门帘甚敝,令人潜度广狭,以粗竹织成,不加缘饰,将以赠之。三携至门,不敢发言而去。

## 礼贤希宪　傲客王恬

元廉希宪,礼贤下士,如不及。为中书平章事,时刘整以尊官往见,公毅然不命之坐。刘去,宋诸生褴褛袖诗请见,公亟延入,坐语,稽经抽史,饮食劳苦,如平生欢。既罢,人或问之,公曰:"是非尔所知。我国家大臣,语默进退,系天下轻重。刘整官虽贵,背其国以叛者。若夫宋诸生,朝不坐,燕不与,彼何罪而羁囚之? 况今国家起朔漠,我于斯文不加厚,则儒术由此衰熄矣。"

晋谢安与弟万过吴郡。时王恬为守,万欲同过。安曰:"恐伊未必酬汝,汝意不足耳!"万苦要去,安必不肯,万乃独往。坐少间,王便入。万以为待己,殊有喜色。良久乃出,科头散发,据胡床独坐,神气傲慢,了无酬对。万怒,还。未至船,逆呼太傅,诉之。安曰:"阿螭不作尔!"〇螭,恬小字。不作尔,犹云不作准尔。《小名录》作"阿螭故作尔"。

## 李晟绣帽　鲍永皂襜

唐朱泚之乱,李晟每战,必锦衣绣帽前行,亲自指导。李怀光谓晟曰:"将帅当持重,岂宜自表陷贼?"晟曰:"晟久在泾原,军士颇畏服。欲令先识,以夺其心耳。"

后汉鲍永,字君长,上党屯留人。拜仆射,行大将军事,持节将兵,按抚河东。永好文德,尝衣皂襜,路称鲍尚书兵马。

## 呈章刘瑾　坠刺崔暹

明刘瑾欲专宠,乃购杂艺于武庙前,俟其玩弄,则多取各司奏章呈上,请裁决。上曰:"我用尔,何为不代为理之,乃一一烦朕耶? 宜亟去!"如此者再。后事无大小,任意出入,不复为奏。

东魏崔暹巧诈。高澄纳魏琅琊公主,意暹必谏。暹入谄事,不复假以颜色。居三日,暹怀刺坠之于前。澄问何为,暹悚然曰:"未得通公主。"澄大悦,把崔暹臂入见之。

## 配享拗相　入祀权阉

宋王安石,性执拗,故人称为"拗相"。徽宗三年,辟雍初成诏:"荆国公王安石,孟轲以来一人而已。其以配享孔子,位次于轲。"吏部尚书何执中请开学殿,使都人纵观。

明阉人魏忠贤专权窃柄,帝不之悟。有监生陆万龄请以忠贤配享孔子,其父配启圣公。其疏曰:"孔子作《春秋》,厂臣作《要典》;孔子诛少正卯,厂臣诛东林党人。"持疏诣司业林钎,钎援笔涂抹,即挂冠橘星门而去。朱之俊为奏请,从之。钎削籍。

## 刘弘一纸　保安千缣

晋荆州都督刘弘,威行南服,事成,则曰:"某人之功。"如败,则曰:"老子之罪。"每有兴废,手书守相,丁宁款密,人皆感悦,争赴之。咸曰:

"得刘公一纸书,贤于十部从事。"○部从事,都督属官。先是,每有兴废必敕部从事分行所属,惟刘弘则以手书征集之,故云。守相,郡守国相也。

唐郭仲翔,元振弟之子也。元振以托姚州都督李蒙,蒙表为判官。时吴保安以同里见仲翔,曰:"愿因子事李将军。"仲翔力荐之,蒙表为掌书记。后蒙与姚、巂蛮战,没,仲翔亦被执。蛮人必求千缣,乃肯赎。会元振物故,吴保安欲营归仲翔,苦无资。乃力居货,十年,得缣七百。都督杨安居又以官资助之,保安即委与蛮,遂得仲翔归。

## 显达中目　兀术剃髯

齐陈显达,讨桂阳贼于新亭,叠出杜姥宅,大战破贼,矢中左目,而镞不出。地黄村潘妪善禁,先以钉钉柱,妪禹步作气,钉即时出。乃禁显达目中镞,出之。

金兀术帅兵十余万,进薄和尚原。吴玠与弟璘选劲卒,命诸将分番迭射,矢如雨注。敌稍却,则以奇兵旁击,绝其粮道。度其困且走,伏兵神垈以待之。敌至,伏发,遂大乱。玠因纵兵夜击,大败之。兀术中二流矢,仅以身免,亟剃其髯而遁。○垈音愤。

# 十五咸

## 盗畏来整　虏劫浑瑊

隋来护儿,封荣国公。第六子来整为虎贲郎将,群盗惮之,作歌曰:"长白山头作战场,十十五五把长枪。不畏官兵万千众,只畏荣公第六郎。"

唐德宗时,吐蕃遣使求和,李晟极言不可。上不听,遣浑瑊涖盟。吐蕃伏精骑数万于坛西,俟瑊入幕易礼服,伐鼓三声,大噪而至。瑊自幕后出,偶得他马乘之。虏纵兵追击,唐将卒死者数百人。是日,上临朝,曰:

"今日和戎,乐乎?"柳浑曰:"戎狄,豺狼也,非盟誓可结。今日之事,臣窃忧之。"李晟曰:"诚如浑言。"上变色曰:"柳浑书生,不知边计,晟大臣亦为是言耶?"言未毕,以虏劫盟闻。

## 茂弘举扇　良器书衫

晋庾亮出镇外郡以帝舅内执朝政,王导不能平。尝遇西风起,举扇自蔽曰:"元规尘污人。"○茂弘,导字。元规,亮字。

唐李晟,字良器。一日,桑道茂谒之,晟请以一缣易其衫,且请题衿膺,曰:"他日为信。"后道茂受朱泚伪官,出衫衿示晟,遂得原死。

## 存勖三矢　陶侃一函

五代李克用病笃,以三矢遗其子存勖曰:"梁,吾仇;燕王,吾所立;契丹背约归梁,吾所遗恨。予汝三矢,毋忘父志。"后破梁夹寨,乃以三矢复命。梁王惊叹曰:"生子当如李亚子,克用为不亡矣。"

晋陶侃转广州刺史,时杜弘据临贺,与温劭、刘沈俱谋反,弘遣使伪降,侃击破之,执刘沈于小桂。诸将皆请乘胜击温劭,侃笑曰:"吾威名已著,何事遣兵?但一函纸足矣。"于是下书谕之,劭惧而走,追获于始兴。

## 甘宁锦缆　长康布帆

三国甘宁事吴,凡出入,步则陈车骑,水则连轻舟,侍从皆被文绣,住止常以缯锦缆舟,去辄割去,以示奢。

晋顾恺之,字长康。作殷荆州佐,请假还东。尔时例不给帆,顾苦求之,乃得发。忽遭大风,舟几覆坏。因作牒寄殷云:"地名破冢,真乃破冢而出。犹幸行人安稳,布帆无恙。"

## 远语无妄　衡志超凡

南北朝何远,出言不妄。每语人曰:"卿能得我一妄语,则谢以一缣。"众共伺之,不能得也。

元许衡,字仲平,河内人。七岁向学,问其师曰:"读书何为?"师曰:"取科第耳。"曰:"如斯而已乎?"师大奇之。卒成理学名儒,学者称为鲁斋先生。

## 居翰改诏　子瞻换衔

后唐张居翰,同光中为枢密使。蜀王衍既降,诏迁其族于洛阳。时关东已乱,庄宗虑衍为变,遣中官赍诏杀之。诏曰:"王衍一行,并宜杀戮。"其诏已经印书,时居翰在密地覆视其诏,乃揩去"行"字,改为"家"字。及衍就戮,止族其家近属而已,其伪宦及从行者尚千余人,皆获免。

宋苏轼,字子瞻。出帅钱塘,视事之初,押到匿税人南剑州乡贡吴味道,以二巨卷,作公名衔,封呈京师苏侍郎宅。轼问卷中何物,味道曰:"今秋忝冒乡荐,乡人集钱百千为赆,因就市建阳纱三百端。计道路所经,场务尽行抽税,则至都不存其半矣。窃谓当今负天下重名而爱奖士类,惟内翰与侍郎耳。纵有败露,必能情贷。遂假先生名衔,缄封而来,不知先生已临镇此郡,罪实难逃。"轼熟视而笑,呼掌笺吏换新封衔,附至东京。又手书一纸付子由。乃曰:"先辈这回将上天去也无妨。"明年,味道及第来谢。

## 乐羊被谤　嶙之蒙谗

魏文侯命乐羊攻中山,三年拔之。乐羊反而论功,文侯示之谤书一箧。

南北朝沈嶙之为丹徒令,以清介不通左右被谮,逮索尚方。帝召问,对曰:"臣清乃获罪。"帝曰:"清何以获罪?"曰:"无以奉要人耳。"帝问:"要人为谁?"指曰:"此赤衣诸郎皆是。"后复任丹徒。

## 修责若讷　俨诘游岩

宋范仲淹与吕夷简不睦,仲淹由是落职,知饶州馆阁校勘。欧阳修贻书责司谏高若讷曰:"仲淹以非辜被逐,君不能辨,犹以面目见士大夫,出入朝廷,是不知人间有羞耻事!"若讷怒,上其书,修坐贬夷陵。

唐田游岩隐居太白山。高宗东封,尝幸其庐,征为洗马,无所规益。右卫副率薛俨以书遗之曰:"足下负巢、由之峻节,傲唐、虞之圣主,屈万乘之重,申三顾之荣,将以辅导储贰,渐染芝兰耳。皇太子春秋鼎盛,圣道未明,足下乃唯唯而一无谈,悠悠卒岁,何以塞圣主调护之责?"

# 俟编仄韵　再续斯函

# 《国学典藏》丛书已出书目

周易 [明] 来知德 集注
诗经 [宋] 朱熹 集传
尚书 曾运乾 注
周礼 [清] 方苞 集注
仪礼 [汉] 郑玄 注 [清] 张尔岐 句读
礼记 [元] 陈澔 注
论语·大学·中庸 [宋] 朱熹 集注
孟子 [宋] 朱熹 集注
左传 [战国] 左丘明 著 [晋] 杜预 注
孝经 [唐] 李隆基 注 [宋] 邢昺 疏
尔雅 [晋] 郭璞 注
说文解字 [汉] 许慎 撰

战国策 [汉] 刘向 辑录
　　　[宋] 鲍彪 注 [元] 吴师道 校注
国语 [战国] 左丘明 著
　　　[三国吴] 韦昭 注
史记菁华录 [汉] 司马迁 著
　　　[清] 姚苎田 节评
徐霞客游记 [明] 徐弘祖 著

孔子家语 [三国魏] 王肃 注
　　　（日）太宰纯 增注
荀子 [战国] 荀况 著 [唐] 杨倞 注
近思录 [宋] 朱熹 吕祖谦 编
　　　[宋] 叶采 [清] 茅星来等 注
传习录 [明] 王阳明 撰
　　　（日）佐藤一斋 注评
老子 [汉] 河上公 注 [汉] 严遵 指归
　　　[三国魏] 王弼 注
庄子 [清] 王先谦 集解
列子 [晋] 张湛 注 [唐] 卢重玄 解
　　　[唐] 殷敬顺 [宋] 陈景元 释文
孙子 [春秋] 孙武 著 [汉] 曹操 等注

墨子 [清] 毕沅 校注
韩非子 [清] 王先慎 集解
吕氏春秋 [汉] 高诱 注 [清] 毕沅 校
管子 [唐] 房玄龄 注 [明] 刘绩 补注
淮南子 [汉] 刘安 著 [汉] 许慎 注
金刚经 [后秦] 鸠摩罗什 译 丁福保 笺注
维摩诘经 [后秦] 僧肇等 注
楞伽经 [南朝宋] 求那跋陀罗 译
　　　[宋] 释正受 集注
坛经 [唐] 惠能 著 丁福保 笺注
世说新语 [南朝宋] 刘义庆 著
　　　[南朝梁] 刘孝标 注
山海经 [晋] 郭璞 注 [清] 郝懿行 笺疏
颜氏家训 [北齐] 颜之推 著
　　　[清] 赵曦明 注 [清] 卢文弨 补注
三字经·百家姓·千字文
　　　[宋] 王应麟等 著
龙文鞭影 [明] 萧良有等 编撰
幼学故事琼林 [明] 程登吉 原编
　　　[清] 邹圣脉 增补
梦溪笔谈 [宋] 沈括 著
容斋随笔 [宋] 洪迈 著
困学纪闻 [宋] 王应麟 著
　　　[清] 阎若璩 等注

楚辞 [汉] 刘向 辑
　　　[汉] 王逸 注 [宋] 洪兴祖 补注
曹植集 [三国魏] 曹植 著
　　　[清] 朱绪曾 考异 [清] 丁晏 铨评
陶渊明全集 [晋] 陶渊明 著
　　　[清] 陶澍 集注
王维诗集 [唐] 王维 著 [清] 赵殿成 笺注
杜甫诗集 [唐] 杜甫 著 [清] 钱谦益 笺注
李贺诗集 [唐] 李贺 著 [清] 王琦等 评注

李商隐诗集 [唐] 李商隐 著
　　　　　 [清] 朱鹤龄 笺注
杜牧诗集 [唐] 杜牧 著 [清] 冯集梧 注
李煜词集（附李璟词集、冯延巳词集）
　　　　　 [南唐] 李煜 著
柳永词集 [宋] 柳永 著
晏殊词集·晏幾道词集
　　　　　 [宋] 晏殊 晏幾道 著
苏轼词集 [宋] 苏轼 著 [宋] 傅幹 注
黄庭坚词集·秦观词集
　　　　 [宋] 黄庭坚 著 [宋] 秦观 著
李清照诗词集 [宋] 李清照 著
辛弃疾词集 [宋] 辛弃疾 著
纳兰性德词集 [清] 纳兰性德 著
六朝文絜 [清] 许梿 评选
　　　　　 [清] 黎经诰 笺注
古文辞类纂 [清] 姚鼐 纂集
乐府诗集 [宋] 郭茂倩 编撰
玉台新咏 [南朝陈] 徐陵 编
　　　 [清] 吴兆宜 注 [清] 程琰 删补
古诗源 [清] 沈德潜 选评
千家诗 [宋] 谢枋得 编
　　　　　 [清] 王相 注 [清] 黎恂 注
瀛奎律髓 [元] 方回 选评
花间集 [后蜀] 赵崇祚 集
　　　　　 [明] 汤显祖 评
绝妙好词 [宋] 周密 选辑
　　　 [清] 项絪 笺 [清] 查为仁 厉鹗 笺

词综 [清] 朱彝尊 汪森 编
花庵词选 [宋] 黄昇 选编
阳春白雪 [元] 杨朝英 选编
唐宋八大家文钞 [清] 张伯行 选编
宋诗精华录 [清] 陈衍 评选
古文观止 [清] 吴楚材 吴调侯 选注
唐诗三百首 [清] 蘅塘退士 编选
　　　　　 [清] 陈婉俊 补注
宋词三百首 [清] 朱祖谋 编选
文心雕龙 [南朝梁] 刘勰 著
　　　 [清] 黄叔琳 注 纪昀 评
　　 李详 补注 刘咸炘 阐说
诗品 [南朝梁] 锺嵘 著
　　 古直 笺 许文雨 讲疏
人间词话·王国维词集 王国维 著

戏曲系列
西厢记 [元] 王实甫 著
　　　　　 [清] 金圣叹 评点
牡丹亭 [明] 汤显祖 著
　　　　　 [清] 陈同 谈则 钱宜 合评
长生殿 [清] 洪昇 著 [清] 吴人 评点
桃花扇 [清] 孔尚任 著
　　　　　 [清] 云亭山人 评点

小说系列
儒林外史 [清] 吴敬梓 著
　　　　　 [清] 卧闲草堂等 评

## 部分将出书目